D1663012

Sathya Sai Baba spricht

Band 4

Ansprachen aus der Zeit von 1963-65

zusammengestellt von
N. Kasturi, M.A., B.L.

Sathya Sai Vereinigung e.V., Bonn

Die Reden wurden in Telugu, Sprache der südindischen Provinz
Andrah Pradesh gehalten. Zusammenstellung und Übersetzung
ins Englische N. Kasturi, M.A., B.L..Titel der englisch sprachigen Ausgabe:
Sathya Sai Speaks, Vol. IV. Sathya Sai Books and Publications Trust,
Prashanti Nilayam, Indien. Übersetzung vom Englischen ins Deutsche
von Hardy und Shanti Fechner

CIP-Titelaufnahme der Deutschen Bibliothek
Sathya Sai Baba:
Sathya Sai Baba spricht / aus d. engl. Sprache ins Dt. übers.
von H. und S. Fechner. – Bonn : Sathya-Sai-Vereinigung.
Bd. 4. Ansprachen aus der Zeit von 1963–65 / zsgest. von N.
Kasturi. – 1. Aufl. – 1990
ISBN 3-924739-43-9

Inhalt

Klettert auf den richtigen Baum

Ich weiß, daß euer Hunger selbst nach den Vorträgen dieser beiden *Pandits* noch nicht gestillt ist. Beide haben gesagt, daß sie nicht den Anspruch erheben, mehr zu wissen als andere, sondern daß sie alles, was sie sagen konnten, Meiner Gnade verdanken. Nun, das ist nur eine Methode, die sie entwickelt haben, um sich davor zu bewahren, eingebildet zu werden. *Hanuman* dachte so gering von sich selbst, daß er sich seiner ungeheuren Stärke nicht bewußt war. Erst als ihn jemand an seine Fähigkeiten und an seine Tapferkeit erinnerte, entfaltete er alle seine Kräfte und wurde seiner Aufgabe gerecht.

Ich wurde in eurem Namen gebeten, heute zu euch zu sprechen. Ich habe das schon lange nicht mehr getan, darum werde Ich diesem Wunsche nachkommen. Ihr nennt euch *Devotees*. Ich will deshalb darüber sprechen, was einen *Devotee* kennzeichnet. Niemand ist ein *Devotee*, nur weil er sich selbst oder andere ihn so nennen. Um diesen Namen zu verdienen, ist Hingabe ohne den geringsten Hauch von Ich-Bewußtsein erforderlich. Alles kommt auf Seinen Willen, auf Seinen Befehl an. Wie ein Trunkener hat er kein Gefühl für Ehre und Ruf, Stolz und Eitelkeit. Ihm ist, wie einem Besessenen, alles gleichgültig, was nichts mit seinem Ideal zu tun hat. Er fühlt weder Hunger noch Durst, er ist unlogisch und verrechnet sich beim Einkaufen auf dem Markt. *Nārada* sagt, daß jene, die von dem Wein der Unwissenheit getrunken haben, den Schatten dieser Welt nachjagen, aber die, welche trunken sind von dem Nektar des Wissens, nie von dem Höchsten, das sie als ihr eigenes Selbst erkannt haben, abweichen.

Ihr habt das vor ein paar Tagen an diesem *Pandit* gesehen, der nach 30 Jahren intensiven Studiums des *Bhāgavatam* zum ersten Mal in diese Halle kam. Er fühlte, daß er nach vielen Jahren des Studiums und der Anbetung das Ziel erreicht habe. Er verlor das Bewußtsein, und einige von euch dachten, er habe einen Anfall von Epilepsie oder etwas Ähnliches. Ich aber wußte, daß er im Reich der Glückseligkeit weilte. Deshalb wollte Ich nicht, daß man ihn ins Krankenhaus bringt. Auch heute habt ihr bemerkt, wie er von innerer Freude überwältigt wurde, als er begann, die Tiefe der göttlichen Gnade zu beschreiben. Er brach zusammen, als er beschrieb, wie der Herr Sein gegebenes Wort brach, damit der *Devotee* recht behielt, der dies vorausgesagt hatte. *Bhīshma* hatte gesagt, er würde *Krishna* – entgegen Seiner erklärten Absicht – dazu zwingen, sich an dem Kriege zu beteiligen. *Bhīshma* konnte nur von dem Herrn selbst überwunden werden! Da er aber auf der Seite der *Kauravas* kämpfte, mußte *Krishna,* um den Sieg der *Pāndavas* zu sichern, als Wagenlenker *Arjunas* an der Schlacht teilnehmen. Es bedarf einer tiefen Frömmigkeit, um den Geist für die heiligeren Gefühle und reinigenden Impulse empfänglich zu machen.

Bhīshma war ein großer *Devotee*, und die Gnade des Herrn verlieh ihm mehr Hoheit, als irgendein weltlicher Herrscher sie besitzt. Welcher Art ist die Hoheit dieser gekrönten Häupter? Sie können nicht behaupten, inneren Frieden und inneres Glück zu besitzen. Sie kennen die Freude nicht, die eine allumfassende Liebe vermittelt. Als der Herr *Bhīshma* zeigte, was für ihn das Richtige zu tun sei, unterwarf er sich Ihm bedingungslos. So muß jeder die Weisheit besitzen, alles aufzugeben und dem Weg zu folgen, der ihm von Gott gezeigt wird. Das hat *Bhīshma* getan. So wie das kleine Kätzchen durch sein Miau die Mutter ruft, so braucht der *Devotee* nur seinem sehnenden Verlangen nach dem Herrn durch das Miau des Trennungsschmerzes Ausdruck zu verleihen. Die Früchte auf dem Felde sind am Verdursten und sehen die schweren Regenwolken am Himmel vorübersegeln. Sie können sich weder zu ihrer Höhe emporschwingen, um das lebenspendende Naß zu trinken, noch können sie die Wolken zwingen, zum Boden herabzukommen. Auch die Menschheit schmachtet unter sengender Sonne, in der unerträglichen Hitze des Egos und der Gier. Sie braucht den Regen der Gnade, um in Glück und Frieden gedeihen zu können.

So, wie die Wolken Tropfen formen, die auf jene Felder fallen, die zu erfrischen sie gewählt haben, so individualisiert sich das Formlos-Absolute, nimmt Form an und kommt unter die Menschen, um zu retten und zu erhalten. Das ist das Geheimnis Gottes in Menschengestalt. Die Wolke hat Mitleid mit dem Getreide, das in der Sonne schmachtet. Wenn es erst einmal geregnet hat, hat auch die Sonne ihre Aufgabe. So können mit der Gnade des Herrn auch Ego und Verlangen der Menschen in nützliche Bahnen gelenkt werden.

In früheren Zeiten haben die *Avatare* die Welt vom Übel befreit, indem sie ein paar Fanatiker, die es verkörperten, vernichteten. Aber heute regieren Fanatismus und Grausamkeit in jedem Herzen. Die Zahl der Dämonen ist unermeßlich. Niemand ist frei von dämonischen Eigenschaften, jeder ist mehr oder weniger damit belastet. Alle müssen durch Umerziehung auf den richtigen Weg geführt werden; für jeden ist Änderung notwendig. Ihr alle seid Pilger auf dem Wege zu Gott und die Bestimmung eines jeden ist es, in Ihn einzugehen. Aber die meisten haben das Ziel aus den Augen verloren. Sie irren wie verlorene Kinder umher und vergeuden ihre kostbare Zeit auf Umwegen.

Der Mensch muß Gott werden! Das ist seine Bestimmung, das ist der Schöpfungsplan, und deshalb ist er – wie kein anderes Wesen – mit dem Schwert des Unterscheidungsvermögens und dem Schild der Entsagungsfähigkeit ausgerüstet. Nur der Mensch kann sich vorstellen, daß er früher schon einmal existiert hat und daß sich die Eindrücke früherer Existenzen in ihm angesammelt haben. Was ihr in einem Traum seht und fühlt, beruht auf Erlebnissen des Wachzustandes. So beruht auch das, was ihr heute fühlt und seht, auf dem, was ihr in anderen, früheren Leben gefühlt und gesehen habt.

Ihr könnt die Gnade des Herrn nur gewinnen, wenn ihr Seiner Ordnung entsprechend lebt. Diese Ordnung erfordert und entwickelt den Geist der Selbstaufgabe. Ohne das Training, das ein solches Leben euren Sinnen sowie eurem Denken und Fühlen gibt, könnt ihr keinen festen Glauben entwickeln und euch nicht endgültig von den Dingen der Welt lösen. Gott ist diese Ordnung, die ihr in *Rāma* personifiziert seht. Wenn ihr die Grenzen dieser Ordnung überschreitet, könnt ihr das Spiel des Lebens nicht gewinnen. Als *Hanuman* wie ein Pfeil von *Rāmas* Bogen hoch am Himmel dahinflog, begegnete er vielen Versuchungen, haltzumachen. Aber als sich der Berg Mynaka vor ihm erhob und ihn zu einer Rast einlud, trat er ihn mit den Füßen, so daß er im Meer versank. Doch der Berg erhob sich wieder, bedeckt mit grünen Hainen und duftenden Blumen, und bat darum, ihm für eine kurze Zeit als Erholung und Rastplatz dienen zu dürfen. Er wollte durch diese Gastfreundschaft seine Dankbarkeit dafür erweisen, daß *Hanumans* Vater Vaju ihm zur Flucht verholfen hatte, als *Indra* einst in grauer Vorzeit allen Bergen die Flügel beschnitt. Aber *Hanuman* machte ihm klar, daß der Auftrag seines Herrn keinen Aufschub duldete. Kurz darauf sah sich *Hanuman* dem schrecklichen weiblichen Ungeheuer Surasa gegenüber. Doch durch ein geschicktes Manöver gelang es ihm, sie zu überwinden, ohne aufgehalten zu werden. So zielbewußt solltet auch ihr nach Erlösung streben.

Der *Pandit* sagte, es sei der Wille des Herrn, daß Sein *Devotee* sich von den Ungläubigen unterscheide. Durch seine Hingabe solle er glücklicher, zufriedener und tapferer sein als alle anderen. Aber der *Devotee* strengt sich nicht genügend an, diese Eigenschaften zu fördern. Er vergeudet die Chance, die er hat. Wenn ein Mann jedem seiner Söhne 100 Morgen Land gibt, dann mag der eine seine Felder bestellen und eine goldene Ernte einbringen, während der andere das Land brach liegen läßt und selbst im Elend umkommt. Der Grund dafür ist die verschiedene Veranlagung, die jeder von seinen früheren Leben mitgebracht hat. Der Vater ist nicht schuld daran. Das Blut des einen Sohnes mag sogar tödlich sein, wenn es auf den anderen übertragen würde. So ist auch der eine spirituell weiter entwickelt als der andere, je nach seinen Anstrengungen jetzt und in der Vergangenheit.

Das Bedauerliche ist, daß der Mensch nicht die gesündesten und nahrhaftesten Früchte aus dem Garten der Natur ißt. Er klettert auf den falschen Baum und pflückt die falschen Früchte. Dadurch verliert er seinen Appetit, sein Geschmack wird verdorben und seine Gesundheit ruiniert. Nur die Herrlichkeit Gottes kann den Hunger des Menschen stillen, denn er ist ein Teil davon.

Nur Erfahrung kann einen Eindruck von der beglückenden Majestät dieser Herrlichkeit vermitteln. *Rāma* hatte im Wettkampf den Bogen *Shivas* zerbrochen und dadurch die Hand *Sītās* gewonnen. Damit hatte Er alle Könige und Prinzen besiegt, die ebenfalls um *Sītās* Hand angehalten hatten. Parasurama, der in seinen Feldzügen schon 21 Herrscher besiegt hatte, fühlte sich dadurch schwer gedemütigt. Daher forderte er *Rāma* zum Kampf heraus, als dieser nach Seiner Hochzeit nach Ayodhyā zurückgekehrt war. Doch Parasurama war so berauscht von seiner eigenen Größe, daß der Stolz seine göttlichen Kräfte verminderte, und *Rāma*, der im Vergleich zu ihm ein unerfahrener Jüngling zu sein schien, ihn im Handumdrehen überwinden konnte.

Es wird gesagt, daß der Herr einige bestraft und andere begünstigt. Ich will euch eines sagen: Der Herr tut keines von beiden! Er gleicht dem elektrischen Strom in diesem Draht. Er treibt den Ventilator an und macht dadurch das Leben für den einen angenehmer; er ist aber auch wirksam im elektrischen Stuhl und verkürzt das Leben eines anderen. Der Strom hat nicht den Wunsch, die Hitze der Luft zu mildern, noch ist er darauf aus, jemanden zu töten. Die Gnade des Herrn ist wie das Wehen des Windes: Ziehe die Segel ein, und das Boot liegt still und träge da. Setze die Segel, und es gleitet schneller und schneller dahin. Die Gnade ist wie das Licht: Der eine benutzt die Beleuchtung, um Gutes zu tun, der andere, um seine verbrecherischen Pläne auszuführen. Laßt das Licht in euch scheinen und erlebt den "inneren Tag" in der "äußeren Nacht". Wenn ihr die Forderungen der Welt nach Beteiligung nicht wahrnehmt, obwohl ihr in ihr lebt und handelt, dann ist es innen Tag und außen Nacht. Die *Veden* lehren euch diese Wahrheit und die Disziplin, die notwendig ist, um dieses Glückes teilhaftig zu werden.

Die *Pandits* haben über den Wert der vedischen Disziplin gesprochen. Die *Veden* lehren, daß jede Handlung Folgen hat. Sie geben euch einen Federhalter, gefüllt mit Tinte, und lehren euch zu schreiben und was ihr zu schreiben habt. Mutter *Veda*, wie sie genannt wird, ist so liebevoll. Immer wieder wiederholt sie ihre Anweisungen, genauso wie Ich euch bei jeder Gelegenheit an die hier gültigen Regeln erinnere. Vernachlässigt deshalb die Anweisungen der *Veden* nicht. Sie sind die authentische Stimme des Herrn selbst, so wie sie von erleuchteten Weisen der Vorzeit vernommen und überliefert wurde. Ein Vater hinterläßt sein Vermögen dem Sohn, der seine Wünsche respektiert und seine Anweisungen befolgt, nicht dem Sohn, der sich gegen ihn auflehnt und ihm nicht gehorcht. Der Herr ist der Vater aller Welten. Wenn du ein "āstika" bist (einer, der an Gott glaubt und Ihm gehorcht), dann wirst du "āsti" (Vermögen) bekommen. Wer geisteskrank ist, wer nicht weiß, was gut für ihn ist, und wer nicht erkennt, daß er Probleme hat, dem wird sein eigenes Vermögen nicht anvertraut. Für ihn wird ein Vermögensverwalter bestimmt, der alle Geschäfte für ihn erledigt, bis er selbst dazu in der Lage ist. Ein

Mensch mag viele Inkarnationen durchleben müssen, bis er beweisen kann, daß er weiß, was gut für ihn ist und bis er in der Lage ist, seine eigene Zukunft zu bestimmen, ohne sich selbst oder anderen zu schaden, und die Versuchungen zu erkennen, die ihm auf seinem Wege begegnen. Deshalb ist es das Beste, sich auf die Erfahrung der Weisen zu verlassen, die aus Mitgefühl den Unwissenden den Weg zur Erlösung aufgezeigt haben. Diese Erfahrungen ruhen im Schrein der *Veden*. Der Glaube daran befruchtet das Herz und läßt als Ernte die alles umfassende Liebe reifen.

Die *Shāstras* warnen euch vor falschen Schritten, trösten euch im Unglück, geben euch Kraft in Zeiten der Prüfung und helfen euch, in verwickelten Situationen die richtige moralische Entscheidung zu treffen. Sie geben Anweisung bezüglich Kleidung, Nahrung und Sprache, sie regeln das Zusammenleben, das soziale Verhalten und weisen die Richtung in die Zukunft. Sie sind das Gewissen der Gesellschaft.

So habe auch Ich für dieses *Prashanti Nilayam* bestimmte Regeln festgelegt und Anordnungen gegeben, wie die Zeit nutzbringend verbracht werden soll. Diese müssen von allen beachtet werden, ob sie schon lange hier oder gerade angekommen sind. Ihr seht Mich, wohnt hier im *Aschram* und hört diese Vorträge. Ich möchte wissen, welchen Nutzen ihr davon habt. Kehrt ihr heim, unbeeinflußt, ohne euch geändert zu haben? Hunde nagen nicht an Zuckerrohr, sondern an Knochen. Sterbliche, die ihr Schicksal schlecht meistern, verschließen ihre Ohren, wenn über Gott, Liebe und Frömmigkeit gesprochen wird. Ihr aber müßt euch aufraffen und in die reine Atmosphäre spirituellen Bewußtseins vorstoßen. Laßt den Schmutz und die krummen Wege hinter euch und folgt der Straße, die euch zu Gott führt. Verweilt in Gedanken in der Herrlichkeit Gottes, dann werdet ihr an Seiner Herrlichkeit teilhaben. Das Festhalten an der Wahrheit ist das sicherste Mittel, um die Furcht aus dem Herzen zu vertreiben. Nur auf dem Boden der Wahrheit kann die Liebe gedeihen. Wenn ein Schauspieler die Rolle eines Helden spielt, ist er sich trotzdem immer bewußt, wer er selbst ist. Er sagt sich: "Ich spiele die Rolle eines Helden." Nun geht einen Schritt weiter. Wenn ihr gefragt werdet, wer ihr seid, dann antwortet, daß ihr Gott seid, der die Rolle des Pullayya oder Thimmayya oder Mallayya oder was euer Name auch sein mag, übernommen hat. So ist auch jeder andere Gott in einer anderen Rolle. Gott wäscht die Kleider als Waschfrau, bearbeitet Holz als Tischler, hämmert das Eisen als Schmied, formt den Ton als Töpfer. Er ist all das – und mehr. Seine Herrlichkeit ist unermeßlich. Der *Avatar* ist eine andere Rolle, die Er für einen anderen Zweck angenommen hat.

Der Herr kommt als *Avatar*, wenn er von Heiligen und Weisen sehnlichst erwartet wird. Die Frommen haben gebetet – und Ich bin gekommen. Ich habe drei oder vielmehr zwei Aufgaben – da die Wiederherstellung der göttlichen Urordnung und die Aufwertung der *Veden* praktisch ein und dasselbe sind. Diese sind: Den vedischen Wahrheiten zur Anerkennung zu verhelfen und die Entwicklung der *Devotees* zu fördern. Wer sind diese *Devotees*? Jene, die sich durch Glauben, Standhaftigkeit, Tugend, Furchtlosigkeit, Hingabe und Selbstlosigkeit auszeichnen. Es ist reine Zeitvergeudung, den Altar so prachtvoll zu schmücken. Warum die Blumen pflücken und sie vorzeitig verwelken lassen? Einige von euch gehen hier um den Tempel herum und sind befriedigt, daß sie soundsoviele Male eine heilige Stätte umrundet haben. Das hat aber nur einen Sinn, wenn euer Geist, ebenso wie eure Füße, den Tempel zum Mittelpunkt hat. Aber ich weiß, daß – während eure Füße aus Gewohnheit im Kreise gehen – euer Mundwerk über die Fehler anderer, über den Preis der Kartoffeln oder über das Mittagessen plappert. Bevor ihr eure Runden, die ihr Pra-dakshina nennt, beginnt, gebt euren Geist als Dakshina (als Dankes- oder Opfergabe) dem Herrn, der in dem Tempel wohnt. Das ist das Wichtigste und vielleicht das einzige, was ihr tun müßt. "Pradakshina" darf nicht als körperliche Übung angesehen werden.

Ihr müßt diesem *Nilayam* eure Achtung erweisen. Seht zu, daß ihr den größten Nutzen von eurem Aufenthalt hier habt. Vergeudet die Chance nicht, die euch gegeben ist. Ihr gebt viel Geld aus und unterzieht euch vieler Beschwerlichkeiten, um hierherzukommen, aber ihr legt eure Herzen nicht als duftende Opfergaben dem Herrn zu Füßen, indem ihr den Weg spirituellen Bemühens *(sādhana)* einschlagt. Die Sinne müssen zu gehorsamen Dienern des Geistes erzogen werden. Ich bestehe z.B. darauf, daß die Stille im *Aschram* gewahrt wird. Sprecht weniger, und wenn ihr sprechen müßt, sprecht leise. Liegt mit euren Sorgen, Nöten und Problemen nicht denen in den Ohren, die mit ihrem eigenen Bündel solcher Lasten hierhergekommen sind. Sie sind nicht daran interessiert, auch eure Bürde noch mitzutragen. Ich bin dazu da, euch anzuhören und zu trösten. Stört mit eurer lauten Stimme nicht jene, die meditieren oder lesen wollen.

Wenn möglich, meditiert allein. Lest, wenn ihr Zeit habt, ein spirituelles Buch. Sucht euch eine stille Ecke und schreibt viele Male den Namen des Herrn nieder. Wenn ihr das nicht wollt, dann stört wenigstens andere nicht, die es tun. Ermutigt und helft euch gegenseitig, den Weg zu Gott zu gehen.

Verdient euch die Ehre, ein *Devotee* genannt zu werden. Mein Ruhm wird täglich durch jene verbreitet, die sich Meine *Devotees* nennen. Eure Tugenden wie Selbstbeherrschung, Glauben, Standhaftigkeit, Freisein von falschen Bindungen sind die Zeichen, durch welche die Menschen Meine wahre Natur erkennen. Nicht, daß Ich an Propaganda interessiert wäre, aber es ist nun einmal so in dieser Welt, daß die Menschen andere nicht direkt, sondern indirekt beurteilen. Ich muß euch sagen, daß wirkliche *Devotees* sehr selten sind. Das ist auch der Grund, weshalb Ich eine Versammlung wie diese nicht mit "Meine *Devotees*" anrede. Ihr verdient

12

diesen Namen nur, wenn ihr euch Mir vollkommen, ohne Vorbehalte, ohne eine Spur von Ego, das eurer Eitelkeit dient, ausgeliefert habt.

Alle Krankheiten können auf eine falsche Lebensweise zurückgeführt werden. Und was verursacht eine solche? Das Nichtwissen um das eigene, wahre Wesen ist eine Unwissenheit, die so tief verwurzelt ist, daß sie Gedanken, Worte und Taten beeinflußt. Die Medizin, die sie heilen kann, ist unter verschiedenen Namen patentiert: Weisheit *(jnāna)*, rechtes Handeln *(karma)*, körperliche und geistige Disziplin *(upāsana)* und Frömmigkeit *(bhakti)*. Sie sind alle gleichermaßen wirksam, schließen einander ein und haben die gleiche Heilkraft. Der Unterschied besteht darin, wie sie verabreicht werden: in Tropfen- oder Tablettenform oder als Injektion.

Verlaßt euch darauf, daß ihr gerettet seid und daß euch die Erlösung sicher ist. Geht nach Hause und erzählt den Menschen, daß ihr in *Puttaparthi* wart und dort das Geheimnis der Erlösung gefunden habt.

Prashanti Nilayam, 25.1.63

Er zeigt euch, wer ihr seid

Dikshith hat gerade gesagt, daß der heutige Tag nicht nur für die 35 Jungen, die hier ihre spirituelle Weihe empfangen haben und damit den Lebensabschnitt des *"brahmacarya"* beginnen, sondern auch für die Wiederherstellung der göttlichen Ordnung überhaupt von großer Bedeutung ist. Da das Studium der *Veden* zur Überwindung des Todes führt, ist es die höchste Form geistiger Anstrengung. Alle anderen Studien haben mit dem Lebensunterhalt oder mit den Lebensverhältnissen zu tun. Sie befassen sich damit, wie Einnahmen und Ausgaben ausgeglichen werden können, wie durch diesen Trick ein wenig Glück gewonnen und durch jenen ein wenig Kummer vermieden werden kann. Die *Veden* dagegen zeigen den Weg zum Reich ewiger Glückseligkeit, in dem es keine Geburt und keinen Tod gibt. Die Menschen lernen Einzelheiten über China, Rußland und Amerika, sie kennen die Vulkane auf den pazifischen Inseln und in der Arktis, aber sie wissen überhaupt nichts über das Wesen der verschiedenen Bereiche ihres eigenen Selbst.

Es gibt fünf solcher Bereiche in jedem von euch, aber ihr seid euch nur des äußersten, des materiellen Körpers *(annamaya kosha)* bewußt. Selbst von diesem habt ihr nur eine verschwommene Vorstellung und keine genaue Kenntnis. Es gibt tiefere Schichten, die ihr nicht kennt: den vegetativen *(prānamaya kosha)*, den geistigen *(manomaya kosha)*, den intuitiven *(vijnānamaya kosha)* und den Bereich der Glückseligkeit

13

(ānandamaya kosha). Diejenigen, die sich nur der materiellen Ebene bewußt sind, werden von ihren Wünschen und ihrem Verlangen hin und her gerissen und sind selten in der Lage, diese zu beherrschen und den edleren Impulsen des in ihnen verborgenen göttlichen Funkens zu folgen. Durch die *Veden* jedoch und die Schriften, die sie auslegen, werden sie inspiriert und dazu angehalten, die inneren Bereiche zu erforschen.

Die *Veden* bestehen aus drei Hauptteilen: Die Lehre vom rechten Handeln *(karmakānda)*, die Lehre vom Gottesdienst *(upasanakānda)* und die Lehre vom höchsten Wissen *(jnānakānda)*. Der erste ist der größte Teil und behandelt das Blühen des Baumes, das Keimen des Samens und das Heranwachsen der jungen Pflanze. Der zweite zeigt, wie die Pflanze Früchte trägt, während der dritte beschreibt, wie die Frucht zur vollen Reife gelangt. Die erste Phase dauert am längsten und nimmt deshalb den meisten Raum ein. Die beiden anderen gehen schneller und sind daher kürzer. Das Reifen der Frucht kann unter geeigneten Verhältnissen sogar getrennt vom Baum nach der Ernte erfolgen. Das bedeutet, daß der Mensch die beglückende Erfahrung des Wissens auch in der Gemeinschaft Gleichgesinnter oder ganz allein in der Meditation machen kann. Auf keinen Fall kann dieses Wissen von außen eingepflanzt werden, sondern es muß von innen heraus wachsen. Es ist eine Transformation des eigenen Wesens, die durch die Überwindung der inneren Feinde herbeigeführt wird.

Denkt mal einen Augenblick darüber nach: Ihr seid in diesem Körper, in diesem Behältnis, um Gott zu erkennen, der ihr wirklich seid. Dieser Körper ist der Kokon, in den ihr euch durch eure Impulse und Wünsche eingesponnen habt. Benutzt ihn, solange ihr ihn habt, um euch Flügel wachsen zu lassen, mit deren Hilfe ihr ihm entkommen könnt! Ihr kamt mit einem Schrei in diese Welt, der den Schmerz zum Ausdruck brachte, in sie hineingeboren zu werden, den Schmerz, die Verbindung zu Gott verloren zu haben. Entscheidet euch, sie nicht mit diesem Schmerz zu verlassen. Werdet ihn jetzt in diesem Leben los!

Es wurde gesagt, daß das *Rāmāyana* Epos sich im wesentlichen mit dem Leiden befaßt. Nun, Leiden gibt oft den ersten Anstoß zum Gebet. Es ist eine stärkere Triebfeder auf dem Wege zu Gott als die Ehrfurcht. Doch kümmert euch nicht um verlorene Chancen, um verlorene Zeit. Schaut nicht zurück, sondern vorwärts auf das Ziel. Inmitten all dieses widersinnigen Hassens und Liebens, dem sinnlosen Spiel von Haben und Horten, Verlieren und Lamentieren, Luftschlösser bauen und zerstören, findet ihr keine wirkliche Ruhe. Klimatisierte Zimmer und ein weich gepolstertes Sofa können euch keine Zufriedenheit geben. Diese wird euch nur zuteil, wenn ihr nicht zulaßt, daß dämonische Kräfte euch beeinflussen, sondern dem Göttlichen in euch zum Durchbruch verhelft. Alles im Universum ist göttliche Urenergie. Alles ist, erscheint und ist liebenswert. Es ist Sein, Bewußtsein, Glückseligkeit *(sat-cit-ānanda).*

Durch den *"mantra"*, der ihnen gegeben wurde, haben diese Jungen heute ihre spirituelle Weihe empfangen. Der *Guru*, der sie ihnen verleihen kann, muß selbst die Welt von Namen und Formen, die relativen Werte von Ehrgeiz und Erfolg überwunden und die Einheit in der Vielheit erfahren haben. Solche Männer prahlen nicht mit dem, was sie erreicht haben, noch streben sie nach Stellung und Belohnung.

Diese Jungen haben besonderes Glück. Ein günstiges Schicksal, dessen sie sich nicht einmal bewußt sind, hat sie zu dieser Feier hierhergebracht. In früheren Inkarnationen haben sie bewußt Gutes getan, dessen Früchte sie jetzt, ohne es zu wissen, ernten. Ein spiritueller Lehrer *(guru)* lehrt nicht etwas Neues. Er offenbart euch euer eigenes Selbst. Er erzieht euch dazu, den Spiegel eures Herzens sauber zu halten, so daß ihr euch unverzerrt darin sehen könnt. Der Schüler muß dem *Guru* bedingungslos und aufs Wort folgen. Strengt euch aufs äußerste an, die Wahrheit zu finden. Verlaßt euch dabei auf eure eigenen Fähigkeiten und Kräfte. Dann werden diese mit den Anforderungen wachsen, und das wird euch glücklich machen.

Viele dieser Jungen werden in die Vedantische Schule hier aufgenommen werden oder besuchen sie bereits. Sie werden sich gegenseitig in ihren Studien und spirituellen Anstrengungen anfeuern. Wenn eine Gruppe von Freunden euch zuruft: "Komm', komm' mit uns!", dann fühlt ihr euch zu ihnen hingezogen und nehmt gern an dem Abenteuer teil. Die erfahrenen Lehrer der Schule werden ihre Tugenden fördern und sie auf jedem Schritt begleiten. Ich pflanze den Sämling in eure Herzen, sie werden ihn gießen und düngen. Ab und zu werde auch Ich diese Aufgabe übernehmen, besonders dann, wenn sie nicht bei euch sind. Der See muß genügend Wasser haben, damit der Lotos nicht vertrocknet. Liebe ist das Wasser, welches das Herz füllen muß. Haß macht es zu einer dürren Einöde. Glaubt an die göttliche Kraft in euch, das ist die Medizin. Handelt im Geist der Hilfsbereitschaft und Liebe, das ist die Diät, an die ihr euch halten müßt.

Euch allen sage Ich: Laßt die Berge einstürzen und das Meer das Land verschlingen, aber gebt eure spirituelle Disziplin *(sādhana)* nicht auf. Denkt aber daran, daß diese nutzlos sind, wenn nicht gleichzeitig Tugend und Aufrichtigkeit in euch wachsen. Wenn ihr alles loslaßt und euch dem Herrn ergebt, wird Er euch beschützen und führen. Wenn ihr euch beklagt: "Oh, Er hat mich nicht beschützt", dann antworte Ich: "Ihr habt euch Ihm nicht ergeben". Der Herr aber will euch beschützen. Er erklärt, daß dies die Aufgabe ist, die Ihn hierhergebracht hat. Aber ihr redet nur davon, euch Ihm zu ergeben und Ihm alles zu Füßen zu legen, behaltet jedoch einen großen Teil für euch zurück. Eure Gedanken sind unstet wie es die Affen sind, die von Ast zu Ast springen. Übergebt sie Mir! Ich kann sie zähmen und harmlos machen. Wenn Ich sage: Sitz!, dann sitzen sie. Wenn Ich sage: Fuß!, dann folgen sie Mir. Das ist, was *Shankara* tat. Er übergab *Shiva* seinen Geist, der wie ein unruhiger Affe war, damit dieser ihn zähmen und dann Gefallen daran finden konnte. Doch die Übergabe muß vollständig sein. Keine Vorbehalte!   Prashanti Nilayam, 3.2.63

Sucht Mich

Die beiden *Pandits* haben euch soeben Kostproben des *Rāmāyana* gegeben. Der eine wählte als Thema die Gastfreundschaft, die der Weise Bharadwaja dem Bruder *Rāmas*, *Bharata*, erwies, und wie dieser darauf reagierte. Der andere, der im allgemeinen andere Themen bevorzugt, wurde überredet, in seinem Vortrag die Episode zu schildern, in der *Nārada* dem Weisen *Vālmīki* die Eigenschaften *Rāmas* beschreibt. Der Name *Rāmas* läßt alle Herzen höher schlagen, und so konnte Ich sehen, wie sehr euch diese beiden Vorträge erfreut haben. Wenn jemand über *Rāma* spricht, ohne selbst von der Herrlichkeit des Herrn inspiriert zu sein, dann klingt das ziemlich hohl, und niemand hat etwas davon. Es ist wie das Spiegelbild eines Tisches, der mit köstlichen Speisen beladen ist. Das Bild im Spiegel kann den Hunger nicht stillen. Aber diese beiden haben mit wahrer Begeisterung die Begebenheiten geschildert. Dennoch können Worte niemals die tiefe Freude beschreiben, die der Name des Herrn vermitteln kann. Sie können bestenfalls einen schwachen Abglanz davon wiedergeben.

Der Mensch kommt in die Welt, belastet mit falschen Vorstellungen *(māyā)*, welche die Erscheinungsformen in seinem Geist *(mind)* hervorrufen. Der Geist reagiert auf die Umwelt mit Zuneigungen und Abneigungen, mit Liebe und Haß. Zuneigung ist eine positiv-aktive Kraft *(rajoguna)*, die für den eigenen Fortschritt nutzbar gemacht werden kann. Abneigung dagegen ist ein negatives Gefühl *(tamoguna)*, das zu nichts führt. Auf diesen Gegensätzen beruht der Geist. Wenn sie aufgelöst werden, gibt es keine falschen Vorstellungen *(māyā)* mehr und dem Menschen wird höchstes Wissen *(jnāna)* zuteil. Laßt eure Zu- und Abneigungen los, und haltet euch fest am Namen des Herrn, dann löst sich der Geist *(manas)* mit seinen falschen Vorstellungen *(māyā)* im Göttlich-Absoluten auf. Die Taittirīya *Upanishad* analysiert den Geist und sein Verhalten sehr gut. Sie gibt Anleitung, wie der Geist in Gott aufgelöst werden kann. Sie gibt euch die Waffen, mit denen ihr Zu- und Abneigung bekämpfen und ihre verwirrenden Auswirkungen vermeiden könnt. Fühlt euch hingezogen zu Gott und hegt eine Abneigung gegen alles Böse, gegen Stolz und Egoismus. Wasser und Feuer sind unvereinbar. Das Wasser löscht das Feuer, aber

16

wenn ihr das Wasser mit Hilfe des Feuers in Dampf verwandelt, könnt ihr es benutzen, um eine lange Kette schwerer Eisenbahnwagen zu ziehen. Wie könnt ihr Zu- und Abneigungen überwinden? Durch Unterscheidungsvermögen, durch Nachforschen und durch logisches Denken. Kommt zur Wahrheit durch diese Mittel. Dem *Mahābhārata* zufolge, das von *Vyāsa* aufgezeichnet wurde, lebte *Duryodhana*, obwohl er falsch, habgierig und eifersüchtig war, in Saus und Braus, während *Yudhishthira*, der Älteste der *Pāndavas*, für seine hohe Sittlichkeit mit Exil, Armut und Entbehrungen belohnt wurde. Das bedeutet nicht, daß *Vyāsa*, der all dies schrieb, ein Betrüger oder ein Dummkopf war. *Yudhishthira* hielt trotz aller Unbilden an der göttlichen Ordnung *(dharma)* fest und verlor seinen Glauben nicht. *Duryodhana* wurde durch seinen Wohlstand weder bescheiden und vorsichtig, noch benutzte er ihn dazu, sein Unterscheidungsvermögen zu schärfen. So kommt es, daß wir heute, viele Jahrhunderte später, *Yudhishthira* verehren und *Duryodhana* verachten. Auch *Vālmīki* beschreibt im *Rāmāyana*, wie *Rāma*, als er einsam in der Wildnis umherirrte, nie vom Pfad der göttlichen Urordnung *(dharma)* abwich. Deshalb wird Er heute noch als Verkörperung dieser Ordnung verehrt. Für die Beziehung zwischen Lehrer *(guru)* und Schüler, wie sie zwischen diesen Jungen und den Lehrern, die sie in die Geheimnisse der *Gāyatrī* eingeweiht haben, hergestellt wurde, gibt es eine besondere Regel *(dharma)*. Diese bestimmt, daß der Schüler mit Dankbarkeit lernt, und der Lehrer *(guru)* mit Liebe lehrt. Es gibt Fälle, in denen der Schüler alles vergaß, was er gelernt hatte, wenn der Lehrer mit seinem Verhalten nicht zufrieden war.

Indien ist seit jeher das Land spiritueller Intuition, der Disziplin, der Selbstbeherrschung und der Selbstverwirklichung gewesen. Hier wurde das Wissen, daß alles eine Manifestation göttlicher Urenergie ist, gelehrt. Der ungestörte Gleichmut als Folge dieses Wissens entspringt der Erkenntnis des Wesentlichen und des Ursprungs. Das Wasser in Seen, Quellen und Flüssen ist alles Regenwasser. Geschmack, Farbe und Name mögen unterschiedlich sein, je nachdem wohin der Regen fiel und wie rein der Behälter war, der es aufgenommen hat. Die göttliche Gnade gleicht dem Regen: sie ist rein und klar und fällt gleichermaßen auf alle. Wie sie empfangen wird und wie sie sich auswirken kann, hängt vom Herzen des einzelnen ab.

Der Herr prüft den Menschen nicht zum Vergnügen. Er häuft nicht ein Unheil auf das andere, weil es Ihm Spaß macht. Prüfungen werden abgehalten, um Fortschritt zu messen und Auszeichnungen und Diplome zu verteilen. Ihr müßt darum bitten, geprüft zu werden, damit euer Fortschritt festgestellt werden kann. Was der Herr auch schicken mag, ob Glück oder Unglück, es muß mit der gleichen inneren Ruhe begrüßt werden.

Einer der beiden *Pandits* sprach darüber, daß der Weise Bharadwaja zum Empfang *Bharatas* den Krönungssaal mit einem juwelengeschmückten Thron und anderen Machtinsignien herrichtete. *Bharata* aber sah im Geiste seinen Bruder *Rāma* den Thron besteigen und stand hinter Ihm, um Ihm zu dienen. Der Weise begrüßte dieses echte Zeichen völliger Selbstlosigkeit und war froh, daß die Bürger dadurch den wahren Charakter *Bharatas* erkennen konnten. *Bharata* nahm an dem großen Fest, welches der Weise geplant hatte, nicht teil. Er war so niedergeschlagen durch das, was geschehen war, daß er nicht an Essen, Trinken oder Schlafen denken konnte. Nicht einen Tropfen Wasser nahm er zu sich, bevor er mit *Rāma* sprechen konnte. Alle seine Gedanken waren so auf *Rāma* konzentriert, daß die Menschen *Rāma* in der Form von *Bharata* sahen. Ununterbrochene Kontemplation hatte ihn zu einem genauen Abbild *Rāmas* werden lassen. Das ist die Tiefe der Hingabe, die Früchte trägt. Ihr aber verherrlicht Mich, wenn alles gut geht und nennt Mich kaltherzig, wenn euch ein Unglück widerfährt.

Es ist überliefert, daß *Rāma* durch den Nektar gezeugt wurde, den eine Gottheit seinem Vater *Dasharatha* aus dem Opferfeuer gebracht hatte. Kein *Avatar*, auch dieser nicht, ist auf natürliche Weise gezeugt worden. Der Körper des *Avatars* ist reines Bewußtsein und nicht Materie wie alle anderen. Der Embryo normaler Sterblicher schwimmt in einer wässrigen Flüssigkeit, der Embryo des *Avatars* ist von der reinen Milch der Heiligkeit umgeben. Darum ist das Wesen des *Avatars* makellos und ohne eine Spur der Eigenschaften, die den Menschen charakterisieren *(guna)*.

Dasharatha weinte, denn er hatte keine leiblichen Söhne, die ihm das letzte rituelle Mahl bringen konnten, als er aus dieser Welt schied. Wenn alle Wesen Erscheinungsformen des einen Absoluten und ihrem Wesen nach Gott sind, wer ist dann Sohn und wer ist Vater? Wenn diese höchste Stufe der Weisheit erklommen ist, dann ist das Selbst der Vater, Frieden ist die Mutter, Entsagung der Lebensgefährte, und der Herr ist der Sohn, der Brennpunkt der Liebe. *Dasharatha* wünschte sich die niedrigere Art eines Sohnes, einen männlichen Nachkommen, der ihm den letzten Dienst erweisen konnte. Darum kehrte sein Geist zu *Rāma* zurück, gerade in dem Augenblick, als *Sītā* sich anschickte, sich der Feuerprobe in Lanka zu unterziehen.

Nachdem *Rāvana* getötet war, bat *Rāma* Seine Brüder *Sugrīva* und *Lakshmana*, den tugendhaften jüngeren Bruder *Rāvanas*, Vibhishana, zum Herrscher von Lanka zu krönen. Dieser flehte *Rāma* an, daß Er Selbst ihn bei dieser feierlichen Gelegenheit segnen möge. Doch *Rāma* bestand darauf, daß sein Gelöbnis als Einsiedler zu leben, Ihm nicht erlaube, eine Stadt zu betreten. Dann befahl *Rāma* Hanuman, *Sītā* in einer Sänfte zu Ihm in das Feldlager zu bringen. Daran hatte Vibhishana, der zu sehr mit anderen Dingen beschäftigt war, nicht gedacht. *Hanuman* verbeugte

18

sich vor *Sītā* und sah dabei in einer Vision, wie *Lakshmī* den Wogen des Meeres aus Milch entstieg. Er hatte das Gefühl, daß diese Vision ihn für alle Geburten entschädigte, die ihm noch bevorstanden. Als die Sänfte sich dem Feldlager näherte, ging von ihr ein Glanz aus, der die Horden der Krieger *Hanumans* in Erstaunen versetzte. Daraufhin sandte *Rāma* einen Boten zu *Sītā* und bat sie, auszusteigen und den Rest des Weges zu Fuß zurückzulegen, damit alle Augen sich an ihrer Herrlichkeit sattsehen konnten. Dieser Vorfall ist in den Büchern nicht beschrieben.

Als *Sītā* einige Meter von Ihm entfernt war, rief *Rāma*, der weich wie Butter, aber auch hart wie Stahl sein konnte: "Bleib stehen! Ich kann dich nur empfangen, nachdem du durch das Feuer gegangen bist." *Lakshmana* war durch diese Entscheidung wie vom Blitz getroffen. Die Affen, die das Feuerholz zusammentragen mußten, seufzten unter der Last des kleinsten Zweiges. Die Feuerprobe diente zwei Zwecken: Sie sollte die verleumderischen Zungen, die zu allen Zeiten den *Avataren* nachspüren, zum Schweigen bringen. Außerdem sollte sie die wirkliche *Sītā*, die vor der Entführung durch *Rāvana* im Feuer Zuflucht genommen hatte, wieder hervorbringen.

Dasharatha erschien auch hier, um *Rāma* zu versichern, daß *Sītā* die Reinheit selbst war, und auch um das Verlangen des Vaters zu stillen, seinen Sohn zu sehen. Er brachte sein Wohlgefallen über die Gewissenhaftigkeit, mit der *Rāma* den Wunsch Seines Vaters respektierte, zum Ausdruck. Er sah, wie sich die gefallenen Krieger *Hanumans* vom Schlachtfeld erhoben und um *Rāma* versammelten. *Rāma* sagte: "Diese Krieger haben Mir als Werkzeuge gedient. Für sie gibt es deshalb keinen Tod und keine Wiedergeburt, es sei denn auf Meinen ausdrücklichen Befehl." Die Dämonen *Rāvanas* waren bereits erlöst, denn sie hatten mit ihrem letzten Atemzug eine Vision Gottes.

So muß auch der Mensch Sein Werkzeug werden, um dem Zyklus von Geburt und Tod zu entgehen. Er kommt auf die Welt als ein Gefangener seines Egos, von dem er sich befreien muß. Das kann nur dadurch geschehen, daß er der universalen Grundlage allen Seins gewahr wird. Ebenso wie ein armer Mann, der in einer Hütte lebt, die über einem verborgenen Schatz errichtet ist, so leidet der Mensch, obwohl er einen unerschöpflichen Quell der Freude in sich hat, dessen er sich nicht bewußt ist. Ich bin gekommen, um euch den Schlüssel zu diesem Schatz zu bringen. Ich zeige euch, wie ihr aus dieser Quelle schöpfen könnt, denn ihr habt den Weg zu wahrem Glück vergessen. Wenn ihr diese Gelegenheit, euch zu erlösen, versäumt, ist eben dies euer Schicksal.

Die meisten von euch sind gekommen, um von Mir wertlosen Tand zu bekommen, armselige kleine Heilungen und Unterstützungen, ein wenig Freude und Annehmlichkeit. Nur sehr wenige wünschen sich von Mir das, was zu geben Ich gekommen bin, nämlich Erlösung. Und selbst unter denen ist es nur eine Handvoll, die den Weg spiritueller Disziplin *(sādhana)* mit Erfolg gehen.

Viele werden durch die äußeren Zeichen der Heiligkeit angezogen: durch das lange Gewand, den Bart, den Rosenkranz. Sie bleiben auf den Spuren vieler solcher Menschen, die im Land umherziehen und folgen ihnen in die Einsamkeit. Es ist sehr schwer, die Inkarnation des Herrn klar zu erkennen, und deshalb kündige Ich Mich selbst an und beschreibe Meine Mission, die Aufgabe, die Charakteristika und die Eigenschaften, die den *Avatar* auszeichnen und Ihn von den anderen unterscheiden. Verlangt nicht nach Annehmlichkeiten und Reichtum, sondern sehnt euch nach der Glückseligkeit *(ānanda)*. Wenn ihr einen festen Glauben habt und der Name *Rāma* euer ständiger Begleiter ist, dann seid ihr immer im Himmel *(vaikuntha)*. Dieser ist nicht eine ferne Region, die ihr durch eine beschwerliche Reise erreichen müßt. Er ist die Quelle ruhiger Gelassenheit in eurem eigenen Herzen. Nirgendwo in der Welt seid ihr der größten Quelle dieser Freude näher als hier. Hier ist sie so nah, so leicht zu erreichen, so voller Gnade. Wenn ihr diese Gelegenheit versäumt, wird sie sich euch kaum noch einmal bieten. Bittet um das, was euch frei macht, und nicht um das, was euch bindet. Ihr bittet Mich um tausend weltliche Dinge, aber selten verlangt ihr nach "Mir". Darum spreche Ich euch auch selten als "*Devotees*" *(bhakta)* an, sondern als "Inkarnationen des Göttlichen", denn das ist, was ihr wirklich seid. Obwohl ihr es nicht wißt, ist es eine Tatsache. Deshalb kann Ich euch mit "Göttliche Inkarnationen der Höchsten Allmacht" ansprechen, aber die Bezeichnung "*Devotee*" muß durch eine Hingabe gerechtfertigt sein, die nur auf den Herrn und nichts anderes ausgerichtet ist. Ich finde, daß ihr darauf keinen Anspruch erheben könnt. Einige von euch bezeichnen sich als *Devotees* von Sai, *Rāma* oder *Krishna*. Nein! Diesen Namen verdient ihr nur, wenn ihr vollkommene Werkzeuge in Seiner Hand seid. *Bharata* war berechtigt, sich als *Devotee Rāmas* zu bezeichnen. Mit jedem Atemzug wiederholte er Seinen Namen, er war "mit" Ihm in der Einsamkeit und auf dem Schlachtfeld, er erduldete ebensoviel wie *Rāma*, er war ein Einsiedler wie sein Bruder. Schließlich wurde er ebenso dunkelhäutig wie *Rāma*.

Zuhören, nachdenken über das, was man gehört hat, und das praktizieren, was der so beeinflußte Geist diktiert. Das sind die Methoden, durch welche die dämonischen Tendenzen bezwungen werden können. Und welches sind diese Tendenzen? Es sind Lust, Habsucht, ungezähmtes Verlangen nach den Dingen der materiellen Welt, Egoismus und der ganze Rest der giftigen Brut.

Wenn ein Milchtopf auf dem Herd überkocht, schüttet ihr kaltes Wasser hinein, und die Milch beruhigt sich, nicht wahr? Der heißblütige Weise Durvasa ist das Beispiel für einen Topf, der überkocht, *Nārada* dagegen für den Topf, der das nicht tut. Er führte immer den Namen des Herrn auf seiner Zunge, und so konnten die Sinne keine Gewalt über ihn gewinnen. Wenn auch ihr eure Sinne und eure Wünsche im Zaume haltet, dann wird euch euer Besuch hier und das, was ihr gelernt habt, Nutzen bringen. Dann werde Ich glücklich sein, daß ihr den Weg eingeschlagen habt, der euch wirkliche Kraft und echte Freude gibt. Prashanti Nilayam, 4.2.63

Die Suche nach *Sītā*

Seit drei Tagen haben die *Pandits* hier über das *Rāmāyana* gesprochen. Das ist verständlich im Falle eines Experten wie Dikshith. Aber auch die anderen haben, abweichend von ihren sonstigen Themen, über das *Rāmāyana* gesprochen. Dieses ist natürlich ein unendliches Meer, das jede Menge von Kanälen speisen kann. Ich fragte Mich, ob wohl heute jemand auf das Wesen *Krishnas* eingehen würde. Nun, man kann nie müde werden, über *Rāma* zu hören, denn die Wirklichkeit des Herrn ist immer neu, erfrischend und köstlich. So ist auch das Leben immer neu! Jedes Leben ist eine neue Gelegenheit, die Wahrheit zu erkennen. Das Gestern ist vergangen, das Heute bietet euch die frische Chance, neue Möglichkeiten, und über das Morgen seid ihr im Ungewissen. Jede Minute muß als einzigartig, ja als kostbar begrüßt werden. Macht euch keine Gedanken über die viele Zeit, die ihr vergeudet habt, sondern erfaßt den Augenblick, der euch zur Verfügung steht.

Sucht nach dem Herrn, wie *Hanuman* nach *Sītā* suchte! Er kannte sie nicht. Er hatte nur ihre Beschreibung gehört. Außerdem konnte er sich vorstellen, wie sie sein mußte, wenn *Rāma* so sehr nach ihr verlangte. Dies war nichts weniger, als das Urverlangen der Gegensätze, sich zu vereinigen, das Verlangen des Urtypus Mensch *(purusha)* nach der Natur *(prakriti)*, des Schöpfers nach der Schöpfung. So wie *Hanuman* in Lanka nach *Sītā* suchte, so sollte der Mensch in der Vielfalt der weltlichen Wechselbeziehungen nach der alles belebenden Urenergie suchen.

Da ihr das nicht kennt, wonach ihr sucht, müßt ihr es an den Eigenschaften erkennen, die ihm zugeschrieben werden. Dabei sind es nur die Erfahrungen der Weisen, die als Führer, als Orientierungskarte dienen können. Diese sind im *Bhāgavatam*, im *Rāmāyana* und in den *Purānas* festgehalten. Habt eine Vorstellung dieser Schöpferkraft, dieser Urmutter der Welten, deren Züge rein und klar sind, in eurem Herzen. Dann könnt ihr mutig in das Land der Dämonen eindringen und werdet siegreich sein. Vertieft euch in die Suche, festigt euren Glauben, dann werdet ihr das höchste Glück erfahren. Wer kann die Merkmale *Sītās*, nach der ihr sucht, beschreiben? Nur *Rāma* kann es. Vertraut euch Seiner

21

Führung an, denn Er ist ihr Herr und Gebieter. Die *Veden* gleichen Ihm. *Lakshmana, Sugrīva* und die übrigen sind wie die *Shāstras*: ihre Aussagen beruhen auf Schlußfolgerungen und nicht auf eigentlichem Wissen. Sie haben *Sītā* nicht beschrieben, und sie konnten es nicht, weil sie ihr nie ins Antlitz geschaut hatten.

Als *Rāma* die Einsiedler in Chitrakuta besuchte, versammelten sich die Weisen, Heiligen und vedischen Scholaren um Ihn. Ihre Dankbarkeit dafür, daß Er sie durch Seine Anwesenheit segnete, lag wie eine Blumengirlande um Seine Schultern: viele Blüten, aufgereiht an dem Faden tiefer Hingabe. Sie wußten, daß *Rāma* beides war: die Form und das Formlose. Sie wußten, daß Er gekommen war, um die göttliche Ordnung *(dharma)* wiederherzustellen. Nur durch diese Ordnung und durch das Handeln *(karma)* innerhalb dieser Ordnung, kann der Mensch sicher sein, Frieden und Erlösung zu finden.

Alle *Avatare* bestehen auf der göttlichen Urordnung *(dharma)*. Diese wiederherzustellen ist der erklärte Zweck ihres Kommens. Und wozu dient diese Ordnung? Zur Befreiung von den Fesseln der Unwissenheit!

Ein Flugzeug muß an bestimmten Orten landen, um diejenigen aufzunehmen, die durch den Kauf eines Flugscheines den Anspruch auf einen Flug erworben haben. So kommt auch der Herr auf die Welt, um diejenigen, die das Recht auf Erlösung erworben haben, zu retten. Dadurch hören auch andere von dem Herrn, von Seiner Gnade und wie sie gewonnen werden kann, von dem Glück, das die Erlösung mit sich bringt. Es gibt auch heute noch Menschen, die den Luftverkehr ablehnen und die Erfindung kritisieren. So gibt es auch Menschen, die den *Avatar*, der gekommen ist, um sie zu retten, kritisieren.

Dikshith sprach über Kabandha, die Gottheit, die durch einen Fluch in ein Ungeheuer verwandelt worden war. Dieser beschimpfte *Rāma* und wollte Ihn bei lebendigem Leibe verschlingen. Aber *Rāma* erlöste ihn von dem Fluch und stellte seine frühere Herrlichkeit wieder her. Wenn ihr die *Brahmanen* und die *Veden* geringschätzt, entfernt ihr euch von Mir. Wenn ihr dieser Versuchung widersteht, werdet ihr in Meinen Bannkreis gezogen. Als *Rāma* nach der Hochzeit nach *Ayodhyā* zurückkehrte, begegnete Ihm Parasurama, der Erzfeind der *Kshatriyas*. Er war wutentbrannt, schrecklich anzusehen, denn er hatte das Klirren gehört, mit dem der Bogen *Shivas* zerbrach, als *Rāma* ihn spannte. Er forderte *Rāma* zu einem Zweikampf heraus. Aber *Rāma* sagte: " Ich respektiere dich, denn du bist ein *Brahmane* und ein Verwandter *Vishvāmitras*."

Jeder Schritt auf dem Wege eines *Avatars* ist vorbestimmt. Als Surpanakha, die Schwester *Rāvanas*, Ihm in der Wildnis begegnete, wußte *Rāma*, daß dies nur ein Vorspiel zu dem Kommen *Rāvanas* war. Schon vor Seiner Inkarnation als Mensch hatte der Herr entschieden, daß auch die Manifestation des weiblichen Aspekts der Urenergie *(shakti)* notwendig sei, um *Rāvana* zu überführen. *Rāvana* hielt sich so streng an alle religiösen Vorschriften, daß nur eine große Sünde den Segen der Götter, den er sich verdient hatte, null und nichtig machen konnte. *Sītā* hatte, als Vorbereitung für die Lanka Episode, zum Feuer Zuflucht genommen, und die Feuerprobe, durch die *Rāma* sie zu gehen bat, war nur nach außen hin eine solche. Sie wurde nur inszeniert, um die wirkliche *Sītā* wiederzugewinnen. Das ist das Wirken des *Avatars*. Er verkündet Seine wahre Natur nicht. Er läßt das Geschehen für sich sprechen. Jatayu, der König der Geier, der von *Rāvana* tödlich verwundet worden war, erkannte die göttliche Natur *Rāmas* und sagte: "*Rāma*, ich bin zufrieden. Ich habe die höchste aller Freuden erlebt. Ich habe Dich gesehen, Du hast mich berührt, ich habe mit Dir gesprochen und Deine Stimme in mich eingesogen." Nur *Rāma* kennt die Bedeutung jeder Seiner Schritte und wohin der nächste führt. Er bahnt sich Seinen eigenen Weg.

Euch wurde gesagt, daß *Rāma* gezeigt hat, wie man Leiden erdulden muß und *Krishna*, wie man es überwinden kann. Das ist nicht richtig. *Rāma* war immer voll des inneren Glücks *(ānanda)*, auch wenn Er nach außen hin *Sītā* beweinte. Nur Er allein kennt Sein wahres Wesen. Was können die anderen wissen? Bestenfalls können sie einen Schimmer Seiner Gnade erspähen und auch das nur, wenn sie sich tief ins Gebet versenken. Denkt an Ihn, ruft Ihn, und Er wird sich eurer annehmen. In welcher Form Er auch erscheinen mag, eure Intensität wird euch befähigen, Ihn zu erkennen. Er mag als Hirtenjunge mit der Flöte an den Lippen unter einem Baum stehen. Ihr werdet Ihn sehen, anbeten und in euer Herz schließen. Ihr sagt, der Herr sei Liebe, Güte und Gnade. Aber sehnt ihr euch danach, diese als Gaben von Ihm zu empfangen? Glaubt ihr daran, daß ihr sie gewinnen könnt? Bemüht ihr euch, sie euch zu verdienen?

Nehmt Surpanakha, die Schwester *Rāvanas* als Vorbild. Sie wurde von *Lakshmana* verwundet, von *Rāma* zurückgewiesen und von *Sītā* lächerlich gemacht. Sie wurde in jeder Weise gedemütigt. Voller Schrecken flüchtete sie zu ihrem Bruder. Und was bat sie ihn zu tun? Sie beschrieb den himmlischen Charme, die göttliche Anmut *Rāmas* und riet ihm, sein Herz mit der Güte zu füllen, die von *Rāma* ausging. *Rāma* kam, um die Wurzeln der Wahrheit *(satya)* und der göttlichen Ordnung *(dharma)* zu stärken. *Sītā* half Ihm durch das Beachten vorgeschriebener, orthodoxer Riten. *Sītā* wurde niemals wirklich entführt. Die Aufgabe des *Krishna Avatars* war es, den Frieden *(shānti)* und die Liebe *(prema)* zu fördern. Heute sind alle vier in der Gefahr zu verdorren. Die göttliche Ordnung *(dharma)*, die nur noch in der Einsamkeit zu finden ist, muß in den Städten und Dörfern wieder errichtet werden. Die Sittenlosigkeit *(adharma)*, welche die Dörfer und Städte ruiniert hat, muß vertrieben werden. Ihr werdet keine Ruhe finden, bis das geschehen ist, denn ist es euer Problem; ein Problem, das jeden von euch angeht.

23

Jetzt seid ihr euch der mit diesem Problem verbundenen Aufgabe, der Notwendigkeit der Erlösung, nicht bewußt. Es war einmal ein König, dem ein Höfling diente, der so faul und träge war, daß er immer, wenn der König ihm befahl, jemanden aufzusuchen, faule Ausreden gebrauchte, wie z.B. "Vielleicht ist er nicht zu Hause", "Was soll ich tun, wenn er mich nicht einläßt?", "Vielleicht wird er wütend", "Ich werde nicht rechtzeitig zurückkommen" usw. Daraufhin ließ der König das Wort "Narr" auf ein Band sticken und befahl ihm, dieses immer um seinen Kopf zu binden, damit andere daraus lernen könnten. Der Höfling wurde zum Gespött des ganzen Hofes. Wenige Monate später lag der König auf seinem Sterbebett, und die Höflinge versuchten, sich gegenseitig mit Jammern und Klagen zu übertreffen.

Als der Narr sich dem König näherte, sagte dieser mit Tränen in den Augen: "Mein lieber Narr, ich schicke mich an, die letzte Reise anzutreten." Der Narr sagte: "Wartet, Herr, ich werde euch den königlichen Elefanten bringen." Aber der König schüttelte traurig den Kopf und sagte: "Kein Elefant kann mich dorthin tragen, wohin ich gehen muß." Der Narr schlug einen Wagen oder das königliche Streitroß vor. Aber ihm wurde gesagt, daß diese auch nicht helfen könnten. Daraufhin fragte der Narr den König voller Unschuld: "Wo liegt der seltsame Ort, an den ihr euch begeben müßt?" Der König antwortete: "Ich weiß es nicht." Da nahm der Narr das Band von seiner Stirn, heftete es an die des Königs und sagte: "Ihr verdient es viel mehr als ich! Ihr wißt, daß ihr gehen müßt, aber ihr wißt nicht wohin. Ihr wißt, daß Elefanten, Wagen oder Pferde euch nicht dorthin bringen können, aber ihr wißt nicht, wo es ist und wie es dort aussieht." Ihr aber könnt eine Ahnung von jenem Ort bekommen, wenn ihr eure Taten und Gedanken in die richtige Richtung lenkt, jetzt, in diesem Leben. Prashanti Nilayam, 5.2.63

Bringt Licht in euer Leben

Einige von euch mögen dieser Festlichkeiten zu Ehren *Rāmas* überdrüssig sein, aber für den, der Gott liebt, ist Sein Name immer frisch und gewährt unvergängliche Freude. Jedesmal, wenn dieser Name über die Zunge rollt, vermittelt er Harmonie und heitere Gelassenheit. Ich muß euch heute Dinge sagen, die Ich euch schon oft gesagt habe, denn eine Medizin muß genommen werden, bis sich ihre heilende Wirkung einstellt. Ihr wascht auch euer Gesicht jeden Tag. Eine Mahlzeit genügt euch nicht; ihr müßt immer wieder essen.

Zorn entsteht in einem Augenblick, aber die Ausgeglichenheit, die von dem Auf und Ab des Lebens nicht berührt wird, ist das Ergebnis jahrelanger Übung im Praktizieren vedantischer Philosophie. Sie kann nur gefunden werden, wenn man erkennt, daß alle Dinge, die mit den Sinnen wahrgenommen werden, in Wirklichkeit nicht existieren. Sie sind das Ergebnis der verhüllenden Illusion *(māyā)*, die Mannigfaltigkeit vorspiegelt, wo nur Eines wirklich ist. Ihr seht, wie eine Leiche nach der anderen zum Friedhof getragen wird, aber ihr tut, als ob euch das nichts angeht. Ihr haltet euch für unsterblich.

Tatsächlich seid ihr das auch. Ich meine euer wirkliches "Selbst". Ebenso wie das Wasser, das ihr trinkt, durch Transpiration verdunstet, so können die Folgen früheren Handelns *(karma)* mit Gleichmut ertragen und überwunden werden. Darum begrüßt Freud und Leid mit gleicher Gelassenheit. So, wie die Luft in einem Topf eins wird mit der Luft, die diesen umgibt, in vollkommener Stille, ohne die geringste Spur der Verschiedenheit und der Trennung, so sollt ihr eins werden mit dem Unendlich-Absoluten. Das ist wirklich *"sharanāgati"*, Hingabe, Erlösung, Befreiung.

Rāma wird als der ideale Sohn verehrt, der die Wünsche Seines Vaters ohne Rücksicht auf Sein eigenes Glück respektierte. In dieser Hinsicht aber ist *Bhīshma* ein noch besseres Beispiel. Einer Laune seines Vaters folgend brachte er noch größere Opfer als *Rāma*. Um ein Gelübde einzulösen, veranlaßte *Rāmas* Vater Ihn, für vierzehn Jahre ins Exil in die Wildnis zu gehen, während der Vater *Bhīshmas*, einem sinnlichen Verlangen seines alternden Körpers folgend, seinen Sohn dazu brachte, auf den Thron und auf die Ehe zu verzichten. Dabei ist das Wichtige nicht der Gehorsam einer Laune des Vaters gegenüber, sondern das strikte Festhalten an der göttlichen Wahrheit und Ordnung *(dharma)*.

Dikshith hat vorhin gesagt, daß ein König normalerweise nicht in den Himmel komme, weil er früher oder später einmal einen Kompromiß eingehen muß, bei dem Wahrheit und Gerechtigkeit verletzt werden. Aber sein Königreich ist wie der Körper des Königs. Er muß dem Wohlergehen des entferntesten Teiles seines Königreiches ebensoviel Aufmerksamkeit schenken wie dem Wohlergehen seiner großen Zehe oder seiner Kopfhaut. Jedes Leid, das irgendwo erfahren wird, muß er fühlen, wie einen Schmerz in seinem Körper, und es so schnell wie möglich lindern. Ein solcher König wird mit Sicherheit in den Himmel kommen. Er ist in der Tat gesegnet. *Janaka* z.B. fühlte, daß alles Gott gehörte und nicht ihm selbst. Obwohl er einen Körper und die Verantwortung eines Königs hatte, wußte er, daß er nicht von dieser Welt war.

Um eine Last bergauf zu tragen, braucht man alle verfügbaren Kräfte. Auf steiler Straße muß man im Auto Gas geben und in den richtigen Gang schalten, um vorwärtszukommen. Der spirituelle Lehrer *(guru)*, der euch unterrichtet, kann nichts tun, um euch voranzubringen. Er kann nur den Weg zeigen. Ihr müßt die Herrschaft über die Sinne, durch die eure Lebensweise und euer Denken geändert wird, selbst erringen. Die Sinne sagen: "Warum sich anstrengen? Iß und trink und sei vergnügt, solange du kannst." Aber der *Guru* sagt: "Der Tod kommt unverhofft. Überwinde die Furcht jetzt, bevor er dich ruft. Das Jetzt ist dein wirklicher Freund. Das Gestern hat dich getäuscht und ist vergangen. Das Morgen ist ein zweifelhafter Besucher. Das Heute ist dein wahrer Freund, bleibe ihm treu." Als *Dharmaja* einmal einem Wandermönch versprach, ihm bei einer Opferhandlung *(yajna)* zu helfen und ihn bat, am nächsten Tag wiederzukommen, ließ *Bhīma* die Trommeln schlagen und die Flaggen hissen und verkündete: "Mein Bruder denkt, daß er morgen noch leben wird! Er glaubt es wenigstens." Der Tod folgt euren Spuren, wie ein Tiger im Busch. Darum vergeudet keine Zeit, sondern bemüht euch, Zorn und Faulheit loszuwerden. Bewahrt die Ruhe mitten im Sturm! Sucht friedliche Gesellschaft! Warum versucht ihr, den Duft der Räucherstäbchen, die auf dem Markt erhältlich sind, um euch zu verbreiten? Laßt den Duft heiliger Gedanken, voller Liebe für alle, um euch sein. Impulse, die das Erbe vieler Inkarnationen und Erfahrungen sind, können durch die Flamme der Weisheit *(jnāna)* zu Asche verbrannt werden. In der Hitze dieses Schmelzofens wird die Schlacke verbrannt und wertvolles Metall gewonnen.

Spirituelles Bemühen *(sādhana)* erfordert regelmäßige Gewohnheiten und Mäßigung in Essen, Schlafen und in körperlicher Ausarbeitung. Fasten schwächt das Denk- und Unterscheidungsvermögen. Ihr müßt für Körper, Geist und Seele gleichermaßen sorgen. Nur wenn ihr Muskeln aus Eisen und Nerven aus Stahl habt, könnt ihr die unvorstellbar verwandelnde Kraft der Idee des Non-Dualismus *(advaita)* erfassen. Ihr Selbst seid das Universal-Absolute, die ewige Wirklichkeit! Das Wahre als wahr und das Unwirkliche als unwirklich zu erkennen, erfordert Klarheit der Einsicht und den Mut zur Einsicht.

In der Mitte der Festung mit den sieben Mauern, in denen sich das Gefühl für Besitz und die sechs schlechten Eigenschaften Lust, Zorn, Geiz, Vergnügungssucht, Stolz und Neid befinden, ist ein Garten mit einem See, auf dem sich der himmlische Schwan Hamsa, das Symbol für die Fähigkeit, das Rechte zu tun und das Schlechte zu meiden, tummelt. Das ist eine getreue Darstellung eures eigenen Selbst. Erkennt es, und ihr seid gerettet. Ihr seid auf diese Welt gekommen, um eins zu werden mit dem Herrn dieser Welt. Darum verweilt nicht in den Wirtshäusern am Wege, in dem Glauben, sie seien das Ziel. Auch der Herr wartet sehnlichst auf die Ankunft des verlorenen Sohnes, so wie eine Kuh, die nach ihrem Kalb verlangt.

Krishna befand sich einst in großer Verlegenheit: Es war der Geburtstag von *Rukmiṇī*, aber auch der Jahrestag seiner Hochzeit mit *Satyabhāmā*. Beide Königinnen erwarteten, daß Er sie in ihrem Palast aufsuchen würde. Sehr zum Ärger der stolzen *Satyabhāmā* ging *Krishna* zu *Rukmiṇī*, und erst nachdem Er an deren Fest teilgenommen hatte, begab er sich zum Palast *Satyabhāmās*. Diese war zutiefst gekränkt und verärgert, und aus Groll bot sie *Krishna* keine Erfrischung an. Aber dieser pflückte sich selbst ein paar Früchte im Garten, und während er sie aß, bewunderte Er den vorzüglichen Geschmack und die Sorgfalt, mit welcher die Königin den Garten pflegte. Das versöhnte *Satyabhāmā*, und sie vergaß das Gefühl, beleidigt worden zu sein. Der Herr ist freundlich in jeder seiner Handlungen, Worte und Gesten. Er ist die Güte selbst.

Denkt an das Beispiel *Rāmas*. Bairagi Sastry hat ein Gedicht über die Lotosfüße *Rāmas* auf den dornigen, steinigen Pfaden des Dschungels vorgetragen. Der Gedanke an diese Unbilden war *Kaikeyī* nicht gekommen, als sie Seinen Vater bat, Ihn ins Exil zu schicken. Erst als sie *Rāma, Sītā* und *Lakshmana* in der Einsiedelei traf, in der ihr Sohn *Rāma* anflehte, auf den Thron zurückzukehren, wurde ihr die Ungeheuerlichkeit dessen, was sie getan hatte, bewußt. Aber *Rāma* fühlte nie einen Dorn oder einen Stein. Er Selbst hatte diesen Aufenthalt in der Wildnis geplant, um den Glauben der Weisen zu stärken und ihnen ihre Furcht zu nehmen.

Er räumt die Hindernisse aus dem Weg Seiner Gläubigen! Welche andere Aufgabe könnte Er auch haben? Nur der Träger kennt die Last auf seinen Schultern. Das geringste Leid in euren Herzen empfindet Er auf gleiche Weise. Seit einer Woche ist hier eine alte Frau mit ihrem fünfundzwanzig Jahre alten Sohn, der behindert ist und nicht für sich selbst sorgen kann. Sie hat keine Vorstellung davon, wie sehr Ich Anteil nehme. Ich fragte sie: "Hat er seinen Kaffee heute morgen getrunken?" und ermahnte sie: "Bringe ihm etwas zu essen. Er ist hungrig." Ihre Besorgnis war nur ein Bruchteil der Meinen! Ihr denkt, Ich beachte nur diejenigen, die hier in den vordersten Reihen sitzen. Aber Ich sehe alle und bin mit jedem, wo er auch sein mag. Nur wer gesegnet ist, weiß das. Die anderen nicht.

Ohne Brennstoff kein Feuer. Ohne spirituelle Anstrengung *(sādhana)* keine freie Entfaltung des Willens *(sankalpa)*. Füllt die Lampe mit Öl und entzündet den Docht! Ihr seid auf einer Pilgerfahrt ins Jenseits und dürft euch deshalb nicht zu lange im Diesseits aufhalten! Früher oder später, in diesem Leben oder im nächsten, müßt ihr erkennen, daß all dies nur ein Traum ist, den ihr für wirklich haltet. Ihr müßt eure Koffer packen und euch auf die Reise begeben. Hier ist alles unwirklich *(asatya)*, strebt nach dem Wirklichen *(satya)*. Hier ist Dunkelheit *(tamas)*, strebt nach dem Licht *(jyotis)*. Hier ist das Reich des Todes; begebt euch in das Reich, in dem Unsterblichkeit regiert. Der Baum scheint vertrocknet zu sein, aber er wird blühen und Früchte tragen. Verzweifelt nicht! Ich werde ihn wiederbeleben, vorausgesetzt, daß der Lebenssaft der Reue fließt. Geht einen Schritt vorwärts, und Ich werde euch hundert Schritte entgegenkommen. Vergießt nur eine Träne, und Ich werde hundert Tränen von eurem Auge trocknen. Das ist Mein Segen. Mögt ihr Glückseligkeit *(ānanda)* erfahren.

Wenn die Nacht kühl wird, hüllt ihr euch fester in eure Decken, nicht wahr? So hüllt auch euren Geist, wenn Leid euch überfällt, fester in die Wärme des göttlichen Namens. Von den Millionen Menschen Indiens gewährt ein gütiges Schicksal nur euch das Glück dieser Begegnung. Laßt zumindest den Wunsch nach Erlösung in euch keimen. Wenn ihr danach verlangt, werde Ich dafür sorgen, daß er wächst und in Erfüllung geht. Um den Nektar der Gnade aufnehmen zu können, muß das Gefäß sauber sein. Reinigt es und verlangt nach dem Nektar. Sonst müßt ihr später bedauern, daß ihr die Gelegenheit, als sie greifbar nahe vor euch lag, verpaßt habt. Ihr könnt Mich nicht im Handumdrehen und auch nicht in ein paar Tagen kennenlernen. Das ist ein Vorgang, der stufenweise vor sich geht und seine Zeit erfordert. Dafür braucht ihr Unterscheidungsvermögen und müßt euch von allen Bindungen lösen.

Ihr sitzt nun hier seit vier Stunden, und einige von euch winden sich und haben Rückenschmerzen. Vergeßt die Schmerzen! Aber betet, daß ihr euch euer ganzes Leben lang dieser Stunden bewußt bleibt, denn ihr habt Lehren empfangen, die euer Leben erleuchten und lebenswert machen werden. Prashanti Nilayam, 6.2.63

Heim oder Höhle

Dikshith sprach von der Herrlichkeit des Herrn, und auch die anderen Redner berichteten von vorbildlichen Menschen, die sich bemühten, die Wahrheit zu finden. Jeder sollte daran interessiert sein, von ihnen zu hören, denn jeder sollte – wie sie – ein Leitbild haben, das er zu verwirklichen, ein Ziel, das er zu erreichen sucht. Andernfalls wird sein Leben zu einer ziellosen Irrfahrt. Die junge Pflanze braucht Erde, um zu wachsen. Um ein Ziel für sein Leben zu finden, muß man die Kämpfe und Erfolge der Heiligen und Weisen kennen. Ihre Erfahrungen sind nicht alle die gleichen. Je nach den äußeren Umständen und nach Veranlagung hat das Leben eines jeden Suchers *(sādhaka)* eine andere Geschichte zu erzählen. Aber alle haben das Göttliche zum Mittelpunkt, auch wenn die Ansichten und die Leistungen, die vollbracht wurden, unterschiedlich sein mögen. Der Palast indischer Kultur ist aus wunderbaren Steinen erbaut, und jeder Block ist das mühevolle Streben *(tapas)* dieses oder jenes Heiligen. Nicht einer darf vernachlässigt werden, denn wenn seine Errungenschaften in Vergessenheit geraten, verlieren die Mauern des Palastes an Festigkeit. Denkt z.B. an *Agastya*. Ich erwähne ihn, weil sein Name vorher genannt wurde. Er und *Vasishtha* waren die Kinder von Mitra und *Varuna*. Allein durch die Kraft eines *"mantra"* setzte er dem wüsten Treiben der vielen Unholde ein Ende. Er veranlaßte die himmelstürmenden Vindhya Berge, sich vor ihm zu verneigen, so daß sie flacher wurden. Das bedeutet, daß er die Stolzesten im Lande Bescheidenheit lehrte. Es wird auch berichtet, daß er das ganze Meer mit einem Schluck ausgetrunken hat. Dadurch wird angedeutet, daß er den Kreislauf von Geburt und Tod *(samsāra)* und den damit verbundenen Wechsel von Freud und Leid, Glück und Unglück, Erfolg und Mißerfolg überwunden hatte. Mit diesen Ereignissen sollen nicht übernatürliche Kräfte *(siddhi)* verherrlicht werden. Es sind Gleichnisse, durch welche deutlich gemacht werden soll, daß er – obwohl er kein Mönch, sondern ein verheirateter Mann war – jedes Verlangen, das ihn an weltliche Dinge band, überwunden hatte. Verlangt nur nach dem Ziel – das ist das Zeichen der Weisen.

Kabir webte einen Gebetsteppich für den Herrn, für seinen geliebten *Rāma*. Er arbeitete allein pausenlos am Webstuhl und wiederholte dabei ununterbrochen: *Rāma, Rāma, Rāma*. Der Teppich war schon mehrere Meter lang, aber *Kabir* konnte nicht aufhören. Mit unverminderter Konzentration fuhr er in seiner heiligen Arbeit *(tapas)* fort, und so wurde der Teppich länger und länger. Die Glückseligkeit, welche die Arbeit für den Herrn ihm vermittelte, ersetzte ihm Speise und Trank. Als er dem Tempelpriester den Stoff übergab und dieser die Statue *Rāmas* damit bekleidete, hatte er genau die richtige Größe, und nicht ein Fingerbreit war zuviel. Solche Männer sind die Quelle der Freude, an der die spirituellen Menschen Indiens ihren Durst stillen.

Ein Heim muß vom Namen des Herrn widerhallen, sonst ist es nur eine Höhle, die den Tieren als Unterschlupf dient. Der Körper braucht Obdach, aber auch er selbst ist ein Haus, in dem der Name des Herrn ertönen muß. Sonst ist er ein Lehmklumpen und kein Körper.

Heutzutage wütet eine heimtückische Krankheit unter den Menschen: der Unglaube. Sie zerstört die zarten Keime des Glaubens und legt das Leben in Schutt und Asche. Ihr urteilt, ohne Kenntnis von den Dingen zu haben. Zweifel und Zorn vergiften euch und machen euch krank. Sie müssen ausgerottet werden, bevor sie Zeit haben zu wachsen. Wiederholt *Rāmas* Namen, ob ihr an seine Wirkung glaubt oder nicht. Das allein schon läßt den Glauben in euch wachsen. Es vermittelt euch die Erfahrungen, aus denen der Glaube sich entwickeln kann. Es war einmal ein Fischer, der sein Netz im See ausgeworfen hatte und Wache dabei hielt, weil er befürchtete, Diebe könnten ihm seinen Fang stehlen. Er saß auf einem Baum und – um besser sehen zu können – pflückte er einige Blätter und brach ein paar Äste. Es war ein heiliger Bilva-Baum, und es war Neumond, die Nacht Shivas *(shivarātri)*, ja sogar die Nacht des jährlichen *Shiva*-Festes *(mahāshivarātri)*. Wo die Bilva-Blätter den Boden berührten, bildete sich sofort ein *"linga"*, das Symbol *Shivas*. Der Fischer hatte nichts zu essen, und so kam er ungewollt in den Genuß einer Nachtwache mit dem dazugehörigen Fasten. Seine Frau wartete in der Hütte, und gerade als sie sich zum Essen niedersetzen wollte, schlich sich ein Hund in die Hütte. Sie sah, daß er sehr hungrig war, und so nahm sie ihren Teller, folgte ihm und fütterte ihn im Geiste eines Opfers. So hielt auch sie die Nachtwache und fastete. Am Morgen ging der Fischer in den Tempel und bat den Herrn, daß Er ihn zu sich rufen möge. Die Frau dagegen betete, der Herr möge ihren Mann um ihretwillen verschonen. Der Herr aber rief beide zu Sich und ließ sie einswerden mit sich.

Ihr haltet Quantität für wichtig, aber der Herr sieht nur die Qualität. Er beachtet nicht, wieviele Schalen mit süßem Reis ihr opfert, sondern ob eure Worte liebenswürdig sind, ob ihr euch Gedanken macht, wie ihr anderen helfen könnt. Bringt keine Blumen zum Altar, sondern die duftenden Blätter eurer Liebe *(bhakti)*. Opfert Ihm die Blumen eurer Gefühle und Regungen, nachdem ihr sie vom Ungeziefer der Lust, des Zornes usw. befreit habt. Bringt Ihm die Früchte, die im Garten eures Geistes wachsen, gleichviel ob sie sauer oder süß, vertrocknet oder saftig, bitter oder schmackhaft sind. Wenn ihr erst einmal versteht, daß der Garten eures Geistes der Seine ist, werden alle Früchte süß und saftig sein. Durch eure Hingabe an Ihn *(sharanāgati)* finden sie Gefallen in Seinen Augen und können nicht mehr bitter sein. Und was wäre besser geeignet, sie zu bewässern, als eure Tränen? Nicht die Tränen des Kummers, sondern die Tränen der Freude und des Glücks, weil ihr Ihm dienen und den Weg, der zu Ihm führt, gehen dürft.

Jeder, der auf dem Weg hingebungsvoller Liebe nach Gotterkenntnis strebt, muß sich von den Bindungen an weltliche Dinge lösen und von Zu- und Abneigungen frei werden. Ihr habt keinen Grund, stolz zu sein, wenn ihr besser singen könnt als andere, oder wenn euer Andachtsraum schöner geschmückt ist als der eures Nachbarn. Eure Haltung und euer Verhalten muß sich ständig verbessern, sonst ist jede spirituelle Übung *(sādhana)* ein nutzloser Zeitvertreib. Wenn ihr nach Hause zurückkehrt, muß euer Heim ein *Prashanti Nilayam* werden, wie dieses hier, eine Heimstätte des höchsten Friedens *(prashānti)*, der von keinerlei Haß oder Mißgunst, Stolz oder Neid gestört wird. Keine Enthaltsamkeit *(tapas)*, kein Gottesdienst *(pūjā)*, keine Riten sind so wirksam wie das Befolgen dieser Anweisung, die euch gegeben wird, damit ihr den Weg zur Erlösung findet.

Prashanti Nilayam, 8.2.63

Das Spiel im Spiel

Die beiden *Pandits* haben euch in ihren Vorträgen soeben eine Fülle geistiger Nahrung gegeben. Aber man fühlt sich erst richtig gesättigt, wenn man nach dem Mahl ein Glas Wasser getrunken hat. Ich werde euch jetzt das Wasser geben. Das Wasser allerdings, das den *Shāstras* entspringt, ist kein gewöhnliches Wasser, sondern Nektar der Unsterblichkeit. Die *Pandits* erwähnten einige Episoden des *Rāmāyana*, die zu Zweifel Anlaß geben mögen. Warum brachte *Dasharatha*, der Vater *Rāmas*, Seine Krönung ausgerechnet zu einem Zeitpunkt zur Sprache, als *Bharata* nicht anwesend war? Warum wird plötzlich die Göttlichkeit *Rāmas* enthüllt, während Er sonst immer rein menschlich dargestellt wird? Warum wurde *Bālī* von solch einem hervorragenden Helden wie *Rāma* aus dem Hinterhalt getötet? Warum entwickelte *Kaikeyī* plötzlich einen solchen Ehrgeiz für ihren Sohn *Bharata*, obwohl sie doch *Rāma* mehr liebte als diesen? Es ist eine Tatsache, daß sich Zweifel einstellen, wenn der Glaube fehlt. Aber der Glaube kann nur wachsen, wenn man die tiefere Bedeutung eines jeden Vorfalls und jeder Bemerkung kennt.

Dasharatha lud den König der Kaikeyas nicht zusammen mit den anderen Fürsten und Prinzen ein, um die Wahl *Rāmas* als Erbe des Reiches zu besprechen, weil dies der weiteren Entwicklung der Dinge, so wie sie im Meisterplan vorgesehen waren, im Wege gestanden hätte. Warum? *Dasharatha* befahl *Rāma* nicht ausdrücklich, ins Exil zu gehen. Er bestätigt nur, daß er sich verpflichtet hatte, *Kaikeyī* zwei Wünsche zu erfüllen und daß er zu seinem Wort stehen müsse. Es war *Kaikeyī*, die *Rāma* die Nachricht brachte. Das Schweigen Seines Vaters kam einer Zustimmung gleich, und so mußte *Rāma* es als Befehl akzeptieren. *Kaikeyī* mußte sich einschalten, damit das Kommen des *Avatars* seinen Zweck erfüllen konnte. Als *Rāma* von dem Zwiespalt hörte, in dem Sein Vater sich befand, half er ihm, ohne Schaden seines Ansehens daraus hervorzugehen, indem er sofort erklärte, er werde ins Exil gehen, wie es sein Vater indirekt befohlen hatte. Die Stimme des höheren Selbst rät jedem, sich an die Wahrheit zu halten und die geltenden Regeln von Sitte und Anstand zu befolgen. Ihr müßt sie nur hören und ihr gehorchen, dann findet ihr den Weg zur Erlösung. Manche hören das leiseste Flüstern dieser Stimme, andere nur den lauten Befehl. Manche sind taub und andere entschlossen, sie nicht zu hören. Aber alle werden früher oder später von ihr geführt werden. Einige reisen mit dem Flugzeug, andere mit dem Auto oder Bus. Wieder andere bevorzugen den Zug, und manche schleppen sich mühsam zu Fuß voran. Aber eines Tages werden alle das Ziel erreichen.

Sugrīva vergaß sein Versprechen und schwelgte nur in den neu erworbenen Annehmlichkeiten des höfischen Lebens. Er vergaß, daß die Ordnung dieser Welt *(jagat)* nicht durch Reichtum, sondern durch den

Schöpfungsplan *(dharma)* aufrecht erhalten wird. Deshalb veranlaßte *Rāma* die kosmische Schlange Ananta, ihr Haupt zu erheben und wütend zu zischen. Das bedeutet, daß Er *Lakshmana* die Undankbarkeit *Sugrīvas* vor Augen hielt, so daß dieser zornig wurde. Ein undankbarer König ist ebenso verabscheuungswürdig wie ein undankbarer Untertan. Der *Pandit* sprach in seinem Vortrag von *Bālīs* Tod, durch den *Sugrīva* sein Königreich zurückerhielt. Aber ihr müßt bedenken, daß nicht nur *Bālīs* Leben, sondern auch seine Unwissenheit *(ajnāna)* vernichtet wurde, denn im Augenblick seines Todes sah *Bālī*, wie *Rāma* in all Seiner Herrlichkeit das ganze Universum erfüllte. Und dieses ist nur ein Bruchteil Seiner Wirklichkeit. Der Zorn *Rāmas* über *Sugrīva* war nur ein Spiel im Spiel, denn *Rāma* wußte, daß *Sugrīva* nach *Sītā* suchen würde, sobald Er ihn dazu aufforderte. Jeder *Avatar* spielt ein Spiel innerhalb des großen kosmischen Spiels der Schöpfung. Ihr sagt, daß *Rāma* "weinte", als Er *Sītā* verlor. Wer kann die Tiefe des Meeres ermessen? *Rāma* war der größte Held aller Zeiten. Er allein besiegte 14000 Dämonen *(rākshasa)*. Jeder der *Rākshasas* sah in seinem Nächsten *Rāma* und tötete Ihn voller Wut, um gleich darauf von seinem Nachbarn getötet zu werden.

Der *Avatar* bewegt sich als Mensch unter Menschen, so daß die Menschheit sich Ihm verwandt fühlen kann. Er erhebt sich aber auch zu übermenschlichen Höhen, um das Verlangen nach diesen Höhen in den Menschen zu wecken. Die menschliche Natur kann in das Göttliche verwandelt werden, denn beide sind im Grunde genommen dasselbe. Ihr müßt nur die Wellenlänge ändern! Seid euch darüber im klaren, stellt sie richtig ein, und ihr werdet das Allgegenwärtige ohne Verzerrung aufnehmen. Ihr mögt die *Gītā* viele Male gelesen haben, aber der Erfolg, der euch versprochen wird, stellt sich nur durch die Gnade ein, und diese muß durch spirituelle Übungen *(sādhana)* gewonnen werden. Ihr glaubt zwar, die heiligen Schriften gemeistert und verstanden zu haben, aber kommt ihr Inhalt und ihre einigende Kraft in eurem Leben zum Ausdruck? Keineswegs! Ihr jagt vergänglichem Erfolg und wertlosem Tand nach und werdet dabei abwechselnd von Freude beglückt und von Leid geschüttelt. Das Meer des Lebens *(samsāra)* muß überquert und jede seiner Wogen mit Hilfe des göttlichen Namens überwunden werden. Wenn ihr nach höchster Erkenntnis strebt und euch dadurch die Gnade des Herrn sichert, gibt es keinen Raum für Zweifel. Erkennt den Herrn als treibende Kraft in eurem Herzen. Um euch dabei zu helfen, hat der Herr menschliche Gestalt angenommen. Prashanti Nilayam, 10.2.63

Folgt eurem Lehrmeister

Der heutige Tag wird *Vyāsa Pūrnima* genannt. Es ist ein heiliger Tag, der mit Gebet und Reue, die das Herz läutern, begangen werden sollte und nicht mit Feiern und Fasten, die nur den Körper betreffen. Diesen Tag *Vyāsa* und jenen *Krishna* oder *Rāma* zu weihen, hat nur den Zweck, ihn als besonders wichtig hervorzuheben, um ihn dann mit heiligen Handlungen feierlich zu begehen. Heute ist Vollmond. Der Mond ist voll und rund, und sein Licht scheint hell und kühl. Der Geist wird mit dem Mond verglichen, weil er ebenso launisch ist wie dieser mit seinem Wechsel von Hell und Dunkel. Heute sollte auch der Geist klar, kühl und strahlend sein!

Vyāsa wurde mit dem Drang zum spirituellen Suchen geboren und begann schon als Kind zu forschen, zu fragen und sich mit spirituellen Übungen zu befassen. Er erwarb höchstes Wissen und solchen Ruhm, daß er selbst als göttlich verehrt wird. Er war ein großer Lehrmeister, und um die Menschen, die er liebte, weiterzubilden, stellte er die vedischen Hymnen zusammen, verfaßte den Text der *Brahmasūtra* und schrieb die epischen Kommentare zu den Lehren des *Vedānta*, die als *Mahābhārata* und *Bhāgavatam* bekannt sind. Wegen der Dienste, die er denen geleistet hat, welche die *Veden*, die doch zahllos und unergründlich sind, zu verstehen suchten, wird er *Veda Vyāsa* genannt. Er verfaßte auch die 18 *Purānas* über die verschiedenen Namen und Formen des einen Gottes. Diese sind Lehrbücher und Beschreibungen historischer Begebenheiten; sie enthalten philosophische Grundsätze, soziale Leitbilder und moralische Verpflichtungen. Mit ihrer Hilfe wollte er darauf hinweisen, daß es notwendig ist, egoistische Impulse zu beherrschen. Das kommt in dem einen Vers zum Ausdruck, der besagt: "Alle 18 *Purānas*, die *Vyāsa* verfaßt hat, können in zwei Forderungen zusammengefaßt werden: Tut anderen Gutes und fügt niemandem Leid zu." "Gutes tun" ist die Medizin und "niemandem schaden" die Diät, welche die Behandlung begleiten muß. Das ist die Heilung für die Krankheit, welche den Menschen plagt und ihn seines inneren Friedens beraubt, weil sie ihn dem dualistischen Wechselspiel von Freude und Leid, Ehre und Schande, Wohlstand und Armut aussetzt.

Vyāsa ist ein Lehrer für die ganze Welt, ein Leuchtturm, der die göttliche Wahrheit ausstrahlt. Aber auch er kann euch nur den Weg zeigen. Gehen müßt ihr ihn selbst. Er gibt euch die mystische Formel *(mantra)*, die ihr wiederholt. Das wird euren Geist läutern, obwohl ihr deren Worte vielleicht nicht versteht. Wenn ein Bauer etwas vom Finanzamt will, dann geht er zu einem Rechtsanwalt, der weiß, was zu tun ist. Dieser schreibt einen Antrag in Englisch, den der Bauer dann dem Beamten auf dem Finanzamt vorlegt. Der Bauer versteht nicht, was da geschrieben steht, aber es hilft ihm, denn es wurde von einem verfaßt, dessen Verstand und Erfahrung ihn zu einem Experten auf diesem Gebiet machen.

Der Herr ist liebevoller als jeder menschliche Beamte und viel eifriger bemüht, zu helfen. Er übernimmt die Rolle, in der er den Menschen helfen kann, so wie er einem Manne namens Sakkubai geholfen hat. Dieser war ein Gläubiger, für den *Sītā* seine Schwester und *Rāma* sein Schwager war. Er liebte *Rāma* so, wie *Krishna Arjuna* geliebt hat. Als er erfuhr, daß *Sītā* mit *Rāma* ins Exil gegangen sei, stellte er sich vor, wie sehr sie leiden mußte, da sie doch ohne Schuhwerk auf dornigen Wegen gehen und ohne Bettstatt auf dem von Schlangen verseuchten Boden des Waldes ruhen mußte. So ging er mit einem Paar Sandalen und einem Bettgestell in den Wald und rief: "*Sītā*, Schwester *Sītā*", bis er so heiser war, daß er keinen Ton mehr aus der Kehle hervorbrachte. Das geschah vor ein paar Jahrzehnten. Er hielt das *Rāmāyana* für ein Ereignis der Gegenwart.

Dann erschien *Rāma* vor ihm und tröstete ihn. Sakkubai fiel vor Ihm nieder und flehte Ihn an, die Sandalen und das Bettgestell anzunehmen, denn bei dem Gedanken, daß *Sītā* barfuß auf den dornigen Wegen gehe, könne er niemals wieder froh werden. Dabei gebrauchte er die Anrede: "Mein lieber Schwager". *Rāma* nahm die Geschenke an und sagte, Sakkubai könne nun beruhigt und glücklich nach Hause gehen. Jedes Opfer, das ohne egoistische Hintergedanken dargebracht wird, nimmt der Herr freudig an. Wenn ihr aber stolz und eingebildet seid, werden auch die schönsten Blumen mit dem herrlichsten Duft, die ihr zu Seinen Füßen niederlegt, von Ihm als stinkender Abfall angesehen.

Der Mensch ist eine Mischung aus Gottheit, Teufel und Mensch. Das Dämonische kann er durch Wohltätigkeit und Mitgefühl für seinen Nächsten überwinden. Gegen den Stolz der Götter helfen Selbstbeherrschung, Entsagung und das Lösen aller Bindungen. Der menschliche Egoismus schließlich wird dadurch zum Schweigen gebracht, daß er sich in die göttliche Ordnung *(dharma)* einfügt und alle Instinkte und Impulse in eine nützliche Richtung lenkt. Wenn er diese drei Hindernisse überwindet und so lebt, wie es die Weisen mit ihrem durch ständiges Bemühen *(tapas)* geläutertem Herzen vorgeschrieben haben, dann wird sein menschliches Bewußtsein auf die Stufe Gottes angehoben. Jeder muß diesen Vorgang der Läuterung beginnen und die Straße zum Erfolg entdecken, indem er seine eigenen Fehler und Schwächen erkennt.

Eines Tages kam *Dharmaja* zu *Krishna*, um Ihm seine Verehrung zu erweisen. Er fand Ihn in tiefer Meditation mit Tränen in den Augen. *Dharmaja* wunderte sich, über was Er wohl meditiertiere, und als *Krishna* Seine Augen aufschlug, wagte er, Ihn darüber zu befragen. *Krishna* erwiderte, daß Er sich in die anbetende Liebe versenkt habe, die Ihm von einer großen Seele entgegengebracht worden sei. Er sagte, es sei kein anderer als *Bhīshma* gewesen, dessen Geist selbst auf dem Totenbett unverrückbar an Ihm festgehalten habe. Es genügt nicht, sich für einen gläubigen Menschen *(bhakta)* zu halten. Der Herr muß es bestätigen und sich daran erfreuen, so wie *Krishna*, als Er den unerschütterlichen Glauben *Bhīshmas* bewunderte.

Vyāsa hat das *Mahābhārata* verfaßt, das von dem Kreis hervorragender Menschen wie *Bhīshma, Bhīma, Arjuna, Dharmaja, Draupadī* usw. berichtet, die sich alle um die göttliche Gestalt *Krishnas* gruppieren. Dieses Epos trägt dazu bei, die Herzen der Menschen von der Dunkelheit der Unwissenheit und von kleinlichem Egoismus zu befreien. So ist es also durchaus berechtigt, *Vyāsa* als einen Lehrer der ganzen Welt *(loka guru)* zu bezeichnen. Er wird als *Vishnu* ohne Muschelhorn *(shankha)* und Diskus *(cakra)*, als *Shiva* ohne das dritte Auge, als *Brahmā* ohne die vier Arme verehrt. Zieht den größtmöglichen Nutzen aus seinen Lehren, ebenso wie aus eurem Aufenthalt hier in *Puttaparthi*. Hier müßt ihr lernen, Zufriedenheit *(santosha)* und inneren Frieden *(shānti)* zu finden. Ihr müßt den Wert geistiger Übungen *(sādhana)* und spiritueller Gemeinschaft *(satsanga)* schätzen lernen. Vergeudet eure Zeit und Energie nicht damit, in gottloser Gesellschaft der Erfüllung weltlicher Wünsche nachzujagen.

Ihr versucht nicht, die Gnade des Herrn zu gewinnen, sondern bittet um unbedeutende, vergängliche Vergünstigungen. Ihr versucht nicht, die göttlichen Gesetze zu erkennen und sie zu befolgen. Nehmt euch ein Beispiel an Druva. Er begann seine spirituellen Anstrengungen *(tapas)* mit der hinterlistigen Absicht, sich den Sohn seiner Stiefmutter untertan zu machen. Im weiteren Verlauf aber erkannte er, daß er viel mehr gewinnen konnte als königliche Ehren, nämlich die Gnade Gottes. Lernt euer wahres Selbst *(ātman)* zu achten und euch von allem zu lösen, was nicht dieses Selbst ist. Lernt, zwischen dem Vergänglichen und Unvergänglichen zu unterscheiden und werdet weise.

Als Ich in Meinem früheren Körper in *Shirdi* war, kam eine Frau namens Radhabai zu Mir und wollte eine spirituelle Formel *(mantra)* von Mir haben. Es war auch an einem *Vyāsa Pūrnima* Tag. Sie war so versessen darauf, daß sie keine Nahrung zu sich nehmen wollte, bis ihr Wunsch erfüllt sei. So ging es drei Tage lang, aber Baba gab nicht nach. Schließlich setzte sich Shyama, der mit Meiner früheren Inkarnation zusammenlebte, für sie ein, weil er fürchtete, sie könne vor Hunger sterben. Er sagte, das würde ein schlechtes Licht auf Baba und die Weitherzigkeit, für die Er bekannt war, werfen. Als die Frau zu Ihm gebracht wurde, war sie sehr schwach. Baba riet ihr, zu einem anderen *Guru* zu gehen und sich von ihm einweihen und ein *"mantra"* geben zu lassen. Sie erwiderte: "Ich kenne keinen anderen *Guru*." Daraufhin fragte Baba sie: "Warum verläßt du dich nicht auf den Namen deines *Gurus*, sondern verlangst etwas anderes von Ihm? Kennst du nicht den Ausspruch: Der *Guru* ist Gott. Seinen Anweisungen Folge zu leisten, den Weg zu gehen, den er zeigt, ist ebenso wirksam wie das Rezitieren *(japa)* eines *"mantras"*. Wenn ihr euren *Guru* gefunden habt, überlaßt ihm alles, sogar die Sorge um eure Erlösung. Er kennt euch besser als ihr selbst und wird euch zeigen, was am besten für euch ist. Eure Aufgabe ist es, ihm zu gehorchen und der Versuchung zu widerstehen, euch von ihm zu entfernen. Ihr mögt fragen, wie ihr euren Lebensunterhalt verdienen könnt, wenn ihr euch so vollkommen auf den *Guru* verlaßt. Seid überzeugt, daß der Herr euch nicht verhungern läßt. Er wird euch nicht nur Nahrung, sondern den Nektar der Unsterblichkeit *(amrita)* geben.

Genießt die Süße des Namens auf eurer Zunge! Dann werden auch eure Worte mild und freundlich sein, und es sind eure Worte, nach denen ihr beurteilt werdet. Ein König war einst seinem Gefolge auf der Jagd so weit voraus geritten, daß seine Begleitung nicht Schritt halten konnte. Er sah einen Blinden am Waldrand sitzen und sprach ihn an: "Hallo, lieber Mann, hast du bemerkt, ob hier jemand vorbeigekommen ist?" Der Blinde verneinte es. Ein paar Minuten später kam der Minister des Königs vorbei und fragte denselben Mann: "Mein Freund, hast du bemerkt, ob hier jemand vorbeigekommen ist?" Er bekam die gleiche Antwort. Dann kam der Hauptmann der Garde und rief: "He, du da, ist hier jemand vorbeigekommen?" Nach ihm kam ein Soldat und schrie ihn an: "Du alter Strolch, ist hier jemand vorbeigekommen?" Schließlich kam der Hofgeistliche und fragte ihn: "Mein Bruder, würdest du mir bitte sagen, ob hier jemand vorbeigekommen ist?" Der Blinde sagte ihm, daß der König, der Minister, der Hauptmann und ein Soldat vorbeigekommen seien und ihm die gleiche Frage gestellt hätten. Die Art und Weise, wie sie ihre Worte gesprochen hatten, verriet ihre Stellung und ihren Charakter.

Wenn ihr Mitgefühl *(dayā)* und Selbstbeherrschung *(dama)* besitzt und euch an die göttliche Ordnung *(dharma)* haltet, werdet ihr die materielle Welt alles Erschaffenen, das Reich der drei *Gunas*, hinter euch lassen. Dazu bedarf es keiner spirituellen Formel *(mantra)* von eurem *Guru*, die ihr rezitieren müßt. Es ist sogar noch wichtiger, den Anweisungen des *Gurus* zu folgen, als den Namen des Herrn zu rezitieren. Das nützt gar nichts, wenn nicht gleichzeitig eure Impulse durch das Befolgen Seiner Anordnungen geläutert werden.   Prashanti Nilayam, 24.7.64

Hören und im Herzen bewegen

Die erste Stufe auf dem Weg zur Hingabe an Gott ist das Hören *(shravana)*. Heute haben wir hier in *Prashanti Nilayam* ein Gerät installiert, das dem Hören dient, nämlich das Telefon. Ich bin nicht gewohnt, mit einem solchen Gerät zu hören, sondern Ich höre die angstvollen Rufe der Herzen, die um Hilfe rufen. Aber da es euch Freude macht – und Ich stehe nie eurer Freude im Wege – habe Ich dieser Einrichtung zugestimmt. Von dieser Halle, von diesem Stuhl aus, sprach Ich soeben – wie ihr alle gehört habt – mit Herrn Kanjilal in New Delhi, und nur er und Ich wissen, wie glücklich er ist, Meine Stimme in seinem Haus gehört zu haben.

Die Installation des Telefons ging nicht ohne Schwierigkeiten vor sich. Die Ingenieure haben Tag und Nacht gearbeitet, aber schwere Regenfälle verzögerten die Arbeit, so daß es noch an diesem Nachmittag schier unmöglich erschien, eine Verbindung mit Delhi zu bekommen. Ich hatte die Zeit auf 17 Uhr 30 festgesetzt, aber Ich wurde gebeten, Meinen Anruf um ein paar Minuten zu verschieben. Sie wollten sicher sein, daß mit dem Gespräch alles glatt gehen würde, und Ich willigte ein, noch etwas zu warten.

Aber ihr habt miterlebt, wie Kanjilal laut und klar zu hören war, kaum daß Ich in diesem Stuhl saß! So konnte Ich diese Einrichtung programmgemäß einweihen. Die Ingenieure mögen sagen, daß sie nur ihre Pflicht getan haben und keine besondere Dankbarkeit erwarten. Aber Ich bin sicher, daß ihr ihnen für ihren Dienst, den sie unter so schwierigen Verhältnissen und unter solchem Zeitdruck geleistet haben, dankbar seid. Diese Männer haben das Glück, heute an einem freudigen Ereignis teilzunehmen. Oft suchen die Leute im ganzen Land nach einem Bräutigam für ihre Tochter, dabei könnte der richtige junge Mann im Nachbarhaus wohnen. Das Hören der Stimme Gottes, von Seinen Werken zu hören, ist ein wichtiges Ereignis, das den Menschen verändert. *Arjuna* "hörte" die *Gītā, Parikshit* "hörte" das *Bhāgavatam*. Beide wurden dadurch von der Knechtschaft erlöst. Die Schwingung der Urenergie *(shabda)* und der Urlaut *(pranava)* sind wichtige Schlüssel zur Glückseligkeit. Die *Veden* müssen "gehört" und rezitiert werden. Die heiligen Schriften *(shruti)* sind das, was hoch entwickelte Sucher in Augenblicken ekstatischen Überbewußtseins "gehört" haben. An all das werde Ich durch dieses Gerät, das dem Hören weit entfernter Menschen dient, erinnert.

Das Hören von Gottes Wirken führt zum Nachdenken über Gott und zum Lösen der Bindungen an die materielle Welt. Es war einmal ein berühmter Räuberhauptmann. Als er seinen Sohn in das Familienhandwerk einweihte, riet er ihm, niemals – auch nicht für einen Augenblick – einer Geschichte zuzuhören, die mit Gott zu tun habe. Er ermahnte den hoffnungsvollen Sprößling: "Bleibe niemals stehen, um ein *Purāna* oder eine Lesung des *Bhāgavatam* zu hören." Jahrelang beachtete der Sohn gewissenhaft diesen Ratschlag und sammelte auf seinen Raubzügen ein großes Vermögen an. Eines Nachts jedoch, als er mit seiner Beute auf der Schulter durch die Seitenstraßen der Stadt rannte, um der Polizei zu entgehen, verletzte er sich an einer Glasscherbe. Er setzte sich hin, um sie aus seiner Fußsohle zu ziehen und das Blut zu stillen. Er befand sich in diesem Augenblick hinter einem Haus, in dem jemand einer kleinen Gruppe von Zuhörern das *Bhāgavatam* vorlas und erläuterte. Für kurze zwei Minuten war er gezwungen zuzuhören. Ein Funke fiel in einen Baumwollballen! In dieser kurzen Zeit hörte er, wie der *Pandit* Worte aus der *Gītā* über das Wesen Gottes erklärte: "Er hat keine Augen, keine Ohren, keine Gliedmaßen. Er hat tausend Formen, und Er ist formlos." Diese Beschreibung setzte sich in seinem Herzen fest. Er konnte sie nicht mehr loswerden.

Ein paar Tage später fand die Polizei heraus, daß er und seine Bande den Raubüberfall begangen hatten. Um ihren Schandtaten auf die Spur zu kommen, drangen die Polizisten in die Gegend, in der die Bande wohnte, ein. Dazu hatten sie sich – um unerkannt zu bleiben – alle verkleidet: der Polizist als Göttin *Kālī* und die anderen als Priester. Sie machten viel Lärm, schüchterten die Banditen ein, und forderten sie auf, aus ihren Häusern zu kommen und der furchterregenden Göttin *Kālī* zu Füßen zu fallen.

Viele folgten der Aufforderung, aber der Sohn, der für nur zwei Minuten etwas aus dem *Bhāgavatam* gehört hatte, wußte gerade genug, um seine Haut zu retten. Er ließ sich nicht einschüchtern, durchschaute den Anschlag und riß dem Polizisten, der die Göttin *Kālī* darstellte, die Maske vom Gesicht. Dadurch flößte er seiner Bande wieder Mut ein, und die Polizei mußte sich enttäuscht und unverrichteter Dinge zurückziehen. Er aber sagte sich: "Wenn nur zwei Minuten der verbotenen Frucht mir so geholfen haben, wieviel mehr kann ich gewinnen, wenn ich meine ganze Zeit dem Studium der Herrlichkeit Gottes widme." Er gab seine verbrecherische Laufbahn auf und wurde ein gläubiger Mensch *(sādhaka)*.

Der Gläubige, der seine Aufmerksamkeit den Geschichten über die Gnade Gottes zuwendet, wird dieser Gnade teilhaftig, und es ist der Name Gottes – gläubig und voller Liebe rezitiert – der ihm dabei hilft. Die Mutter *Agastyas* prahlte einst damit, daß ihr Sohn das ganze Meer ausgetrunken habe, doch die Mutter *Hanumans* hielt dem entgegen: "Was ist das schon? Mein Sohn ist mir nichts, dir nichts darüber hinweggesprungen!" Doch die Mutter *Rāmas*, die bei ihnen war, sagte: "Aber es war der Name meines Sohnes, der ihm das ermöglicht hat. Ohne diesen wäre er machtlos gewesen." Der Name hat überwältigende Macht und kann ungeahnte Kräfte verleihen. Die beiden anderen Frauen bezweifelten, daß es der Name *Rāmas* gewesen sei, der *Hanuman* zu dieser außerordentlichen

Leistung befähigt habe. Da befragte *Kausalyā Rāma* selbst darüber. Er antwortete: "Nun, Ich selbst konnte *Rāvana* und seine Heerscharen überwinden, weil dieser Körper den Namen *Rāma* trägt, der die Kraft *Shivas* und *Vishnus* in sich vereint."

Der Name hat eine große Wirkungskraft. Durch die Wiederholung des Namens wird der Herr und das, was Sein Wesen ausmacht, mit Leichtigkeit erkannt. Die Zunge muß durch die Wiederholung des Namens geheiligt werden, so daß sie durch eine gemäßigte Sprache Frieden und Freude um sich verbreitet. Geht mit eurer Sprache sehr vorsichtig um! Tiere haben Hörner, Insekten Stachel und Raubtiere Klauen und Fänge. Die gefährlichste Waffe des Menschen ist die Zunge. Die Wunden, welche die Zunge schlägt, heilen sehr schwer. Sie eitern lange Zeit im Herzen des Verletzten. Sie kann mehr Schaden anrichten als eine Atombombe.

Als *Bhīma* seiner Geliebten Blumen bringen wollte, traf er *Hanuman*, der seinen Schwanz quer über die Straße gelegt hatte. Mit rohen Worten forderte *Bhīma* ihn auf, die Straße frei zu geben, denn er hielt es für unhöflich darüberzusteigen. Die Grobheit verärgerte *Hanuman*, und er weigerte sich, der Aufforderung Folge zu leisten. Da *Bhīma* nicht in der Lage war, den Schwanz aufzuheben und ihn auf beiseite zu legen, wurde er gedemütigt und lernte, daß man im Umgang mit anderen höflich sein muß.

Laßt eure Rede ebenso wie eure Gefühle mild und freundlich sein. Haltet euch an die Wahrheit und seid nett zueinander. Aber laßt euch nicht dazu verleiten, nur um nett zu sein, die Unwahrheit zu sagen oder zu übertreiben. Ebenso schlimm wie Schmeichelei ist der Zynismus, der euch verächtlich über die Dinge reden läßt und zu Unwahrheit und Übertreibung Anlaß geben kann.

Ihr könnt mit euren Worten andere nur dann glücklich machen, wenn ihr selbst die Stufe der Glückseligkeit *(ānanda)* erreicht habt. Der Mensch gleicht einem Topf mit fünf Löchern, der über ein Licht gestülpt ist. Das Licht ist die Flamme der Weisheit, das durch die fünf ausführenden Organe *(karmendriya)* sichtbar wird. Wenn ihr ein dickes Tuch über den Topf legt, ist von dem Licht nichts mehr zu sehen. Das Tuch ist die Hülle der Unwissenheit *(ajnāna)*, des Rohen und Stumpfen *(tamas)*. Entfernt das Tuch, und das Licht wird durch aktives Handeln *(rajas)* schwach sichtbar. Wenn ihr den Topf selbst wegnehmt, d.h. wenn ihr euch nicht mehr mit dem Körper identifiziert, dann scheint das Licht eures wahren Selbst *(ātmajyotis)* hell und klar. Das Licht *(jyotis)* und die Glückseligkeit *(ānanda)* sind immer da. Sie werden nur durch das Tuch und den Topf verhüllt. Glückseligkeit ist euer ureigenstes, wirkliches Wesen, das Merkmal eures Mensch-Seins.

Der Patient muß die Medizin selbst schlucken. Niemand anderes kann das stellvertretend für ihn tun. Die Heilsalbe muß dort aufgetragen werden, wo es schmerzt. Die Ursache der Krankheit und des Elends liegt in eurer eigenen Vorstellung: Ihr seht Vielfalt, wo es nur Einheit gibt! Ihr sagt "mein Gott", "euer Gott" oder "dein Baba", als ob es viele Götter gäbe, die euch helfen, miteinander zu streiten und euch gegenseitig zu bekämpfen. Ihr dürft den Herrn bitten, eure irdischen Sorgen von euch zu nehmen. Das ist ganz in Ordnung. Es ist besser, als irgend jemand anderen um Hilfe zu bitten, und sich dadurch zu erniedrigen. Um Stimmen zu gewinnen, fallen die Politiker heute den Wählern zu Füßen. Sie würden viel mehr Stimmen gewinnen, wenn sie sich dem Herrn zu Füßen werfen würden, denn die Menschen wollen ja von Dienern des Herrn geführt werden.

Ihr könnt Mich jetzt telefonisch erreichen, aber ich werde nur für die da sein, welche beständig sind und ernsthaft nach dem Herrn verlangen. Denen, die sagen: "Du bist nicht mein Gott!", antworte Ich mit einem "Nein". Wer aber "Ja" zu Mir sagt, hört von Mir als Echo ein klares "Ja". Wenn ihr Mich im Herzen habt, stehe Ich auch über das Telefon zur Verfügung. Bedenkt jedoch, daß Ich Mein eigenes Post- und Telefonsystem habe. Es stellt die Verbindung von Herz zu Herz her. Für die Arbeitsweise dieses Systems gibt es bestimmte Vorschriften und Regeln, die in den *Shāstras* enthalten sind. Dort könnt ihr sie finden.

Ich freue Mich für euch, daß euch diese neue Annehmlichkeit jetzt in *Prashanti Nilayam* zur Verfügung steht.   Prashanti Nilayam, 29.7.64

Überwindet das Ego

Ihr habt es in der Tat einer glücklichen Fügung zu verdanken, daß ihr die Gelegenheit habt, inmitten all der weltlichen Sorgen, die euch gefangen halten, von diesen erfahrenen *Pandits* die Lehren der alten Schriften dieses Landes erläutert zu bekommen. Das ist es, was wirklich bleibendes Glück vermittelt. Unkraut und dornige Büsche haben die Felder überwuchert, auf denen einst in diesem Land jene hohen Ideale kultiviert wurden, und mit dem Verfall der spirituellen Zielsetzung haben Feindseligkeit, Spaltung, Ungerechtigkeit und Falschheit überhand genommen. Indische Religion und Kultur förderten viele volkstümliche Bräuche, die Lehren enthielten, welche zum Wohl der Gesellschaft von den *Rischis* und *Yogis* festgelegt worden waren. In den *Shāstras* werden 48 dieser "reinigenden Handlungen" erwähnt, durch welche die niederen Gefühle und Impulse geläutert werden. Davon sind 16 wichtig für jeden, der das Ziel, das ihm bestimmt ist, zu erreichen sucht. Sie wurden aber seit Jahrzehnten in der Gesellschaft wegen der wahnsinnigen Überbewertung der Lebensweise, die mit der herrschenden Klasse aus dem Westen kam, vernachlässigt. Die Sprache der Fremden beeinflußte das Brauchtum und sogar das Denken; ihre Kleidung, die angenommen wurde, verwandelte das äußere Bild und die Lebensweise; ihre Spiele und Vergnügungen änderten die Freizeitgestaltung der Inder. Ihre Kultur tränkte jeden Lebensbereich, und der Fortbestand der indischen Kultur ist – selbst nach Wiedergewinnung der Unabhängigkeit – in großer Gefahr.

Das ist natürlich kein Grund, sich übermäßige Sorgen zu machen. Um die Unwissenheit zu überwinden, muß man sie nur erkennen. Man muß sich selbst kennen, um das Glück der Unsterblichkeit und das Einssein mit allen Wesen zu erfahren. In Sanskrit wird der Mensch als das "Manifestierte" *(vyakta)* bezeichnet, weil er das ihm innewohnende Göttliche sichtbar macht. Das ist euer wirkliches Wesen! Entdeckt es! Beschäftigt euch mit ihm! Versucht, es zu enthüllen! Erkennt die Nichtigkeit eurer Wünsche nach ein paar Morgen Land, nach einem dicken Bankkonto, nach mehr Häusern oder Autos oder Radios – sucht vielmehr nach dem Glück, das nie vergeht, dessen man nie überdrüssig wird, nach dem tiefen, kräftespendenden Glück der Gotterkenntnis. Entdeckt, daß ihr heilig, daß ihr göttlich seid! Entdeckt eure Wirklichkeit! Ich gebe zu, ihr mögt Zweifel haben darüber, was die göttliche Ordnung *(dharma)*, die Wahrheit *(satya)*, was Liebe *(prema)* ist, aber ihr könnt nicht an euch selbst zweifeln. Ist es nicht so? Findet also heraus, wer ihr seid, und haltet an dieser Wirklichkeit fest. Das ist genug, um erlöst zu werden und immerwährendes Glück zu gewinnen. Das ist es, was die *Veden* und *Upanishaden* lehren, was die Weisen und Heiligen erfahren haben und woran euch die *Pandits* in ihren Vorträgen erinnern wollen. Denkt immer an den Gott, in dem ihr euch bewegt, der euch bewegt, an den Gott, der dieses ungeheure Universum ist, das kleinste Atom ebenso wie der größte Stern. Wählt einen Namen und eine Form für diesen allgegenwärtigen, allem innewohnenden Gott und führt Seinen Namen ständig auf den Lippen; behaltet Seine Form immer vor eurem geistigen Auge.

Ihr seid heute nur an den Schlagern interessiert, die aus den Kofferradios kommen, die ihr euch um den Hals hängt. Kürzlich kam ein Dorfbewohner nach Madras, und sein gebildeter Schwiegersohn holte ihn vom Bahnhof ab. Sie fuhren mit dem Taxi nach Hause, und auf der Fahrt stellte der Schwiegervater eine seltsame Frage: "Wieviel verlangen die Barbiere hier für eine Rasur?" Der junge Mann war überrascht und fragte, warum ihn das mehr als alles andere interessiere. Der Schwiegervater erwiderte: "Ich habe gerade einige Barbiere auf der Straße gesehen. Sie waren alle gut gekleidet und trugen ihre Geräte nicht wie unser Dorfbarbier in einem Blechkasten, sondern in schönen, glänzenden Lederkästen." Der alte Mann hatte Leute gesehen, die mit diesen Kofferradios herumliefen. Die Leute haben Angst, etwas Wichtiges zu verpassen, wenn sie nicht dauernd zuhören, sogar während sie spazieren gehen oder sich im Park oder am Strand ausruhen. Sie haben Angst, allein zu sein. Sie scheuen die Stille. Aber ihr könnt eure eigene Wirklichkeit nur entdecken, wenn ihr allein seid und völlige Stille euch umgibt.

Richter Sadasivam hat gerade gesagt, er sehe überall große religiöse Versammlungen, wie diese hier, und glaube deshalb nicht, daß der Atheismus im Lande um sich greife. Die Versammlungen sind zwar groß, aber wenn man betrachtet, welch kleiner Prozentsatz wirklich bei der Sache ist und wie wenige davon die Lehren beherzigen und ihr Leben danach ausrichten, dann ist es nicht sehr ermutigend. Aber es gibt natürlich gar keine Atheisten, es gibt nur unwissende Leute. Sie wissen nicht, daß ihr innerster Kern Gott ist. Sie leugnen Gott, weil sie nicht wissen, daß jeder Atemzug Gott ist. Es ist, als ob ein Fisch das Wasser verleugnet. Ihr müßt Mitleid mit ihnen haben wegen ihrer ungeheuren Unwissenheit und nicht ärgerlich werden, weil sie etwas sagen, was euch nicht gefällt. Gott wohnt in euch als Glücksbewußtsein *(ānanda)*, und deshalb sucht ihr ganz von selbst immer und überall, in allem, was euch begegnet, nach dem Glück. Um so von höchster Glückseligkeit *(ānanda)* erfüllt zu sein wie *Rādhā*, *Rāmakrishna* oder *Vivekānanda*, müßt ihr euer Ego überwinden und euch von dem Bewußtsein erfüllen lassen, daß der Herr der innerste Kern eures Wesens ist.

Ihr habt sicher schon viele Geschichten gehört, in denen der Herr Eitelkeit und Egoismus bloßstellt und überwinden hilft. Eines Tages erschien *Ānjaneya* in den Außenbezirken von *Dvārakā*. *Krishna*, der von den Streichen des seltsamen Affen hörte, befahl *Garuda*, das Tier aus der Stadt zu verjagen. Das gelang diesem aber nicht, obwohl er die ganze Armee in dem Kampf einsetzte. Dadurch wurde *Garuda* zutiefst gedemütigt. Daraufhin schickte *Krishna* eine Botschaft an den Affen, er möge sich herablassen, an *Krishnas* Hof zu erscheinen. Aber der Affe, der sich selbst als *Ānjaneya* bezeichnete, erkannte nur *Rāma* als seinen Herrn an und gehorchte nur dessen Befehlen. So mußte *Krishna* ihm eine andere Botschaft senden, nämlich daß es *Rāma* sei, der ihn bat, in Seine Empfangshalle zu kommen. Hingabe zwingt den Herrn, den Eigenheiten Seines Dieners Rechnung zu tragen. *Ānjaneya* beeilte sich, *Rāma* zu sehen, und *Krishna* gab ihm Seinen Segen als *Rāma*. *Satyabhāmā* hatte sich angeboten, sich in *Sītā* zu verwandeln. Als sie aber an *Rāmas* Seite stand, konnte *Ānjaneya Sītā* in dieser Form nicht erkennen. Ihre Erscheinung verwirrte ihn. Er fragte *Krishna*: "O mein Herr, o *Rāma*, wo ist meine *Sītā*? Wer ist diese Person?" Auf diese Weise stellte der Herr die Eitelkeit *Satyabhāmās* bloß. Er rief nach *Rukminī*, und in ihr erkannte *Ānjaneya* sofort die *Sītā*, die er verehrte.

Solange noch eine Spur von Ego in euch ist, könnt ihr den Herrn nicht klar erkennen. Deshalb betete der Dichter Tyagaraja, Er möge den

"Vorhang" von seinem Geist entfernen. Der Egoismus aber wird zerstört, wenn ihr euch immer und immer wieder sagt: "Es ist Er, nicht ich; Er ist die Kraft, ich bin das Werkzeug." Habt Seinen Namen immer auf der Zunge. Denkt an Seine Herrlichkeit, wenn euch etwas Schönes oder Großartiges vor Augen kommt. Seht den Herrn in der Form eines jeden, dem ihr begegnet. Sagt anderen nichts Böses nach, sondern seht nur das Gute in ihnen. Begrüßt jede Gelegenheit, anderen zu helfen, sie zu trösten und zu ermutigen, den spirituellen Weg zu gehen. Seid bescheiden und bildet euch nichts ein auf euren Reichtum, euer Ansehen, eure Bildung und eure Kaste. Stellt all euren materiellen Besitz und eure geistigen Fähigkeiten in den Dienst des Herrn und der Wesen, in denen Er sich verkörpert.   Madras, 13.8.64

Die Regenwolke

Die letzten zwei Stunden haben euch die Berichte über das Wesen *Krishnas* und – was das gleiche ist – die Lehren der *Veden* ein Gefühl tiefen Glücks *(ānanda)* vermittelt. Wie wunderbar wäre das Leben, wenn ihr euch jeden Augenblick in dieses Glück versenken könntet! Iyengar sprach von dem "Durst nach *Krishna*". Welch ein passendes Bild! Der Durst nach weltlichen Gütern kann nie gestillt werden. Wer es versucht, wird immer mehr darunter leiden. Salzwasser – und das ist die materielle Welt – kann den Durst nicht löschen. Menschliches Verlangen kennt keine Grenzen, es hat nie ein Ende. Wenn ihr ihm einmal nachgebt, läßt es euch in der Wüste einer Fata Morgana nachjagen, läßt euch Luftschlösser bauen, läßt euch unzufrieden werden und verzweifeln. Wenn ihr jedoch den Durst nach *Krishna* entwickelt, werdet ihr die kühle Quelle der Glückseligkeit *(ānanda)* in euch selbst entdecken. *Krishnas* Name macht euch stark und widerstandsfähig; er ist lieblich und Kraft spendend.

Caitanya ist ein hervorragendes Beispiel für diesen Durst. Sein Herz war rein und ohne jeden Makel. Er wird *Krishna Caitanya* genannt, denn er verlor sein Bewußtsein *(caitanya)*, d.h. er war sich seiner Umwelt nicht mehr bewußt, sobald er den Namen "*Krishna*" hörte. Er versank im *Krishna*-Bewußtsein.

Denkt an die *"gopīs"* und ihr Verlangen nach dem Herrn. Sie wichen nie vom Weg hingebungsvoller Liebe *(bhakti)* ab und hatten das Bild des Herrn immer vor ihrem geistigen Auge. Wenn ihr Schmerzen habt, dann ruft ihr nach der Mutter oder dem Vater, aber die *Gopīs* riefen in Freud und Leid nur nach *Krishna*. Wenn sie nach *Brindāvan* kamen, um Butter und Milch zu verkaufen, riefen sie nicht ihre Waren aus. Statt dessen

riefen sie laut die Namen *Krishnas*: *"Govinda! Dāmodara! Mādhava!"*
Sie vergaßen, warum sie nach *Brindāvan* gekommen waren, nämlich um
durch den Verkauf der Waren ihren Lebensunterhalt zu verdienen. Sie
beobachteten *Krishna*, folgten Ihm und vernachlässigten alles andere. Mit
einem Stück Butter in der Hand liefen sie hinter dem göttlichen Kind, das
ihre Herzen gefangen genommen hatte, her und flehten Ihn an, ihre Gabe
anzunehmen, indem sie riefen: *"Govinda! Dāmodara! Mādhava!"*

Wenn eine von ihnen sich zu Boden warf, weil sie den Schmerz der
Trennung von *Krishna* nicht mehr ertragen konnte, saßen die anderen
um sie herum und – anstatt sie von ihrem Kummer abzulenken –
verschlimmerten sie ihn, denn auch sie konnten von nichts anderem reden
als von *Krishnas* Herrlichkeit und Seiner Liebe. Sie saßen da und sangen:
"Govinda! Dāmodara! Mādhava!" Wer immer in der Qual dieses Durstes
nach Ihm ruft, dem wird *Krishna* als Regen spendende Wolke erscheinen
und seinen Durst löschen.

Ihr könnt *Rādhā* nur verstehen, wenn ihr das Ausmaß dieses Durstes
ermessen könnt. Für sie war *Krishna* der Grundstoff ihres Seins, und sie
verehrte Ihn in einem Strom ununterbrochener Konzentration, ja, sie war
im Grunde genommen die Schöpfung *(prakriti)* selbst, die nur eine andere
Form des Höchsten *(purusha)* ist. Wie können jene, die voller negativer
Eigenschaften und Impulse sind, diese Wechselbeziehung verstehen!

In diesem Zeitalter *(kaliyuga)* tritt das Prinzip selbstloser Liebe *(prema)*
nicht in Erscheinung. Es erstickt in Eifersucht, Haß, Furcht, Falschheit und
Gier. Es kann als "Zeitalter der Spaltung" bezeichnet werden, denn es ist
gekennzeichnet durch Streit zwischen Mutter und Tochter, Vater und Sohn,
Lehrer und Schüler, vom Kampf des *Gurus* gegen den *Guru*, des Bruders
gegen den Bruder. Das Rezitieren der Namen *Krishnas* ist das beste Mittel,
um den Geist von diesen üblen Impulsen zu befreien.

Ihr mögt fragen: "Wie können wir unseren Lebensunterhalt verdienen,
wenn wir uns ausschließlich damit beschäftigen?" Nun, Ich kann euch
versichern: wenn euer Glaube an den Herrn rein und unerschütterlich ist,
wird Er nicht nur eure Bedürfnisse befriedigen, sondern euch auch mit
dem Nektar der Unsterblichkeit beglücken. Ihr tragt in euch die gewaltige,
verborgene Kraft, den Herrn als euer eigenes Wesen zu erkennen und Ihn
dadurch zu zwingen, euch diesen Nektar zu gewähren.

Was bedeutet es, wenn ihr sagt, daß *Krishna* in *Gokula* geboren wurde
und in *Brindāvan* aufwuchs, daß er über *Mathurā* herrschte und später in
Dvārakā regierte? Der Geist *(manas)* ist *Gokula*, wo Er geboren wurde
und immer wieder geboren wird, wenn sich jemand auf den spirituellen
Weg begibt. *Brindāvan* ist das Herz, in dem die Liebe *(prema)* zu Ihm
wächst. Das Bewußtsein *(cit)* ist *Mathurā*, das Er beherrscht, und der
Zustand der Erleuchtung *(nirvikalpasamādhi)* ist *Dvārakā*, in dem Er als
unumschränkter Herrscher regiert. Laßt das Verlangen nach *Krishna* durch

all diese Stufen wachsen, und ihr werdet euch selbst retten! Dann werdet ihr in einem Atemzug mit *Rādhā* und *Mīra* genannt werden.

Es gab eine Zeit, da waren drei Namen für jedermann ein Begriff, nämlich Lal, Bal und Pal. Sie machten zur Zeit des Unabhängigkeitskampfes von sich reden. Aber heute weiß kaum noch jemand, wer sie waren. Zumindest an Lal und Pal erinnert sich niemand mehr. Selbst viele unter den Gebildeten werden zögern, wenn ihr sie fragt, wer Lal und Pal waren. Bal dagegen – mit vollem Namen Bala Bangadhara Tilak – ist noch vielen bekannt, denn er hat Beiträge auf spirituellem Gebiet geleistet. Er war ein gläubiger Mensch *(sādhaka)*, studierte die *Gītā* und schrieb einen Kommentar dazu. Das zeigt, daß nur spirituelles Bemühen *(sādhana)* dem Leben einen Wert gibt. Alles andere ist zum größten Teil falsch, nichtig und nur von vorübergehender Bedeutung.

Der Geist muß von liebevoller Hingabe *(bhakti)*, der Verstand von höchster Weisheit *(jnāna)* erfüllt sein, und der Körper muß zu einem willigen und wirksamen Werkzeug zur Erhaltung der göttlichen Ordnung *(dharma)* werden. Solch ein Leben ist die Krönung des Menschseins. Jedes andere Leben bedeutet Gefangenschaft hinter schmutzigen Kerkermauern.

Es hat keinen Zweck, den Rat eines Arztes zu suchen, wenn ihr ein Haus bauen wollt, noch ist es sinnvoll, einen Architekten zu fragen, welche Salbe eure Schmerzen lindern kann. Geht zu dem richtigen *Guru*, und laßt euch von ihm zumindest drei grundsätzliche Begriffe erklären, nach denen das Leben ausgerichtet werden muß. Der erste ist die göttliche Ordnung *(dharma)*: Was ist diese Ordnung? Worin besteht sie? Warum muß man sich in sie einfügen? Was schreibt sie vor, was verbietet sie?. Man muß die Antwort auf diese Fragen kennen. Das beste Lehrbuch über "*dharma*" ist die *Gītā*: Das erste Wort in ihr ist "*dharma*" und das letzte ist "mein". Jeder, der sie studiert, lernt: "Was ist Gottes Plan für mein Leben!" Ausgehend von dem Wissen, daß der göttliche Geist *(ātman)* der innerste Kern des eigenen Wesens ist, muß jeder einzelne die Ordnung *(dharma)* für sein Leben finden. Der zweite Begriff ist die uneingeschränkte Hingabe *(bhakti)*: Sie ist wie ein König, der zwei Diener hat: die Weisheit *(jnāna)* und die Entsagung *(vairāgya)*. Ohne diese beiden Leibwächter ist sie nicht sicher. Hingabe muß auf der Grundlage der Weisheit beruhen und sich als Freisein von allen Abhängigkeiten zur vollen Blüte entfalten. Der Weise ist frei von erregendenen Gedanken und Gefühlen, unberührt vom Sturm des Schicksals – gut oder schlecht. Wer keine Abhängigkeit mehr kennt, hat die drei Grundeigenschaften der Schöpfung *(gunas)* hinter sich gelassen, und deshalb ist der, welcher sich bedingungslos ausliefert *(bhakta)*, ganz von selbstloser Liebe *(prema)* erfüllt. *Bhakti, Jnāna* und *Vairāgya* sind drei Gipfel derselben himmelstürmenden Gebirgskette. Liebe schafft Mitgefühl, Entsagung lehrt Geduld, und Weisheit führt euch auf den Weg der göttlichen Ordnung *(dharma)*. Der dritte Begriff ist der des spirituellen

Bemühens *(sādhana)*: Wenn ein Feuer in eurem Haus ausbricht, rennt ihr verzweifelt herum, um Hilfe zu finden und die Flammen zu löschen. Ihr erkennt aber nicht, daß das Feuer, das in euch wütet, viel schlimmer ist und viel mehr Verwüstung anrichtet. Ihr müßt die Pflicht der Feuerwehr erfüllen und nicht ruhen, bis die Flammen gelöscht sind. Beginnt damit in diesem Augenblick! Beginnt, euren Eltern, euren Lehrern, den Armen, Kranken und Unglücklichen zu dienen! Tragt nicht zur Spaltung bei, sondern fördert Liebe, Zusammenarbeit und Brüderlichkeit. Stuft die Menschen nicht als Angehörige dieser oder jener Klasse ein, denn alle gehören zur Klasse der Gefangenen: Gefangene der Sinne, Gefangene der materiellen Welt. Schließt euch der Gesellschaft der Guten, der suchenden Gläubigen *(sādhaka)* an, und ihr werdet bald den Zustand inneren Friedens und äußerer Harmonie finden.   Madras, 14.8.64

Der Wert des Sandelholzes

Der *Pandit*, der soeben sprach, hat den Wert erklärt, den unsere alte Kultur der göttlichen Ordnung *(dharma)* beimißt. Er hat einige der Hauptmerkmale dieses nicht ganz leicht verständlichen Ideals erläutert. *"Dharma"* ist der Fuß und Erlösung *(moksha)* der Kopf der menschlichen Gemeinschaft. Die beiden anderen Ziele *(purushārtha)*, auf die das Leben ausgerichtet werden kann, sind Wohlstand *(artha)* und die Erfüllung aller Wünsche *(kāma)*. Heutzutage werden Kopf und Fuß vernachlässigt, die beiden anderen dagegen als lebensnotwendig angesehen. Das ist das Unglück der modernen Zeit. In den alten Schriften dieses Landes gibt es genug Warnungen vor diesem Unglück. Die *Kauravas* sind ein gutes Beispiel dafür, welches Schicksal jene erwartet, die nach Wohlstand streben und ihrem Verlangen nachgeben, ohne den mäßigenden Einfluß der göttlichen Ordnung *(dharma)* und des Wunsches nach Erlösung *(moksha)* wirken zu lassen. Sie waren berauscht von der Macht; Habsucht und Stolz bestimmten ihr Handeln, und ihr Verlangen war unersättlich. Das führte zu ihrer Vernichtung und zu unsäglichem Leid.

Rāvana kam zu Fall, weil er nach Reichtum *(artha)* strebte und von seinen Begierden *(kāma)* getrieben wurde. Seine "zehn Köpfe" bedeuten, daß er die vier *Veden* und sechs *Shāstras* beherrschte; aber was nützte ihm all diese Gelehrsamkeit? *Ānjaneya* berichtete, daß Lanka von Lesungen der *Veden* widerhallte und daß die Luft von Weihrauch erfüllt war. Aber trotz all der Genauigkeit, mit der sie die Riten einhielten, waren die *Rākshasas* böse und schlecht. Zeremonieller Gottesdienst muß zu Rechtschaffenheit führen, sonst ist er gar nichts wert. *Rāvana* suchte die Welt *(prakriti)*, nicht den Herrn *(purusha)*; die Schöpfung, nicht den Schöpfer; *Sītā* nicht *Rāma*! So vergeudete er sein Leben.

Verlangen *(kāma)* ist ein dreiköpfiges Ungeheuer: Wenn es erfüllt wird, entwickelt ihr Geiz und Habsucht *(lobha)*, weil ihr den Besitz bewahren und vermehren wollt. Wird es nicht erfüllt, werdet ihr bitter, und Zorn *(krodha)* bestimmt euer Handeln. Selbst strenge Askese vermag diese Charakterzüge nicht zu verändern, wie das Beispiel des Dämonen *(asura)* Bhasmasura zeigt, der den Herrn vernichten wollte, obwohl Er ihm versprach, seinen Wunsch zu erfüllen. Verlangen *(kāma)*, Habgier *(lobha)* und Zorn *(krodha)* sind Formen einer gefühlsbetonten Handlungsweise *(rajoguna)*, welche nur den "Zweck" sieht, ohne auf die "Mittel" zu achten. Sie verfolgt das Ziel, gleichgültig ob die Wege gerade oder krumm sind.

Es gibt eine Geschichte über ein paar Affen, die einen Obstgarten mit Mangobäumen anlegen wollten. Sie pflanzten die Setzlinge, begossen sie einige Tage lang, und zogen sie dann aus dem Boden heraus, um zu sehen, wie lang die Wurzeln gewachsen waren. Sie wollten, daß sie schnell wachsen und Früchte tragen sollten, aber sie vergaßen, daß es des Wachstums bedarf, das allein ihnen die begehrten Früchte bringen konnte. Handelt rechtschaffen, dann erntet die Früchte! Pflegt den Garten sorgfältig, dann bringt die Ernte ein!

Welchen Zweck haben Wünsche, durch deren Erfüllung ihr überfordert werdet? Einer seiner Schüler bat einst *Rāmakrishna*, den Zustand der Erleuchtung, von dem er gehört hatte, erfahren zu dürfen. *Rāmakrishna* weigerte sich zunächst, diesen Wunsch zu erfüllen, weil der Schüler nicht die Voraussetzungen dazu mitbrachte und nicht genügend vorbereitet war. Aber dieser bestand darauf, und schließlich willigte der Meister ein. Er ließ ihn für drei Tage sein Bewußtsein verlieren. Dagegen protestierte der arme Mann und bat flehentlich, diese Erfahrung zu beenden. Die Last war zu schwer für seine schwachen Schultern.

Die drei Grundeigenschaften *(guna)* müssen eine nach der anderen überwunden werden. Trägheit *(tamas)* muß zum aktiven Handeln *(rajas)* und dieses zur harmonischen Ausgeglichenheit *(sattva)* werden. Aber auch die letztere muß sich schließlich in völlige Eigenschaftslosigkeit verwandeln. Die Eigenschaften binden den Menschen und verursachen "Eindrücke". *"Tamas"* gleicht den Würmern, die auf den Abfällen kriechen und krabbeln, *"rajas"* entspricht den Fliegen, die sich sowohl auf Unrat als auch auf Süßigkeiten setzen, und *"sattva"* gleicht den Bienen, die nur die duftenden Blumen suchen. Aber alle drei werden von etwas Gegenständlichem angezogen. Der Mensch aber sollte von der geringsten Spur des Verlangens frei sein. Wenn das Herz von Würmern und Fliegen befallen ist, muß es durch das Rezitieren des Namens *(nāmasmarana)* desinfiziert werden.

Ihr müßt die große Aufgabe, die dem menschlichen Körper zukommt, und die einzigartige Gelegenheit, die dem Menschen durch seine Geburt gegeben wird, verstehen lernen. Nur dann werdet ihr danach streben, die Vorteile dieses schwer verdienten glücklichen Umstandes richtig zu nutzen. Ein König, der auf der Jagd im Walde ein Stück Wild verfolgt hatte, bemerkte, daß er seinem Gefolge zu weit vorausgeeilt war. Er hatte sich verirrt, und Hunger und Durst plagten ihn. Schließlich sah er eine winzige Hütte, in der ein armer Holzfäller mit seiner Frau wohnte. Dieser lebte davon, daß er Brennholz in einem weit entfernten Dorf verkaufte. Die Vorratskammer des Paares war ziemlich leer, aber die Frau fand doch noch ein Stück Brot, welches der König gierig aß. Nichts hatte ihm je so gut geschmeckt, denn er war noch nie so hungrig gewesen. Nach dem Essen schlief er so tief und fest wie noch nie, denn er war noch nie so müde gewesen. Inzwischen fanden die Höflinge und Soldaten den König, und der Holzfäller stellte mit Erstaunen fest, daß sein Gast niemand anderes als der Herrscher des Landes war. Obwohl der König sich mit keinem Wort beschwert hatte, entschuldigte sich der Holzfäller für das kärgliche Mahl, das er dem Gast angeboten hatte. Am nächsten Tag kamen einige Männer aus der Hauptstadt und nahmen ihn mit sich an den Hof. Der arme Kerl glaubte, er solle bestraft werden, weil er den König beleidigt hatte. Seine Frau begleitete ihn, denn sie wollte sein Unglück mit ihm teilen. Der König wies ihm einen Sitz zu und bestand darauf, daß er seine ehrerbietige Haltung aufgeben und sich setzen solle; eine Ehre, die – wie der Holzfäller wußte – nur Tieren zuteil wurde, die geopfert werden sollten. Dann wurden ihm und seiner Frau vorzügliche Speisen gereicht – eine andere Ehre, die üblicherweise Opfertieren erwiesen wurde.

Daraufhin fragte ihn der König, was er sich wünsche. Der völlig verstörte Mann konnte nur stammeln: "Bitte, bitte schlage mir nicht den Kopf ab. Laß mich mit meiner Frau lebend nach Hause gehen!" Der König erwiderte: "Es wäre äußerst undankbar, wenn ich dich so grausam behandeln würde. Aber wenn ich dir als Dank einen Bauernhof gebe, wirst du ihn zugrunde richten, denn du verstehst nichts von der Landwirtschaft. Gebe ich dir Geld, wird es bestimmt gestohlen werden, denn du lebst so einsam im Walde. Nun, ich werde dir 30 Morgen Land in deinem Wald geben, auf dem die besten Sandelbäume wachsen." Erleichtert kehrte der Holzfäller in seinen Wald zurück.

Ungefähr sechs Monate später jagte der König wieder in diesem Wald. Er erinnerte sich an das gute Brot und suchte den Holzfäller auf. Dieser sagte, es ginge ihm sehr gut, denn er verkaufe nun im Dorf Holzkohle anstatt Brennholz. Der Mann verarbeitete das Sandelholz zu Holzkohle! Er wußte nicht, wie wertvoll das Geschenk war, das er erhalten hatte. Auch der Mensch weiß das Leben nicht zu schätzen, das ihm vom Herrn als ein Geschenk gegeben wurde. Er vergeudet es mit dem Erwerb vergänglicher Güter. Das ist die Tragik des Menschen überall auf der Welt.

48

In der göttlichen Urordnung *(sanātanadharma)* sind Regeln und Gesetze enthalten, welche die bestmögliche Nutzung des Lebens sicherstellen. Aber aus Mangel an Unterweisung und Vorbild werden sie sträflich vernachlässigt.

Wenn ihr diese Regeln, welche wirkliches Glück und inneren Frieden vermitteln, nicht beachtet, ist das ebenso, als ob ihr euch selbst eine schmerzhafte Wunde zufügt. Das ist genauso dumm, als ob ihr von den Abfällen des Nachbarn lebt, während im eigenen Hause ein nahrhaftes Festessen bereit steht!

Erneuert euer Tun und Denken, d.h. lebt bewußt und diszipliniert, dann wird das Land von selbst stark und wohlhabend. Beklagt euch nicht über das irdene Gefäß, wenn Nektar darin ist. Das ist besser, als ein goldenes Gefäß zu haben, welches Gift enthält. Auch in einem reichen Land ist ein schäbiges Leben beklagenswert. Der niedrige Lebensstandard spielt keine Rolle, solange ihr ein Leben führt, das rein ist und angefüllt mit selbstloser Liebe *(prema)*, Bescheidenheit, Furcht vor der Sünde und Ehrfurcht vor den Älteren.

Es ist leicht, eine solche Lebensweise wiederherzustellen, wenn man die *Veden* von neuem studiert und ihren Lehren folgt. Mutter *Veda* wird sich mit Liebe und Güte eurer annehmen. Habt Glauben; werft keinen Diamanten fort, in der Annahme, es sei ein Stück Glas. Die göttliche Ordnung *(dharma)*, die in den *Veden* niedergelegt ist, bildet den besten Schutz gegen alle Sorgen.

Jeder hat seinen Platz in der göttlichen Ordnung *(dharma)* und sollte darauf achten, ihn einzuhalten: die Frau und der Mann, der Familienvater und der Mönch. Die äußeren Symbole wie der kahlgeschorene Kopf, die safranfarbene Robe, der Stab – das ist der Stacheldraht, der die Ernte vor Plünderern schützen soll. Aber heute finden wir außen viel Stacheldraht und dahinter kein Getreide!

Ihr mögt ein Festessen auf eurem Teller haben, aber wenn ihr nicht hungrig seid, habt ihr keine Lust zu essen. Für jede Aufgabe gibt es bestimmte Voraussetzungen, sei es fürs Essen oder Fasten, für das Leben in der Welt oder als Mönch. Nur ein Stein, der einst *Ahalyā* war, kann in die menschliche Gestalt zurückverwandelt werden, und nur die Füße des *Avatars* konnten dies bewerkstelligen. Nicht alle Steine, auf die *Rāma* trat, verwandelten sich in eine Frau, und nicht jeder Fuß, der diesen Stein berührte, hatte die Kraft, Leben zu spenden. Der *Guru* muß die Fähigkeit haben zu erwecken, und der Schüler muß danach verlangen. Die Beziehung darf nicht so sein, wie die einer Schlange zu dem Frosch, den sie im Maul hat – der Frosch ist zu schwach, um zu entkommen, die Schlange zu voll, um ihn zu verschlingen. Der *Guru* muß die Kraft besitzen, jemanden zu retten, der Schüler muß bereit sein, sich retten zu lassen.

Betrachtet jede Arbeit als Gottesdienst, und laßt euch durch nichts von dieser Haltung abbringen. *Hanuman* war solch ein gottgeweihtes Wesen *(bhakta)* und *Rāma* war sein Ein und Alles. Nach der Krönung kamen *Sītā* und die Brüder *Rāmas* zusammen und beschlossen, den Dienst an *Rāma* unter sich aufzuteilen, ohne *Hanuman* dabei zu berücksichtigen. Sie waren der Meinung, *Hanuman* habe schon genug Gelegenheit dazu gehabt. Sie stellten eine Liste aller Dienstleistungen auf, die *Rāma* von morgens bis abends erwiesen werden mußten, und bestimmten, wer von ihnen was zu tun habe. Dabei gingen sie so genau wie möglich vor und vergaßen nicht die kleinste Kleinigkeit. Dann legten sie die Liste *Rāma* in *Hanumans* Gegenwart vor, und Er genehmigte sie mit einem Lächeln. Er sagte *Hanuman*, daß alle Aufgaben vergeben seien und er sich nun ausruhen könne. *Hanuman* bat darum, daß die Liste verlesen würde, und als das geschehen war, stellte er fest, daß eines vergessen worden sei: die Aufgabe "die Hand vor den Mund zu halten, wenn man gähnt". Er sagte, es sei nicht angemessen, wenn *Rāma* als Herrscher des Landes dies selbst tue. Damit müsse ein Diener beauftragt werden. *Rāma* willigte ein und wies ihm diese Aufgabe zu.

Das war ein großes Glück für *Hanuman*, denn jetzt mußte er sich ständig in der Gegenwart seines Herrn aufhalten. Er konnte Sein Antlitz beobachten, was sein Herz mit überströmender Liebe erfüllte. Denn wer kann schon vorhersagen, wann einer gähnen wird? Er konnte sich keine Minute von Ihm entfernen und keinen Augenblick in seiner Aufmerksamkeit nachlassen. Ihr müßt euch glücklich schätzen, daß ihr immer in der Gegenwart des Herrn leben dürft. Achtet immer darauf, jedem Seiner Befehle zu gehorchen.

Der Herr schätzt Konzentration und Klarheit hoch ein. Ihr braucht euch nicht körperlich fern von Ihm zu fühlen. Für Ihn gibt es kein "nah" und "fern". Euer Brief wird – vorausgesetzt, die Anschrift ist klar und richtig – mit der gleichen 15 Paisa Briefmarke in eurer Nachbarschaft, in Kalkutta oder in Bombay ausgeliefert. Der Gedanke an Ihn ist die Briefmarke, und in der Meditation findet Ihr die Anschrift. Benutzt den Namen des Herrn, wenn ihr an Ihn denkt, und Seine Form, um über Ihn zu meditieren.

Wählt für euch selbst einen Namen und eine Form, aber sprecht nicht verächtlich über andere Namen und Formen. Verhaltet euch wie die Frau in einer Großfamilie: Sie achtet die Älteren in der Familie und sorgt für sie, wie z.B. den Schwiegervater und seine Brüder oder die Brüder ihres Mannes, aber ihr Herz gehört ihrem Mann, den sie auf eine besondere Art liebt und verehrt. Wenn ihr den Glauben anderer kritisiert, ist eure eigene Frömmigkeit unecht, denn wenn ihr selbst aufrichtig seid, werdet ihr die Aufrichtigkeit anderer zu schätzen wissen. Ihr seht die Fehler der anderen nur, wenn ihr sie selbst habt, sonst nicht.

Rāma ruhte einst an der Seite *Sugrīvas*, und die Führer des Affenvolkes waren um Ihn versammelt. Über ihnen erstrahlte der Mond in voller

Pracht. Aber da war der kleine, sagenumwobene Fleck, der den Glanz beeinträchtigte, und *Rāma* fragte einen nach dem anderen, was es wohl sein möge. Der eine hielt es für ein Meer, ein anderer für ein tiefes Loch und ein dritter meinte, es sei eine Gebirgskette. Doch *Ānjaneya* sagte: "Ich sehe nur Dein Spiegelbild im Mond, nichts anderes." Seine Liebe und Hingabe waren so groß, daß er niemals und nirgends etwas anderes sah als Ihn.

Habt Vertrauen in eure eigene Kultur, in der Selbstbeherrschung und Disziplin betont werden. Laßt euch nicht von den wertlosen Annehmlichkeiten anderer Kulturen verführen. Indische Gepflogenheiten, wie das Tragen des Sari, werden jetzt von westlichen Frauen übernommen, während indische Frauen westliche Kleidung bevorzugen. Um mit der Mode zu gehen, tragen sie kurze Haare und lehnen den Kumkum-Tupfen auf der Stirn als Zeichen der verheirateten Frau ab. Aber indische Sitten und Gebräuche haben alle einen tieferen Sinn, auch wenn er in der Nachahmerei verloren gegangen ist. Ein ganzer Krug mit süßer Limonade kann durch einen Tropfen Heizöl verdorben werden. Nehmt nur das Gute von anderen Kulturen an; die Dinge, die euch helfen, die Sinne zu beherrschen und die Launen des Geistes zu überwinden, damit ihr klarer zwischen dem Vergänglichen und Unvergänglichen unterscheiden und den Weg zu eurem Ziel finden könnt.

Von all den Hunderttausenden, die in dieser Stadt wohnen, hattet nur ihr das Glück, diese Belehrungen zu hören. Nutzt diesen Schatz, so gut ihr könnt, und führt von diesem Augenblick an ein sinnvolleres Leben. Folgt denen, die den Ruhm des Herrn verkünden, der in euch ist, ebenso wie in allen anderen. Lernt die Wege kennen, auf denen ihr Ihn finden und zu Ihm gelangen könnt. Das ist der Rat, den Ich euch gebe.   Madras, 15.8.64

Hochmut kommt vor dem Fall

Der Mensch ist ein Pilger auf dem Weg zur göttlichen Ordnung *(dharma)*, in welcher der höchste Frieden *(shānti)* zu finden ist. Aber die Sinne, deren Sklave er geworden ist, zeigen ihm weltliche Vergnügungen und führen ihn dadurch auf Abwege. Er interessiert sich für die belanglosesten Dinge und möchte wissen, wie andere Völker leben und wie es in anderen Ländern aussieht, aber er ist nicht daran interessiert, sich selbst kennenzulernen und zu wissen, woher er kommt. So versinkt er in Unwissenheit über sich selbst, seinen Ursprung, sein Wesen, sein Ziel und seine Bestimmung. Er erniedrigt sich zu einem Wesen mit nur einem Namen und einer Form; beschränkt sich darauf, nur ein Individuum zu sein. Er, der Erbe unermeßlichen Reichtums, fühlt sich von der Armut bedroht. Laßt die Grenzen des Egos hinter euch! Nur dann könnt ihr eure eigene Unendlichkeit erfahren.

Dieses Mikrophon hier muß von irgend jemandem hergestellt worden sein, nicht wahr? Ihr seht ihn nicht und kennt ihn nicht, aber ihr zweifelt keinen Augenblick an seiner Existenz. Auch seid ihr bestimmt davon überzeugt, daß er alles weiß, was mit dem Mikrophon zu tun hat, denn sonst hätte er es nicht bauen können. So muß es auch einen Schöpfer dieses Universums geben, und Er muß alles wissen, was damit zusammenhängt.

Das Universum setzt sich aus den fünf Elementen zusammen, deren Herr und Meister Er ist, die Er beeinflußt und deren Eigenheiten und feine Unterschiede Er kennt. Wenn Ich in dieses Mikrophon spreche, hört ihr Mich alle laut und deutlich. Derselbe unsichtbare elektrische Strom, der das möglich macht, betreibt auch das Tonbandgerät, den Ventilator, die Glühbirnen und Leuchtröhren.

Jeder der Redner, die ihr hier gehört habt, hat auf seine Weise versucht, diesen Herrn der Welt zu beschreiben; den universalen Geist, den alle Namen bezeichnen und der in allen Formen zu finden ist. Er ist die Personifizierung der geistigen Urkraft, die auf hundertfache Art und Weise in den *Veden*, den *Shāstras*, dem *Mahābhārata*, *Rāmāyana* und *Bhāgavatam* beschrieben wird. Lebt euer Leben und haltet euch an Ihn, dann werdet ihr nicht zu Fall kommen. Vertraut darauf und macht dieses Vertrauen zur Grundlage all eures Handelns, dann werdet ihr Erfolg haben. Er wird euch Mut und Zuversicht geben, und euer Vertrauen in euch selbst und eure Bestimmung wachsen lassen.

Krishna gebraucht in der *Gītā* für *Arjuna* manchmal die Anrede "kaunteya". Was hat dieses Wort zu bedeuten? Es bedeutet: "Einer, der in Ruhe etwas aufnimmt", so wie ihr jetzt. Aber ihr sitzt bequem, bei herrlichem Wetter unter diesem Schutzdach und könnt ruhig zuhören, während *Arjuna* – das müßt ihr euch einmal vorstellen – mit seinem Streitwagen zwischen den gegnerischen Linien stand und den Beginn des Kampfes erwartete, auf den er und seine Brüder sich seit Jahren, von unstillbarem Rachedurst erfüllt, vorbereitet hatten. Sich unter diesen Verhältnissen konzentrieren zu können, erfordert ein außergewöhnliches Maß an Selbstbeherrschung. So hat jede Äußerung *Krishnas* eine tiefe Bedeutung und enthält eine Lehre für jeden.

Arjuna wurde von *Krishna* ständig dazu angehalten, seinen Egoismus zu überwinden. Vor dem *Mahābhārata* Krieg sprach *Arjuna* einst in Anwesenheit *Āñjaneyas* geringschätzig von der Brücke, welche die Affen zur Zeit *Rāmas* nach Lanka gebaut hatten. Er brüstete sich damit, daß er allein eine Brücke von Pfeilen hätte bauen können, anstatt das Meer mit Felsen aufzufüllen, wie die Affen es damals getan hatten. *Āñjaneya* forderte ihn heraus, eine solche Brücke zu bauen. Er tat es, aber als

Ānjaneya darüber ging, gaben die Pfeile unter seinem Gewicht nach. Plötzlich war *Krishna* da und schlug vor, daß der Versuch wiederholt werden solle, denn es hatte keine Zeugen für den Vorfall gegeben. Um *Arjuna* die Erniedrigung zu ersparen, stützte *Krishna* die zweite Brücke mit Seinem Rücken, als *Ānjaneya* darüber ging. Doch als *Arjuna* die verräterischen Wunden auf dem Rücken des Herrn sah, welche die Pfeilspitzen Ihm zugefügt hatten, brach sein Stolz in sich zusammen. Er bat *Ānjaneya*, in der bevorstehenden Schlacht auf seiner Seite zu kämpfen, doch *Ānjaneya* meinte, es sei für ihn nicht angemessen, gegen einen so schwachen Gegner anzutreten, denn die Armee der *Kauravas* sei seiner Stärke nicht gewachsen. Er werde jedoch die Schlacht, auf der Spitze der Fahnenstange von *Arjunas* Streitwagen sitzend, beobachten. Dieses Angebot wurde dankbar angenommen.

Arjunas Stolz wurde auch bei einer anderen Gelegenheit während des Kampfes auf interessante Weise von *Krishna* gedemütigt. Eines Abends gegen Ende des Krieges empfand *Arjuna* einen gewissen Stolz, daß *Krishna* sein Wagenlenker und damit sozusagen sein "Untergebener" war. Er dachte, er als Herr solle nach *Krishna* von dem Streitwagen steigen und nicht vor Ihm. An diesem Tage forderte er also *Krishna* auf, zuerst auszusteigen. Doch *Krishna* bestand darauf, daß *Arjuna* als erster den Wagen verließ. Nach einem Wortwechsel von geraumer Zeit schluckte *Arjuna* seinen Stolz hinunter und stieg äußerst unwillig aus. *Krishna* folgte ihm und in diesem Augenblick ging der Streitwagen in Flammen auf! *Krishna* erklärte dann das Ereignis folgendermaßen: Die brennenden Pfeile und Geschosse, die den Streitwagen getroffen hatten, waren machtlos, solange Er darin war. Als Er sie jedoch nicht länger durch Seine Gegenwart in Schranken hielt, setzten sie den Streitwagen in Brand. Dadurch zeigte *Krishna*, daß jedes Wort und jede Handlung des Herrn einen Zweck und eine Bedeutung hat, welche die Sterblichen nicht erkennen können. Der Egoismus ist ein zäher Gegner, und ihn zu überwinden, erfordert ständige Wachsamkeit.

Stolz erhebt sein Haupt immer und überall. So wie das Unkraut nach einem Regen aus scheinbar völlig vertrocknetem Boden hervorsprießt, so nutzt der Stolz jede Gelegenheit, die sich ihm bietet. König Sikhadhwaja wollte allem entsagen und ging in die Wildnis, um ein asketisches Leben zu führen. Seine Königin Chudala war in viel stärkerem Maße frei von allen Abhängigkeiten, aber sie stellte es nicht zur Schau, so wie er. Sie verkleidete sich als Wandermönch und suchte im Dschungel nach ihm. Als sie ihn endlich fand, fragte sie ihn, wer er sei. Er erwiderte, er sei der Herrscher dieses Landes, habe aber seinen Reichtum, seine Schätze, seine Macht und das höfische Leben aufgegeben. Chudala fragte ihn: "Warum hast du all das aufgegeben?" Er antwortete: "Um Frieden zu finden!" Aber er mußte zugeben, daß er ihn nicht gefunden hatte.

Daraufhin lehrte Chudala ihn, daß das Aufgeben von "Dingen" nutzlos sei, daß man vielmehr das Verlangen nach den Dingen, den Stolz, sie zu besitzen, sie einmal besessen zu haben, aufgeben müsse, daß man sich von der materiellen Welt loslösen und den Blick nach innen richten müsse, um die Gegner dort zu bekämpfen und Herr seiner selbst zu werden. Als der König dem neuen *Guru* zu Füßen fallen wollte, gab sie sich ihm zu erkennen. Sie besaß die Weisheit, die sie befähigte, ihrem Mann ein Lehrer zu sein. Das gab es vielfach in alten Zeiten, als die Frauen geehrt und viel besser erzogen wurden als heute.

Ihr müßt die gleiche Frömmigkeit wie *Rādhā, Hanuman* und die *"gopīs"* entwickeln. *Rāmakrishna* konzentrierte sich einst auf *Hanuman* und versetzte sich so vollkommen in seine Lage und Geisteshaltung, daß sich selbst sein Körper dieser Rolle anpaßte. Während dieser Zeit wuchs ihm ein kleiner Schwanz! Das zeigt, welche ungeheure Macht der Geist über den Körper besitzt. Viele Leute versuchten, die *"gopīs"* von *Krishna* fernzuhalten, indem sie Skandalgeschichten über ihn verbreiteten. Aber wer kann das Geschöpf von seinem Schöpfer trennen? *Vyāsa*, der große Heilige, sagt, es sei unmöglich, mit Worten die Liebe der *"gopīs"* zu *Krishna* zu beschreiben. Ihre Liebe war so rein und ihre Hingabe so vollkommen, weil auch nicht die geringste Spur von Egoismus in ihnen verblieben war.

Lernt die Kunst der Überwindung des Ego aus den *Shāstras*, deren Schätze hier in dieser vedischen Schule gehütet werden. Trotz der jahrzehntelangen Vernachlässigung und der Anziehungskraft anderer Studien gibt es noch viele davon in unserem Lande. Ihr habt sicherlich von König Bhojaraja gehört, dem großen Schutzherrn und Förderer der *Pandits*. Er hatte sich zunächst recht wenig um sie gekümmert, aber dann ereignete sich ein Vorfall, der seine Aufmerksamkeit auf diese wichtige Aufgabe lenkte. Die *Pandits* in seinem Reich besaßen zwar ohne Zweifel die Gnade Gottes in höchstem Maße, aber sie waren sehr arm und konnten ihre Familien kaum vor dem Hungertod bewahren. Das trieb einen von ihnen so zur Verzweiflung, daß er beschloß, ein Dieb zu werden und zu stehlen; nicht von den Armen, sondern von dem König, der durch einen solchen Verlust nicht ärmer würde. Bei Einbruch der Dunkelheit schlich er sich in die Privatgemächer des Königs. Obwohl er dort Zugang zu den kostbarsten Gold- und Silberwaren gehabt hätte, beschloß er, nur das zu nehmen, was er am dringendsten brauchte. Deshalb stahl er nur einige Kilo Weizenmehl. Während er mit dem Mehlsack durch die dunklen Gänge eilte, hörte er Stimmen. Geschwind betrat er ein Zimmer, dessen Tür halb offen stand, und verbarg sich unter einem Bett. Es war das Schlafzimmer des Königs!

Der *Pandit* verbrachte die Nacht unter dem Bett, ohne sich bewegen, husten, niesen oder auch nur tief atmen zu können. Eine Stunde vor Sonnenaufgang erhob sich der König, setzte sich auf sein Bett und deklamierte laut einen Vers, den er in der Nacht vor dem Einschlafen gedichtet hatte. Die letzte Zeile war unvollständig, weil der König das richtige Wort nicht finden konnte. Der *Pandit* hörte das Gedicht; ihm lag das Wort auf der Zunge, und er konnte nicht umhin, es aus seinem Versteck heraus laut auszusprechen. Er vergaß für einen Augenblick, daß er ein Dieb war und den verräterischen Sack in seinen Händen hielt. Der König schaute unter das Bett, hieß den *Pandit*, dessen Gelehrsamkeit er zu schätzen wußte, willkommen und überschüttete ihn, da er Verständnis für seine Notlage hatte, mit Wohltaten. So erfuhr König Bhojaraja von dem Elend, in dem die Schriftgelehrten in seinem Königreich lebten.

Die *Pandits* können davon überzeugt sein, daß ihr Wissen ihnen niemals schaden oder Nachteile bringen, sondern ihnen immer helfen wird, ihren Lebensunterhalt zu erwerben; vorausgesetzt, daß sie fröhlich, aufrichtig und gottesfürchtig danach leben. Der Glaube an Gott wird durch das Rezitieren Seines Namens ebenso gestärkt wie durch den Gedanken an Seine Macht, Herrlichkeit und Gnade.

Wenn eine Mutter ihr Kind füttert, hat sie es auf dem Schoß; den Teller in der Hand, versucht sie, es mit allen Mitteln zum Essen zu bewegen: sie ist streng, sie scherzt, sie lächelt; sie versucht, es durch eine Geschichte abzulenken oder indem sie ihm ein Kind, einen Hund, eine Blume oder den Mond zeigt. Ich muß die gleichen Methoden anwenden, um euch zum Zuhören zu bewegen, damit ihr die geistige Nahrung aufnehmt, die für euer Wachstum so wichtig ist. Darum erzähle Ich in Meinen Vorträgen Geschichten, singe und trage Gedichte vor. Madras, 16.8.64

Reue muß ehrlich sein

Der *Pandit*, der über die *Gītā* sprach, hat aufgezeigt, daß sie eine Zusammenfassung der *Upanishaden* darstellt. Die Menschen hier in Indien leben – ob sie es wissen oder nicht – im "Tempel der *Gītā*". Der Zugang zu diesem Tempel wird durch die Reue ermöglicht, durch Umkehr, durch die Einsicht, daß alle Sinnesfreuden nichtig sind, und durch das Streben nach höheren, inneren Werten. Das letzte Ziel ist die Erkenntnis des höchsten Absoluten. Er, der in dem Körper "pura" wohnt, ist der Herr *(purusha)*. Er, dessen Körper das Universum ist, ist der Höchste *(purushottama)*. Unser Bewußtsein, die göttliche Energie, nimmt die kleine Ameise wahr, die über unseren Fuß krabbelt. Das zeigt, daß das Göttliche, daß Gott den ganzen Körper erfüllt. Dieselbe Energie erfüllt und bewegt als höchstes Bewußtsein *(purushottama)* das ganze Universum, welches Sein Körper ist. Der einzelne Baum ist das individuelle Bewußtsein *(purusha)*, der

Wald ist das universale Bewußtsein *(purushottama)*. Das Einzelwesen *(jīvi)* ist ein Teil, das Ganze ist Gott. Der Weg, der vom individuellen zum universalen Bewußtsein führt, ist der des Einswerdens *(yoga)*, der über das Wissen *(jnāna)* führt, das durch rechtes Handeln *(karma)* und Aufgehen in der Liebe *(bhakti)* erworben wird.

Er sagte, der einzelne könne die Einheit nicht sehen, wenn er durch die fünf Sinne in fünf verschiedene Richtungen gezerrt wird. Nun, es besteht kein Unterschied, ob jemand einen 5-Rupien Schein oder den gleichen Betrag in kleinen Münzen hat. Alle fünf Sinne dienen dem gleichen Herrn. Es ist eine Familie unter einem Oberhaupt. Die Sinne müssen nicht notwendigerweise Feinde sein. Sie können dazu erzogen werden, zum geistigen Fortschritt beizutragen. Auf der anderen Seite kann auch die Intuition, die höhere Intelligenz *(buddhi)* zum Feind werden, nämlich dann, wenn sie zu Überheblichkeit und Konkurrenzkampf führt.

Die Götter glaubten einst, sie könnten die Dämonen *(asura)* aus eigener Kraft überwinden. Sie besiegten sie zwar, doch bei der Siegesfeier manifestierte sich das Absolute als Gott vor ihnen. Er warf einen Grashalm auf den Boden und forderte *Agni*, den Herrn des Feuers auf, ihn zu verbrennen. Er konnte es nicht. Dann bat er *Vāyu*, den Herrn der Winde, ihn hinwegzutragen. Es gelang ihm nicht. Schließlich forderte Er *Indra*, den Herrn des Regens, auf, ihn hinwegzuspülen. Auch seine Anstrengungen waren erfolglos. Dann, als ihr Stolz erschüttert war, lehrte Er sie die höchste Weisheit *(brahmavidyā)*, die zur Erkenntnis der inneren Quelle aller Stärke führt. Diese Geschichte hat noch eine tiefere Bedeutung, denn *Agni* ist auch der Herr der Sprache. Sie zeigt also, daß man bescheiden sprechen muß, und daß die Sprache von der ersten Schwingung kosmischer Urenergie ausgeht. *Vayu* regiert den Atem, und *Indra* ist der Herr der höheren Intelligenz *(buddhi)*.

Dabei kommt es immer auf das Verhalten im Alltag an. Das trifft besonders für den zu, der sich um spirituellen Fortschritt bemüht. Ihr beurteilt einen Menschen nach dem, was er tut. Es bedarf keiner Beschreibung, denn sein Verhalten enthüllt seinen Charakter. In einem Dorf lebten zwei Frauen als Nachbarn. Die eine besaß fünf Kühe, die andere nur eine. Die reichere Frau war überspannt, nachlässig und verschwenderisch. Deshalb mußte sie sich immer Milch von der Frau borgen, der nur eine Kuh gehörte. Diese half ihr aus, obwohl sie selbst eine größere Familie zu versorgen hatte. Als die Schuld auf 50 Liter angewachsen war, starb die Kuh der ärmeren Frau, und sie bat ihre Nachbarin, ihr die geliehene Milch mit einem Liter pro Tag zurückzugeben. Diese weigerte sich und behauptete vor Gericht, sie habe sich niemals Milch geliehen.

"Ich besitze fünf Kühe! Warum sollte ich mir Milch von dieser Frau borgen, die nur eine Kuh hatte?" fragte sie. Der Richter war ein schlauer

Fuchs, der Mitleid mit der Frau hatte, deren Kuh gestorben war. Er wußte, wie er die Wahrheit herausfinden konnte. Er ließ jeder der beiden Frauen fünf Becher Wasser geben und befahl ihnen, sich damit die Füße zu waschen, und dann wieder vor Gericht zu erscheinen. Die Frau mit den fünf Kühen schüttete das Wasser in einem Guß über ihre Füße, die danach noch so schmutzig waren wie vorher. Die andere Frau benötigte nur einen Becher, um sorgfältig ihre Füße zu reinigen. Vier Becher blieben unberührt. Diese Fußwaschung enthüllte dem Richter den Charakter der beiden, und er zögerte nicht, die Schuldige zu verurteilen. Er sah, daß die ärmere Frau sparsam, die andere aber verschwenderisch war und deshalb nie mit dem auskam, was sie hatte.

Arjunas Verzagtheit ist auch nur ein versteckter Egoismus, der auf einen Fehler in seiner Einstellung hinweist. Bis er aufs Schlachtfeld kam, war er stark und weise. Dann wurde er schwach und furchtsam. Das war das Ergebnis seines Denkens in Begriffen wie "Ich" und "Mein"."Ich werde in die Hölle kommen. Ich will lieber betteln gehen. Ich werde nicht kämpfen; mein *Guru*, mein Onkel, mein Vetter". "Ich" und "Mein" sind zwei Giftzähne, die gezogen werden müssen, um den Menschen harmlos zu machen. *Nārada* erzählte einst *Brahmā*, wie lächerlich es in der Welt zugeht: Diejenigen, welche sterben werden, beweinen die, welche gestorben sind. Was *Arjuna* tat, war genau das gleiche, aber diese Torheit war in das Gewand der Entsagung und der Barmherzigkeit gekleidet. Die Frage auf dem Schlachtfeld war nicht, wer mit wem verwandt, sondern was richtig und was falsch war. "Kämpfe für die gerechte Sache, wie es deine Pflicht als *Kshatriya* ist, und überlasse den Ausgang dem, der alle Geschicke lenkt", ermahnte ihn *Krishna*. Er sagte: "Deine Tränen überraschen Mich, denn dir wird nachgesagt, du habest die Unwissenheit überwunden. Bilde dir nicht ein, daß du sie töten kannst. Sie sterben nicht, denn "sie" haben noch viele Aufgaben zu erfüllen und das wirkliche "sie" ist unsterblich. Ihre Körper sind von Mir bereits zum Tode verurteilt, und du führst nur Meine Befehle aus."

Krishna zeigte *Arjuna* den Weg zu sich selbst. Dadurch wurde sein Bewußtsein von der Vorstellung, daß er ein großer Krieger, ein Feind *Duryodhanas* sei, befreit. Er erkannte, daß er nur ein Werkzeug in den Händen des Herrn war.

Auch ihr müßt diese Lektion lernen, sonst hat das Elend kein Ende. "Von der Dunkelheit führe uns zum Licht" heißt es in einem Gebet. Egoismus ist die Dunkelheit, Hingabe an Gott ist das Licht. Es gibt ein einfaches Verfahren, um sowohl das innere Bewußtsein als auch das äußere Verhalten im Lichte Gottes erstrahlen zu lassen. Führt stets den Namen des Herrn als leuchtende Flamme auf der Zunge. Das ist der erste Schritt. Ihr Licht wird die Dunkelheit vertreiben. Laßt sie immer hell und klar leuchten, dann werdet ihr euch bald zu erstaunlichen Höhen aufschwingen und ein

Glücksgefühl erleben, zu dem ihr keinen Zugang habt, solange ihr von den Sinnen beherrscht werdet. Madras, 17.8.64

Der Sehende hinter dem Auge

Diese Versammlung ist der Zusammenfluß zweier Ströme von Menschen, von denen die einen Tamil und die anderen Telugu sprechen. Ich spreche immer Telugu und richte mich nie nach den Zuhörern, aber ich glaube, auch diejenigen, welche kein Telugu können, werden den Sinn meiner Rede verstehen.

Immer wenn Unfrieden *(ashānti)* in der Welt die Oberhand zu gewinnen droht, nimmt der Herr menschliche Gestalt an, um die Menschheit auf den Weg zur Einigkeit zu führen, indem Er aufzeigt, wie höchster innerer Frieden *(prashānti)* gewonnen werden kann. Zur Zeit zerstören Streit und Zwietracht Frieden und Eintracht in der Familie, der Schule, der Gemeinde, der Gesellschaft, in den Dörfern und Städten, überall im Lande. Angst und Mißtrauen vergiften das ganze Leben. Darum wurde diese vedische Schule gegründet, und *Pandits* wurden damit beauftragt, die vertrockneten Quellen des Friedens wieder zum Fließen zu bringen, indem sie die Lehren, die in den *Shāstras* enthalten sind, verbreiten.

Was ist es, das die Welt dem Unfrieden *(ashānti)* ausliefert? Der Haß, die Abhängigkeit von weltlichen Dingen und die Überbewertung alles Vergänglichen. Es sind die Folgen der Unwissenheit, die zu einer falschen Einschätzung der Verhältnisse führen. In der Dunkelheit kann man nicht gut sehen, und Dinge werden für etwas gehalten, was sie nicht sind. Das Seil wird für eine Schlange, der Baumstumpf für einen Dieb, ein Stück Glas für einen Diamanten gehalten. Dieses Halbdunkel, dieser Irrtum muß beseitigt werden. Dazu ist es erforderlich, daß man weiß, wie die Wahrheit zu finden ist. Das aber lehren die heiligen Schriften, und die *Pandits* sind beauftragt, diese Lehren an euch weiterzugeben. Sie werden euch sagen, daß die nach außen gerichteten Sinne nach innen gelenkt werden müssen. Der innere Bereich der Impulse, Instinkte, Gewohnheiten, Vorurteile und Neigungen muß gereinigt werden, bevor Gott sich hell und klar darin spiegeln kann. Wie wird das bewerkstelligt? Das erklären die *Veden.*

Die *Veden* erklären Dinge, die man sonst nicht wissen kann. Das Wort selbst bedeutet "Wissen". Es ist ein Wissen, das weder durch die Sinne, noch durch den Verstand, ja ohne entsprechende Anleitung nicht einmal durch Intuition erworben werden kann. Non-Dualismus *(advaita)* ist etwas, das niemand, der in der Welt der Gegensätze befangen ist, verstehen kann. Er liegt jenseits des Verstandes. Bevor man die Großartigkeit der Einheit begreifen kann, muß man sowohl den Verstand *(manas)*, als auch das intuitive Denken *(buddhi)* hinter sich lassen. Den Dualismus brauchen die *Veden* nicht zu lehren, denn er ist mit seinen Gegensätzen von Schöpfer und Schöpfung, gut und schlecht, richtig und falsch die tägliche Erfahrung eines jeden. Die Natur *(prakriti)*, die Schöpfung ist nach außen hin dualistisch. Die *Veden* versuchen, die Augen der Menschen für den trügerischen Schein dieser dualistischen Erfahrung und für die Wirklichkeit der non-dualistischen Einheit zu öffnen. Diese Einheit des Einen verkünden sie laut und mit Nachdruck.

Appana Sastry sagte soeben, daß Reh, Elefant, Motte, Fisch und Biene durch je einen der Sinne, nämlich Gehör, Gefühl, Gesicht, Geschmack oder Geruch in den Tod gelockt werden. Wenn diese Tiere je einem der Sinne zum Opfer fallen, wieviel mehr Mitleid verdient der Mensch, den alle fünf Sinne ins Verderben zu ziehen versuchen! Dieser geschlossenen Front von Gegnern sah sich auch *Arjuna* gegenüber. Er war versucht, seine Aufgabe zu vernachlässigen und eine andere zu übernehmen, denn er wollte nicht kämpfen, obwohl das die Pflicht des *Kshatriyas* war, und statt dessen als Mönch leben, was eine weitere spirituelle Entwicklung erforderte. Um dem Ansturm der Sinne standhalten zu können, bedarf es sowohl eigener Anstrengung *(sādhana)* als auch der Gnade Gottes *(sankalpa)*.

Arjuna wollte das Handeln aufgeben, weil ihm in diesem Augenblick das Leben eines Mönches erstrebenswerter erschien. Doch es ist das Handeln *(karma)*, welches die Hingabe vertieft. Es läutert den Geist und bereitet ihn für das höhere Wissen *(jnāna)* vor. Reines Zuhören ist passiv *(tamas)*. Über das Gehörte nachzudenken und zu versuchen, es in sich aufzunehmen, ist aktiv *(rajas)*. In der Ausgeglichenheit der Meditation in den Genuß der Wirklichkeitserfahrung zu kommen, ist reine Freude *(sattva)*. Diese Freude ist das Ergebnis völliger Hingabe *(bhakti)*.

Es hat keinen Zweck, gegen die Urtäuschung des Körperbewußtseins mit krampfhaften Anstrengungen und den Mitteln des Verstandes vorzugehen. Wie einer der Redner gerade gesagt hat: Die Täuschung wird verschwinden, wenn man sich nur einmal die Zeit nimmt, über die Welt und ihre Erscheinungsformen nachzudenken. Das höhere Wissen *(jnāna)* ist nicht etwas, das von außen kommt, wie es z.B. bei Geld der Fall ist, das als Geschenk gegeben wird: Der Empfänger hatte es zuvor nicht, denn es gehörte dem Geber. Es ist vielmehr so, als ob euch jemand, dem ihr ein Buch geliehen habt, einen Geldschein gibt. Der Schein war zwischen den Seiten des Buches verborgen, und als ihr den anderen fragtet, ob er euch etwas Geld leihen könne, gab er euch euer eigenes Geld zurück. So enthüllt euch das höhere Wissen eure eigene strahlende Wirklichkeit. Der *Guru* gibt euch etwas von dem Schatz, der in eurem eigenen Herzen verborgen liegt. Ihr habt Angst, denn ihr seid euch eurer Stärke nicht bewußt. Einer der Redner wies auf die Allgegenwart des Herrn hin. Nur durch Ihn seid ihr in der Lage zu sehen. Euer Auge braucht Sein Auge, um seine Funktion erfüllen zu können. Es ist die Urenergie *(ātman)*, die sich in eurem Innern spiegelt, euren Geist *(antahkārana)* aktiviert und ihn durch die Sinne mit der Außenwelt in Verbindung bringt.

Die Erlösung *(moksha)* findet statt, wenn die Urenergie *(ātman)* in ihrem eigenen Licht erstrahlt. Sie ist nicht das Paradies, in dem sich bestimmte bevorzugte Einwohner gute Plätze gesichert haben. Sie ist der Zustand des Einzelwesens *(jīvi)*, welches die Täuschung abgeschüttelt hat.

Wenn die Täuschung als solche erkannt wird, ist das Leid überwunden und der Zustand glücklicher Ausgeglichenheit erreicht. Das Überwinden des Leides und das Erfahren der Glückseligkeit ereignet sich gleichzeitig. Schuld daran, daß sich nicht jeder in diesem Zustand befindet, ist der Geist *(manas)*. Der Stoff, aus dem er besteht, ist aus Wünschen gewoben. Beides, Kette und Schuß, sind Wünsche. Wenn sie verschwinden, hört der Geist auf zu bestehen. Wenn ihr die Fäden aus einem Stück Stoff herauszieht, ist es kein Stoff mehr. Zieht also die Wünsche aus eurem Geist heraus, dann verschwindet er, und ihr seid frei! Glück und Leid sind Vorder- und Rückseite derselben Münze. Glück stellt sich ein, wenn das Leid aufhört; das Leid beginnt, wenn das Glück endet. Wenn ihr einen Blinden zum Essen einladet, müßt ihr zwei Gedecke auflegen, denn er wird mit jemandem kommen, der ihn begleitet. Glück und Leid sind unzertrennliche Gefährten.

Es ist schwer, die Haltung hingebender Liebe zu Gott *(bhakti)* anzunehmen. Glaubt nicht, daß es leicht sei! Es ist sogar schwieriger, als weise zu werden, denn es erfordert die Aufgabe des eigenen Willens. Man muß "Ja" zu allem sagen, was geschieht. Der Fluß muß umkehren und bergauf, zurück zu seiner Quelle fließen. Wenn ihr abwärts fließt, wird es weiter und weiter abwärts gehen, und das Wasser eures Lebensstromes wird ungenießbar werden. Aber verzweifelt nicht! Eines Tages werdet ihr siegreich sein; je früher, desto besser. Der Mangoverkäufer mag versuchen, vier Stück für eine Rupie zu verkaufen. Aber er sollte die Hoffnung auch dann nicht aufgeben, wenn drei der Früchte verdorben sind. Es kann immer noch jemand kommen, der für die vierte den gleichen Preis bezahlt.

Nachdem ihr hierhergekommen seid, Mich gehört, über Mich gelesen und Meinen Segen empfangen habt, solltet ihr wenigstens einem der Ratschläge, die ihr bekommen habt, folgen. Ein Streichholz genügt, ein Feuer zu entzünden. Man braucht dazu nicht alle, die in der Schachtel sind. Glaubt daran, daß ihr Erfolg haben werdet, und verfolgt hartnäckig euer Ziel!

So wie der Körper die verschiedenen Altersstufen durchläuft, so entwickelt sich auch Hingabe *(bhakti)* stufenweise. Die erste zarte Frucht ist die Liebe, die herangewachsene Frucht ist anbetende Verehrung, die zur Zeit der Reife zu vollkommener Selbstaufgabe wird. Es gibt ein Verhalten, welches das Herz des Herrn zum Schmelzen bringt: Handeln, das niemandem Leid zufügt. Als *Rāma* die Heerscharen der Störenfriede in der Wildnis ganz allein und ohne jede Hilfe besiegte, tat Er das, um sowohl den frommen Einsiedlern als auch den Dämonen *(rākshasa)* eine Kostprobe Seiner göttlichen Allmacht zu geben.

Daß Ich hierher gekommen bin und täglich vor diesen Versammlungen spreche, ist die Folge eurer Verdienste und Meiner Gnade. Ich freue Mich, daß der Wunsch, mehr über das spirituelle Leben zu erfahren, so viele von euch hierher gebracht hat. Da die Leiter dieser Veranstaltungen voller Energie und Tatkraft sind, werdet ihr auch in der Zukunft öfter Gelegenheit haben, an solchen Versammlungen teilzunehmen. Der große Platz vor dem Palast des *Rajas* von Venkatagiri steht dafür immer zur Verfügung. Stellt euch vor, welch glücklicher Umstand es für ihn ist. Es wird ihn bestimmt mit tiefer Genugtuung erfüllen, daß so viele Tausende hier zusammengekommen sind, um die erhebenden Ansprachen der *Pandits* zu hören und die ersten Schritte auf dem spirituellen Weg zu tun. Die glückliche Zufriedenheit *(ānanda)*, die ihr jetzt empfindet, ist keine Folge der äußeren Verhältnisse. Sie ruht immer in euch. Ihr seid Verkörperungen der Glückseligkeit *(ānandasvarūpa)*, und dieses Glücksgefühl entspringt eurem eigenen Herzen.   Madras, 18.8.64

Sei ein Treuhänder

Heute findet die letzte Veranstaltung dieser Woche statt, die "samāpthi" genannt wird. Dieses Wort bedeutet im allgemeinen soviel wie "Schlußveranstaltung". Es hat aber auch noch eine tiefere Bedeutung. Es bedeutet "sama-āpthi", die Vereinigung (āpthi) mit *Brahman* (sama) als Ergebnis des Lernens *(shravana)*, Verarbeitens *(manana)* und Meditierens *(nididhyāsa)*. Im weltlichen Sinne bezeichnet es das Ende einer Zeitspanne, im spirituellen Sinne das Transzendieren der Zeit.

Was ist das Endergebnis und die Zusammenfassung all dieser Vorträge? Es ist die einfache Tatsache, daß der Mensch aufhören muß, weltlichen Dingen nachzujagen, wenn er in Frieden und Freude leben will. Ansammeln von Reichtum, das Vervielfachen der Wünsche führt zu dem Wechselspiel von Freud und Leid. Bindung durch Zu- und Abneigung ist die Wurzel von Freud und Leid; frei sein davon die Erlösung. Ein Millionär zahlt seine Steuern mit Tränen in den Augen; ein Schulleiter weint den Möbeln und der Laboreinrichtung seiner Schule keine Träne nach, wenn er versetzt wird. Warum? Er weiß, daß er nur Treuhänder und nicht Besitzer ist. Er ist nicht durch das Gefühl des Besitzes an die Dinge gebunden, da sie nicht ihm, sondern dem Staat gehören. So müßt auch ihr eure Familie, euer Haus, eure Felder, euer Auto als Besitz des Herrn betrachten, euch nur als Verwalter fühlen und bereit sein, alles ohne Widerspruch kurzfristig aufzugeben.

In den heiligen Schriften unseres Landes, den *Veden, Shāstras* und *Purānas* ist die Medizin enthalten, die euch von allen Abhängigkeiten heilt und euch die Stärke des Nicht-Verhaftet-Seins verleiht. Es gibt andere Heilmittel, die vielleicht besser schmecken, aber sie anzuwenden ist Zeit- und Geldverschwendung, denn sie heilen das Leiden nicht. Entsagung *(tyāga)* bedeutet nicht, daß ihr den Dingen keinen Wert beimessen sollt. Keineswegs! Ihr könnt euch sogar daran erfreuen, aber vergeßt nicht, daß sie vergänglich sind und daß die Freude, die sie vermitteln, armselig und unbeständig ist. Fallt nicht der Verblendung *(moha)* zum Opfer und überbewertet sie, sondern schätzt sie richtig ein.

Ein durstiger Reisender fragte einen Wasserträger auf einer ländlichen Bahnstation, ob sein lederner Wassersack auch sauber sei. Die Antwort war: "Was die Sauberkeit betrifft, kann ich nur sagen, daß der Sack, aus dem das Wasser kommt, sauberer ist, als der, in den es hineinfließt." Ihr müßt mehr auf die innere als auf die äußere Sauberkeit achten. Kritisiert nicht die Fehler, die andere machen, sondern legt einen strengen Maßstab an euer eigenes Verhalten an; seht euch selbst, wie ihr wirklich seid, und korrigiert eure eigenen Fehler. Gleicht nicht der Tänzerin, die den Trommler für ihre falschen Schritte verantwortlich machte.

Die Schöpfung *(prakriti)* ist ebenso zeitlos wie Gott. Wer weiß, wann Gott sich entschied, das Universum zu erschaffen? Niemand kann sagen, wann es entstanden ist, aber jeder weiß, wann es – für ihn zumindest – zu einem Ende kommen wird. Wenn ihr in einen Brunnen schaut, seht ihr immer euer Spiegelbild. Soweit es euch betrifft, kann das Spiegelbild entfernt werden, wenn ihr euch entschließt, nicht mehr in den Brunnen zu schauen und ihm keine Beachtung mehr zu schenken.

Der *Pandit*, der vorhin gesprochen hat, stellte in seiner Rede eine sehr gelehrte und folgerichtige Untersuchung an über Tugend und Untugend, wie sie im *Rāmāyana* beschrieben sind. Aber ihr müßt euch auf die Krankheit konzentrieren, unter der ihr leidet, und ein Heilmittel für sie suchen. Die Ursache für die Probleme der Menschen von heute sind Dummheit, Egoismus und Unwissenheit. Auge, Ohr und Zunge machen den Menschen furchtsam und boshaft, anstatt ihn zu einem Botschafter des Friedens und der Freude werden zu lassen. Der Verstand ist die Wurzel von Stolz und Neid. In Puri wird *Vishnu*, in Kāshī *Shiva* verehrt. *Vishnu* wird "gopal", d.h. Beschützer der Kühe, und *Shiva* "pasupathi", d.h. Herr der Kühe genannt. Gibt es da irgendeinen Grund zur Feindschaft zwischen denen, die ihren Gottesdienst in Puri und denen, die ihn in Kāshī abhalten?

Aber der angeborene Trieb, sich zu bekämpfen, läßt die Menschen den Namen des Herrn dazu mißbrauchen, einen Streit heraufzubeschwören, nur weil sie ihren Spaß daran haben.

Oft ist es schwierig, das in die Praxis umzusetzen, was man verstandesmäßig als richtig erkannt hat. Nehmt das Verhalten *Dronas* auf dem Schlachtfeld als Beispiel. Als er hörte, daß sein Sohn gefallen war, ließ er die Waffen sinken und vergaß, daß er sich mitten in der Schlacht befand. Das hätte er niemals tun dürfen. Er fiel der Verblendung *(moha)* zum Opfer, daß die Beziehung zu seinem Sohn wichtiger als alles andere sei, und das brachte ihm Niederlage und Tod.

Heute am letzten Tag sind wie immer viele Tausende von Menschen hier versammelt, und Ich möchte euch allen sagen, daß euch nicht das hilft, was ihr hört, sondern das, was ihr in die Praxis umsetzt. Schränkt eure Bedürfnisse und eure Wünsche ein! Wenn ihr etwas haben wollt, prüft zuerst, ob es notwendig ist. Überflüssige Dinge werden in eurer Wohnung nur zu Staubfängern. So dürft ihr auch euren Geist nicht mit zu vielen Dingen belasten. Reist mit leichtem Gepäck. Habt nur soviel, wie ihr zu einem gesunden Leben braucht. Verderbt das Essen nicht durch zuviel Salz. Das Leben ist schwer zu ertragen, wenn es durch zuviele "Wünsche" versalzen ist. Paßt eure Wünsche euren Verhältnissen an und sucht nur die zu erfüllen, welche bleibende Freude bringen. Lebt nicht über eure Verhältnisse, nur um der Mode zu folgen und öffentliche Anerkennung zu gewinnen, sondern so, wie es eurem Stand und eurem Alter entspricht.

Denkt nicht an erster Stelle an euch selbst, sondern betrachtet die Bedürfnisse und das Glück anderer als wichtiger. Habt Achtung vor den Älteren und fördert ein herzliches Verhältnis zwischen Bruder und Schwester, Lehrer und Schüler, Arbeitgeber und Arbeitnehmer.

Sorgt für die Kühe, denn sie sind das Symbol selbstlosen Dienens, wie es der göttlichen Ordnung *(dharma)* entspricht. Deshalb führt, wenn ein Bauernhof zeremoniell geweiht wird, der Besitzer zuerst eine Kuh in die Stallungen. Einst nahm ein *Rischi* ein rituelles Bad am Zusammenfluß des Yamuna, Ganges und Saraswati. Während er in die heiligen Wasser tauchte, warfen einige Fischer ihre Netze aus und zogen ihn als seltene Beute ans Ufer. Sie forderten vom König ein Lösegeld für ihn. Was aber war der Preis für einen "Rischifisch"? Eintausend Goldmünzen? Der *Rischi* erhob Einspruch. Er sei nicht so billig. Viertausend Münzen? Auch das war ihm nicht genug. Schließlich machte ein *Yogi* einen annehmbaren Vorschlag. Er sagte: "Gib ihnen eine Kuh." Das wurde von allen als angemessener Ausgleich angesehen. So hoch ist der Wert einer Kuh!

Befolgt die Regeln, die in den *Shāstras* niedergelegt sind, achtet eure Kultur und macht eurem Vaterland Ehre. Glaube an die Vorsehung und Furcht vor der Sünde sind einem Inder angeboren. Sorgt für eure alten Eltern. Wer seine Mutter ehrt, den wird die Mutter des Universums beschützen. Wer seinen Vater ehrt, den wird der Vater aller Wesen beschützen. Das ist ebenso wahr, wie die Tatsache, daß eure Kinder euch achten werden, wenn ihr euren Eltern Achtung erwiesen habt.

Der Gedanke, daß Gott euch beschützt, erinnert Mich an eine Botschaft, die Mir ein Teilnehmer dieser Versammlung hat zukommen lassen. Darin bittet er Mich zu erklären, warum Ich in Meinen Vorträgen niemals Sai Baba erwähnt habe, obwohl Ich als *Avatar* diesen Namen trage. Er dachte dabei wohl an Leute, die sich in der Öffentlichkeit für *Rāma, Krishna* oder Sai Baba einsetzen. Für den, der weiß, worum es geht, sind Sai, *Rāma, Krishna, Vishnu* alle eins. Nur Name und Form sind verschieden. Die Allmacht, die Herrlichkeit, die Aufgabe und die Botschaft sind die gleichen, wenn auch ihre Werke im einzelnen je nach den Erfordernissen der Zeit verschieden sein mögen. Ich schätze es nicht im geringsten, wenn zwischen den verschiedenen Erscheinungsformen des Göttlichen Unterschiede gemacht werden und behaupte nicht, daß die eine wichtiger oder gültiger als die andere sei.

Es gibt viele Bestrebungen, Gebetshallen und Tempel für Mich zu bauen, und die Leute gehen herum und sammeln Spenden dafür. Ich billige diese Art der Begeisterung überhaupt nicht. Betet in jedem Tempel, verehrt jeden Namen und jede Form. Ihr vernachlässigt den alten Tempel in eurer Stadt und beginnt, einen neuen zu bauen. Sobald ihr einen Grund findet, einen anderen zu bauen, werdet ihr auch diesen wieder vernachlässigen. Diejenigen, die neue Tempel planen, Ausschüsse bilden und Spenden sammeln, helfen der Verbreitung des Atheismus, denn sie sind von egoistischen Motiven und nicht von echter Frömmigkeit getrieben. Geld ist die Währung dieser Welt, geistige Disziplin die Währung der spirituellen Welt. Wenn diese Frömmler mit ihren Listen zu euch kommen, gebt ihnen keinen Pfennig. Wozu braucht ihr Gebetshallen für eure Andacht? Die Gegenwart anderer ist oft mehr Hindernis als Hilfe. Macht euer Haus zu einem Tempel und meditiert in eurem eigenen Andachtsraum. Seid vor allen Dingen anderen ein Vorbild durch sanfte Sprache, Bescheidenheit, Achtung vor dem Alter, Ehrlichkeit, Glauben und Beständigkeit. Dadurch werdet ihr mehr Menschen zu Gott führen als durch das Bauen von Tempeln, Gründen von Gesellschaften und Sammeln von Spenden.

Für den Herrn zählt die Aufrichtigkeit, die Einfachheit, die Freude, welche mit dem Gedanken an Seinen Namen und Seine Form verbunden ist. Wenn ihr in der Nacht des *Shivarātri*-Festes durch Krankheit am Schlaf gehindert werdet, so wird das nicht als Nachtwache angerechnet. Wenn ihr mit eurer Frau Streit habt und sie euch einen ganzen Tag nichts zu essen gibt, dann gilt das nicht als Fasten. Wenn ihr volltrunken seid und das Bewußtsein verliert, so ist das keine Meditation. Wer den Vorteil im Auge hat, den ihm seine Frömmigkeit bringen kann, der ist nicht wirklich fromm. Sie preisen *Rāma* heute über alle Maßen und verleugnen Ihn morgen, wenn ihr Glück sich gewendet hat. Jene, die Sai Baba verehren und Ihn für größer halten als alle anderen, verstehen nicht das Einmaleins spirituellen Lebens und sind nicht geeignet dafür. Ich warne euch vor Leuten, die Meinen Namen für solch persönliche Zwecke benutzen. Hütet euch vor ihnen und behandelt sie so, wie sie es verdienen.

Bewahrt die den Tod überwindende Botschaft, die ihr während dieser sieben Tage hier gehört habt, in eurem Herzen, meditiert darüber und versucht, das leuchtende Ziel dieses unermeßlich wertvollen menschlichen Lebens zu erkennen. Ich segne euch alle. Madras, 19.8.64

Gesundheit und Spiritualität

Zwei Gesundheitsminister, der eine von Andhra, der andere von Maharashtra, haben begeistert und aufschlußreich über ihre Arbeit und den Zusammenhang zwischen Gesundheit und geistiger Disziplin gesprochen. Der eine berichtete über die Bemühungen im Staate Maharashtra, die Krankheiten in den Dörfern zu bekämpfen und Ärzte dazu zu bewegen, sich in den Dörfern niederzulassen. Er sagte, die alte Heilkunde des *Āyurveda* habe den Verhältnissen des Landes, nämlich den Nahrungmitteln und dem Klima, besser Rechnung getragen als die heutige Medizin. Auch sei sie, da sie Heilmittel verschrieb, die in der Umgebung der Dörfer wuchsen, billiger und leichter zugänglich gewesen. Er wies auch darauf hin, daß er selbst nie ernstlich krank gewesen sei, weil er sich bezüglich Nahrung, Schlaf und Entspannung immer streng an die alten Vorschriften gehalten habe. Sein Glaube an Baba habe ihm die Kraft gegeben, alle Krankheiten zu überwinden. Der andere Minister, selbst ein Arzt, erwähnte den heilenden Einfluß der Ruhe und Stille in den Einsiedeleien Indiens und wünschte, die Menschen würden wieder den Weg zu dem einfachen Leben alter Zeiten finden. Er sagte, tief im Herzen eines jeden Inders sei der Glaube an die göttliche Urordnung *(sanātanadharma)* verborgen, der – neu belebt – zur Erneuerung auf den verschiedensten Gebieten führen könne.

Da dieses heute eine Feier zum Jahrestag der Eröffnung des Krankenhauses ist, will Ich einiges über körperliche Krankheit, ihre Behandlung und ihre Heilung sagen. Der Mensch wünscht sich Gesundheit nicht um ihrer selbst willen. Er versucht, die Krankheit zu heilen, denn Krankheit bringt Leiden mit sich. Er versucht, sich seine Gesundheit zu erhalten, denn Gesundheit bedeutet Freude, und das ist es, wonach er strebt. In jedem Augenblick sucht er mit allem, was er tut, den Zustand der Glückseligkeit *(ānanda)* zu erreichen. Ein Fisch, der an das Ufer des Sees geworfen wird, zappelt verzweifelt und bemüht sich, wieder ins Wasser zu gelangen. Das Streben des Menschen nach Glück kann damit verglichen werden: Er befand sich in einem Glückszustand und wurde ins Leiden geworfen. Aber sein natürliches Element ist das Glück, in dem er ausgeglichen, harmonisch, voller Frieden und Liebe ruhte. Nun muß jeder für sich selbst dieses Glück zurückgewinnen. Niemand anderes kann es für ihn tun. Der Minister hat erklärt, wie ein Plan der Regierung dafür sorgen will, daß jeder Nahrung, Kleidung und Unterkunft hat. Doch auch diejenigen, die diese drei im Überfluß haben, sind nicht glücklich. Glück ist ein innerer Schatz, der durch Disziplin und durch das Freisein von allen Abhängigkeiten gewonnen wird. Ihr braucht einen Plan für das Glück, einen Plan, der Frieden und Zufriedenheit bringt.

Ein Mensch mag auf einem weichen Sofa in einem klimatisierten Raum sitzen, doch in seinem Herzen kann das Feuer unbeschreiblicher Angst und Verzweiflung brennen. Der Körper ist der Wagen, der Geist das Pferd. Die heutigen Pläne spannen alle den Wagen vor das Pferd. Sie räumen dem Körper und seinen Bedürfnissen den ersten Platz ein. Denkt an das Wichtigste zuerst! Nur dann kann die wahre Kultur Indiens wiederbelebt werden. Die Weisen dieses Landes kannten die Goldmine des Glücks, die im Herzen jedes Menschen verborgen ist. Sie haben Verfahren entdeckt, das Gold zu schürfen und zu verarbeiten. Nach ihrer Aussage sind Glück und Erlösung sichergestellt, wenn Mutter Erde, Mutter Kuh, die leibliche Mutter und Mutter *Veda* geachtet und verehrt, sowie ihr Schutz und ihre Fürsorge so gut wie möglich genutzt werden. Nur weil die Bevölkerung Indiens diesen Weg gegangen ist, blieb Indien, was es ist, und wurde nicht Europa oder China.

Selbst der Mangel an Nahrungsmitteln, von dem der Minister sprach, ist eine Folge des schwindenden Glaubens, der ein hervorstechendes Merkmal der Bauern war. Wenn die Begeisterung für den eigenen Beruf nachläßt und der Geist selbstloser Einsatzbereitschaft verloren geht, entsteht eine Gleichgültigkeit, unter der jede Arbeit leidet. Glaubt an Gott, an die göttliche Urkraft der Seele *(ātmatattva)*; das wird euch Stärke geben. Ein Fakir kam einst zu König Akbar und wollte ihn sprechen, doch ihm wurde gesagt, er müsse warten, denn der König verrichte gerade seine Gebete. Aber der Fakir war ungeduldig und sagte: "Was kann ein Gott diesem Bettler geben?" Vor Gott sind alle Bettler. Aber nur der verdient Achtung, der sich nicht erniedrigt, indem er bittet und bettelt und sich einzuschmeicheln sucht, sondern der erkannt hat, daß nur der Herr weiß, was gut für ihn ist. Wenn es Sein Wille ist, wird Er euch Nahrung und Kleidung geben, wenn nicht, nun, dann laßt Seinen Willen geschehen. Das ist der Weg bedingungsloser Hingabe *(sharanāgati)*.

Es darf kein Betteln und Feilschen geben. Unterwerft euch Seinem Willen und nehmt ihn an! Manche Leute versprechen Gott wertvolle Dinge oder ihr eigenes Haupthaar, wenn eine bestimmte Krankheit geheilt oder ein Unglück abgewendet wird. Der Herr braucht euer Haupthaar nicht, aber ihr müßt ein Versprechen, gleichgültig wem ihr es gegeben habt, unbedingt halten und das Versprochene geben. Ein Versprechen verjährt nicht. Das Kahlscheren des Kopfes ist ein Zeichen dafür, daß ihr euch nicht mehr einbildet, äußere Schönheit sei wichtig. Ihr macht euch absichtlich häßlich, um zu zeigen, daß es nur auf die innere Harmonie und den inneren Wert ankommt. Deshalb müssen Mönche *(samnyāsin)* sich den Kopf glatt rasieren, um die Wertschätzung alles Äußeren zu überwinden und die richtige innere Haltung zu finden.

Wenn der Tod ruft, kann selbst der beste Arzt nicht helfen. Die Menschen müssen diesem Ruf folgen, ob sie sich gerade auf einer Pilgerfahrt befinden oder als Bräutigam vor dem Altar stehen. Der Tod erlaubt keinen Aufschub und duldet keine Widerrede. Tränen rühren ihn nicht, und Drohungen können ihn nicht verscheuchen.

König *Janaka* saß einst in der Königshalle auf seinem Thron und lauschte den sanften Melodien einer wundervollen Musik. Dabei schlief er ein. Langsam und leise verließen die Musiker und der Hofstaat den Saal und ließen ihn allein. Er hatte einen Traum: Feinde fielen in sein Königreich ein und eroberten es. Er wurde gefangen genommen und ins Gefängnis geworfen. Aber er konnte entkommen und irrte dann allein, von Hunger und Durst gequält, in einer dunklen, feindlichen Wildnis umher. Er stöhnte laut. Das hörte die Königin und weckte ihn auf. Er fand sich wieder als König auf dem Thron, umgeben von seinen Dienern. Da stiegen Zweifel in ihm auf. Er fragte sich: "Was ist wirklich, dies oder das?" Während des Traumes war die Traumerfahrung ebenso wirklich wie das Wahrnehmen des Thronsaales beim Erwachen. Das eine war wirklich im Wachzustand, das andere im Traumzustand. Jedes hat nur in dem entsprechenden Zustand einen relativen Wert. Nichts ist absolut wirklich. Die Erfahrungen des Wachens sind ebenso unwirklich wie die des Traumes. Im Tiefschlaf existiert die Welt überhaupt nicht. Im vierten Zustand des Überbewußtseins bleibt nur das "Ich", das universale "Ich", das selbst im Tiefschlaf noch durch Individualität begrenzt empfunden wird.

Davon werden euch ein paar Minuten der Stille und des Nachdenkens überzeugen. Aber ihr seid so sehr mit äußerlichen Nichtigkeiten, die den Lebensunterhalt betreffen, beschäftigt, daß ihr dazu keine Zeit findet. Pflanzt den Namen des Herrn, irgendeinen Seiner vielen Namen, der euch etwas bedeutet, in den wohl vorbereiteten Boden eures Herzens und laßt ihn dort in der Stille Wurzeln schlagen; begießt ihn mit Liebe, die im Dienst am Nächsten ihren Ausdruck findet, und beschützt ihn vor Ungeziefer und hungrigen Tieren – den nach außen gerichteten Leidenschaften und Gefühlen – indem ihr einen Zaun errichtet, der aus dem Rezitieren des Namens *(japa)* und Meditation *(dhyāna)* besteht. Dann werdet ihr die Glückseligkeit *(ānanda)* ernten.

Der Minister sagte, daß ihn sein Glaube an Sai Baba über die Jahre hinweg an Geist und Körper gesund erhalten habe. Er war viele Jahre lang Vorsitzender der *Shirdi*-Vereinigung. Nur er und Ich kennen seine Hingabe und Liebe sowohl zu jenem als auch zu diesem *Avatar*. Wenn er also sagt, daß Baba ihn gesund und stark erhalten hat, so weiß Ich, daß das wahr ist. Sein Glaube ist tief und aufrichtig. Wenn ihr alles Seinem Willen überlaßt, dann überlaßt ihr Ihm auch die Verantwortung für eure Gesundheit, und Er wird diese Verantwortung übernehmen. Euer Geist wird so von Glück erfüllt sein, daß euer Körper zu einem brauchbaren Fahrzeug auf dem Weg zur Erlösung wird.   Shri Sathya Sai Krankenhaus Tag, 8.10.64

Eure wahren Verwandten

Diese *Pandits* haben zu euch über viele wunderbare und lehrreiche Themen des *Bhāgavatam* gesprochen. Die Lehren dieses Werkes sind die Hauptstützen aller Gläubigen, die ihnen die Kraft geben, Gottes Wege zu gehen. Wenn nur die indische Kultur, die auf den *Veden* beruht und im *Rāmāyana* und *Bhāgavatam* erläutert wird, wirklich verstanden und praktiziert würde, dann könnten die Menschen sich den Zugang zu unvergänglichem Glück *(ānanda)* sichern. Leiden ist eine Krankheit, die geheilt werden muß. Die *Veden* verschreiben die Medizin, die mit Hilfe der *Shāstras* und *Purānas* entdeckt und eingenommen werden muß. Dann wird sich mit Sicherheit das Glück einstellen.

Das Wort für Kultur ist "samskriti", welches von *"samskāra"* abgeleitet ist. *"Samskāra"* bezeichnet das Aufgeben der Untugenden und das gleichzeitige Einpflanzen von Wahrhaftigkeit *(satya)*, Rechtschaffenheit *(dharma)*, Friedfertigkeit *(shānti)* und Liebe *(prema)* in das Herz des Menschen. *"Samskāra"* ist auch der Name für gewisse rituelle Handlungen der Einweihung und Läuterung, die von den *Veden* als notwendig für den spirituellen Fortschritt des Menschen vorgeschrieben werden. Davon gibt es im ganzen achtundvierzig; sie könnten aber auf zehn reduziert werden und – wenn notwendig – sogar auf eine: die letzte und endgültige, das Erkennen des Einsseins mit dem All-Einen, mit *Mādhava, Shiva* oder *Brahmā*. Der Mensch *(nara)* ist Gott *(nārāyana)*, der Einzelne *(jīva)* ist das Ganze *(brahman)*, gesehen durch die Beschränkungen der elementaren Unwissenheit.

Obwohl die Zunge des Reumütigen die Worte "Ich bin ein Sünder" aussprechen mag, der, welcher in deinem Herzen wohnt, das wirkliche

"Du", wird dieser Bezeichnung und Selbsterniedrigung nicht zustimmen. Darum wehrt ihr euch dagegen, als Sünder bezeichnet zu werden, denn im tiefsten Innern eures Herzens wißt ihr, daß ihr selbst das Eine, das Reine, Vollkommene, Ewige seid. Ihr seid das grenzenlose, unveränderlich-eigenschaftslose Sein *(ātman)*, das nicht an Raum und Zeit gebunden ist. Ihr seid es im Traum, im Tiefschlaf und im Wirken des Alltags; in Kindheit, Jugend, Mannes- und Greisenalter. Dieses Sein, diese bewußte Urenergie *(ātman)*, ist es, was sich selbst als "Ich" bezeichnet: Ich schlief, ich träumte, ich arbeitete, ich war ein Kind, ich bin zu alt, um dieses oder jenes zu tun. Ihr sagt: mein Auge, mein Wort, mein Gedanke, meine Erfahrung und damit erklärt ihr, daß ihr keines von diesen seid. Ihr seid etwas anderes, das aber mit all diesem in Zusammenhang steht. Wie könnt ihr diese letzte Wirklichkeit durch Erfahrung kennenlernen? Die *Veden* sagen: "Sprich die Wahrheit und handle rechtschaffen!"

Was ist Wahrheit *(satya)*, und was ist Rechtschaffenheit *(dharma)*? Das *Rāmāyana* und *Bhāgavatam* erklären diese Begriffe anhand von Beispielen und Erzählungen, so daß jeder – wie arm und ungebildet er auch sein mag – sie verstehen, praktizieren und Nutzen daraus ziehen kann. Es genügt also, wenn diese Bücher in jedem Haus dieses Landes gelesen werden. Das *Bhāgavatam* berichtet von dem Schicksal der Pflegeeltern *Krishnas*, *Nanda* und *Yashodā*, die den Herrn wie ihr eigenes Kind aufzogen, von der übersinnlichen Liebe, welche die einfachen Kuhhirtinnen von *Brindāvan* mit dem Herrn verband; von der selbstlosen Liebe *Rādhās* und von anderen Formen selbstlosen Dienens, welches die Menschen Gottes Nähe spüren läßt. Ihr müßt die Geschichten des *Bhāgavatam* in eurer Vorstellung nacherleben: Ihr müßt selbst *Nanda* oder *Yashodā* werden und das Kind *Krishna* liebkosen; müßt das Verlangen der *"gopīs"* nach dem Herrn verspüren, welches dem Verlangen des Selbst nach dem Überselbst, des Flusses nach dem Meer, gleicht; müßt eins werden mit den Kühen, die Er hütete, mit den Jungen, mit denen Er spielte, mit der Flöte, die durch Seinen Atem die Musik erzeugt, welche die Welt verzaubert. So wie es nicht satt macht, ein Festmahl auf dem Bildschirm zu sehen, so ist es nicht genug, das *Bhāgavatam* nur zu lesen. Nehmt an dem Mahl teil, und euer Hunger wird gestillt.

Ihr habt gehört, daß *"samskāra"* bedeutet, zuerst einmal den Geist von allem Schmutz zu reinigen. Wißt ihr, daß Neid der schmutzigste Schmutz ist? Ihr müßt euch freuen, wenn es anderen gut geht. Das *Rāmāyana* berichtet, daß *Rāma* sich immer mit anderen freute, als ob das Ereignis, das den anderen glücklich macht, Ihm Selbst widerfahren wäre. Das ist die Probe aufs Exempel. *Krishna* nennt *Arjuna* den "Neidlosen". Was für ein Kompliment! Darum hat Er ihn auch in die Geheimnisse des spirituellen Lebens eingeweiht. *Draupadī* wird lobend als vorbildliche Ehefrau erwähnt, weil sie ihren fünf Herren, welche die fünf vegetativen

Körperfunktionen versinnbildlichen, ohne Neid und Stolz diente. *Krishnas* Gemahlin *Satyabhāmā* dagegen ist für ihre Eifersucht bekannt, und es gibt viele Geschichten, in denen berichtet wird, wie *Krishna* versucht, sie von diesem Laster zu befreien und sie Demut zu lehren.

Liebt den Herrn, aber werdet nicht eifersüchtig, wenn auch andere Ihn lieben und Er ihre Liebe erwidert. Ihr habt hier ein musikalisches Schauspiel gesehen, in dem sowohl die Liebe als auch die Eifersucht Satyabāmās sehr gut dargestellt wurden. Versucht zu lieben, ohne das Geschwür der Eifersucht entstehen zu lassen.

Ihr kommt oft nach *Puttaparthi*, ihr hört die Auslegungen der Schriften durch die *Pandits*, ihr beobachtet Mich und Mein Tun; welchen Nutzen habt ihr davon? Habt ihr dadurch in eurer Entwicklung Fortschritte gemacht? Habt ihr wenigstens die Gewohnheiten und Neigungen erkannt, die stumpf und träge *(tamas)*, und jene, die übereifrig und leidenschaftlich *(rajas)* sind? Zu erkennen, daß sie euch schaden, ist der erste Schritt, sie loszuwerden. Seid ihr im Laufe der Jahre sanfter und ausgeglichener *(sattva)* geworden, oder seid ihr immer noch derselbe alte Faulpelz oder Hitzkopf? Wenn ihr den Herrn erkannt habt, müßt ihr Ihn lieben und Seinen Lehren folgen. Verleugnung und sogar Gleichgültigkeit Ihm gegenüber führen euch nicht zum Ziel. Versucht, Ihm näher und näher zu kommen, und Er wird sich euch offenbaren.

Geht den Weg, den euch das *Rāmāyana* und *Bhāgavatam* zeigen. Geht diesen Weg trotz aller Schwierigkeiten und Hindernisse, ohne Rücksicht auf Billigung oder Mißbilligung seitens eurer Verwandtschaft, auf Anerkennung oder Verachtung in der Gesellschaft. Was sind schon Lob oder Tadel? Worte, Schallwellen, die sich in der Luft fortpflanzen und euer Ohr erreichen. Nehmt sie mit dem Ohr auf, aber verwehrt ihnen den Einlaß in euer Inneres.

Einer der Redner sagte vorhin, daß das Jammern und die Hilflosigkeit *Draupadīs* ihr die Gnade des Herrn eingebracht habe. Das ist richtig. Gnade wird nur durch Leiden gewonnen. So muß auch Rechtlosigkeit *(adharma)* erduldet werden, bevor der Herr als *Avatar* menschliche Gestalt annimmt. Dann könnt ihr euch an Seiner Form *(svarūpa)* und an Seinem göttlichen Wesen *(svabhāva)* erfreuen. Das ist ein großer Gewinn. Wenn ihr nahe bei Seinem Wohnsitz lebt, könnt ihr einfach hingehen. Vielleicht braucht ihr einen Ochsen- oder Pferdewagen oder für größere Entfernungen ein Auto oder Flugzeug. Aber der Herr ist immer nahe bei euch. Schließt die Tür der Täuschung auf, schiebt den Vorhang der Unwissenheit beiseite, öffnet die geschlossenen Augen: Da ist Er, unmittelbar vor euch. Der Nebel weltlicher Freuden verbirgt Ihn vor euch. Schaltet das Licht ein, dann wird die Dunkelheit erhellt, und ihr werdet Ihn sehen.

Haltet das Wissen *(jnāna)* in Ehren wie euren Vater; seid der Liebe *(prema)* zugetan wie eurer Mutter; laßt euch freudig von der göttlichen Ordnung *(dharma)* leiten wie von eurem älteren Bruder; vertraut dem Mitgefühl *(dayā)* wie eurem besten Freund; habt inneren Frieden *(shānti)* als eure bessere Hälfte und betrachtet Geduld als euren eigenen Sohn. Das ist eure wirkliche Familie. Kümmert euch um sie und vernachlässigt sie nicht, lebt mit ihr zusammen und laßt sie nicht im Stich.

Das beantwortet auch die Frage, die *Arjuna* an *Krishna* richtete, nämlich, wie der immer ruhelose Geist gebändigt werden könne. Mit der eben erwähnten Familie zu leben, dient diesem Zweck am besten. Dadurch wird die Atmosphäre der Disziplin und inneren Freiheit von allen Bindungen geschaffen, die für die Beherrschung des Geistes notwendig ist. Gebete allein helfen nicht. Ihr müßt den Bissen, mit dem ihr gefüttert werdet, herunterschlucken und verdauen. Vorträge hören, zustimmend nicken und Beifall klatschen ist nicht genug. Auch das Kind, das von der Mutter liebevoll gefüttert wird, muß den Brei, der ihm so gut schmeckt, selbst herunterschlucken. Wenn schon die irdische Mutter so viel Liebe zu ihrem Kind empfindet, wer kann die Liebe der Mutter aller Wesen, allen Seins ermessen?

Ihr habt heute Teile des *Bhāgavatam* gehört. In diesem einen Buch könnt ihr die Lehren finden, die euch von Kummer und Leid befreien. Lest jeden Tag darin, Stück für Stück, Seite für Seite, und denkt über das Gelesene nach. Langsam werdet ihr die Abhängigkeit von weltlichen Dingen verlieren. Das Buch nimmt euch bei der Hand und führt euch zu Gott. Es ist ein besserer Führer als viele der sogenannten *Gurus*, die sich heute anbieten. Sie heißen euch freudig willkommen, prahlen mit ihren Leistungen, machen andere *Gurus* schlecht und gehen daran, euch als Jünger einzufangen, um dann Spenden von euch zu kassieren oder durch euch mehr Ansehen zu gewinnen. Sie gleichen Verkäufern, die ihre Waren anpreisen, den Herstellern von Medikamenten, die sich gegenseitig ihre Kunden streitig machen. Sie versuchen, euch ihre Medizin zu verkaufen, bevor ihr sie durchschaut und euch aus dem Staube macht.

Es spielt keine Rolle, welches Buch ihr lest, welchem *Guru* ihr folgt, welche Schule ihr besucht: Das Ziel ist immer dasselbe. Der Weg wurde von den heiligen Pionieren der Vorzeit aufgezeigt. Ihr könnt euch das Bauwerk als ein dreistöckiges Haus vorstellen: Das Erdgeschoß ist selbstloses Handeln *(karmayoga)*, der erste Stock liebevolle Hingabe *(bhakti)*, der nächste Weisheit *(jnāna)* und der dritte die völlige Freiheit durch das Lösen aller Bindungen *(vairāgya)*. Zuerst kommt das Handeln, zu dem jeder fähig ist, und das deshalb auch der erste Schritt auf dem Wege spirituellen Bemühens *(sādhana)* ist. Wenn der Handelnde Ichbezogenheit und Habgier überwindet, findet er den Weg zum ersten Stock, zur anbetenden Liebe. Um ins nächste Stockwerk zu gelangen und das höhere Wissen zu erwerben, bedarf es der völligen Selbstaufgabe.

Das dritte Stockwerk schließlich wird erreicht, wenn alle Bindungen an die Welt des körperlichen Seins gelöst sind.

Liebe motiviert den, der selbstlos dient. Sie ist das wahre Wesen der Frömmigkeit. In Verbindung mit dem höheren Wissen wird sie universal und unendlich, und nach dem Lösen aller Bindungen läßt sie euch den Herrn überall und in allen Dingen erkennen. Das *Bhāgavatam* erstrahlt im Glanz dieser selbstlosen Liebe *(prema)*.

Die Herrlichkeit *Krishnas* erfüllt diese Welt; *Rādhā* erkennt sie und kann ihrem Zauber nicht widerstehen. Wer ist *Rādhā*? Sie stellt die manifestierte Welt *(prakriti)* dar, die verborgene Urenergie *(māyā shakti) Krishnas*. Sie hat die Glückseligkeit *(ānanda)*, die Erfahrung der Einheit, welche durch diese Urenergie hervorgerufen wird, von *Krishna* gestohlen und bewahrt sie in ihrem Herzen. So wie der Bestohlene den Dieb verfolgt, um seinen Besitz wiederzuerlangen, so sucht *Krishna* die Nähe *Rādhās*, um wieder zur Einheit zu werden.

Wenn ihr fähig seid, den Herrn zu euch zu ziehen, wird Er zu euch kommen und bei euch sein. Seid wie die Flöte, ein hohles Rohr, gerade und leicht, das Seinem Atem keinen Widerstand bietet. Dann wird Er kommen und euch zu sich nehmen. Er wird mit zarter Hand auf euch spielen und Sein Atem wird himmlische Musik durch euch erzeugen. Er wird die Flöte immer bei sich haben, sie an Seine Lippen pressen, sie liebkosen und pfleglich behandeln. In Seinen Händen wird das Winzige zum Unendlichen. Eines Tages lag *Krishna* mit der Flöte an Seiner Seite im Gras und stellte sich schlafend, als *Rādhā* sich Ihm näherte und die Flöte mit klagender Stimme fragte: "O du auserwählte Flöte! Sage mir: Wie hast du dieses Glück verdient? Welches Gelübde hast du abgelegt, welche Nachtwachen gehalten, welche Pilgerfahrten unternommen? Welche Gebete hast du gesprochen, welchem Gott gedient?" Seine Gnade verlieh der Flöte Sprache, und sie sagte: "Ich habe mich selbst von allen weltlichen Wünschen, von Neid, Habsucht und Egoismus befreit. Das ist Alles! Ich habe kein Ichbewußtsein mehr, welches den Strom Seiner Liebe, der durch mich zur ganzen Schöpfung fließt, hindern könnte."

Betrachtet die Liebe *(prema)*, die ihr in euch verspürt, als heiliges Geschenk und laßt sie sich vervielfachen. Dehnt sie aus, so daß sie alle Wesen einschließt. *Rāmakrishna Paramahamsa* besaß diese Liebe. Wenn jemand in seiner Gegenwart unglücklich war, wurde er traurig; wenn alle glücklich waren, teilte er ihr Glück. In seinem allumfassenden Liebesempfinden wurde er eins mit allen. Schenkt eure Liebe dem Herrn, ob eure kleinlichen Wünsche erfüllt werden oder nicht. Laßt euch den kostbaren Schatz nicht unter diesem oder jenem Vorwand entreißen. Wenn Sai Baba einen Erfolg nach dem anderen auf euch häuft, dann seid ihr unter denen, die am lautesten "Sai *Shankara,* Sai *Shankara*" singen. Sobald jedoch auch nur ein Schatten eines Mißerfolges auftaucht, ändert ihr eure Meinung und sagt: "Dieser Sai Baba ist nicht Gott!"

Euer Verstand kann die Wege Gottes nicht begreifen. Durch intellektuellen Scharfsinn allein – und das ist fast alles, wozu euer Verstand fähig ist – kann Er nicht erkannt werden. Ihr mögt Wohltaten von Gott empfangen, aber ihr könnt Ihn nicht erklären. Auch den elektrischen Strom nutzt ihr auf die verschiedenste Weise, aber ihr könnt sein Geheimnis nicht enthüllen. Wie er funktioniert, und warum er so und nicht anders arbeitet, liegt jenseits eures Begriffsvermögens. Eure Erklärungen sind nichts als Vermutungen, Versuche, eure Unwissenheit durch großartige Ausdrücke zu verschleiern. Euer Fehler ist, daß ihr dem Gehirn zu viel Wert beimeßt. Die absolute Wirklichkeit liegt außerhalb der Reichweite eures Verstandes. Wer auf einem Felsblock steht, kann diesen nicht anheben. Wer in der Täuschung *(māyā)* befangen ist, kann diese nicht abschütteln.

In den *Shāstras* wird erwähnt, daß es in dem gegenwärtigen Zeitalter leicht ist, Erlösung zu erlangen. Während in früheren Zeiten strenge Bußübungen dafür vorgeschrieben waren, genügt im *"kaliyuga"*, in dem ihr lebt, die Rezitation des heiligen Namens *(nāmasmarana)*, um dieses Ziel zu erreichen. Wenn der Name des Herrn und Seine damit verbundene Herrlichkeit im Herzen bewegt wird, erfüllt ein ungeahntes Glücksgefühl den Geist. *Vyāsa* selbst wußte das, denn als einige der Weisen ihn aufsuchten, um ihn zu fragen, in welchem Zeitalter es am leichtesten sei, der Erlösung teilhaftig zu werden, sah er ihre Frage voraus und sprach laut zu sich selbst: "Wie glücklich sind doch jene, denen es bestimmt ist, im *"kaliyuga"* geboren zu werden." In dieser Zeit ist es so leicht, die Gnade des Herrn zu gewinnen.

Aber wie nützt ihr diesen glücklichen Umstand, der euch widerfahren ist? Haben diese Vorträge und die Begegnung mit Mir euch zum Fortschritt verholfen? Als Beweis dafür, daß Ich euch das Geheimnis des höheren Lebens geoffenbart habe, müßt ihr einiges von Meinen Lehren in eurem täglichen Leben verwirklichen. Zeigt mehr Mitgefühl; sprecht weniger und sanfter, mit mehr Selbstbeherrschung, ertragt Niederlage und Erfolg mit gelassenem Gleichmut.

Ihr lest das *Rāmāyana* und *Bhāgavatam* viele Male, denn diese Bücher kosten heute nicht viel und sind überall zu haben. Was aber ist der Beweis dafür, daß ihr viele Stunden damit verbracht habt? Um aufgenommene Nahrung zu verdauen, ist körperliche Ausarbeitung notwendig. Um die Lehren zu verdauen, die ihr hier oder durch das Lesen der Bücher aufgenommen habt, müßt ihr sie praktizieren. Eine ebenso wichtige geistige Übung *(sādhana)* ist das Nachdenken darüber in der Stille.

Laßt die Begeisterung, die euch die Geduld gegeben hat, die letzten fünf Stunden hier auszuharren, nicht verfliegen. Fördert sie und sucht die Gemeinschaft mit frommen Menschen. Das stärkt eure positiven *(sattvika)*

Neigungen und läßt euch Fortschritte auf dem spirituellen Weg machen. Ihr habt Meinen Segen dazu.   Prashanti Nilayam, 9.10.64

Das wirkliche Alter des Menschen

Die Welt ist voller Elend und Leiden. Der Mensch versucht, diesem aus dem Wege zu gehen und sich inmitten aller Enttäuschungen ein wenig Frieden und Freude zu sichern. Es ist wie das Graben eines Brunnens in sandigem Boden: Je tiefer ihr grabt, desto leichter stürzen die Wände ein, und ihr müßt wieder von vorne anfangen. Die Menge weltlicher Wünsche überwältigt den Sucher nach der Wahrheit und reißt ihn mit sich ins Verderben. Die einzige Möglichkeit, bleibendes Glück zu erfahren, besteht darin, sich in Liebe hinzugeben *(bhakti)*. Von allen Wegen, die der Verstand ersinnen mag, ist dies der beste, denn er verleiht die innere Stärke, die eine Voraussetzung für jedes Glück ist. Diese verehrende Liebe kann jedoch nur auf wohl vorbereitetem Boden gedeihen. Die *Veden* geben die Anleitung dazu und weisen auch auf Dinge hin, die man vermeiden muß. Sie geben Richtlinien für das Verhalten im täglichen Leben und zeigen Leitbilder, denen es zu folgen gilt. Ihr mögt nicht alle in der Lage sein, die *Veden* selbst zu studieren und ihre Bedeutung zu verstehen, aber von denen, die sich damit beschäftigt haben, die den Richtlinien folgen und die damit verbundene Freude erfahren haben, sind einige hier, um euch in verständlicher Weise das notwendige Wissen zu vermitteln.

Heute zum Beispiel sprach einer der *Pandits* über die vier Ziele *(purusharta)*, auf die das menschliche Leben ausgerichtet werden kann und die in der *Bhagavad Gītā* erwähnt werden. Das höchste dieser Ziele ist die Erlösung *(moksha)*, welche alle Fragen des Lebens beantwortet. Erlösung bedeutet die Befreiung von Leid und Freude, welches Vorder- und Rückseite ein und derselben Münze sind. Es ist die Erkenntnis der Wahrheit. Aber obwohl es so einfach ist, bedarf es doch des Unterscheidungsvermögens *(viveka)*, der Entsagung *(vairāgya)* und der Selbsterforschung, um der Versuchung zu widerstehen, sich der Täuschung hinzugeben. Das Unterscheidungsvermögen braucht man, um die göttliche Ordnung *(dharma)* zu erkennen, welche das erste der vier Ziele ist. Jeder muß für sich selbst entscheiden, welcher Weg für ihn der richtige ist, und dazu braucht er die Fähigkeit, das zu entdecken, was auf lange Sicht gut für ihn ist und zu einer Quelle reinen und dauerhaften Glückes werden kann.

Das Schlachtfeld des *Mahābhārata*-Krieges, *Kurukshetra*, auf dem fünf Brüder um ein Stück Land kämpften, muß in eurem Herzen zum *"dharmakshetra"* werden, zu dem Schlachtfeld, auf dem um die Wiederherstellung der göttlichen Ordnung *(dharma)* gekämpft wird. Diese Ordnung ist die Voraussetzung für das höhere Wissen *(jnāna)*. Selbstloses Dienen *(karma)* und Frömmigkeit *(bhakti)* sind die Füße, das höhere Wissen ist der Kopf. Benutzt die beiden, um voranzukommen!

Nun, was bedeutet Entsagung *(vairāgya)*? Wenn ihr in den Tempel geht, ist es der Brauch, eine Kokosnuß vor dem Heiligtum zu zerbrechen. Aber könnt ihr die Nuß aufbrechen, solange sie so ist, wie sie vom Baume fällt? Nein, erst muß die faserige Hülle entfernt werden, welche die Schale umgibt. Die Fasern schützen die Schale und dämpfen den Schlag, so daß er die Nuß nicht brechen kann. Erlösung stellt sich ein, wenn der Geist mit all seinen Launen und Wünschen aufgebrochen wird. Wie aber ist das möglich, solange der faserige Schutz weltlicher Wünsche ihn umgibt? Entfernt sie, übergebt euren Geist Gott und laßt ihn in Seiner Gegenwart zerbrechen. In diesem Augenblick seid ihr frei!

Die zäheste Faser ist der Zorn .... er ist der schmutzigste Schmutz. Im Zorn vergeßt ihr, daß ihr eurer Mutter, eurem Vater, eurem Lehrer Achtung schuldet. Ihr sinkt auf die niedrigste Stufe herab. In der Erregung könnt ihr nicht die richtigen Entscheidungen treffen. Selbst *Hanuman* wurde wütend, als die *Rākshasas* seinen Schwanz anzündeten, und er setzte ganz Lanka in Brand. Er vergaß die Tatsache, daß *Sītā* sich in der Stadt befand. Erst nach einer Weile erinnerte er sich daran und machte sich Vorwürfe, daß er sich dazu hatte hinreißen lassen.

Andere tödliche Krankheiten sind: Hochmut, Egoismus, Stolz, der Wunsch anerkannt und gelobt zu werden. Die Leute prahlen mit ihren Leistungen und Fähigkeiten und machen sich damit lächerlich. Sie möchten, daß ihr Name und das, was sie vollbracht haben, in dicken, fetten Buchstaben – so hoch wie das Haar auf meinem Kopf – in der Zeitung gedruckt wird. Aber ihr solltet nicht darauf aus sein, in der Zeitung erwähnt zu werden, sondern Ansehen in den Augen Gottes, Anerkennung unter den Guten und Frommen zu gewinnen. Übt euch in Bescheidenheit, habt Achtung vor den Alten und euren Eltern. Wenn ihr immer Erstkläßler bleibt und nicht über das ABC hinauskommt, wie könnt ihr verstehen, was diese *Pandits* euch zu sagen haben? Alle diese Themen gehen über die Welt der sinnlichen Wahrnehmung hinaus, und man muß sich damit beschäftigen und darüber nachdenken. Während der Vorträge sehe ich viele, die mit ihrem Bettzeug herumrennen und einen Platz suchen, wo sie es ausbreiten können. Ihr geht in den Tempel und seht das Heiligtum, aber eure Gedanken sind bei euren Schuhen, die ihr im Vorhof habt ausziehen müssen. Das zeigt, wie es um eure Konzentration bestellt ist. Die kleinste Kleinigkeit muß beachtet werden, sonst bleibt das spirituelle Bemühen *(sādhana)* ohne Erfolg. Ihr findet Erlösung nicht dadurch, daß ihr hierherkommt. Selbst Mein Segen kann sie euch nicht vermitteln. Ihr müßt die Lehren annehmen, die Ordnung einhalten, die Anweisungen befolgen. Ihr müßt den Weg der Heiligen gehen, der euch von *Rādhā* und *Mīra* gezeigt wird. Ihr solltet euch dem Herrn untrennbar verbunden fühlen; so untrennbar wie die Welle und das Meer. Eurem Wesen nach seid ihr das Meer, obwohl ihr den Namen der Welle tragt und auch ihre Form habt. Der Herr *(sagunabrahman)* ist das mit Eigenschaften ausgestattete Formlos-Absolute *(paramātman)*, welches die Grundlage des Universums bildet. Butter ist in Milch enthalten, doch hat sie noch keine feste Form und keinen Namen. Sie wird erst zur Butter, wenn sie von der Milch abgesondert wird. Auch Butterschmalz hat keine Form, solange es flüssig ist, sondern erst, wenn es hart wird. So wird das Göttlich-Absolute, wenn es Form annimmt, zum Menschen. Ihr seid am glücklichsten, wenn ihr euch in euer Selbst versenkt. Vor der Geburt ruht das Kind im *"so'ham"* – Ich bin Er. Aber nach der Geburt beginnt es zu fragen: "Wer bin ich?", denn es vergißt die Wahrheit und identifiziert sich mit dem Körper und den Sinnen. Erst wenn es weise geworden ist, gewinnt es das *"so'ham"*-Bewußtsein zurück.

Indem er Gottes Werke tut, kann der Mensch sein wahres Wesen erkennen und sich selbst ins Göttliche verwandeln. Aber dazu gehört mehr, als nur Gutes zu tun und den Anspruch zu erheben, göttlich zu sein. Tugend ist der Lebensatem, Charakter das Rückgrat! Ohne diese beiden kann keine gute Tat Früchte tragen. Ein charakterloser Mensch gleicht einem Topf mit vielen Löchern. Man kann kein Wasser darin aufbewahren. Entsagt der Welt und ihr findet Frieden, bindet euch an sie und ihr erntet Leiden. Es war einmal ein Mann, der lebte in einer baufälligen Hütte. Als ein heftiger Sturm kam, der sie davonzutragen drohte, saß er drinnen und betete zu *Vayu*, dem Gott des Windes: "O *Vayu*, gib das Wüten auf!" Aber der Sturm tobte weiter. Da betete er zu *Hanuman*, dem Sohn *Vayus*: "O *Hanuman*, besänftige deinen Vater und rette das Obdach eines armen Mannes." Aber der Sturm wurde noch heftiger. Da betete er zu *Rāma*, Er möge Seinem Diener *Hanuman* befehlen, er solle den Windgott überreden, das vernichtende Unwetter zu beenden. Aber er stellte fest, daß auch das keinen Erfolg hatte. Da verließ er die Hütte und sagte ohne Erregung: "Laß sie zusammenbrechen und vom Sturm davongetragen werden. Es macht mir nichts aus." Damit gewann er seinen inneren Frieden zurück.

Der Seeadler wird nur so lange von den Krähen belästigt, als er den Fisch im Schnabel hat. Sie umkreisen ihn und versuchen, den Fisch zu stehlen. Auch wenn er sich irgendwo niederläßt, geben sie keine Ruhe. Schließlich gibt der Adler sein Verlangen nach dem Fisch auf und läßt ihn aus dem Schnabel fallen. Die Krähen stürzen sich auf den Fisch, und der Adler ist sie los. So müßt auch ihr euer Verlangen nach weltlichem

Vergnügen aufgeben, dann lassen euch die Krähen – nämlich Stolz, Neid, Bosheit und Haß – in Ruhe, denn sie sind nur hinter den Abfällen her.

Die Schlange bewegt sich in Kurven vorwärts, nicht in gerader Linie. So geht auch der Mensch krumme Wege, wenn er dem Einfluß der Sinne folgt. Aber er ist viel giftiger als die Schlange, denn bei ihm ist das Gift in den Augen, der Zunge, den Händen, im Geist und im Herzen, während es bei der Kobra auf die Giftzähne beschränkt ist. Doch selbst die Kobra hebt ihren Kopf und wiegt sich voller Entzücken im Takt, wenn sie Musik hört. So wird auch der Mensch von einem unsäglichen Glücksgefühl überwältigt, wenn er in der Erleuchtung die letzte Wirklichkeit erkennt.

Übt euch von jetzt an darin, euch von den Dingen der Welt zu lösen, damit ihr bereit seid, die Reise anzutreten, wenn ihr dazu aufgerufen werdet. Beginnt jetzt damit, denn ihr wißt nie, wann dieser Ruf ertönt. Andernfalls kommen euch dann die Tränen, wenn ihr daran denkt, was ihr aufgeben müßt: das Haus, das ihr gebaut, den Besitz, den ihr erworben, das Ansehen, das ihr gewonnen habt, und die Titel, die euch verliehen wurden. Seid euch bewußt, daß all das vergänglich ist, und bindet euch nur an den Herrn, der bei euch sein wird, wohin ihr auch gehen mögt. Nur die Jahre, die ihr mit dem Herrn gelebt habt, können als Leben angesehen werden; der Rest zählt nicht. Ein siebzigjähriger Großvater wurde von seinem sieben Jahre alten Enkel gefragt: "Opa, wie alt bist du?", und der alte Mann antwortete: "Zwei Jahre". Das Kind war überrascht und sah ihn ungläubig an. Da sagte der Alte: "Vor zwei Jahren erst habe ich den Herrn gefunden. Bis dahin lebte ich im Sumpf weltlichen Verlangens."

Der Weise Bhrigu fragte einst *Varuna*, den Herrn der Götter und Meere, womit der Allmächtige sich beschäftige. *Varuna* antwortete: "Er übt sich in Disziplin *(tapas)*", und er erklärte weiterhin: "Er, der Eine, wirkt in allen fünf Hüllen *(kosha)*, die den göttlichen Funken des Seins umgeben. Er verdaut die Nahrung des Körpers und die Nahrung des Geistes. Er ist unentwegt dabei zu erschaffen, zu erhalten und zu verwandeln." Ihr müßt Ihn erkennen, der im Körper wohnt; Ihn, auf den der Name hinweist. Eine Frau, die gerade Witwe geworden war, ließ sich Armreifen aus Gold anfertigen, denn – so erklärte sie – jetzt sei ihr Mann unzerstörbar wie das Gold, während er zu Lebzeiten zerbrechlich gewesen sei wie die Armreifen aus Glas, die sie bisher getragen habe. Sie wollte damit sagen, daß ihr Mann jetzt eins geworden ist mit dem Urgrund allen Seins.

Liebt den Herrn mit jener selbstlosen Liebe, deren Verkörperung Er ist. Macht keine Vorbehalte und zweifelt nie an Seiner Liebe. Ihr jammert: "Meine Not hat noch kein Ende. Warum spricht Er nicht mit mir? Warum habe ich hier keine Bleibe bekommen? Warum ruft Er mich nicht zu sich?" Glaubt nicht, Ich würde Mich nicht um euch kümmern oder euch nicht kennen. Es mag sein, daß Ich nicht mit euch spreche, aber das bedeutet nicht, daß Ich euch nicht liebe. Jeden Tag komme Ich hierher, um euch

Meinen Segen zu geben. Alles, was ich tue, ist für euch, nicht für Mich. Denn was kann Ich Mein eigen nennen? Nur euch!

Laßt deshalb keine Zweifel aufkommen, laßt euren Glauben nicht erschüttern. Das würde nur zu dem Kummer beitragen, unter dem ihr bereits leidet. "Ich werde nicht wanken." Das muß euer Gelübde sein. An wen ihr auch glauben mögt, an *Rāma, Shiva* oder *Vishnu*, haltet an diesem Glauben fest. Verliert die Verbindung nicht, denn nur die Kohle nahe der Glut beginnt zu brennen. Seid euch Meiner Gegenwart in eurem Herzen bewußt, und ihr werdet belohnt werden. Dann werdet auch ihr an der höchsten, reinen Liebe *(prema)* Anteil haben. Das ist eine einmalige Gelegenheit! Seid euch bewußt, daß sie euch nicht noch einmal geboten wird. Wenn ihr jetzt die Welt des Leidens nicht hinter euch laßt, wenn ihr verpaßt, diese Chance wahrzunehmen, wann wird sie sich euch je wieder bieten? Ihr gehört wirklich zu den wenigen Auserwählten. Von den Millionen und aber Millionen von Menschen seid ihr es, die den Weg hierher gefunden habt, obwohl euch niemand dazu eingeladen hat. Das nenne Ich ein Zeichen der Vorsehung.

Nun, da ihr hier seid, beginnt eure spirituelle Laufbahn und macht die entsprechenden Anstrengungen. Vergeßt die Vergangenheit! Bemüht euch von jetzt an um eure Erlösung. Gebt niemals den Zweifeln nach. Sie sind ein Zeichen der Unwissenheit. Glaubt an einen Namen und an die Form, die er bezeichnet. Wenn ihr *Shiva* verehrt und *Vishnu* verachtet, dann heben sich Plus und Minus auf, und das Ergebnis ist Null. Ich dulde keine Nichtachtung irgendeiner Gottesvorstellung und ihres Namens. Eine Frau liebt ihren Mann, aber das bedeutet nicht, daß sie seine Eltern und Geschwister geringschätzt. Dadurch, daß ihr irgend einen Seiner vielen Namen verachtet, kommt ihr dem Herrn nicht näher. Die Nichtachtung, die ihr dem Gott gegenüber empfindet, den ein anderer verehrt, erweist ihr eurem eigenen Gott. Vermeidet Spaltung, Streit, Haß, Spott und Beschuldigungen. Sie fallen auf euch selbst zurück. Ihr seht die Fehler in anderen nur, weil ihr sie selbst habt. Denkt daran, daß jeder sich auf dem Weg zu demselben Ziel befindet. Der eine benutzt diese Straße, der andere jene. Die größten Sünder, wie *Rāvana* und andere erreichten die Füße des Herrn, indem sie Ihm Gelegenheit gaben, ihrer Erdenlaufbahn ein Ende zu setzen.

Übt euch darin, wenig und leise zu sprechen. Das vermindert die Gefahr, ärgerlich zu werden. Seht das Gute in anderen und sucht die Fehler bei euch selbst. Wenn Ich verleumdet werde, berührt Mich das nicht, denn nur der Baum voll reifer Früchte wird mit Stöcken und Steinen beworfen. Es ist sogar so, daß ohne Spott und Hohn das Licht wahrer Größe sich nicht verbreiten wird. Wenn eine "süße Mangofrucht" erwähnt wird, dann stellt ihr euch die Frucht süß und saftig vor. Wenn ihr sie aber in der Hand haltet, dann quälen euch Zweifel, ob sie auch wirklich süß und saftig ist. Ich kümmere Mich weder um Anerkennung noch um Spott, sondern lasse beide außer acht. Ich widme Mich nur der Aufgabe, die zu erfüllen Ich gekommen bin: den rechten Weg zu zeigen, die göttliche Ordnung *(dharma)* wiederherzustellen und das Wissen um diese Ordnung zu verbreiten. Dieser Ort hier ist nur ein Werkzeug, das der Erfüllung der Aufgabe, das dunkle Zeitalter *(kaliyuga)* in ein goldenes Zeitalter *(kritayuga)* zu verwandeln, dient. Nach und nach werden, wenn sich die Verwirklichung dieses Planes abzeichnet, die Stimmen der Verleumder verstummen. Das siedende Öl zischt nur, solange die Krapfen noch nicht fertig sind. Ihr solltet euch vor dem Umgang mit unfertigen Geistern hüten. Empfindet aber ihnen gegenüber keinen Haß oder Neid, sondern nur Mitgefühl und Liebe.

Dieser verehrungswürdige *Pandit* ist eine süße Frucht, die durch Alter und Erfahrung gereift ist. Als Ich ihn bat, seine Weisheit der Welt mitzuteilen, war er über die Maßen glücklich. Der Gedanke, bei der Wiederbelebung vedischen Wissens und der Wiederherstellung der göttlichen Ordnung mitwirken zu dürfen, versetzte ihn in freudige Erregung. Niemand außer ihm und Mir kann ermessen, wie glücklich er über die Gelegenheit ist, die sich ihm jetzt bietet. Er hat nur einen Wunsch, einen heiligen Wunsch: zu sehen, wie durch Meinen göttlichen Willen *(sankalpa)* eine Zeit des Friedens auf Erden herbeigeführt wird. Welche einzigartige Beziehung besteht zwischen ihm und Mir! Es ist das ursprüngliche Einssein mit Mir, das er gefunden hat.

Das Geschehen dieser Tage hat Mich veranlaßt, so zu euch zu sprechen. Ich wollte, daß ihr genau wißt, was ihr euch selbst und anderen schuldig seid. Es gibt Menschen, die sich wie die Motten durch alles hindurch fressen müssen: durch Seide, Baumwolle und Wolle. Andere gleichen den Bienen, die nur den Honig suchen. Die Bienen kommen von weit her zur Lotosblüte, aber die Frösche, die auf ihren Blättern sitzen, wissen ihre Schönheit und ihren Duft nicht zu schätzen.

Morgen werden wieder einige *Pandits* und auch Ich über verschiedene Themen zu euch sprechen.

Prashanti Nilayam, 10.10.64

Der Weg zu Ihm

Heute haben drei gelehrte *Pandits* über den Non-Dualismus *(advaita)*, das Wesen des *Avatars* und über *Krishna* gesprochen. Euer Hunger ist dadurch gestillt. Wenn der Magen voll ist, schmeckt das Essen nicht mehr. Aber für ein wenig Nachtisch ist vielleicht noch Platz. Den will Ich euch jetzt geben.

Als Mensch geboren zu werden, stellt eine einzigartige Gelegenheit dar, denn der Mensch verfügt über den logischen Verstand, die Fähigkeit, unter verschiedenen Möglichkeiten die beste auszuwählen. Das unterscheidet ihn vom Tier und läßt ihn zum Hirten werden. Er sollte nicht wieder auf die Ebene des Tieres absinken. Ihr habt von dem *Pandit* die anmutigen Geschichten über *Krishna* gehört, die im *Bhāgavatam* zu finden sind und die er so lebendig erzählt hat. Nun solltet ihr in euch selbst die Liebe verspüren, welche diese Geschichten erfüllt.

Das *Bhāgavatam* ist voller Berichte über tugendhaftes Handeln und edle Gefühle. Und welche Größe findet ihr zum Beispiel im *Rāmāyana*! Als *Rāvana* fiel, beauftragte *Rāma* seinen Bruder *Lakshmana*, dafür zu sorgen, daß er wie der Herrscher von Lanka und nicht wie ein verhaßter Feind bestattet wurde. Als *Sītā* entführt wurde, warf sie ein Bündel mit Kleidern und Schmuckstücken auf den Boden. Als *Lakshmana* gefragt wurde, ob er bestätigen könne, daß diese Sachen *Sītā* gehörten, konnte er nur die Ringe wiedererkennen, die *Sītā* an ihren Zehen trug. Das war das einzige, was er von ihr sah, wenn er sich täglich vor ihr niederwarf, um ihr seine Verehrung zu erweisen. Gemäß der *Shāstras* muß der Gemahlin des älteren Bruders die gleiche Achtung erwiesen werden wie der eigenen Mutter. Heute ist es unmöglich, Menschen zu finden, deren Haltung von solcher Tugend bestimmt wird, weil Egoismus, Stolz und Habsucht ihren Einfluß ausüben.

Die Menschen haben die Furcht vor der Sünde verloren und benehmen sich schlimmer als Tiere. In der Vergangenheit war das nicht so. In früheren Jahrhunderten brachten sich die Frauen lieber um, als in die Hände lüsterner Feinde zu fallen. Als *Hanuman* sich anbot, *Sītā* auf seinen Schultern zu *Rāma* zu bringen, erlaubte es *Sītās* Tugendhaftigkeit nicht, dieses Angebot anzunehmen. Sie dachte dabei an den Ruf ihres Mannes. Sie sagte, es werde Seinem Ansehen am besten dienen, wenn Er selbst das Unrecht wieder gut machen und sie befreien würde. Wenn *Hanuman* sie mitnehmen würde, so sei das eine Wiederholung dessen, was *Rāvana* getan habe, denn auch dieser habe sie in Abwesenheit *Rāmas* heimlich gestohlen. Sie hielt ihre eigene sofortige Befreiung für weniger wichtig als die Auswirkungen eines solchen Schrittes auf ihren Ruf und das Ansehen ihres Mannes.

Oder nehmt ein Beispiel aus dem *Mahābhārata*. *Dharmaja* kam einmal, um seinen Durst zu stillen, an einen See, der von einem Dämonen bewacht wurde. Er sah, daß dieser seine vier Brüder erschlagen hatte, die tot am Boden lagen. Der Dämon warnte auch ihn und gab ihm das gleiche Rätsel auf wie seinen Brüdern. Doch da *Dharmaja* ihm die richtige Antwort gab, gewährte er ihm eine Bitte und erlaubte ihm, einen seiner Brüder wieder zum Leben zu erwecken. Und für wen entschied sich *Dharmaja*? Nicht für *Bhīma*, der in der bevorstehenden Schlacht seine rechte Hand sein würde, nicht für *Arjuna*, der als der Beste unter den Bogenschützen unentbehrlich war, sondern für *Nakula*, den Sohn seiner Stiefmutter *Mādrī*. Sogar der Dämon war überrascht und fragte ihn, warum er sich so entschieden habe. *Dharmaja* sagte, seine Mutter habe ihn als Überlebenden, doch auch seiner Stiefmutter solle ein lebender Sohn erhalten bleiben. So stark war sein Gerechtigkeitsgefühl und so sehr fühlte er sich einer höheren Ordnung *(dharma)* verpflichtet. Zu dieser Zeit sahen die Menschen ihre Aufgabe darin, dieser Ordnung zu dienen. Heute wird ihr Verhalten von dem Verlangen nach Besitz bestimmt. Als *Duryodhana* in der Schlacht zum Zweikampf herausgefordert wurde, wählte er *Bhīma* als gleichwertigen Gegner, obwohl er sich für jemanden hätte entscheiden können, der nicht so stark war wie dieser. Es wurde aber als unschicklich angesehen, gegen einen Schwächeren anzutreten.

Alles hängt davon ab, wie ihr selbst die Dinge seht, welche Einstellung ihr euch zu eigen gemacht habt. Einer der *Pandits* sprach von seinen eigenen Zweifeln, die er Mir gegenüber gehabt hat, und die ihn jahrelang von Mir ferngehalten haben. Die Liebe der *"gopīs"* zu *Krishna* hat viele Menschen, die im Weltlichen befangen und von sinnlichen Verlangen beherrscht waren, dazu geführt, sich von Gott abzuwenden. Bevor ihr euch aber über irgend etwas ein Urteil bildet, müßt ihr es genau untersuchen. Die Liebe der *"gopīs"* zu *Krishna* war spiritueller Art, die Liebe des Selbst zum Überselbst, des Flusses zum Meer. Menschen, die von dieser Art der Liebe erfüllt sind, sehen nichts anderes, hören nichts anderes. In den Augen der Welt benehmen sie sich wie Verrückte. Ihre Freude, wenn sie sich in Seiner Gegenwart befinden, ist ebenso überwältigend wie der Kummer, wenn sie von Ihm getrennt sind. Darum gibt es auch Hymnen von Heiligen, die Ihn beschuldigen, grausam und lieblos zu sein. Ihr wißt vielleicht, daß der Herr des Heiligtums in Srisailam "mallikarjuna", d.h. "weißer Jasmin" genannt wird. Seine Gemahlin, die Göttin, heißt sehr zutreffend "bhramaramba", d.h. "Biene". Die Biene kann der Anziehungskraft der Blume nicht widerstehen und vergißt sich selbst, wenn sie ihren Nektar kostet. Der Herr und Seine Liebe, die Beziehung *Krishnas* zu den *"gopīs"*, stellt das Einswerden des Einzelnen *(jīva)* mit dem Ganzen *(brahman)* dar. In dem Theaterstück, welches die Kinder gestern aufgeführt haben, sind die Jungen so vollkommen in ihren Rollen aufgegangen, daß ihr jede Gemütsbewegung nachempfinden konntet, die sie auszudrücken versuchten. So müßt auch ihr von der Herrlichkeit des Herrn und Seiner Form erfüllt sein, daß ihr nichts anderes mehr denken könnt. Dann könnt auch ihr eins mit Ihm werden.

In der *Gītā* sind zwei Grundsätze enthalten, die ihr euch merken müßt. Der erste besagt, daß ein Mensch mit einem festen Glauben den Weg zur Erlösung finden wird. Der zweite warnt vor den verderblichen Folgen des Zeifels. Zweifel führen zu spirituellem Untergang. Meditiert und rezitiert den Namen des Herrn als spirituelle Übung *(sādhana)* und denkt über diese beiden Grundsätze nach. Das ist ein Bemühen, das sich mehr lohnt, als das Streben nach Reichtum und Ansehen. Ihr bittet um Gnade, die sehr wertvoll ist, gebt aber selbst nur minderwertigen Tand dafür. Das ist reine Habsucht; ihr kauft eine Bohne und verlangt eine Gurke als Zugabe! Ihr mögt vielleicht geltend machen, daß ihr seit zehn oder sechzehn Jahren hierher nach *Puttaparthi* kommt und euch lange Zeit hier aufgehalten habt. Aber es kommt nicht auf die Jahre an, sondern darauf, welches *Karma* ihr in früheren Existenzen auf euch geladen habt. Das bestimmt, wie es euch heute ergeht. Es bedarf eines langen und systematischen spirituellen Bemühens *(sādhana)*, um die Folgen früheren Handelns zu überwinden, eines Bemühens, das – wie der *Pandit* erklärt hat – in selbstlosem Dienen und der Verehrung Gottes besteht und welches schließlich zum Wissen um die Wahrheit *(jnāna)* führt.

Die Anweisung, dreimal unterzutauchen, wenn ihr ein Bad in einem der heiligen Flüsse nehmt, hat folgende Bedeutung: Das erste Mal dient der Reinigung des materiellen Körpers, das zweite Mal symbolisiert die Läuterung des feinstofflichen Körpers, und das dritte Mal gilt dem kausalen Körper, dem nur noch eine Spur des täuschenden Körperbewußtseins *(māyā)* anhaftet. Das dreimalige Untertauchen soll auch das Handeln *(karma)* und das spirituelle Bemühen *(upāsana sādhana)* heiligen und Weisheit *(jnāna)* vermitteln. Dieser Dreiteilung entsprechen auch die philosophischen Richtungen von Dualismus *(dvaita)*, bedingtem Non-Dualismus *(vishishtādvaita)* und Non-Dualismus *(advaita)*. Einer der *Pandits* sprach davon, daß die Haltung der Menschen zum größten Teil vom Dualismus und bedingten Non-Dualismus bestimmt wird. Aber diese bestehen nicht für sich allein. Sie sind Stufen der geistigen Entwicklung. Die Frucht ist von Anbeginn die gleiche, aber der Regen und die Sonne lassen den Fruchtknoten zur süßen Frucht heranreifen. Die letzte Stufe ist erreicht, wenn ihr erkennt, daß die Anschrift des Herrn jene ist, die Er im 61. Vers des 18. Kapitels der *Gītā* angegeben hat: Das Herz eines jeden Wesens. Dann kennt ihr Ihn, der ohnegleichen ist.

Um den Herrn in jedem Wesen erkennen zu können, müßt ihr selbstlose Liebe *(prema)* entwickeln und die Fledermäuse Haß, Neid und Bosheit aus den dunklen Höhlen eures Herzens vertreiben. Taucht all eure Gedanken, Worte und Taten und die Beurteilung anderer in das Licht selbstloser Liebe. Wenn ihr ganz Liebe werdet, wird sich der Herr, der die Verkörperung der Liebe ist, euch offenbaren, auf Seiner Flöte spielen und euch auf der Flut allumfassender Liebe auf die höchste Stufe des Bewußtseins heben.

Spirituelles Bemühen *(sādhana)* ist notwendig, denn die Folgen des Handelns können nur durch Handeln überwunden werden, so wie ein scharfer Dorn nur mit Hilfe eines scharfen Dornes entfernt werden kann. Weder Messer noch Hammer, nicht einmal ein Schwert kann dazu benutzt werden. Die Tatsache, daß diese Welt nicht das ist, als was sie uns erscheint, wurde von *Shankara* durch Maßnahmen auf materieller Ebene verkündet: durch das Errichten von Schulen, durch das Schreiben von Büchern und durch seine Teilnahme an Diskussionen. Es ist unmöglich, nicht zu handeln. Ihr müßt nur darauf achten, daß euer Handeln von Liebe durchtränkt ist und dem Wohlergehen der Welt dient.

Auch morgen werden wieder *Pandits* und auch Ich euch den Weg zum Herrn aufzeigen. Das wird das Thema sein, gleichgültig wer spricht und welcher Text behandelt wird. Nirgendwo findet ihr so gute Voraussetzungen für fruchtbare Belehrungen wie hier: *Pandits*, welche die großen Wahrheiten der heiligen Schriften mit solchem Eifer und solcher Hingabe erklären, als sprächen sie zu ihrer eigenen Familie, und Zuhörer, die gewillt sind zu lernen und zu praktizieren, was sie gelernt haben. Dazu gehört, daß ihr euren Lehrern Achtung zollt und ihnen ergeben seid, wie es einer der Schüler des *Rischi* Dhamuya war. Als es einst in Strömen regnete, setzte dieser *Guru* seinen Unterricht unverdrossen fort, während die Schüler Hals über Kopf davonrannten, um ihr Bettzeug, ihre Kleidung oder ihr Grasbündel ins Trockene zu bringen. Einer von ihnen aber dachte daran, daß es schon am Tag vorher heftig geregnet hatte und daß der Damm, welcher das Feld des *Gurus* schützte, der Flut wahrscheinlich nicht standhalten würde. Er rannte hin und schloß die bereits entstandene Lücke mit seinem Körper. Ihr müßt durch euer Verhalten das Herz des *Gurus* zum Schmelzen bringen. Nur das wird euren Geist von allem Übel und negativen Eigenschaften befreien. Dann steht eurer Selbstverwirklichung nichts mehr im Wege. Prashanti Nilayam, 11.10.64

Auf der Grundlage des Glaubens

Die *Pandits* haben heute zu euch über die grenzenlose Weisheit der *Veden* gesprochen und über die Notwendigkeit, die göttliche Ordnung *(dharma)* aufrechtzuerhalten. Niemand, der hier spricht, kann etwas sagen, was nicht in den *Veden* und *Shāstras* enthalten wäre, denn diese Schriften behandeln alle spirituelle Themen. Entsprechend euren spirituellen Anstrengungen *(sādhana)* entfaltet ihr das Göttliche in euch und überwindet die Hindernisse, die ihr von früheren Existenzen mitgebracht habt. Das Göttliche liegt jenseits des Verstandes und kann nicht mit den Sinnen wahrgenommen werden. Es hat seine eigene Gesetzmäßigkeit und ist frei von allen Einschränkungen. Jeder der fünf Sinne kann nur eine Form der Wahrnehmung vermitteln: das Ohr den Ton, das Auge die Farbe, die

Zunge den Geschmack usw. Das Göttliche entzieht sich der sinnlichen Wahrnehmung und dem Zugriff des Verstandes.

Der göttliche Wille manifestiert sich im Erschaffen, Erhalten und Auflösen. Durch den Dienst am Nächsten *(karmayoga)* könnt ihr in das Geheimnis der Schöpfung eindringen. Liebevolle Hingabe *(bhaktiyoga)*, d.h. selbstlose, unerschütterliche und reine Liebe, läßt euch den Herrn erkennen, der alles erhellt und in dem alles ruht. Durch das höhere, intuitive Wissen *(jnānayoga)* schließlich, könnt ihr erfahren, daß Vergehen nichts anderes als das Einswerden mit dem Einen ist. Es gibt niemanden, der nicht in seinem innersten Wesen der Liebe fähig ist und nach Liebe verlangt. Das läßt euch die Verwandtschaft mit allen Wesen spüren, läßt den Einsamen unter der Einsamkeit leiden und ist der Grund, warum jeder irgend jemandem liebenswert erscheint. Die reine Liebe ist frei von allen egoistischen Motiven. Wenn sie nicht in Erscheinung tritt, seid ihr wie eine Lampe ohne Licht.

Voraussetzung für die hingebungsvolle Liebe zu Gott *(bhakti)*, die gemeinhin als Frömmigkeit bezeichnet wird, ist der Glaube. Der Glaube an die Frucht guter Taten, an das karmische Gesetz von Ursache und Wirkung, so daß jede Handlung im Lichte weitreichender Auswirkung geprüft wird, und der Glaube an die Reihe von Wiedergeburten, welche zu diesem Leben geführt haben.

Eine Pilgerfahrt war in früheren Zeiten eine lange und mühevolle Angelegenheit, die den Pilger zu Bescheidenheit und innerer Festigkeit erzog. Der Wallfahrtsort Thirupati ist heute so leicht zugänglich, daß er zu einem Paradies für Touristen geworden ist. Die heiligen Hügel sind geschändet und die von Herzen kommenden Gebete der Pilger verstummt. Nach Kāshī kommen die Leute mit dem Flugzeug, statten dem Heiligtum einen kurzen Besuch ab und reisen wenige Stunden später wieder ab. Die stumme Zwiesprache mit dem Göttlichen und das langsame Eindringen des Erhabenen ins Bewußtsein, sind verloren gegangen.

Es ist der Weg des Handelns *(karma)*, der zur Erlösung führt. Zuerst wird das Handeln von der Frömmigkeit *(bhakti)* allein bestimmt. Dann kommt ein wenig Wissen *(jnāna)* um die wirklichen Zusammenhänge dazu, und schließlich führt Erleuchtung zur Erlösung *(moksha)*. Es ist nicht möglich, dahin zu gelangen, ohne zu handeln. Auch der Weise *(jnānī)* muß noch handeln. Aber so wie der Schwan, der seine Federn und Schwingen schüttelt, wenn er aus dem Wasser kommt, und dann so trocken ist wie zuvor, so hat das Handeln keinen Einfluß auf den Weisen, denn er handelt ohne Ego und Verlangen. Es liegt in seiner Natur, allen Wesen das Beste zu wünschen und nur das zu tun, was der Wohlfahrt der Welt dient. Eine schwangere Frau legt nicht, wenn ihr Mann stirbt, sofort die äußeren Zeichen einer verheirateten Frau ab, sondern erst, nachdem das Kind geboren ist. Bis dahin wird sie von allen für eine rechtmäßig verheiratete Frau angesehen; sie aber weiß, daß sie eine Witwe ist. Mit dem Erleuchteten ist es das gleiche: Er weiß, daß er frei ist, aber in den Augen der Welt ist er an das Vergängliche gebunden. Jugendliche Angeber lachen die Weisen aus und verspotten sie. Doch wer ist schuld daran? Was kann man anderes erwarten, wenn die Älteren ihnen ein schlechtes Beispiel geben?

Liebe ist die Saat, die überwältigende Erfahrung des Einswerdens mit dem Unendlichen ist der Baum, und immerwährende Glückseligkeit *(ānanda)* ist die Frucht. Die Voraussetzung dafür ist der Glaube. Denkt an *Arjuna*! Er war vor die Entscheidung gestellt, wen er als Hilfe in dem bevorstehenden Krieg wählen sollte: ein Heer kampferprobter Helden oder *Krishna* allein, unbewaffnet und nicht gewillt, am Kampf teilzunehmen. Er entschied sich für *Krishna*. Er wußte, glaubte und war gerettet. Die gleiche Entscheidung muß Indien heute treffen, zu dem Zeitpunkt, da der Herr in Seiner menschlichen Gestalt erschienen ist. Was nützt es dem Land, Geld, Gold und Korn zu erwerben? Das Glück, die spirituelle Freude, welche die Verehrung Seines Namens und Seiner Form mit sich bringt, ist viel erstrebenswerter als alles andere. Mangel an Glauben ist die Ursache der Schwäche auf allen Gebieten.

Zur Zeit des Königs Asoka lebte in Buddhagaya ein armer Mann namens Sisupala. Es war bekannt, daß er trotz seiner Armut niemals einer Versuchung nachgegeben hatte. Eines Nachts betrat Asoka sein Haus und bat um etwas zu essen und um Obdach für die Nacht. Sisupala war überrascht, daß es jemanden gab, der ärmer war als er. Er teilte sein Mahl mit ihm und befahl seinem Sohn, es dem Gast so bequem wie möglich zu machen. Asoka dankte ihm überschwenglich für seine Gastfreundschaft, doch Sisupala lehnte jeden Dank mit dem Hinweis ab, daß er nur seine von der göttlichen Ordnung *(dharma)* vorgeschriebene Pflicht erfülle. Der König fragte ihn, was er damit meine. Sisupala antwortete, daß das ganze Land in Gottlosigkeit versunken sei und auch der Herrscher sich nicht an die göttliche Ordnung halte. Da forderte Asoka ihn heraus und sagte: "Glaubst du, du könntest tun, was Asoka nicht vollbringen konnte?" Sisupala antwortete: "Selbstverständlich! Ich fürchte keinen Menschen und gehorche nur Gott. Seine Gesetze der göttlichen Ordnung sind mein einziges Anliegen." Der Gast lachte und sprach von etwas anderem. Aber Asoka konnte in dieser Nacht nicht schlafen. Er erhob sich früh am Morgen und verließ die Hütte, als es noch dunkel war.

Am nächsten Morgen erschien ein Höfling in prächtiger Uniform vor der Hütte und fragte Sisupala, ob er irgend jemandem gegenüber den König beschuldigt habe. Sisupala sagte, das habe er getan, aber er habe nur die Wahrheit gesagt. Der Höfling hatte den Auftrag, ihn zum Palast zu bringen. Asoka setzte ihn als Ministerpräsidenten ein, mit dem Auftrag, Ordnung im Lande herzustellen. Er sagte zu ihm: "Sei dir klar darüber, daß du hingerichtet wirst, wenn irgendwo im Lande jemand von der göttlichen Ordnung *(dharma)* abweicht. Dir steht die ganze Armee zur Verfügung, um das Verhalten der Bevölkerung zu ändern." Sisupala war einverstanden und sagte: "Ich übernehme die Aufgabe, aber ich brauche das Militär nicht. Ich setze mein Vertrauen in Gott." Asoka war enttäuscht, daß der Mann seine Hilfe nicht in Anspruch nehmen wollte. Aber er beschloß, den Versuch dieser neuen Regierung für zehn Tage zu beobachten.

Das Unerwartete geschah. Es gab keinen Diebstahl mehr, keine Verletzung der Sittengesetze, keinen Verstoß gegen die heiligen Schriften. Junge, mit kostbaren Juwelen geschmückte Frauen konnten sogar nachts allein auf die Straße gehen, ohne befürchten zu müssen, belästigt oder beraubt zu werden.

Asoka wurde richtig eifersüchtig auf den Erfolg seines neuen Regierungschefs. Eines Nachts ging er unerkannt zu dem Haus eines Freudenmädchens, klopfte an die Tür und begehrte Einlaß. Das Mädchen weigerte sich, ihn einzulassen, da das gegen die Anordnung der neuen Regierung gewesen wäre. Es folgte ein Streit zwischen Asoka und dem Torhüter. Sie wurden handgreiflich, und Asoka erschlug den Torhüter.

Es war am siebenten Tag der neuen Regierung und Asoka verkündete, daß der neue Regierungschef hingerichtet werde, da in der Stadt ein Mord geschehen war. Die Nachricht davon verbreitete sich mit Windeseile, und alle beweinten das traurige Los des guten Mannes. Sisupala jedoch hatte herausgefunden, daß es niemand anderes als der König selbst war, der das Verbrechen begangen hatte. Er war zu dem Haus gegangen, wo der Mord verübt wurde und hatte die beteiligten Personen verhört. Als er die Stufen zum Schafott hinaufgestiegen war, gebot er deshalb den Schergen Einhalt und verlangte, daß Asoka selbst zur Hinrichtungsstätte gebracht würde, da er es gewesen sei, der den Mord begangen habe. Asoka, seiner Schuld bewußt, war darauf vorbereitet: Er hatte ein goldenes Standbild von sich selbst anfertigen lassen, welches an seiner statt enthauptet wurde; ein Verfahren, das von den Schriften gebilligt wird. Das Gold wurde unter die Armen verteilt und dem Gesetz war Genüge getan.

Diejenigen, die nach Ansehen, Macht und Besitz streben, sind "Brüder" *Rāvanas*, der alle zehn Stufen des Wissens beherrschte und deshalb mit zehn Köpfen dargestellt wird. Aber trotz allen Wohlstandes und großer Gelehrsamkeit verlangte ihn nur nach der Schöpfung *(prakriti)*, nicht nach dem Schöpfer *(purusha)*, nach *Sītā*, nicht nach *Rāma*. Das führte zu seinem Untergang.

Ihr müßt alle eure Fähigkeiten gottesfürchtig und voller Bescheidenheit einsetzen, sonst habt ihr kein Anrecht auf die Hilfe und das Eingreifen des Herrn. Ein Bauer, der *Hanuman* als seinen Gott verehrte, fuhr einst eine Wagenladung Korn zum Markt. Auf dem Wege blieb eines der Räder im Schlamm stecken; der Wagen neigte sich zu sehr nach einer Seite und die

Säcke fielen herunter. Der Bauer setzte sich auf den Boden und begann zu *Hanuman* zu beten. Er sprach alle Gebete, rezitierte die einhundertundacht und sogar die eintausendundacht Namen, doch der Wagen rührte sich nicht. Da begann er *Hanuman* zu beschimpfen, weil er ihm nicht zu Hilfe kam. In diesem Augenblick erschien *Hanuman* vor ihm und wies ihn zurecht: "Du Dummkopf", sagte er, "anstatt dich anzustrengen und dir selbst zu helfen, beschimpfst du mich, weil ich nicht tue, was eigentlich deine Aufgabe ist. Los, stemme deine Schulter gegen das Rad; strenge dich an!"

Wenn euer Handeln dem Herrn geweiht ist und ihr das Ergebnis Seinem Willen überlaßt, dann trägt das dazu bei, euren Geist zu läutern. Darüber hinaus ist es die Reue, die selbst den Sünder vor dem Verderben rettet. Keine andere Bußübung ist so wirksam wie ernsthafte Reue. Ein Verkäufer mag euch zu wenig von der gewünschten Ware abwiegen, aber er erhebt Einspruch, wenn ihr ihm zu wenig Geld gebt. Der volle Betrag der Rechnung muß bezahlt werden. Bezahlt mit ehrlicher Reue. Eure Unaufrichtigkeit kann den Herrn nicht täuschen! Ihr könnt Ihn nicht erreichen, wenn ihr euer Verhalten nicht ändert und euch von den Dingen der Welt löst. Gebt euren Egoismus auf, dann werdet ihr Ihn erkennen!

Rāma lehrte die göttliche Ordnung *(dharma)* durch das Beispiel Seines eigenen Lebens. *Krishna* tat das gleiche durch die Belehrungen, die Er *Arjuna* gab. Kleine Geister, die ihren Egoismus nicht überwinden können, wagen es, *Krishna* zu kritisieren und weisen auf Seine – wie sie es nennen – "üblen Streiche" hin. Solche Leute hat es von jeher gegeben. Sie beschäftigen sich nur damit, Fehler in denen zu finden, deren Größe sie nicht verstehen. Sie wagen es, dem Herrn vorzuschreiben, wie Er sich verhalten, welche Form und welche Eigenschaften er annehmen soll. Als ob der Herr, von dessen Herrlichkeit sie keine Ahnung haben, Sich nach ihren Vorstellungen richten würde! Nur jene können Ihn verstehen, die sich Ihm hingeben, Ihn lieben, an Ihn glauben und Ihm in unerschütterlicher Treue ergeben sind. Erst wenn ihr fühlt, daß ihr ein Werkzeug in Seinen Händen seid, daß alles, was geschieht, Seinem Willen entspringt, erst dann kommt ihr Ihm näher. Wer könnte es wagen, dem Herrn vorzuschreiben, wie Er sich kleiden, wie Er sich verhalten soll? Wer kann dem Ruhm Seines Wirkens Grenzen setzen, wer Seine Richtung bestimmen? Er lebt in allen Wesen und läßt alle Aufgaben durch sie erfüllen, so wie der elektrische Strom die Glühbirne leuchten, den Herd kochen, den Kühlschrank kühlen läßt.

Zwei Übergänge führen über den Vankaperu-Fluß, der eine auf dem Weg nach Penukonda, der andere auf dem nach Dharmavaram. Über den Strom des Lebens führen vier Übergänge. Diese sind: Junggesellentum *(brahmacarya)*, Familienleben *(grihasta)*, Zurückgezogenheit *(vanaprastha)*, und Entsagung *(samnyāsa)*. Einer davon, das Familienleben, ist zusammengebrochen und unpassierbar geworden. Stellt ihn wieder her und erfüllt eure

Aufgaben in der Gesellschaft, dann geht die Lebensreise ohne Hindernisse vonstatten. Auf dem Weg von Kothacheruvu nach *Prashanti Nilayam* ist bei Bapanapalle ein Wasserdurchlaß unter der Straße eingestürzt. Aber die Dorfbewohner können ihn nicht nach eigenem Gutdünken instand setzen. Er muß von der Behörde repariert werden, die ihn ursprünglich gebaut hat. So muß auch, wenn die göttliche Ordnung *(dharma)* in die Brüche gegangen ist, Er, der sie festgelegt hat, wiederkommen und sie wiederherstellen. Die vier Übergänge wurden von dem Herrn errichtet und Er ist gekommen, um sie wieder in Ordnung zu bringen. Die Ingenieure und andere, die Ihm bei dieser Aufgabe helfen, sind hier in *Prashanti Nilayam* versammelt. Die Arbeiten werden sehr bald beendet sein, und dann kann die Einweihung stattfinden.

Haltet am Glauben fest und befreit euch von Bindungen an die materielle Welt! Habt Achtung vor den Älteren und befolgt die Ratschläge, die sie euch aufgrund ihres gereiften Wissens und ihrer Erfahrung geben. Überquert das Meer von Geburt und Tod und seid in jedem Augenblick eures Lebens Kinder der Unsterblichkeit.   Prashanti Nilayam, 12.10.64

Unbegrenzt auch in der Form

Der *Pandit* sprach soeben über die verschiedenen Formen, in denen Frömmigkeit *(bhakti)* ihren Ausdruck findet. Wenn ihr den Anspruch erhebt, fromm zu sein, stellt sich natürlich die Frage, wem ihr euch verbunden fühlt, wen ihr liebt, wem ihr die Treue haltet und warum. Eines steht fest: Wenn ihr euch zu weltlichen Vergnügungen und materiellem Gewinn hingezogen fühlt, dann erwarten euch endlose Sorgen, Enttäuschungen und Ängste, kurzum: innere Unrast *(ashānti)*. Das bißchen Freude, das sie euch bereiten, ist so unbeständig wie das Glück in einem Traum; denn die Erfahrungen des Wachzustandes sind ebenso unwirklich und flüchtig wie die eines Traumes. Das Sichtbare ist ein Traum, das Unsichtbare ist wirklich. Das Universum besteht aus einer Mischung von Wirklichem und Unwirklichem. Darum führt es zur Täuschung. Darum sind Freude und Leid ohne Bestand.

Frömmigkeit ist ihrem Wesen nach unverbrüchliche Treue zu Gott; zu einem Gott mit einer Form, einem Namen und mit Eigenschaften. Der Verstand, mit dem ihr begabt seid, kann nur Dinge erfassen, die Form und Namen haben. Darum muß Gott in einer Form zu euch kommen, damit ihr Ihn lieben, Ihm dienen und folgen und euch von Ihm erlösen lassen könnt. Aber glaubt nicht, Er sei anders, begrenzter, wenn Er in der Form erscheint. Butterschmalz ist weiß und körnig, wenn es hart geworden ist. Solange es heiß ist, ist es flüssig, farblos, ohne bestimmte Form. Das Formlose nimmt Form an, wenn es kalt wird. So wird auch in den kühlen Gewölben des Herzens eines Gläubigen das Formlos-Absolute in eine Form gegossen.

Wenn das Formlose Sich Selbst manifestiert, kann Es entweder als ein Wesen erscheinen, das mit einem Teil der göttlichen Kräfte ausgerüstet ist, oder Es kann Seine ganze Macht und Herrlichkeit offenbar werden lassen. Auf *Rāma* trifft die erste, auf *Krishna* die zweite Beschreibung zu. *Krishna* gab sich nicht damit zufrieden, das Böse in Form bestimmter Dämonen und Personen zu bekämpfen und zu vernichten. In der *Gītā* und anderen Belehrungen erklärte er die Grundwahrheiten spirituellen Lebens und zeigte den Weg zur Erlösung durch Überwindung der Unwissenheit, welche die wahren Zusammenhänge verhüllt. Seine Anweisungen sind so klar, daß sie von allen Teilen der menschlichen Gesellschaft befolgt werden können: vom ungebildeten Milchmädchen und Kuhhirten ebenso wie von Dogmatikern, Politikern, gelehrten Professoren und erfahrenen Philosophen.

Mein Vorredner hat euch in anschaulicher Weise den Schmerz beschrieben, welcher die einfachen Dorfbewohner erfüllte, wenn der Herr sie auch nur für kurze Zeit verließ. Jede dunkle Regenwolke, die sie an ihren geliebten *Krishna* erinnerte, füllte ihre Augen mit Tränen der Freude. Doch *Krishna* wurde zu Seiner Zeit auch verleumdet, und die Leute verbreiteten üble Gerüchte über ihn. So ist es immer: Zusammen mit den Leitungen für das Trinkwasser werden auch die Rohre für das Abwasser verlegt. Ruhm und Verachtung gehen Hand in Hand. Verehrungswürdige Personen sind immer die Zielscheibe unverantwortlicher Verleumdung.

Die Weisen mißbilligen es, wenn sie im weltlichen Sinne für glücklich gehalten werden. *Caitanya* war glücklich, als die Leute ihn auslachten, weil er durch die Straßen zog und fromme Lieder sang. Es machte ihm nichts aus, daß sie seine Instrumente zerbrachen. Er sagte: "Diese Leute sind Narren. Sie glauben, einen verdorrten Baum retten zu können, wenn sie seine Blätter mit Wasser begießen. Die Wurzeln der Freude müssen bewässert werden, damit die Freude wachsen kann. Die Wurzel ist *Krishna*, der göttliche Funke im Herzen jedes einzelnen." Gießt die Wurzeln mit Tränen der Freude, daß ihr Seinen Namen singen und Seine Herrlichkeit preisen dürft. Trocknet die Tränen des Kummers, denn sie sind eine Entheiligung und sollten die Füße des Herrn nie beschmutzen.

Es ist die Liebe zum Herrn, die Hingabe an Ihn, die alles Tun heiligt. Er rechtfertigt jede Handlung. Er veranlaßt sie, führt sie aus, gibt die notwendige Stärke und Fähigkeit, und Er genießt ihre Früchte. Hingabe sollte das ganz Natürliche für euch sein, denn alles gehört Ihm und nicht euch. Es ist eure Pflicht zu glauben, daß Er der Motor eures Handelns ist, und dieser Glaube wird euch Kraft verleihen. Bis die Wunde geheilt und die neue Haut gewachsen ist, muß sie durch eine Binde geschützt werden. So muß auch der vom Ego befallene Geist, bis die Wirklichkeit erkannt wird, mit der Salbe des Glaubens, gottesfürchtiger Gemeinschaft und heiliger Gedanken behandelt werden.

Jeder von euch besitzt den Fahrschein zur Erlösung, die dem Kreislauf von Geburt und Tod ein Ende setzt. Aber die meisten wissen nicht, in welchen Zug sie einsteigen müssen. Viele verlassen ihn an Zwischenstationen, glauben, am Ziel zu sein, und irren dann hilflos in der Wildnis umher oder werden von der schönen Aussicht und dem Geschehen um sie herum abgelenkt.

Es wurde die Unwissenheit *(ajnāna)* erwähnt. Unwissenheit kommt von außen, während Wissen das Wesen des Menschen ist. Dieses Wissen ist jedoch hinter einem Schleier der Täuschung verborgen, die verwirrt und die Dinge als eine Vielheit erscheinen läßt. Der Mensch belastet sich mit einer Unzahl von Informationen, hat zahlreiche Fähigkeiten erworben, aber ist nicht in der Lage, das Ganze zu sehen, die allem zugrundeliegende Einheit des Universums zu erkennen. Darüber hinaus ist er nicht fähig, in liebevoller Gemeinschaft mit anderen zu leben, die Brüderlichkeit aller Menschen zu erkennen und zu erfühlen, daß es dieselbe göttliche Kraft, derselbe Gott ist, der in jedem von ihnen wirkt.

Wie weit kann euch die Schul- und Bücherweisheit bringen? Eine Frau erhielt von ihrem Mann ein Scheckbuch, damit sie selbst Geld von ihrem Konto abheben konnte. Sie unterschrieb jeden Scheck mit "Deine liebe Frau" und wunderte sich, daß sie nicht von der Bank eingelöst wurden. Man muß sich anpassen, die Verhältnisse richtig einschätzen, den relativen Wert der Dinge erkennen. Man muß zwischen dem Wirklichen und Halbwirklichen unterscheiden. Die Gaben des Verstandes und des Gewissens dürfen nicht vernachlässigt und dadurch verschwendet werden. Ihr dürft nicht den gleichen Fehler machen wie der Holzfäller, der einen großen Sandelwald als Belohnung erhielt und der, weil er den Wert des Holzes nicht kannte, die Bäume verbrannte und als Holzkohle zu einem lächerlichen Preis verkaufte.

Das Göttliche im Menschen wird vernachlässigt, und die Gelegenheit, es zu entfalten, wird vergeudet. Ihr haltet Grundstücke und Gebäude, Gold und Silber für euren wertvollsten Besitz, und wenn ihr schließlich gehen müßt, seid ihr betrübt, ihn zurücklassen zu müssen. In dem Versuch, Krankheiten zu bekämpfen, vergiftet ihr euren Körper mit Medikamenten, aber ihr bemerkt die Krankheiten nicht, welche die Voraussetzungen eures Glücks zerfressen und euch zu einer Gefahr für die Gesellschaft werden lassen: nämlich Neid, Bosheit, Haß und Habsucht. Laßt euch sagen, wie sie am besten geheilt werden können: Glaubt daran, daß der Herr in jedem Wesen lebt und daß ihr Ihn verleugnet und verletzt, wenn ihr irgend jemandem einen geistigen oder körperlichen Schaden zufügt. Er ist allgegenwärtig!

Glaubt ihr, daß der Herr im Palast des *Hiranyakashipu* aus der Säule hervortrat, obwohl Er vorher nicht dort war oder weil Er dort war? Er war dort, denn Er ist überall. Aber da *Hiranyakashipu* nicht glaubte, daß Er da sei, konnte er Ihn nicht sehen. *Prahlāda* dagegen war von Seiner Gegenwart überzeugt, und so konnte er Ihn sehen. Wie könnt ihr Ihn – auch wenn Er direkt vor euch steht – sehen, wenn Ihr blind seid? Ihr seid blind für Seine Allgegenwart und könnt deshalb nicht sehen, daß Er überall gegenwärtig ist. Wenn der Magnet das Eisen nicht anzieht, dann liegt es an dem Rost und Schmutz, mit dem das Eisen bedeckt ist. Wenn der Herr Sich dem Gläubigen nicht offenbart, dann liegt es daran, daß das Herz des Gläubigen nicht rein genug ist.

Läutert euer Herz, indem ihr gut und freundlich seid. Sucht nicht die Fehler in anderen, sondern behandelt sie mit liebevollem Respekt und glaubt, daß sie es ehrlich meinen. Haltet euer Herz frei von Zorn und Verachtung, und wenn ihr eurer Verstimmung Ausdruck geben müßt, dann tut es in Worten und nicht in Taten. Bereut die Fehler, die ihr gemacht habt, und seid entschlossen, sie niemals zu wiederholen. Bittet um die Kraft, eure Versprechen halten zu können. Die Schüler der vedischen Schule sind bereit, ein Theaterstück aufzuführen, und sie werden ebenso unruhig wie einige von euch. Darum will ich jetzt schließen und die Erlaubnis zum Beginn der Vorstellung geben.   Prashanti Nilayam, 14.10.64

Eine Bindung, die befreit

Gelehrsamkeit, welche in der Anzahl der Texte, die man studiert hat, ihren Ausdruck findet, ist wertlos. Es mag einer die *Shāstras* und die *Upanishaden* in allen Einzelheiten kennen, er mag die siebenhundert Verse der *Gītā* auswendig hersagen können: ohne Anwendung der Lehren im täglichen Leben und ohne ständige Selbstprüfung nützt es ihm gar nichts.

Der *Pandit* sprach von dem Vorfall mit dem goldenen Hirsch, der das Verlangen *Sītās* wachrief. Man wundert sich natürlich, warum *Sītā* ein solches Tier haben wollte und warum *Rāma* ihren Wunsch zu erfüllen suchte. Er hätte sie davon überzeugen können, daß dies ein Trick der Dämonen war, um Seine Aufmerksamkeit abzulenken und schlimmes Unheil über sie zu bringen. Aber wie jeder gewöhnliche, in seine Frau verliebte Ehemann es getan hätte, verfolgte Er den Hirsch und versprach, ihn lebend zurückzubringen, damit er als Haustier gehalten werden könne. Wäre Er ein normaler Sterblicher gewesen, müßte solch blinde Liebe natürlich verurteilt werden. Da Er jedoch der Herr selbst war, müssen andere Maßstäbe angelegt werden. Alle diese Ereignisse folgten einem Plan, Seinem Plan.

Erkennt diesen Plan! Er liegt der Ordnung *(dharma)* zugrunde, die in den *Upanishaden* beschrieben ist. Der nächste *Pandit* sprach über die Lebensweise, die einem unverheirateten jungen Mann, ebenso wie einem Novizen eines Mönchsordens *(brahmacāri)* gemäß dieser Ordnung zukommt. Es ist "brahmacarya". Und was bedeutet das? Es ist "carya", das Handeln, welches auf das Göttlich-Absolute *(brahman)* ausgerichtet ist, und die Erkenntnis, daß alles Sein dieses Göttlich-Absolute ist und in Ihm ruht. Es ist dieses Bewußtsein, welches jedes Tun heiligt und erfolgreich macht. Fühlt euch rein, und euer Handeln wird rein sein. Für die *"gopīs"* war *Brindāvan* nicht ein Dorf wie jedes andere, sondern der Wohnsitz des Herrn. Sie gingen nicht dorthin, um Milch und Butter zu verkaufen, sondern nutzten die Gelegenheit, Ihn mit Seinem Namen anzurufen. Haltet Zunge, Ohr und Auge rein; dadurch wird das Herz geläutert. Eure Verwirrung und die Schwierigkeiten, in denen ihr euch befindet, sind Folgen der Unreinheit eurer Sprache und dessen, was ihr mit den Augen in euch aufnehmt.

Während Meiner letzten Inkarnation hatte ein Polizeibeamter namens Das Ganu das Glück, nach *Shirdi* zu kommen. Dieser Besuch verwandelte ihn. Zu seiner Verwunderung sprach Baba ihn an, sobald Er ihn sah, und er bat Baba, gewisse Kreise, die ihn verleumdeten und dadurch seine Beförderung gefährdeten, zum Schweigen zu bringen. Baba forderte ihn auf, in *Shirdi* zu bleiben und dadurch allem aus dem Wege zu gehen. Er sagte: "Frage nicht, warum Ich dir diesen Vorschlag mache, während du Mich doch um etwas anderes gebeten hast." Als seine Ehre wieder hergestellt und er befördert worden war, vergaß er jedoch Baba und sein Versprechen, alles hinter sich zu lassen. So mußte Baba gewisse Umstände eintreten lassen, die ihn zwangen, Babas Plan zu folgen und zu Ihm zu kommen. Später verfaßte er einige Balladen über Ereignisse in Babas Leben, trug diese im ganzen Lande vor und brachte dadurch Tausenden die Botschaft von Babas Kommen. Er verbrachte sein Leben mit dem Herrn.

Upasini Baba war ein ähnlicher Fall. Er wurde 1869 geboren, hieß Kasinath, war dreimal verheiratet, verdiente als Arzt viel Geld und verlor alles wieder. Nach harten Jahren kam er "zufällig" nach *Shirdi*, wo Baba ihn mit "Da bist du ja, Kasinath!" begrüßte. Er führte ihn zum *"upāsana"*, dem Sich-Hinwenden zum Göttlich-Absoluten und beaufsichtigte seinen spirituellen Fortschritt. Dadurch wurde er als Upasini Baba bekannt. Auch er war ein Teil von Babas Plan.

Jeder muß sich in diesen Plan einfügen, muß versuchen, die ihn bestimmenden Grundsätze zu verstehen, und sich für die Aufgabe rüsten, die Er ihm zuweist. Beachte die Pflichten, die dir durch die Rolle zufallen, welche du im Rahmen der größeren Ordnung zu spielen hast *(svadharma)*. Widme dich diesen Aufgaben von ganzem Herzen.

"Rāma" bedeutet: Er, der bezaubert, der eine Anziehungskraft ausübt, der an sich bindet. *"Krishna"* bedeutet das gleiche: Er, der dich an sich zieht. *"Hari"* bedeutet: Er, Der dein Ego stiehlt und sich dir enthüllt. Um Ihn zu erreichen, müßt ihr vom Tier zum Menschen und vom Menschen zum Göttlichen aufsteigen, und das bedeutet einen harten Kampf mit den Kräften, die nach unten ziehen. Ein klappriges, altes Auto stöhnt und ächzt, wenn es eine Steigung bewältigen muß, denn sein Motor ist verbraucht, und seine Ventile sind verstopft. Haltet den Schmutz und Staub weltlichen Verlangens vom Motor eures Geistes fern, und es wird euch ein Leichtes sein, die Höhen spirituellen Erfolges zu erklimmen. Die Reise zur Quelle allen Seins ist wie das Schwimmen gegen den Strom. Die göttliche Urordnung *(sanātanadharma)* lehrt, wie die Reise glücklich beendet werden kann. Dank der ihr eigenen Makellosigkeit hat diese Ordnung dem Ansturm fremder Kulturen standgehalten, ohne etwas von ihrer ursprünglichen Großartigkeit einzubüßen. Sie kann niemals untergehen, denn sie ist wahr und wirklich. Sie ist die Summe der Erfahrungen, die gläubige Wesen *(bhakti)* wie *Hanuman, Rādhā* und *Mīra* gemacht haben. Denkt daran, wenn diese rituellen Feierlichkeiten *(yajna)* hier zu Ende gehen, daß es allein diese Gläubigkeit ist, die es euch ermöglicht, dem Herrn nahe zu kommen. Das aber ist das Endziel aller Bemühungen.

Viele von euch haben den Wunsch, zu Hause *"bhajan"*- und Andachtsgruppen zu bilden, aber es ist schwierig, Gläubige *(bhakta)* zu finden, die dem Herrn ohne Hintergedanken und heimliche Erwartungen dienen. Gleichgültig, was geschieht, ein Gläubiger muß immer fröhlich sein, denn er weiß, daß es der Wille des Herrn ist, der sich entfaltet. In Meinen Ansprachen rede Ich euch nicht mit *"Bhaktas"* an, denn es fehlt die vollkommene Hingabe und absolute Reinheit des Herzens, die einen wirklich Gläubigen auszeichnen. Fragt euch selbst, wer von euch den Namen *"Sai Bhakta"* verdient, und ihr werdet verstehen, warum Ich euch nicht so anrede.

Lieder zum Lobe des Herrn *(bhajan)* werden nicht durch Trommeln, Zimbeln und Geigen wirksam. Die Instrumente verbergen nur das Fehlen des Wichtigsten: die echten Gefühle, die Sehnsucht nach Gott, den aufrichtigen Glauben. Wenn ihr in Gruppen zusammenkommt, finden nur negative Eigenschaften wie Neid, Mißgunst und Zwietracht einen günstigen Nährboden. Singt deshalb dem Herrn eure Lieder im eigenen Heim und ladet nicht diese ungebetenen Gäste durch Bildung von Gruppen und Tempelgemeinschaften ein.

Dann gibt es auch noch Leute, die andere abgöttisch verehren, weil sie glauben, Sai Baba spreche durch sie. Sie erklären lautstark, Baba sende seine Botschaften durch diese oder jene Person. Was für ein Unsinn! Bin Ich ein Geist oder Dämon, der von einem Menschen Besitz ergreift und durch ihn spricht? Das ist alles nur Theater, dem Leute mit einer krankhaften Phantasie zum Opfer fallen. Hütet euch, nicht auch zu denen zu gehören!

Darum rate Ich euch: Behaltet euren Glauben für euch selbst und folgt nicht irgendwelchen vom Ego getriebenen Heuchlern. Diese führen euch in die Irre, indem sie ihre falsche Vorstellung von der Inkarnation des Herrn an euch weitergeben. Sie zerstören den Glauben, daß alle als Brüder und Schwestern in Gott ruhen.

Gesellschaften und Organisationen haben noch einen anderen Fehler. Religiöse Institutionen sollen den Weg zu Gott zeigen und deutlich machen, daß sie selbst völlig unbedeutend sind. Aber sie lassen einen Schwarm von Vorstandsmitgliedern entstehen, einen Vorsitzenden, einen Schatzmeister und Mitglieder der verschiedensten Ausschüsse. Sie alle kommen sich sehr bedeutend vor und sonnen sich in dem Gefühl ihrer eigenen Wichtigkeit. Eine Gesellschaft, die den Namen Gottes trägt, sollte zur Verminderung von Eifersucht, Neid, Eitelkeit und Egoismus beitragen. Die meisten aber bilden einen guten Nährboden für diese unerwünschten Eigenschaften und erlauben ihnen, sich zu entfalten. Der wirklich Gläubige wird sich nie um solche Posten bemühen, sondern sie vermeiden wie eine Falle, in die er geraten könnte.

Weder Ich noch irgend eine andere Form des Herrn bedarf der Werbung. Wofür wagt ihr zu werben? Für Mich? Ich möchte euch fragen: Was wißt ihr von Mir? Ihr redet über Mich heute so und morgen so. Euer Glaube ist noch nicht unerschütterlich. Wenn es euch gut geht, betet ihr Mich an, wenn es euch schlecht geht, verleugnet ihr Mich. Ihr fallt von einem Extrem ins andere.

Schon bevor euer Glaube gereift ist, versucht ihr, andere zu führen, sammelt Spenden und Beiträge, wollt Tempel bauen und Versammlungen organisieren. Das ist nichts als Angeberei, die spirituellen Verlust und keinen Gewinn mit sich bringt. Wenn ihr zu missionieren beginnt, begebt ihr euch auf die Ebene derer, die Anhänger um sich scharen, andere schlecht machen und sich selbst und ihren Weg für das einzig Richtige halten. Ich bin nicht dort, wo Geld gesammelt und Erfolg nach der Höhe der Spenden berechnet wird. Ich komme nur dorthin, wo aufrichtiger Glaube und ganze Hingabe die höchsten Werte sind. Verbringt deshalb die stillen Stunden der Meditation in eurem eigenen Heim und laßt euren Glauben wachsen. Ich halte nichts von frommen Liedern *(bhajans)*, die wie Grammophonplatten ohne innere Beteiligung abgespielt werden. Stundenlanges Singen allein, auch wenn es noch so laut ist, nützt nichts. Ein kurzes, konzentriertes Gebet, das vom Herzen kommt, genügt, um die Verbindung mit Gott herzustellen und Ihn zu erreichen.

Wenn ihr Gott verleugnet, verleugnet ihr euch selbst. Ihr behauptet: "Es gibt keinen Gott", sagt aber mit tiefster Überzeugung "Ich bin". Nun, wer ist das "Ich", das durch all die verschiedenen Stufen der körperlichen und geistigen Entwicklung in Freud und Leid das gleiche bleibt? Glaubt Mir, dieses "Ich" ist Gott! Denn dieses "Ich" sieht mit den Augen, schmeckt mit der Zunge, geht mit den Füßen, denkt mit dem Verstand und ist sich doch die ganze Zeit bewußt, daß es eine eigenständige, unabhängig von all dem existierende Wesenheit ist. Wenn ihr behauptet "Es gibt keinen Gott", dann bestätigt ihr zunächst, daß etwas ist und verneint es danach. Ihr proklamiert das Nicht-Vorhandensein von etwas, das "ist". Das "Ich" muß als Welle auf dem Meer Gottes verstanden werden und nicht als die erste Person der Einzahl. Die "erste" Person führt euch in eine Welt der Angst und der Habsucht: mein Haus, mein Dorf, meine Gemeinde, meine Sprache – so fesselt sie euch immer unlösbarer an die materielle Welt.

Ein Mann aus *Puttaparthi* lebte einst in einer einsamen Hütte an den Ufern des Ganges. Er führte ein asketisches, spirituelles Leben und gewann die Achtung der anderen Mönche. Als er eines Tages im Fluß badete, belauschte er die Unterhaltung einer Gruppe von Pilgern, die an dieser Stelle aus einem Bus ausgestiegen waren und die Telugu sprachen. Durch seine Bindung an die Vergangenheit, die durch den Laut der Muttersprache neu belebt wurde, fühlte er sich zu ihnen hingezogen. Er fragte, woher sie kämen. Vom Kreis Anantapur! Er spitzte seine Ohren. Sie kamen vom Bezirk Penukonda, ja, in der Tat direkt aus *Puttaparthi*. Der Mönch war ganz glücklich. Er fragte sie nach seiner Familie, nach seinen Freunden. Als er hörte, daß einige von ihnen gestorben waren, begann der arme Kerl zu weinen. All die Jahre strenger Askese waren ausgelöscht. Sie waren dem Ansturm seiner Anhänglichkeit an die Muttersprache zum Opfer gefallen. Wie schade!

Übt euch darin, euch von allem zu lösen. Übt euch darin Schritt für Schritt, denn eines Tages müßt ihr alles, woran ihr hängt, hinter euch lassen. Fügt dem, was euch an die Welt bindet, nichts Neues hinzu. Laßt eure Bindung an Gott, den großen Erlöser, die einzige sein.

Prashanti Nilayam, 15.10.64

Überwindet euren Stolz

Eine Zunge, die nicht den Namen Gottes ausspricht, eine Hand, die keine Wohltaten tut, Begabungen, die nicht genutzt werden, Lebensjahre, die keine Ruhe kennen, ein Leben, das nicht zur Weisheit führt, ein Tempel ohne die heilige Atmosphäre der Verehrung, Worte, die kein Wissen vermitteln – alles das ist wertlos.

Dr. Ramakrishna Rao sprach soeben über die grundsätzliche Bedeutung der Hingabe an den göttlichen Willen *(sharanāgati)*. Er sprach auch davon, wie notwendig es ist, dem Herrn dankbar zu sein, dankbar für das Leben, das Er gewährt, und für die vielen Möglichkeiten, den Weg zur Erleuchtung zu finden. Dankbarkeit ist eine Eigenschaft, die immer mehr verloren geht. Sie ist jedoch eine Pflicht, die zu vernachlässigen eine schwere Sünde ist. Der *Pandit* sprach über das in der *Gītā* gegebene Versprechen: "yogakshemam vahāmyam". Das bedeutet nicht, daß der Herr euch froh und glücklich machen, sondern daß Er euch inneren Frieden und unerschütterlichen Gleichmut geben wird. *"Yoga"* bedeutet hier den Erwerb dessen, was ihr nicht habt, und "kshem" das Bewahren dessen, was ihr erworben habt. Das Versprechen besagt also, daß der Herr euch die Gelegenheit geben wird, inneren Frieden *(shānti)* zu finden, und daß Er die Bedingungen schaffen wird, die es euch ermöglichen, diesen Frieden zu bewahren. Dieser innere Frieden ist das höchste Gut, welches ein Mensch erwerben kann. Und wie findet ihr ihn? Durch das Wissen, daß ihr die göttliche Urenergie *(ātman)* selbst seid, die weder Geburt noch Tod, Kummer noch Freude, Auf noch Ab kennt.

So wie das Grundwasser alle Bäume ernährt, so ist die göttliche Urkraft die verborgene Quelle allen Glücks *(ānanda)*, das ein Lebewesen *(jīvi)* erfahren kann. Um Zugang zu diesem unterirdischen Wasser zu gewinnen, müßt ihr danach bohren; beständig graben, schlagen, rammen – durch ein Rohr, in dem der Bohrer geführt wird. Die Bohrmannschaft muß darauf achten, daß keine Luft unter den Bohrer kommt, denn sonst hat das Bohren keinen Erfolg. So müßt auch ihr bei eurem "Bohren", bei der Wiederholung der Namen des Herrn, bei dem "Ram, Ram, Ram", sehr aufpassen, daß ihr eurer Abhängigkeit von weltlichen Dingen nicht erlaubt, das Bohren störend zu beeinflussen. Wenn ihr das zulaßt, könnt ihr das Vorhandensein jener Urenergie nicht wahrnehmen.

Grundwasser gibt es das ganze Jahr über; es versiegt nicht. Der Genuß körperlicher, geistiger oder intellektueller Freude ist aber vergänglich. Durch gute Taten mögt ihr euch den Himmel verdienen, doch auch das ist ein vorübergehender Aufenthalt, denn von dort müßt ihr wieder als Mensch auf die Erde zurückkommen, um ein anderes Leben zu leben. Es ist wie die kurze Amtszeit eines Parlamentsabgeordneten. Während einer gewissen Zeit genießt er das öffentliche Ansehen, welches er sich durch die für ihn abgegebenen Stimmen verdient hat. Danach wird er wieder zum Bettler, der um Stimmen bettelt, damit er die verlorene Stellung wiedergewinnen kann.

Viele sagen, daß der Weg liebevoller Hingabe *(bhaktimārga)* leichter sei als der Weg des Wissens *(jnānamārga)*. Aber der letztere ist leichter, denn wie ein Blitz erleuchtet die Erkenntnis der Wahrheit jene, die fähig sind, für ein paar Minuten still zu sein und sich selbst zu sehen, wie und wer sie wirklich sind. Ein Auto hat vier Räder, auf denen es durch die Gegend rollt, aber der Fahrer steuert es von innen, nicht von außen. So müßt auch ihr versuchen, den Verstand und die Sinne von innen zu lenken. Besteigt den Zug, der von den Gedanken an das Göttliche gezogen wird. Die erste Station ist das Spüren der Nähe Gottes; auf der zweiten erwerbt ihr selbst göttliche Eigenschaften, und die Endstation ist die Erkenntnis, daß der göttliche Funke in euch *(ātman)* nichts anderes ist als eine Welle auf dem Meer des Göttlich-Absoluten *(paramātman)*. Ihr müßt die Endstation erreichen, wo die Unwissenheit stirbt und Wissen *(jnāna)* geboren wird. Das ist das Ende der Reise. Entlang der Strecke gibt es viele scheinbare Endstationen, die euch in Versuchung führen, aber ihr solltet die Reise nicht beenden, bevor ihr das wirkliche Ziel erreicht habt. Verleumdung, Schmach, Verluste, Schande, Armut, Verzweiflung, Ruhm, Reichtum, Triumphe – sie alle fordern euch auf auszusteigen, aber ihr solltet sitzenbleiben und weiterfahren.

Sucht nicht mehr und mehr Freuden, sondern mehr und mehr Wissen *(jnāna)*. Der Geist ist ein dankbarer Boden für die Früchte der Unwissenheit. Laßt den Geist sich auflösen – das ist die Aufgabe des Weisen. Wie kann das geschehen? Es ist leicht, wenn man erst einmal das Wesen des Geistes erkannt hat. Er ist angefüllt mit Wünschen, aufgepumpt wie ein Fußball. Stecht ein Loch hinein, und er wird nicht mehr herumspringen. *"Nirvāna"* bedeutet "ohne Luft". Wie das Wasser auf einem Reisfeld die geometrische Form des Feldes annimmt, so nimmt der Geist die Form der Wünsche an, die ihn erfüllen. Ein anderes Beispiel: Er gleicht einem Stück Stoff, bei dem Kette und Schuß vom Faden der Wünsche gebildet werden. Beschaffenheit, Farbe, Haltbarkeit usw. werden von den Wünschen bestimmt, welche die Fäden des Gewebes darstellen. Zieht die Fäden, Kette und Schuß, einen nach dem anderen heraus, und der Stoff verschwindet. Das ist das Verfahren, welches man anwenden muß, um den Geist aufzulösen.

Der Wunsch ist der Bruder der Fata Morgana. Ihm nachzugeben, bedeutet Leiden. Er schleicht sich heimlich in das Bewußtsein ein, stellt Vergnügen und Freude in Aussicht, gaukelt Bilder in den herrlichsten Farben vor, gewinnt an Boden und schlägt Wurzeln. Dann würgt, ertränkt und vernichtet er ununterbrochen und erbarmungslos. Das ist seine grausame Natur. Ramakrishna Rao hat euch erzählt, wie der Weise Yamunacharya die Wünsche überwandt, die von ihm Besitz ergriffen hatten. Seid Kämpfer, wie er einer war! Wenn ihr Wünschen erlaubt, sich festzusetzen, verliert ihr Zufriedenheit und inneren Frieden.

Im *"tretāyuga"* regierte ein König namens Vijaya sein Reich, dessen Hauptstadt Chandragolapuram war. Er wich nicht von der Wahrheit ab, achtete die Sitten und sorgte für Ruhe und Ordnung in seinem Reich. Er war weit und breit für sein tiefes Mitgefühl mit den Armen und Notleidenden bekannt. Doch ihn beherrschte ein Wunsch: Er wollte seine Macht ausdehnen und die Grenzgebiete erobern. Garga, sein spiritueller Lehrer, erlaubte ihm dieses Abenteuer, denn er wußte, daß der König die Grenzen des Schicklichen, wie sie in den Schriften festgelegt waren, nicht überschreiten würde. Er gab ihm sogar eine spirituelle Formel *(mantra)*, durch welche er übermenschliche Hilfe erhalten konnte. Als er diese rezitierte – siehe da: Auf einmal erschienen *Hanuman* und *Sugrīva* mit ihren Gehilfen vor ihm und fragten, was sie für ihn tun könnten. Er sagte ihnen, daß er sein Reich in alle vier Himmelsrichtungen ausdehnen wolle und nicht ruhen werde, bis dieser Wunsch erfüllt sei. *Hanuman* und die anderen sagten: "Das ist zu dieser Zeit nicht möglich, sondern erst im nächsten Zeitalter *(dvāparayuga)*." Daraufhin kehrte er in seinen Palast zurück und starb, um später als *Arjuna* wiedergeboren zu werden.

Als *Arjuna* auf seinen Eroberungszügen in den Süden nach Ramsethu kam, wo *Rāma* eine Brücke nach Lanka gebaut hatte, packte ihn der Stolz auf seine unvergleichliche Kunst als Bogenschütze. Er fühlte sich selbst *Rāma* überlegen, der die Brücke in mühsamer Arbeit aus Steinen und Holz errichtet hatte. Er sagte: "Ich an Seiner Stelle hätte meine Pfeile schwirren lassen, bis sie eine sichere Brücke für das ganze Heer gebildet hätten." Zu seiner Überraschung stand plötzlich *Hanuman* mit seinem breiten Grinsen, das – wie *Arjuna* meinte – ihn noch häßlicher erscheinen ließ, vor ihm. *Hanuman* forderte ihn heraus, eine solche Brücke zu bauen, auf welcher – wenn auch nicht eine ganze Armee – so doch wenigstens ein Affe das Meer überqueren könne. *Arjuna* schoß einen Pfeil nach dem anderen in so schneller Folge ab, daß sie sich miteinander verstrickten und schließlich einen gewaltigen Bogen bildeten, der das Festland mit der Insel verband. *Hanuman* hielt ihn für zu schwach, um als Brücke zu dienen, aber *Arjuna* versprach, sich selbst den Göttern zum Opfer zu bringen, sollte das Gebilde *Hanumans* Gewicht nicht aushalten. Da ging *Hanuman* ein paar Schritte auf der Brücke, und sie stürzte in sich zusammen.

Getreu seinem Versprechen zündete *Arjuna* ein Feuer an und war bereit, für seinen Stolz, der ihn so überheblich machte, daß er sich *Rāma* überlegen fühlte, zu büßen. Da erschien *Krishna* und fragte, was hier vor sich gehe und tat so, als ob Er es nicht wüßte. Als Er von der Auseinandersetzung und dem Versagen *Arjunas* hörte, erklärte Er, eine solche Wette sei nur gültig, wenn sie vor Zeugen abgeschlossen werde. Andernfalls könne jede der beiden Seiten die Verhältnisse zu ihren Gunsten beeinflussen.

Er verlangte, daß die Brücke noch einmal gebaut werde und *Hanuman* wieder versuchen solle, sie einzustürzen. So geschah es, und *Hanuman* betrat wieder die Brücke. Aber so sehr er auch versuchte, sie zu beschädigen, wie gewaltig auch seine Sprünge waren – sie gab nicht nach. Das Geheimnis bestand darin, daß *Krishna* die Brücke mit Seinem Rücken immer dort unterstützte, wo sie *Hanumans* Gewicht zu tragen hatte. Das wurde *Arjuna* und *Hanuman* klar, als sie die Wunden sahen, welche die Pfeile auf *Krishnas* Rücken verursacht hatten. Der Herr hatte eingegriffen, um die Ehre dessen zu retten, der an Ihn glaubte.

Arjunas Stolz war gebrochen. Er warf sich vor *Hanuman* nieder und bat ihn um seine Hilfe in der bevorstehenden Schlacht. *Hanuman* erklärte sich bereit, ihn auf der Fahne seines Kampfwagens zu begleiten und ihn mit seinem Heiligenschein zu beschützen. So wurde ein Wunsch des *"tretāyuga"* erfüllt und ein *"mantra"* jener Zeit kam zur Wirkung.

Diese Beziehung zu vergangenen Zeiten kann von den Menschen nicht erforscht werden, aber ihr könnt fühlen, daß ihr die Erben einer langen Vergangenheit seid. Ihr könnt euch nicht an einen bestimmten Tag vor zehn Jahren erinnern, doch das bedeutet nicht, daß ihr an diesem Tag nicht gelebt habt. So könnt ihr euch auch nicht daran erinnern, was in eurem letzten Leben oder dem Leben davor geschehen ist. Es besteht jedoch kein Zweifel, daß ihr diese Leben gelebt habt. Beim Aufstoßen habt ihr den Geschmack des Essens im Mund, das ihr gerade zu euch genommen habt. Dieses Leben ist ein "Aufstoßen" des Lebens, welches ihr vorher gelebt habt. Sein "Geschmack" deutet darauf hin, wie das frühere verlaufen ist.

Die Mutter zieht dem Kind, dessen Hemd verschmutzt ist, ein neues an. Der Tod ist das Ausziehen des schmutzigen, die Geburt das Anziehen des frischen Hemdes. Laßt der Mutter ihren Willen, seid Kinder in ihren Händen. Vertraut ihrer Liebe und Weisheit. Werdet zu Werkzeugen, die den Willen des Herrn ausführen. Das erspart euch Kummer und Sorgen. Laßt euren Glauben nicht durch Menschen erschüttern, die sich verirrt haben. Das wäre das gleiche, als ob ihr Regenwasser für schmutzig haltet, weil ihr ein sumpfiges Gewässer seht. Regenwasser ist rein; es ist der Schmutz der Erde, der es verunreinigt.

Ich habe von jeher Menschen ohne Rücksicht auf Alter und Herkunft belehrt. In früheren Jahren gab es hier keine Kantine, und die Hunderte, die kamen, mußten alle von Karnam Subamma versorgt werden, die ihre Freude daran hatte. Das Wasser in dem großen Topf auf ihrem Herd war immer am Kochen, und sie brauchte nur den gewaschenen Reis hineinzuwerfen, um kurzfristig eine Mahlzeit fertig zu haben. Jahrelang sorgte sie unermüdlich für die Verpflegung der vielen, die kamen und lernten. Jene, die sich damals fernhielten, bedauern jetzt die verpaßte Gelegenheit. Das wird das Schicksal all derer sein, die nicht glauben wollen, obwohl ihre Erfahrungen sie eines Besseren belehrt haben.

Der Ausspruch "vasudeva sarvamīdam" bedeutet nicht, daß nur *Krishna*, der Sohn *Vasudevas*, in allem ist. Es bedeutet: Alles ist Gott, mit welchem Namen Er auch angerufen werden mag. Wenn ihr einen davon verspottet, verspottet ihr Gott selbst. Nichts gleicht dem Frieden und der Freude, die euch erfüllen, wenn ihr Ihn in euch und in allem, was ist, erkennt. Ich segne euch, daß ihr diese Glückseligkeit erfahren mögt.

Prashanti Nilayam, 16.10.64

Laßt die Fahne flattern

(In dem Lied, welches Baba vor seiner Rede verfaßte und sang, kündigte Er sich selbst als den an, welcher dem Mythos zufolge in der Vergangenheit in den verschiedensten Formen erschienen war, um den Armen und Verfolgten zu helfen.)

Die Herzen der Gläubigen, die hier versammelt sind, erblühen wie die Lotosblumen, wenn die Sonne aufgeht, denn sie glauben, dies sei der Tag, an dem der Herr in Menschengestalt geboren wurde. Aber Ich kann euch sagen, daß hier in *Puttaparthi* und überall dort, wo es Gläubige gibt, jeder Tag ein Tag ist, an dem der Herr geboren wird. Das Formlose nimmt Form an, wenn die Tugend der Guten und die Verbrechen der Schlechten ein gewisses Maß erreicht haben. Die Frömmigkeit *Prahlādas* und die Gottlosigkeit seines Vaters mußten reif werden, bevor der Herr sich ihnen offenbarte. Um das Wesen des *Avatars* zu erkennen, muß der Sucher (*sādhaka*) den Acker seines Geistes bearbeiten wie der Bauer sein Feld. Zuerst muß er das Land roden und von dornigen Büschen, Schlingpflanzen und Wurzeln befreien. Dann muß er es pflügen, bewässern und die Saat aussäen. Er muß es einzäunen, um Ziegen und Rinder fernzuhalten. In gleicher Weise müssen Egoismus, Stolz und Habgier aus dem Herzen entfernt werden. Die Suche nach der Wahrheit und die Meditation sind das Pflügen und Einebnen. Liebe ist das Wasser, welches die Erde locker und fruchtbar macht. Der Name des Herrn ist die Saat und die Frömmigkeit der Keim. Die Rinder sind die schlechten Eigenschaften, welche der Zaun der Disziplin fernhält. Als Ernte wird die Glückseligkeit (*ānanda*) eingebracht.

Ihr könnt natürlich nur an Gott glauben, wenn ihr euch selbst davon überzeugt habt, daß es eine Macht geben muß, welche das Universum erschaffen hat, die es erhält und wieder in sich eingehen läßt; eine Macht, die Evolution und Involution bestimmt. Um das zu erkennen, muß das

Herz rein, das Denken klar und der Geist auf einen Punkt ausgerichtet sein. Die Voraussetzungen dazu werden durch Tätigkeiten auf der physischen Ebene *(karma)* geschaffen. Damit beschäftigt sich der größte Teil der vedischen Schriften, denn Wissen *(jnāna)* ist die Krönung des Handelns *(karma)*. Eine Armee hat viele Soldaten und wenige Offiziere. So gibt es auch viele Handlungen *(karma)*, welche der Weisheit *(jnāna)* gehorchen müssen. Achtzig Prozent der *Veden* beschäftigen sich mit *Karma*, sechzehn Prozent mit der Verehrung und Anbetung *(upāsana)* und vier Prozent mit dem Wissen *(jnāna)*. Die Vorschriften, die sich auf das Körperliche beziehen, dienen dazu, die Impulse und Gefühle beherrschen zu lernen. Daraus ergibt sich die Verehrung des großen Unbekannten und schließlich erkennt ihr, daß ihr selbst die einzige Wirklichkeit seid, die auch Er ist.

Heute wird viel über die Gleichheit aller geredet. Das ist eine falsche Vorstellung. Kinder sind anders als ihre Eltern. Die einen mögen fröhlich sein, die anderen betrübt. Hunger und Freude halten nichts von der Gleichheit. Alle haben natürlich das gleiche Anrecht auf Liebe und Mitgefühl und auf die Gnade Gottes. Alle haben ein Anrecht darauf, im Krankenhaus behandelt zu werden, doch die Arznei, die dem einen hilft, ist nicht gut für den anderen. Beim Verteilen der Medizin gibt es keine Gleichheit. Jeder bekommt, was seine Krankheit heilt.

Ich weiß, daß der Kampf um die Gleichberechtigung aller nur einer der Wege ist, auf denen die Menschen versuchen, Glückseligkeit *(ānanda)* zu erlangen. In allen Teilen der Welt versuchen die Menschen, dieses Ziel auf Abkürzungen zu erreichen; doch sie gehen falsche Wege. Eines kann Ich euch sagen: Ohne eine Änderung der Einstellung, des Verhaltens in den kleinen Dingen des täglichen Lebens, entzieht sich das Glück dem Zugriff. Für Mich ist das Wichtigste, wie ein Mensch lebt. Jeder einzelne und jede Vereinigung muß danach beurteilt werden, ob das Verhalten mit den erklärten Prinzipien übereinstimmen. Gedanke, Wort und Tat müssen übereinstimmen. Ein Handeln *(karma)*, welches sich diese Disziplin auferlegt, schaltet die Sinne aus und führt zu innerem Frieden *(prashānti)*. Dieser Frieden ist die Voraussetzung für das Licht und die Klarheit, für die Erleuchtung, welche das Überselbst, das Universal-Absolute *(paramātman)*, offenbart.

Gemäß dem Brauch, der sich hier in *Prashanti Nilayam* ebenso entwickelt hat wie jeder andere Brauch in dieser Welt, hisse Ich jetzt die *Prashanti*-Flagge. Diese Fahne versinnbildlicht die spirituelle Disziplin, welche Ich für euch festgelegt habe: Überwindung des Begehrens *(kāma)* und des Zornes *(krodha)*, Erfülltsein mit Liebe *(prema)* und das Fortschreiten auf dem spirituellen Pfad mit dem Bild des Herrn vor Augen und Seinem Namen auf den Lippen *(japa yoga)*. Dadurch wird die Lotosblume des Herzens zum Erblühen und die Weisheit darin zum Aufleuchten gebracht. Wenn Ich jetzt die Flagge über diesem *Nilayam* hisse, dann

solltet ihr euer Herz in ein *Prashanti Nilayam* verwandeln, die Flagge
dort hissen und für immer flattern lassen.   Prashanti Nilayam, 23.1.64

Gesetz und Gnade

(Nach einem Lied, mit dem Baba begann, ließ Er die Menge einen Hauch
der Unendlichkeit verspüren, indem Er zwei Verse der *Bhagavad Gītā*
sang: "Immer wenn die göttliche Ordnung *(dharma)* gestört wird, nehme
Ich Gestalt an, um sie wiederherzustellen und die Kräfte zu überwinden,
die sie bedrohen." Und: "Wieder und immer wieder, in jeder Krise, werde
Ich geboren, um die Guten zu beschützen, die Verderbten zu bestrafen und
die göttliche Ordnung wiederherzustellen". So begann Er Seinen Vortrag,
nachdem Er Seine Identität mit dem Ursprung aller *Avatare* verkündet
hatte.

Heute strebt jeder nur nach Bequemlichkeit und Vergnügen; das ist
das Ein und Alles der Menschen. Wenn ihr jemandem sagt, daß er
essen kann, was und wieviel er will, dann freut er sich. Sobald ihr aber
hinzufügt, daß er als Folge davon krank werden wird, behandelt er euch
als seinen Feind. Zurückhaltung und Selbstbeherrschung sind nicht gefragt
und doch sind es Einschränkung, Disziplin und Selbstbeherrschung, die
Stärke verleihen. Der Mensch wird nur dann zäh und ausdauernd, wenn
er Schwierigkeiten freudig überwindet. Kämpft, und ihr werdet die Kraft
bekommen, erfolgreich zu sein. Sucht nach der unsichtbaren Grundlage
alles Sichtbaren. Der Wolkenkratzer hat ein Fundament, welches tief in den
Boden reicht. Diese sichtbare Welt hat das unsichtbare Göttlich-Absolute,
die Urenergie *(paramātman)*, zur Grundlage. Euer Körper ist nur ein
Instrument, mit dem ihr diese Grundlage suchen, erforschen und entdecken
könnt.

Der Körper ist ein Werkzeug, welches das Handeln *(karma)* ermöglicht.
Der *Pandit* sagte vorhin, daß die höhere Intelligenz *(buddhi)* durch
Handeln geformt wird. Das Rezitieren einer spirituellen Formel *(mantra)*
oder der Namen Gottes *(japa)* und Meditation *(dhyāna)* läutern diese
Intelligenz und machen sie zu einem Werkzeug, mit Hilfe dessen Gnade
gewonnen und Selbstverwirklichung erzielt werden kann. Die Wärme
göttlicher Gnade, deren ihr durch gute Taten teilhaftig werdet, bringt
die Unwissenheit *(ajñāna)* zum Schmelzen. Handelt so, wie es der
euch angemessenen Lebensform *(svadharma)* entspricht. Tut es, ohne zu
klagen, ohne Einwände, ohne den Versuch, es zu vermeiden. Das ist die
Bedeutung der Ordnung, die sich in den Kasten *(varna)* und den vier
Entwicklungsstufen des Menschen *(āshrama)* widerspiegelt.

Solange diese Ordnung von Reich und Arm gleichermaßen eingehalten wurde, waren Frieden und Wohlstand in Indien zu Hause. Heute versinkt das Land in Dunkelheit und Verwirrung. Darum ist wieder ein *Avatar* gekommen, um die Menschen zu der vergessenen Ordnung *(dharma)* zurückzuführen. Um die Vorherrschhaft der Tugenden wiederherzustellen, mußten *Rāma, Krishna* und andere *Avatare* jene töten, die als Feinde dieser Ordnung erkennbar waren. Aber heute gibt es niemanden, der wirklich gut ist. Wer verdient also den Schutz Gottes? Alle sind mehr oder weniger verdorben. Wer würde dann übrig bleiben, sollte der *Avatar* beschließen, das Übel auszurotten?

Deshalb muß Ich auf die verschiedenste Weise das Denken *(buddhi)* der Menschen zu beeinflussen suchen. Ich rate, helfe, befehle, verurteile und stehe allen als wohlwollender Freund zur Seite, damit sie ihre üblen Angewohnheiten aufgeben, den geraden Weg erkennen, ihn gehen und das Ziel erreichen. Ich muß ihnen den Wert der *Veden, Shāstras* und anderer Schriften, in denen eine gesunde Ordnung festgelegt ist, vor Augen führen.

Der leichteste Weg zur Selbstverwirklichung ist das Aufgeben des Ego *(sharanāgati)*. Das ist es, was *Arjuna* tat, und dadurch wurde der Krieg, in den er verwickelt war, zu einer spirituellen Aufgabe, zu einem Opfergang *(yajna)*. Daksha, der Sohn *Brahmās*, vollzog auch eine Opferhandlung, doch sein aufgeblähtes Ego ließ ihn Gott mißachten. Sein Opfer verwandelte sich in einen haßerfüllten Krieg. Spielt euer lächerliches Ego nicht gegen den Allmächtigen aus. Überlaßt es Seinem Willen, und ihr werdet für immer Frieden haben.

Ihr mögt sagen, daß die Folgen des Handelns in früheren Inkarnationen *(karma)* in diesem Leben ausgelebt werden müssen und daß keine noch so große Gnade den Menschen davon befreien kann. Offensichtlich hat euch jemand diesen Gedanken beigebracht. Aber Ich versichere euch, daß es nicht so ist. Wenn ihr es vor Schmerzen nicht aushalten könnt, gibt euch der Arzt eine Morphiumspritze, so daß ihr den Schmerz nicht fühlt, obwohl er noch da ist. Gnade ist wie das Morphium: Sie läßt euch den Schmerz nicht fühlen, obwohl die Ursache dafür noch vorhanden ist. Gnade nimmt dem *Karma*, das ihr ausleben müßt, die Bösartigkeit. Es gibt Medikamente, die einen Datumsstempel tragen, der besagt, daß die Medizin nach einer gewissen Zeit wirkungslos ist. So kann auch die Wirkung des *Karma* annulliert werden, obwohl die Rechnung vorliegt und verbucht werden muß. Oder der Herr kann einen Menschen vollkommen von den Folgen seines Handelns befreien, wie Ich es vor einigen Monaten getan habe, als ich den Schlaganfall und Herzinfarkt eines Gläubigen auf Mich nahm. Es ist falsch zu sagen, daß die Schuld aus früheren Inkarnationen nicht gelöscht werden kann, sondern in diesem Leben abgetragen werden muß. Der Gnade ist alles möglich. Denkt daran: Es ist die Gnade des Allmächtigen!

Einige der *Avatare* wie *Vāmana* und *Narasimha* kamen für die Erfüllung einer begrenzten, klar umrissenen Aufgabe: um ein bestimmtes Übel zu bekämpfen und auszumerzen. Sie waren nicht mit allen göttlichen Kräften ausgestattet und in ihrer Auswirkung nicht so umfassend und weitreichend wie *Rāma* und *Krishna*. Im Wesen des Herrn ist kein Raum für negative Regungen; Er ist voller Barmherzigkeit. Darum ging *Krishna* als ein Bote des Friedens mit einem Vorschlag zu gütlichem Ausgleich an den Hof der *Kauravas*. Er zeigte, wie geduldig der Mensch auch aufreizender Herausforderung gegenüber sein soll, wie Selbstbeherrschung schließlich den Ausschlag gibt. *Krishna* machte deutlich, daß euch der Sieg sicher ist, wenn ihr es als spirituelle Aufgabe *(sādhana)* betrachtet, ständig bewußt in der Gegenwart Gottes zu leben. Nehmt Ihn als euren Wagenlenker. Er wird euch sicher durch die schwersten Unwetter steuern. Er zieht niemanden vor und benachteiligt niemanden. Er gleicht dem Feuer. Es wärmt jeden, der ihm nahe ist. Macht Ihn nicht dafür verantwortlich, daß ihr Seine Wärme nicht spürt! Gebt euch selbst die Schuld, daß ihr zu weit von Ihm entfernt seid. Nehmt euch ein Beispiel an *Bhīshma*. Dieser betete zu *Krishna*, der gegen ihn kämpfte. Er bat Ihn, ihm eine Vision Seiner göttlichen Herrlichkeit zu geben. *Hiranyakashipu* sagte: "Gott ist nirgendwo". Deshalb war Gott für ihn nicht vorhanden. *Prahlāda* sagte: "Er ist überall", und um zu beweisen, daß er recht hatte, trat Gott aus der Säule hervor. Er mußte nicht in die Säule schlüpfen, um dann herauszukommen und die Herausforderung des Vaters zu beantworten. Er war die ganze Zeit über dort, so wie Er überall ist. Er mußte Sich nur sichtbar machen.

So bin auch Ich: Wenn ihr "Ja" zu Mir sagt, sage auch Ich "Ja, ja, ja". Wenn ihr Mich verleugnet und "Nein" sagt, bin ich das Echo und sage auch "Nein". Kommt, prüft Mich, macht eure Erfahrungen und glaubt. Auf diese Weise bin Ich von Nutzen für euch.

Wie der *Pandit* vorhin sagte, hat der Weise Dakshinamurthi sein Wissen durch Schweigen an seine Schüler weitergegeben. Er lehrte sie, ihrer eigenen Intelligenz und Intuition zu vertrauen. Unterschätzt eure eigenen Fähigkeiten nicht: Wenn ihr tief in euch selbst hineintaucht, könnt ihr die Quelle der alles erhaltenden Kraft entdecken. Millionen von Ameisen, die über einen Felsen krabbeln, schaffen eine tiefe Rille, die ihren Weg markiert. Das bringen die winzigen Füße der Ameisen fertig! Auf den steinernen Einfassungen der Dorfbrunnen könnt ihr Vertiefungen sehen, wo immer die Wassertöpfe abgesetzt werden. Die Wassertöpfe sind aus Ton, aber im Verlauf vieler, vieler Jahre hinterlassen sie ihre Spuren im härtesten Stein. Der Mensch ist *"ātmasvarūpa"*, eine Manifestation göttlicher Kraft und Stärke, nicht "alpasvarūpa", ein schwächlicher Abglanz davon. Diese Energie (*ātman*) ist nicht blutarm. Sie ist ein Dynamo, der ungeheure Kraft erzeugen kann. Der *Guru* zeigt euch das Ziel, aber durch eure spirituelle Anstrengung *(sādhana)* müßt ihr selbst die Kraft erzeugen, die euch befähigt, es zu erreichen.

Prashanti Nilayam, 23.11.64

Jubel und Jammer

Der verehrungswürdige *Pandit*, der über *Hanuman* gesprochen hat, erwähnte die 108 Namen dieser Gottheit. Ich möchte wissen, wieviele von euch die Bedeutung der Zahl 108 kennen. Warum sind es immer 108 Namen, mit denen die Götter besungen werden? All diese mystischen Zahlen haben eine tiefe Bedeutung. Der Mensch atmet 900mal in der Stunde, 21.600mal in vierundzwanzig Stunden oder 10.800mal während des Tages. Mit jedem Atemzug sollte er *"so'ham"*, "Ich bin Er", wiederholen, und deshalb ist die Zahl 216 und die Hälfte davon, nämlich 108, sehr bedeutungsvoll. Außerdem ist es 9 x 12, und 9 ist die Zahl des Göttlich-Absoluten *(brahman)*, da die Quersumme jeder Multiplikation mit 9 wiederum 9 ergibt, und 12 ist die Zahl der Sonne, denn sie bewegt sich durch 12 Sternbilder, von denen jedes die Zeitspanne von einem Monat umfaßt. So wie 9 die Zahl für das Göttliche ist, so ist 8 die Zahl der durch die Erscheinungsformen verursachten Täuschung *(māyā)*, denn die Quersumme des Vielfachen von 8 nimmt mit zunehmenden Faktor immer um 1 ab. So ist 2x8=16, Quersumme 7 und 3x8=24, Quersumme 6 usw. Dieser abnehmende Wert ist bezeichnend für *"māyā"*. Jede Zahl hat solch eine tiefere innere Bedeutung und es ist interessant darüber nachzudenken. Das ist besser, als darüber zu lachen und es beiseite zu schieben. Wenn ihr am Strand steht und nicht bereit seid zu tauchen, werdet ihr keine Perlen finden.

Ein gläubiger Dichter singt: "O *Krishna*, Du bist dunkel und so sind die Tiefen des Yamuna-Flusses, in welche Du tauchst. Der Himmel und sein Spiegelbild im Wasser ist von Regenwolken verhangen. Mein Auge ist getrübt und auch mein Herz ist von schwarzen Gedanken verdunkelt. Wie kann ich Dich erkennen? Dein Geheimnis entzieht sich mir; Deine Herrlichkeit übertrifft alle meine Vorstellungen." Nun, die dunkle Hautfarbe des Herrn gleicht der des weiten Himmels und der tiefen See. Sie symbolisiert das Unermeßliche, Unendliche. Es ist das Herz, das Denken, das sich ändern muß. Bleibt euch vor allen Dingen selbst treu. Wenn ihr etwas anderes sagt, als ihr denkt, wird euch euer eigenes Gewissen als Betrüger verurteilen. Ihr seid euer eigener Zeuge. Nicht alle Steine, welche *Rāmas* Fuß berührte, wurden zu Menschen. Nur einer verwandelte sich in *Ahalyā*, denn Buße und Reue hatten sie dazu vorbereitet.

Nichts entsteht und nichts geschieht ohne den Willen Gottes. Das ist die Botschaft der *Veden*. Versteht die *Veden* richtig, und diese Lektion wird in euer Bewußtsein einsinken. Flöhe trinken nur das Blut der Kuh, aber die Menschen melken sie und bekommen die süße, nahrhafte Milch. Erkennt durch das Studium der *Veden* die Macht des göttlichen Willens. Wenn der Glaube daran fest in euch verankert ist, kann euch nichts mehr geschehen. Ihr beklagt euch, daß Gott unsichtbar sei, aber es ist euer Fehler, daß ihr Ihn nicht in all Seinen Manifestationen erkennt. Ihr selbst seid Manifestationen Gottes, aber ihr wißt es nicht. Ihr nennt euch Sünder, Erdenwürmer, in Sünde geboren, in Sünde verharrend, im Wesentlichen verdorben und schlecht. Wenn aber einer kommt und euch beim Wort nimmt und mit "He, du Sünder" anredet, dann seid ihr entrüstet. Warum? Weil euer wirkliches Wesen Reinheit und Freude ist. Verstand *(manas)*, höhere Intelligenz *(buddhi)*, Bewußtsein *(cit)*, Ego *(ahamkāra)* und Sinne *(indriya)* sind die Ziegelsteine, Eisenstangen, der Zement, das Holz usw. für den Bau des Hauses, in dem der göttliche Funke *(ātman)* wohnt. Es sind Schmuckstücke dieses *"ātman"*, sie sind nebensächlich, sind nicht das eigentliche "Du". Das eigentliche "Du" ist der göttliche Kern. Man kann sich seiner nur durch ständige Meditation bewußt werden, durch guten Umgang, durch die Worte derer, die es erfahren haben, und durch das Einhalten der vorgeschriebenen Disziplin. Darum lege Ich so großen Wert auf Disziplin.

Die Kastenordnung, welche der *Pandit* erwähnte, ist in dieser Beziehung sehr nützlich. Sie ist eine zweckmäßige Einrichtung zur Erfüllung weltlicher Aufgaben. Das Befolgen der für die vier Entwicklungsstufen des Menschen festgelegten Ordnung ist die Voraussetzung für spirituellen Erfolg. Die vier Kasten sind allgemein gültig und in jedem Land zu finden. Die Denker sind die *Brahmanen*, Soldaten, die Waffen tragen, die *Kshatriyas*, Geschäftsleute die *Vaishyas* und die Arbeiter die *Shūdras*. Ob Kopf oder Fuß, es ist dasselbe Blut, das in ihnen fließt; beides sind Glieder desselben Körpers. Jedes Glied hat die Aufgabe zu erfüllen, für die es vorgesehen ist. Mit dem Kopf kann man nicht laufen und mit den Füßen nicht denken. Der Körper ebenso wie die Gesellschaft ist ein Gemeinwesen, das auf Zusammenarbeit angewiesen ist. Was das Auge sieht, kann vom Ohr nicht angezweifelt werden, noch kann das Auge die Autorität des Ohres für den Ton, der Zunge für den Geschmack in Frage stellen. Jeder Sinn ist Herr auf seinem Gebiet. Die vier Entwicklungsstufen sind Schritte auf dem Weg zum Lösen aller Bindungen und zur Erfüllung. Sie vermitteln Erfahrung und führen zur Entfaltung der Persönlichkeit.

Für jede Kaste und jedes Lebensalter gelten gewisse Regeln, Vorschriften und Einschränkungen. Ein Ochsenkarren kann nicht auf Schienen und eine Lokomotive nicht auf der Straße fahren. Jedes Fahrzeug stellt besondere Anforderungen an die Straße, aber alle bewegen sich vorwärts und erreichen das Ziel zu der ihnen angemessenen Zeit. Wenn das Herz rein ist, offenbart sich der Herr. Er ist der unbestechliche Richter. Um euch keine Angst einzujagen, mag der Arzt sagen, ihr hättet kein Fieber, aber das Thermometer enthüllt die Wahrheit. Gott weiß alles, und Er wird euch behandeln, wie ihr es verdient. Glaubt daran! Bereut die Fehler, die ihr gemacht habt, und seid entschlossen, sie nicht zu wiederholen. Dann werdet ihr der Gnade Gottes teilhaftig.

Ihr spürt, daß es hinter und über dieser Welt der flüchtigen Erscheinungen noch etwas anderes geben muß; etwas, das jeden Erfolg, jede Niederlage überdauert, das beständig ist in all dem Lachen, Weinen, Jubel und Jammer. Aber ihr seid nicht in der Lage zu erkennen, daß es dieselbe Wesenheit ist, die dem ganzen Universum zugrunde liegt. Ihr seid eins mit dem entferntesten Stern und mit dem unscheinbarsten Grashalm. Ihr glitzert als Tau auf der Rose, ihr schwingt euch von Stern zu Stern, ihr seid das Ein und Alles dieser manifestierten Welt. Mit Hilfe vieler Parabeln und Geschichten, durch Beispiele aus Sage und Mythos lehren euch die Schriften diese Wahrheit. *Hanuman* mag ein Affe sein, aber das ist nur die äußere Form. Mit jedem Atemzug sang er den Namen des Herrn, und jede Haarspitze wiederholte ihn als Echo.

Durch Meditation *(dhyāna)* und Verehrung des Herrn könnt ihr euch selbst als all das erkennen. Die Erde war vor den Tellern und Töpfen da, die daraus gemacht wurden. Wenn es keine Teller und Töpfe mehr gibt, wird alles wieder zu Erde. Teller und Töpfe müssen wissen, daß sie immer noch Erde sind; das ist – mit anderen Worten ausgedrückt – Selbstverwirklichung. Wenn diese erreicht ist, seht ihr euch selbst, wohin ihr auch schaut. Worauf ihr eure Aufmerksamkeit auch lenken mögt, ihr findet euer Spiegelbild. Beginnt jetzt, in diesem Augenblick, das zu erfühlen. Haltet die Rezitation des Namens *(japa)* und Meditation *(dhyāna)* nicht für den Zeitvertreib von übergeschnappten Frömmlern. Diese Übungen sind das einzige, was euch vor dem Untergang bewahren kann. Opfert dem Herrn keine Blumen, die ihr für wenig Geld im Laden kauft, sondern den duftenden Strauß eurer Tugenden. Tränen der Freude sollten das heilige Wasser sein, mit dem ihr die Füße des Herrn zu waschen sucht. Wählt euch eine Form als Gegenstand eurer Verehrung und seht, daß alle Formen Gottes in ihr enthalten sind. Streitet nicht darüber, ob eine dieser Formen mehr wert sei als eine andere. Alle sind gleichermaßen wunderbar. Versucht, euch mit irgendeiner großartigen und herrlichen Wesenheit zu identifizieren, denn letzten Endes ist alles Seine Größe und Seine Herrlichkeit.

Der *Pandit* sprach über die Bedeutung spiritueller Formeln *(mantra)*, und auch Ich wollte etwas darüber sagen, aber Ich bin abgeschweift. Ihr seid schon sehr lange hier, darum will Ich das morgen nachholen. Morgen werden auch einige andere Mitglieder der Bhagavata Bhakta-Vereinigung zu euch sprechen. Prashanti Nilayam, 25.11.64

Die Kraft des Namens

Es scheint, als ob man bei diesem Treffen der Bhagavata-Bhakta-Vereinigung jedem außer Mir Beschränkungen auferlegt. Alle Redner wurden aufgefordert, sich kurz zu fassen und nun sagt man Mir, Ich könne Mir so viel Zeit lassen, wie ich wolle! Natürlich will jeder der ungefähr 60 Mitglieder der Vereinigung sich an diesem dreitägigen Programm beteiligen, und das ist nur möglich, wenn die Reden und musikalischen Darbietungen zeitlich streng begrenzt werden. Sie alle sind gläubig und fromm und Meister auf ihrem Gebiet. Ich glaube deshalb, daß ihnen, wenn sie sich in kommenden Jahren wieder hier versammeln, mehr Zeit zur Verfügung gestellt werden sollte.

Es gibt zwei Arten des Leidens, dem die Menschen ausgesetzt sind: Die erste kann durch das Eingreifen anderer, die zweite nur durch eine Anstrengung der Person selbst gelindert werden. Hunger und Durst können nur gestillt werden, wenn der Mensch selbst ißt und trinkt. Andere mögen essen so viel sie wollen, davon werdet ihr bestimmt nicht satt. Kann eure Krankheit geheilt werden, wenn sich einer eurer Verwandten für euch eine Spritze geben läßt? Ebenso ist es mit dem spirituellen Hunger und der inneren Krankheit: Ihr müßt euch selbst helfen. Die Krankheit ist auf Ansteckung, auf irgendeine Ausschweifung, auf einen Bruch der Regeln zurückzuführen. Die Bakterien, welche die Infektion verursachen, sind Begierde, Zorn, Habsucht, Verblendung und Stolz. Sie verhindern, daß das Göttliche in euch sichtbar wird und verursachen Unzufriedenheit, Sorgen, Kummer und Schmerzen. Ihr könnt sie nur durch eure innere Stärke überwinden. Gebt ihnen nicht nach, sondern bekämpft sie in der Gewißheit, daß ihr unbesiegbar seid.

Ihr seid euch eurer Stärke nicht bewußt. Wie konnte sich diese tödliche Unwissenheit in euch festsetzen? Nun, da war einmal ein großer Spiegel in dem Schlafzimmer eines Landhauses. Die Bewohner wollten ihn herausbringen, aber die Tür war zu niedrig und zu schmal. Einige schlugen vor, die Wand einzureißen, während andere meinten, man solle den Spiegel in zwei Hälften zerschneiden. Einer der ganz Schlauen fragte, wie er wohl in das Zimmer hineingebracht worden sei. Ja, das ist eine berechtigte Frage. Wenn sie das gewußt hätten, wären sie auch in der Lage gewesen, ihn wieder herauszubringen. Aber der Spiegel war dagewesen, bevor das

Zimmer fertiggestellt wurde. So ist auch die Unwissenheit als Ergebnis eurer Trägheit in früheren Inkarnationen entstanden, bevor sich dieser Körper gebildet hat. Hört auf, euch Sorgen um das Haus zu machen, dann ist der Spiegel kein Problem mehr. Die Unwissenheit verschwindet, wenn ihr euch nicht mehr mit dem Körper identifiziert. Dann könnt ihr euch im Licht sehen.

Die Mitglieder der Bhagavata-Vereinigung haben euch Gelegenheit gegeben, wertvolle Vorträge und lehrreiche Geschichten des *Rāmāyana* und *Bhāgavatam*, aus den *Veden, Purānas* und *Shāstras* zu hören. Ihr habt gehört, daß *Rāma* die Verkörperung der göttlichen Ordnung *(dharma)* und *Krishna* die Verkörperung göttlicher Liebe *(prema)* ist. Fühlt ihr euch *Rāma* und *Krishna* verwandt? Wißt ihr, daß jeder *"nara"* (Mensch) *"nārāyana"* (Gott) sein kann? Wie könnt ihr den Anspruch erheben, ein Anhänger *(bhakta) Rāmas* zu sein, wenn ihr nicht ein wenig der göttlichen Ordnung verwirklicht, die Er verkörpert. Wie könnt ihr behaupten, Anhänger *Krishnas* zu sein, wenn ihr nicht die Liebe ausstrahlt, die Er in so reichem Maße besaß? Kommt eurem Ideal so nahe wie möglich; glaubt nicht, daß ihr anders seid. Seid so golden wie das Gold, welches ihr verehrt; wenn ihr auch nur ein winziges Schmuckstück sein mögt im Vergleich zu dem ungeheuren Schatz, den Er darstellt. Der Herr ist ein Schöpfer, und auch *Vālmīki* ist ein Schöpfer: Der Eine schuf "loka" (die Welt), der andere "sloka" (Verse). Der Gläubige muß sich an seinem Herrn ein Beispiel nehmen und sich nach Seinem Bild formen, sonst kann er nicht erwarten, Ihm nahe zu kommen.

Krishna war ein *Avatar*, der mit allen sechzehn Machtvollkommenheiten des Herrn ausgestattet war. *Rāma* dagegen teilte diese Kräfte mit Seinen Brüdern. *Rāma* scheint bestimmte Eigenschaften gehabt zu haben, die Sein Verhalten bestimmten, während *Krishna* frei davon war. Im Gegensatz zu *Rāma* hat *Krishna* auch niemals gebetet, selbst in der schwersten Krise nicht. Die Grundeigenschaften *(guna)* hatten keinen Einfluß auf Ihn, und so war auch Sein Verhältnis zu den *"gopīs"* vollkommen rein.

Der beste Schutz gegen die Versuchung, weltliche Bedeutung in die göttlichen Streiche des jungen *Krishna* hineinzulesen, ist der Glaube an *Krishna* als Inkarnation des Herrn. Ihr müßt bedenken, daß *Krishna* erst sieben Jahre alt war, als Er mit den Hirtenmädchen *(gopī)* tanzte. Auch *Parikshit* fragte *Shuka*, den makellosen Heiligen, der *Krishna* als Gott verehrte: "Auf welche Weise fanden die *"gopīs"* den Weg zur Erlösung *(moksha)*?" *Shuka* antwortete: "Sie wußten, daß *Krishna* eine Verkörperung des Herrn war und verehrten Ihn als Gott." Er erinnerte *Parikshit* daran, daß er selbst sein Leben *Krishna* verdanke, denn dieser habe ihn durch Seine Berührung zum Leben erweckt, als er tot geboren wurde. Die Krankheit, die euch diese Dinge nicht sehen läßt und eure Vorstellung in den Schmutz zieht, wird *"māyā"* genannt, sie ist die Täuschung, welche euch hindert, das Unvergängliche hinter den Erscheinungsformen zu sehen. Entlarvt sie als Zauberin – im selben Augenblick löst sie sich in nichts auf, und ihr seid frei.

Es war einmal ein *Brahmane*, der mit einer schweren Last auf dem Kopf einen Wald durchquerte. Er war erschöpft und konnte die Last nicht mehr tragen. Es war niemand da, um ihm zu helfen, außer einem jungen Cāndala (Telugu: Ausgestoßener, Angehöriger der untersten Kaste). Dieser erklärte sich bereit, die Last bis zum Waldrand zu tragen, aber nicht weiter, denn er fürchtete sich, als Cāndala das Dorf einer höheren Kaste zu betreten. Der *Brahmane* jedoch überredete ihn, mit ihm ins Dorf zu kommen. Er riet ihm, sich stumm zu stellen und auf keine Frage zu antworten. In dem Dorf ging alles gut, bis der Herr des Hauses, den der *Brahmane* aufgesucht hatte, den Cāndala aufforderte, seine Sandalen auszuziehen. Als dieser zögerte, rief er unwirsch, wie es seine Art war: "He du, Candala (Telugu: die Sandalen)!" In dem Augenblick, in dem der Cāndala befürchtete, erkannt worden zu sein, rannte er davon. *"Māyā"* wird das gleiche tun.

Die Täuschung *(māyā)* kann nur überwunden werden, wenn der Geist durch Liebe geläutert und von Egoismus, Haß und Neid befreit wird. Nichts, was ohne Liebe getan wird, ist gut. Es gibt viele, ja Tausende, die Jahr für Jahr hierherkommen, die frommen Lieder *(bhajan)* mitsingen, Vorträgen und Ansprachen zuhören, aber noch auf der gleichen Stufe stehen wie an dem Tag, als sie das erste Mal hier ankamen. Das Wiederholen des Namens ohne innere Beteiligung führt selten zum Ziel. Es muß von scheuer Ehrfurcht und liebevoller Verehrung begleitet sein. Der Bogen muß kraftvoll gespannt werden, bevor der Pfeil abgeschossen wird. Nur dann wird er das Ziel erreichen. Tief empfundener Glaube ist die Kraft, welche die Sehne spannt, so daß der Name den erreicht, der ihn trägt.

Der Herr ist jedem zugänglich. Betrachtet andere nicht als eure Nebenbuhler, seid nicht eifersüchtig und fühlt euch niemandem über- oder unterlegen. Im Haus des Herrn hat jeder seinen Platz. *Satyabhāmā* litt unter Eifersucht und war deshalb niemals glücklich. *Draupadī* hatte fünf Ehemänner. Sie diente jedem von ihnen gleichermaßen und empfand keine Eifersucht. Darum kam ihr auch *Krishna* immer wieder zu Hilfe. Schenkt euer Herz dem Herrn und fühlt euch Ihm verpflichtet, während ihr der Gesellschaft dient. Dann könnt ihr nicht zu Schaden kommen. Als Mensch *(jīvi)* mögt ihr Individualität besitzen, aber als das Göttliche in euch *(ātman)* seid ihr der Herr der Schöpfung, das Universal-Absolute.

Rettet euch selbst zuerst, dann rettet andere oder versucht es wenigstens. Wie könnt ihr andere aus dem Sumpf ziehen, wenn ihr selbst darin steckt? Findet einen festen Stand auf trockenem Boden, und dann reicht dem Mann, der zu versinken droht, eine helfende Hand. Ihr mögt das "ochre" (ockerfarbene) Gewand eines Mönches tragen, aber dahinter mag sich ein

"Ogre" (Ungeheuer) verbergen. Ihr mögt andere *"Yoga"* (den Weg zu Gott) lehren und selbst von "roga" (Krankheit) befallen sein. Seid ehrlich! Sprecht nur über eure echten Erfahrungen. Übertreibt, verzerrt und fälscht diese Erfahrungen nicht.

Erkennt den göttlichen Funken in euch! Nur dann könnt ihr das *Bhāgavatam* verstehen und anderen erklären. Zum Beispiel: Ihr erinnert euch, daß *Krishna* einmal den badenden *"gopīs"* ihre Kleider wegnahm. Die *"gopīs"* waren die *Rischis* zu Zeiten früherer *Avatare*, die Affen, die *Rāma* geholfen hatten, wiedergeboren für eine bestimmte Aufgabe. Ihre Herzen und Motive waren also von makelloser Reinheit. Als sie *Krishna* anflehten: *"Krishna*, entspricht es der göttlichen Ordnung *(dharma)*, uns so zu behandeln?" erwiderte Er: "Ich tue nichts, was diese Ordnung stört, aber ihr tut es, denn Körperbewußtsein widerspricht der höchsten, spirituellen Ordnung." Ein anderer Vorfall: Einige Leute kamen einmal zu *Vyāsa* und fragten ihn, wie sie den Yamuna, an dessen Ufern der *Aschram* lag, überqueren könnten. *Vyāsa* bat sie, ihm zunächst Milch und Früchte zu bringen, und als er sich gesättigt hatte, sagte er: "Nun, wenn ich mein Gelübde zu fasten gehalten habe, werden sich die Fluten des Yamuna für euch teilen." Die Besucher erwiderten: "Dann sind wir verloren, denn wir haben gesehen, wie du das Essen, welches du dir gebracht haben, zu dir genommen hast." Aber *Vyāsa* sagte: "Ich habe nichts gegessen. Ich habe es *Krishna* geopfert. Ich halte mich nicht für den Körper. Ich bin das Göttlich-Absolute *(ātman)*, das in diesem Körper wohnt." Sein Bewußtsein, dieses Göttlich-Absolute zu sein, war so stark, daß er mit Recht behaupten konnte, sein Gelübde nicht gebrochen zu haben.

Was ist Selbstverwirklichung, was ist Erlösung? In dem Augenblick, in dem ihr eure eigene Schönheit und Größe erkennt und so davon erfüllt seid, daß ihr alles andere vergeßt, seid ihr frei von allem, was euch bindet. Seid euch bewußt, daß ihr all die Schönheit, Herrlichkeit, Macht und Größe des Universums seid. Die Natur ist nur ein winziger Bruchteil Seiner Herrlichkeit, und doch erfüllen euch die Wunder, die sie enthüllt, das Wissen, welches ihr über sie erwerbt, mit tiefer Zufriedenheit. Der Mensch *(jīva)* ist das Spiegelbild Gottes *(Shiva)* im Spiegel der Schöpfung *(prakriti)*.

Schaut in den Spiegel und seht euch an. Ihr sagt: "Das ist mein Spiegelbild, aber das bin nicht Ich. Ich bin anders." Ebenso ist *"jīva"* wohl *Shiva*, aber *Shiva* ist nicht *"jīva"*. Das Spiegelbild der Sonne auf dem Wasser ist unstet, obwohl die Sonne am Himmel unbeweglich ist. Der Eindruck entsteht durch die Bewegung des Wassers, nicht der Sonne. Ihr haltet Träume nicht für wirklich, denn der Wachzustand straft die Träume Lügen. Wenn das höchste Wissen *(jnāna)* in euch aufdämmert, wird der Wachzustand Lügen gestraft. Bis dahin haltet ihr all das für wirklich, danach erkennt ihr, daß alles nur relativ wirklich ist.

Wenn der Verlauf der Krankheit sich ändert, muß eine andere Medizin verschrieben werden. Deshalb will Ich noch einen Punkt erwähnen, bevor Ich schließe. Der Mensch schmückt oder beschmutzt alles, was er hört und sieht, mit seiner eigenen Vorstellung. Wenn ein Baby kurz nach der Geburt stirbt, ist die Trauer groß, aber der Schmerz ist viel schlimmer, wenn ein Kind im Alter von sechzehn oder achtzehn Jahren stirbt, denn das Gefühl des "Mein" hat durch das Zusammenleben und die geweckten Hoffnungen tiefere Wurzeln geschlagen. Niemand aber empfindet den gleichen Schmerz, wenn der Sohn des Nachbarn stirbt. Das ist auf Egoismus und übertriebene Anhänglichkeit zurückzuführen. Schenkt jedem Problem die Aufmerksamkeit, die es verdient, aber laßt euch nicht von ihm überwältigen. Durch die Sorgen, die ihr euch macht, werden die Schwierigkeiten nicht überwunden. Ruhige Gelassenheit stellt sich ein, wenn ihr innerlich Abstand haltet. Vor allem glaubt an Gott und an die Wirksamkeit des Gebetes. Der Herr hat gesagt: Wer Gutes tut, sagt und denkt, wird nicht zu Schaden kommen. Auf diese Weise werdet ihr Gelassenheit und inneren Frieden *(shānti)* finden.

Einige von euch mögen glauben, es sei eine Quelle der Freude für den Herrn, menschliche Gestalt anzunehmen. Wenn ihr an Seiner Stelle wäret, würdet ihr nicht so denken. Ich sehe immer Vergangenheit, Gegenwart und Zukunft eines jeden von euch. Deshalb habe Ich nicht so viel Mitleid. Nicht, daß Ich hartherzig wäre oder kein Mitgefühl empfinden würde. Wenn ihr die Türen verschließt, wie können die Strahlen Meiner Gnade euch erreichen? Ein Mann klagt: "Swami, ich bin blind, aber ich will Dich sehen. Erweicht mein Unglück nicht Dein Herz?" Sein bedauerlicher Zustand wird sicher euer Mitleid erwecken, doch nicht das Meine, denn Ich kenne die Vergangenheit. Deshalb sehe Ich die Situation anders, und auch ihr würdet anders reagieren, wenn ihr den Hintergrund kennen würdet. Sein Unglück ist die Folge bewußt begangener Verbrechen in vergangenen Inkarnationen, und deshalb muß Ich zulassen, daß er weiterhin leidet, und kann ihm nur hin und wieder eine kleine Erleichterung verschaffen. Ich schenke weder Freude noch Leid; ihr schmiedet selbst diese beiden Ketten, die euch fesseln.

Nehmt die Last von euren Schultern und übergebt sie dem Herrn. Überlaßt alles Seinem Willen, Seinen Gesetzen. Nehmt gesunde geistige Nahrung zu euch: Sucht die Gesellschaft der Gottesfürchtigen, vollbringt Taten der Nächstenliebe, meditiert über die Herrlichkeit des Herrn – dann werdet ihr glücklich sein. Ich bin die Verkörperung höchster Glückseligkeit *(ānanda)*, empfangt diese Glückseligkeit von Mir, nehmt sie mit euch in euren Alltag, seid euch ihrer bewußt und findet inneren Frieden *(shānti)*.

Prashanti Nilayam, 26.11.64

Zwischen Ja und Nein

Die Lebensordnung *(dharma)*, welche das Erbe Indiens ist, ist eine Stütze im Leben aller Menschen. Sie ist das Rückgrat der Sittlichkeit und des Wohlstandes. Sie ist der Nektar, der Unsterblichkeit verleiht. Andere mögen in ihrer Unwissenheit die Inder auslachen, weil sie einen Stein als Gott verehren. Aber sie erkennen Gott sogar in dem Stein. Der Stein wird in Gott verwandelt, und diese Verwandlung ist ein großer Sieg. In diesem Land sind die besten Kräfte des Menschen darauf gerichtet, den Tod zu überwinden, während sie in anderen Ländern dazu mißbraucht werden, Massenvernichtungsmittel herzustellen. Andere geben sich mit Flitterkram und wertlosem Tand zufrieden; in Indien lernen die Menschen, in die Tiefe zu tauchen, wo Perlen zu finden sind, anstatt am Strand herumzulaufen und Muscheln zu sammeln.

Aber unglücklicherweise greift auch hier eine Krankheit um sich. Die Menschen verlieren ihre Wertmaßstäbe und rennen nichtigem, wertlosem Vergnügen nach. Sie überbewerten die Vielfalt und vergessen den Einen. Sie suchen nicht die eine unveränderliche Wahrheit, sondern folgen der sich immer verändernden Scheinwirklichkeit und fallen dadurch natürlich dem Leiden und der Verbitterung zum Opfer. Nehmt den einfachen Brauch, andere durch das Zusammenlegen der Handflächen achtungsvoll zu begrüßen. Was bedeutet diese Geste? Die rechte Hand ist "tat" (s. *tat tvam asi*), das Eine, die bewußte Urenergie, das Unsichtbare, und die linke Hand ist "tvam", das Ich, das Individuelle, das Begrenzte. Wenn die beiden Handflächen sich berühren, wird die Einheit von "Diesem" mit "Jenem", von dem "Alles-was-um-dich-herum-ist" mit dem "Alles-was-du-wirklich-bist" betont und hervorgehoben. Es besagt: "Ich bin das Eine". Kann menschliche Sehnsucht eine großartigere, umfassendere Grußform ersinnen? Ihr grüßt den andern mit der gleichen Freude, mit der ihr euch selbst begrüßen würdet. Niemand liebt einen anderen mehr als sich selbst. Jede Liebe bezieht sich auf das Selbst.

Oder denkt daran, welche Bedeutung dem Falten der Hände beigemessen wird. Die Finger der rechten Hand stellen die fünf Tätigkeitsorgane *(karmendriya)* dar und die Finger der linken Hand die fünf Sinnesorgane *(jnānendriya)*. Alle zehn werden dem *Guru* geweiht, bereit, ihm zu dienen und seine Gebote auszuführen. Das ist ein Symbol des Sich-Auslieferns *(sharanāgati)*, für das *Hanuman* als Vorbild dienen kann.

Denkt an die *Bhagavad Gītā*, die vorhin erwähnt wurde. Wann und wo wurde sie gelehrt? Auf dem Schlachtfeld, zwischen den feindlichen Armeen! Sie wurde gelehrt, um eine geistige Krise zu überwinden. Immer wenn der Mensch in solche Krisensituationen kommt, beginnt der Herr, Seine Aufgabe als Lehrmeister zu erfüllen. Diejenigen, welche das Ziel erkannt haben, brauchen die Lehren nicht und auch die, welche weder das Ziel noch den Weg kennen, die keinen Durst, kein Verlangen danach verspüren, haben keinen Nutzen davon. Nur jenen, die sich nicht sicher sind, die zwischen Ja und Nein hin- und herschwanken, werden die Lehren helfen. Eine geistige Krise wird durch das Wort Gottes überwunden. Die Verehrung eines Gottesbildes muß als die Verehrung des Formlosen angesehen werden. Wasser oder Milch haben selbst keine feste Form, nicht wahr? Sie nehmen die Form des Gefäßes an, in dem sie sich befinden. Gießt Milch in eine Tasse, eine Flasche, einen Krug oder in einen Topf. Sie nimmt die jeweilige Form des Behälters an. So ist auch die Gestalt *Krishnas* ein Gefäß, welches ihr mit der formlosen Wesenheit füllt. *Rāma, Shiva, "linga", Ganesha* – sie alle sind Gefäße, in welche ihr entsprechend eurer Vorstellung das Formlose, Nicht-Darstellbare füllt. Der Name ist der Inhalt; der, welcher ihn trägt, das Gefäß.

Oder denkt an die Geschichte, auf die einer der Redner gerade Bezug genommen hat: die Geschichte des *Kākāsura,* des Dämonen in Gestalt einer Krähe, die *Sītā* verwundete, als sie sich nicht wehren konnte, weil *Rāma* auf ihrem Schoß schlief. Was geschah mit ihm? *Rāma* machte ihn und sein ganzes Geschlecht einäugig. Nun mußte er den einen Augapfel von links nach rechts und von rechts nach links rollen, um beide Seiten zu sehen. Das soll folgendes bedeuten: Wenn ihr nach *Sītā,* nach der materiellen Welt *(prakriti),* Verlangen habt, könnt ihr nicht klar sehen, ihr werdet einäugig, unvollkommen, krank.

Der andere *Pandit* hat in seiner musikalischen Darbietung über den Heiligen Rāmadasa beschrieben, wie ein "vimāna", ein Wagen der Götter, zur Erde kam, als seine irdische Laufbahn zu Ende war, um ihn zum Himmel zu tragen. Das Wort "vimāna" bezeichnet nicht nur einen Wagen der Lüfte, wie er beschrieben wurde, sondern hat noch eine tiefere Bedeutung. Es besagt, daß der, welcher "māna", d.h. Stolz und Egoismus, aufgegeben hat, in den Himmel kommt. Oder man kann es auch so deuten: "vi" bezeichnet einen Vogel und "māna" bedeutet Maß, Dimension. Die Vorstellung, von einem "vimāna" getragen zu werden, heißt, daß die Seele sich wie ein Vogel ungehemmt durch das Unendliche bewegen kann. Sie ist frei geworden.

Von anderen Mitgliedern der Vereinigung habt ihr über das Leben von *Tyāgarāja* und Namadeva gehört. Ich hoffe, ihr habt daraus entnommen, welch uneigennützige Liebe diese beiden ausgestrahlt haben. Das erinnert an die Liebe der Hirtenmädchen von *Brindāvan (gopī).* Eines Tages schlich sich *Krishna* heimlich in eines ihrer Häuser und trank alle Milch, die Er finden konnte. Die Hausfrau erwischte Ihn, und als sie Ihn zur Rede stellen wollte, rannte Er davon. Als sie Ihn über das harte Kopfsteinpflaster der Straße rennen sah, vergoß sie Tränen der Reue. "Oh, was habe ich getan! Seine zarten Lotosfüße müssen Ihm weh tun!" klagte sie. *Krishna* ist die

Verkörperung der Liebe und des Friedens, und so läßt Er Liebe und Frieden in jedem Herzen keimen.

Sein Geplapper, Seine Scherze, Seine unschuldigen Streiche eroberten alle Herzen. Er war für die *"gopīs"* eine Quelle der Plage und eine Quelle der Freude. Das war für sie eine spirituelle Aufgabe *(tapas)*. In der Plage lernten sie Seine Gnade *(anugraha)* zu sehen; die Freude war Sein Segen *(prasād)*. Ihr könnt nicht das eine ohne das andere haben. Bhadram hat vorhin ein Gedicht über Mich, welches er heute nachmittag erst verfaßt und hastig niedergeschrieben hat, von einem Stück Papier abgelesen. Auf der anderen Seite war irgendein Geschreibsel. Er konnte nicht nur die Seite bringen, auf der er das Gedicht geschrieben hatte. Die andere mußte er notgedrungen auch mitbringen. Auch ihr müßt immer mit beiden Seiten rechnen, ob ihr es wollt oder nicht.

Bläht euch nicht auf vor Stolz, wenn ihr Erfolg habt, und brecht nicht zusammen, wenn ihr versagt. Seid wie eine Schildkröte, die Kopf und Füße unter ihren Panzer zurückziehen kann. Zieht eure nach außen gerichteten Sinne in euch selbst zurück und erfreut euch an der Betrachtung eurer eigenen Wirklichkeit. Der Herr nahm einst als *Avatar* die Gestalt einer Schildkröte an, weil sie ein Symbol für die Haltung des gläubigen Suchers *(sādhaka)* ist. Gleicht auch dem Schwan, der, aus dem Wasser kommend, kraftvoll seine Schwingen schlägt, um die Wassertropfen abzuschütteln. So muß der Sucher die Bindungen abschütteln, die sich bilden, wenn die Welt auf ihn einwirkt. Reine Gelehrsamkeit hat keinen Zweck. Sie führt nur zum Hochmut. Die Anwendung der Lehren des *Vedānta* machen euch furchtlos wie den Löwen im Dschungel. Ihr brüllt, und alles Üble flieht vor Entsetzen. Das Verständnis der im *Vedānta* erläuterten göttlichen Wirklichkeit *(brahmatattva)* macht euch zum Herrn des Universums.

Hängt deshalb nicht zu sehr an diesem Körper und an dem, was ihm Bequemlichkeit verschafft. Ihr könnt in diesem Leben drei Freunde gewinnen: Der erste, Wohlstand und Besitz, weigert sich, mit euch zu kommen, wenn ihr diese Welt verlassen müßt. Der zweite, eure Verwandtschaft, begleitet euch zum Friedhof oder Krematorium. Der dritte, eure Verdienste und euer Verschulden, geht mit euch und bleibt euch erhalten.

Schlaft unter dem Moskitonetz, dann können die Insekten euch nicht stechen. Laßt euch auch nicht von den Insekten Habgier *(kāma)* und Zorn *(krodha)* stechen. Rettet euch unter das Netz eurer spirituellen Bemühungen *(sādhana)*. Lebt in der Welt, aber laßt die Welt nicht Besitz von euch ergreifen. Das ist das Kennzeichen dessen, der zwischen dem Wirklichen und Unwirklichen zu unterscheiden vermag.

Prashanti Nilayam, 27.11.64

Die Bilanz des Lebens

Die Eröffnung dieses Srinivasa-Stoffmarktes und das Zusammentreffen mit den beiden Ministern, Dr. Lakshminarasiah und Alpaty Venkataramiah, ist nicht der eigentliche Grund Meines Kommens. Das Leben selbst ist ein Marktplatz, auf dem getauscht, gehandelt und spekuliert wird; das gehört alles dazu. Das Leben hat sein Auf und Ab, seine Gewinne und Verluste, seine Bilanz, Enttäuschungen, Freuden und Sorgen. Das beste Geschäft jedoch ist, durch die Liebe zu Gott die Erlösung zu gewinnen. Ich bin nur daran interessiert und will euch davon erzählen.

"*Bhakti*" bedeutet nicht nur Anbetung; es ist viel mehr als das. Das wichtigste ist die Beherrschung der Sinne, denn wenn das Leben als Gottesdienst dargeboten wird, jagen die Sinne nicht vergänglichen Dingen nach. Sie können beherrscht werden. Der Mensch ist schließlich kein schwaches Tier; er ist mit mächtigen spirituellen Kräften ausgestattet und kann lernen, sie zu gebrauchen. Er kann sie durch Gebete anzapfen; das bringt die Gnade Gottes zu ihm und füllt das Reservoir seines Herzens. Der Mensch kann Löwen bändigen und Elefanten zähmen, so daß sie seinem Befehl gehorchen; sollte er da nicht auch seine Gefühle und Leidenschaften zähmen können? Nutzt eure Kräfte in Not und Bedrängnis; Schicksalsschläge machen euch stark. Wenn immer alles glatt geht, werdet ihr weich. Wie aus dem Bericht hervorgeht, sahen sich die Organisatoren dieses Marktes vielen Schwierigkeiten gegenüber. Aber das hat sie nur in ihrer Entschlossenheit bestärkt, und sie haben sich weiter bemüht, bis das Ziel erreicht war.

Alapaty Venkataramiah ist der Minister, der für die Tempel im Staate Andhra Pradesh verantwortlich ist, und seinen Worten sollte Beachtung geschenkt werden. Er sprach über die Größe der indischen Kultur, die der Menschheit keine Eroberer oder Millionäre, sondern Weise und Heilige geschenkt hat. Er schätzt auch das Sanskrit, die Sprache der heiligen Schriften, welche dieses Land inspirieren, mit Unterscheidungsvermögen *(viveka)* und Selbstlosigkeit *(vairāgya)* den spirituellen Pfad zu gehen. Die heiligen Schriften sind so angelegt, daß sie den höchsten Ansprüchen aller Klassen der Bevölkerung gerecht werden, was auch ihr Alter, ihr Beruf oder ihre Kenntnisse sein mögen. Wie eine liebende Mutter führt und beschützt *Veda* alle ihre Kinder, wo sie auch sein mögen.

Venkataramiah sagte auch, daß die innere Haltung des *Devotees* wichtig sei, nicht der Name und die Form, die er verehrt. Ja, der Herr hat tausend Namen; es gibt keinen Namen, der nicht Sein ist: *Krishna*, Srinivasa, Sai Baba – alle sind Namen derselben Wesenheit. Ihr tragt den Körper, damit ihr Gott als die Quelle eures Ursprungs erkennen könnt. Deshalb wird auch gesagt, daß es ein großes Glück sei, in einem menschlichen Körper geboren zu werden, denn dadurch sei man in der glücklichen Lage, den

Wunsch nach Spiritualität in sich zu spüren. Ein Großvater liebkoste seinen vierjährigen Enkel, der ihn fragte, wie alt er sei. Der Großvater sagte, er sei sieben Jahre alt. Der Junge konnte das nicht glauben und erwiderte: "Wie kann ein vierjähriger Junge einen siebenjährigen Großvater haben?" Aber der alte Mann sagte: "Mein lieber Junge, ich denke nicht an die 63 Jahre, die ich in der Dunkelheit verbracht habe. Vor sieben Jahren kam ich unter den Einfluß eines *Gurus*, der mir die Augen geöffnet und mich auf den Pfad der Selbstverwirklichung geführt hat. So lebe ich wirklich erst seit sieben Jahren, der Rest war vergeudet, und ich kann ihn vergessen. Ich spreche immer die Wahrheit; das ist die Wahrheit."

Das ist die richtige Haltung. Bewundert nicht die technischen Errungenschaften eines Landes, die es ihm ermöglichen, Raketen durch den Weltraum und zum Mond zu schießen oder Atombomben zu erfinden, die eine ganze Stadt auslöschen können. Das ist der Höhepunkt des Strebens, durch Tod und Vernichtung andere Nationen einzuschüchtern und Herrschaft über sie zu gewinnen. Dieser Pfad führt nur zu Elend, Verlusten, Haß und Verwüstung. Bei diesem Wettstreit geht es nur darum, wer in kürzerer Zeit mehr verdient. Zu diesem Stand der Dinge ist es gekommen, weil der Mensch sich selbst nur für den Körper hält, in dem ein Bündel Sinne verpackt ist. In Wirklichkeit aber ist er ein Funke des Göttlichen, der darauf wartet, die höhere Intelligenz zu entzünden.

Indien hat der Menschheit von jeher diese Wahrheit verkündet. Es ist ein Land, in dem Heilige, Weise und *Avatare*, die den echten Stempel Gottes trugen, bewiesen haben, daß nichts anderes dem Menschen Frieden und Freude verleihen kann, als die Kontemplation über das universale Selbst *(ātman)*. Der Bauer, der beim Überqueren der Brücke einen Pfennig in den heiligen Godavari-Fluß warf, mag dem halbgebildeten Flegel mit der Zigarette im Mund als Verschwender erscheinen, der seine Münze für etwas Nützlicheres hätte ausgeben können. Aber was er tat, war ein spiritueller Akt. Er fühlte, daß der Godavari-Fluß eine lebendige Mutter ist, welche Menschen und Tiere mit Nahrung versorgt. Sein Pfennig ist nicht nur eine Münze, sondern eine innere Haltung, ein Zeichen der Dankbarkeit, eine Blume, die Gott dargebracht wurde. Seine Handlung wurde von seinem göttlichen Selbst *(ātman)* inspiriert, während der zynische Kritiker an spiritueller Unterernährung leidet. Die Hindu-Religion lehrt den Menschen, dieses göttliche Selbst nicht nur in der ganzen Menschheit, sondern in allen Wesen, in der ganzen Natur zu erkennen. Der Mensch kann nicht isoliert leben, er ist ein Teil des Ganzen. Er muß allen dienen, alles kennenlernen, denn er ist all dieses.

Kurnul, 4.12.64

Die Verantwortung der
Schriftsteller und Schauspieler

Ich wohne nicht oft einer Theateraufführung bei; aber heute bin Ich hierhergekommen, um Mir ein Spiel über "Sri Sailam" und einen großen *Devotee*, der von der Gott in diesen Tempel gesandt wurde, anzusehen. Ich bin besonders gern gekommen, weil der Autor seit Jahren ein *Devotee* ist. Was ist eigentlich ein Schauspiel? Es ist ein Traum in einem Traum. Es ist ein Traum, der sich vor euch entfaltet, während ihr selbst in einem anderen Traum "wach" seid. Es versucht, etwas Licht, Freude, Mut, Glauben und Hoffnung in den Traum, genannt Leben, zu bringen. Natürlich muß der Mensch alle Mittel anwenden, um den Sinn des Lebens zu entdecken. Wenn er ihn nicht findet, ist er verloren; er wandert von Geburt zu Geburt, erhält einen Schlag nach dem anderen und bessert sich trotz all seiner Erfahrungen nur selten.

Zunächst muß der Mensch wissen, daß er sich einer Täuschung hingibt, wenn er den Körper, die Sinne und die materielle Welt für wirklich hält. Dann muß er die wirkliche Grundlage aller Dinge suchen, die fälschlicherweise für etwas anderes gehalten wird, als was sie ist. Diese Täuschung hat tiefe Wurzeln; sie hat die Zielsetzung entstellt und den Menschen auf die falsche Fährte gesetzt. Das Schauspiel muß dem Menschen zeigen, daß er durch eine falsche Wertauffassung getäuscht wird, daß er Nichtigkeiten nachjagt und die wahre Wirklichkeit übersieht. Es sollte einen Eindruck hinterlassen, der stark genug ist, ihn von der weiteren Jagd abzuhalten und ihm das Glück zuteil werden zu lassen, die große Täuschung zu durchschauen.

Die Sorgen des Lebens können nicht durch Haß und Ungerechtigkeit abgeschafft werden; dadurch werden sie nur vermehrt. Nur vornehme, höhere Gedanken und Erfahrungen, die in einem reinen Herzen, in dem der Herr residiert, entstehen, können Änderung bringen. Das Drama über Hemareddy Mallamma befaßt sich mit solchen Erfahrungen, die aus dem Herzen eines ernsthaften *Devotees* kommen. Aus diesem Grunde habe Ich auch zugestimmt, die Schirmherrschaft über diesen zweiten Jahrestag des "Kala Parishad" im Kurnul Distrikt zu übernehmen und bis zum Ende der Aufführung hierzubleiben.

Jedes Talent sollte in den Dienst der Menschheit, ja aller lebenden Wesen gestellt werden. Darin liegt die Erfüllung. Alle Menschen sind Brüder und Schwestern; sie haben den gleichen Körperbau, wurden aus dem gleichen Material geschaffen und tragen den gleichen göttlichen Kern in sich. Der Dienst am Nächsten verhilft eurem göttlichen Wesen zum Durchbruch, denn er macht euer Herz froh, und ihr bekommt ein Gefühl dafür, daß das Leben lebenswert ist. Der Dienst am Nächsten ist Gottesdienst, denn Gott ist in jedem Wesen, jedem Stein und jedem

Baumstamm. Legt eure Talente dem Herrn zu Füßen; laßt jede Handlung eine Blume sein, frei von den kriechenden Würmern Eifersucht und Egoismus und voll von dem Duft der Liebe und Opferbereitschaft. Wenn ihr eine schauspielerische Begabung habt, nun, dann nutzt sie zur Verherrlichung Gottes und zur moralischen Unterstützung der Menschen.

Wenn über Theaterstücke oder Filme gesprochen wird, kommt oft die Frage auf, wer für deren niedriges Niveau verantwortlich ist: die Leute, die in die Theater strömen oder die Schauspieler? Ich muß euch sagen, daß die Autoren und Schauspieler die größte Schuld daran haben. Ihr dürft nicht so tief sinken, daß ihr Methoden und Tricks anzuwendet, die vielleicht mehr Geld einbringen, aber zugleich die Samen für Übel und Laster in die Köpfe der Zuschauer säen. Eine Person, die einer Vorstellung beiwohnt, muß das Theater als ein besserer, stärkerer, mutigerer Mensch verlassen, nicht ärmer und schwächer und noch weniger in der Lage, den Versuchungen der Welt zu widerstehen. Denkt daran, wenn ihr ein Stück für die Bühne auswählt oder eure Feder zum Schreiben ansetzt. Dann werdet ihr den richtigen Weg einschlagen.

Noch ein Wort zu euch Schauspielern: Ihr tragt die Gewänder und Gerätschaften edler Seelen und Heiliger; ihr stellt sogar göttliche Charaktere dar; ihr sprecht Worte über heilige Ideale und zeigt tiefe Gemütsbewegungen. Euer Spiel ist sehr eindrucksvoll. Das ist ein Zeichen eures Könnens und das Ergebnis unermüdlichen Probens. Ihr inspiriert die Zuschauer, ihr Leben zu ändern. Sie lernen von euch, den Pfad der Frömmigkeit zu gehen, auf dem man inneren Frieden findet, denn ihr bringt es fertig, das Leben großer Heiliger für sie nachzuvollziehen.

Das alles ist sehr gut. Aber ist es zu viel verlangt, daß ihr auch in eurem persönlichen Leben zeigt, daß der göttliche Pfad der beste und sicherste und auch der einfachste ist? Seht in dieser Rolle einen Führer zur eigenen Besserung. Das ist eine spirituelle Disziplin *(sādhana)*, die euch Frieden geben wird. *Rāmakrishna Paramahamsa* lebte die Rollen als *Rādhā* und *Hanuman* so intensiv, daß er sich vollkommen mit beiden identifizierte und daher mit *Krishna* und mit *Rāma* einswerden konnte.

Identifiziert euch mit den heiligen Charakteren, die ihr spielt; es wird euch inspirieren und Freude bereiten. Ihr werdet dadurch auch viel bessere Schauspieler werden und euch die Dankbarkeit Tausender verdienen. Als *Rāmakrishna* intensiv daran dachte, *Rādhā* zu sein, die sich nach einer Vision *Krishnas* sehnte, entwickelte sein Körper weibliche Merkmale. Als er sich mit *Hanuman* identifizierte und monatelang auf Bäumen lebte, veränderte sich seine Anatomie, und es begann ihm ein Schwanz zu wachsen, so wirksam war sein Konzentrationsvermögen und so vollkommen sein Maß an Selbstaufgabe. Benutzt die dramatische Kunst und die Möglichkeiten, die sie euch bietet, euch in der Selbstaufgabe zu üben *(sādhana)*. Das ist der schnellste Weg zur Selbstverwirklichung.

Ich muß noch einen anderen Punkt hervorheben: Der Autor dieses Stückes ist heute hier anwesend, und ihr habt ihn geehrt für seine Verdienste um euer "Parishath" und um die dramatische Kunst. Wenn ihr ein Theaterstück schreibt, verwandelt alles Niedrige und Weltliche in das Höhere und Spirituelle. Betrachtet niedrige Dinge nicht als niedrig, sondern als Versehen, Fehler, mißglückte Versuche oder Irrtümer, die verhindert werden müssen. Stärkt die spirituellen Beziehungen von Mensch zu Mensch. Seht menschliche Wesen nicht nur als Körper mit Hunger, Durst, Leidenschaften und Vorurteilen. Das ist eine falsche Anschauung. Betrachtet lieber das Sehnen, die Ideale, die Träume von der allumfassenden Einheit, das Ringen um Wahrheit, Erbarmen, Gnade, Mitgefühl und Freiheit und schildert diese in den Stücken, die ihr schreibt. Das wird die Atmosphäre des Theaters verändern und sie heiligen. Ihr werdet dadurch dem einzelnen Menschen und der Nation helfen, stärker und widerstandsfähiger zu werden. Jetzt gleiten die Menschen auf dem leichten Weg des Lasters und der Nichtigkeiten abwärts. Haltet diesen Prozeß auf; öffnet ihre Augen für den Abgrund, der dort unten gähnt.

Ich segne euch, daß ihr Erfolg haben mögt, das moralische Niveau anzuheben, so daß ein tiefes Sehnen nach der Entdeckung des Göttlichen in euren Herzen erwacht und die persönliche sowie die gesellschaftliche Disziplin gestärkt wird. Kurmul, 5.12.64

Sind Worte nur Laute?

Ihr alle, die ihr den Belehrungen dieser *Pandits* zuhört, habt eine große Verantwortung. Ihr dürft die Lehren, die ihr vernehmt, nicht durch schlechtes Verhalten in den Schmutz ziehen. Mit zunehmendem Alter muß sich euer Abstand den Dingen gegenüber vergrößern. Mit der Zeit muß die Frucht reifen und süß werden. Das Leben sollte nicht mit der Anhäufung von Reichtum vergeudet, sondern damit verbracht werden, die Herrlichkeit Gottes kennenzulernen und Ihn in eurem innersten Wesen zu verwirklichen. Es wäre töricht, das zu unterlassen, nur weil andere euch einzureden versuchen, es sei unmöglich. Sie bezeichnen das Wahre als "Plunder" und bewerten den Plunder als das "Wahre"! Keine intellektuelle Anstrengung kann euch wirkliches Glück vermitteln.

Der Aspirant auf dem spirituellen Pfad sollte wie ein guter Bauer sein, der die dornigen Büsche ausreißt, jätet, pflügt, bewässert, sät, düngt, einzäunt, Schädlinge vertilgt, die Ernte reifen läßt und die Kornspeicher füllt. Ihr müßt unnütze und böse Gedanken aus eurem Herzen reißen, dann pflügt es mit guten Taten, bewässert es mit Liebe, düngt es mit

Glauben, pflanzt den Namen Gottes hinein, zäunt es mit Disziplin ein, vernichtet Schädlinge mit anbetender Verehrung und laßt die Ernte der Weisheit reifen. Gebt euch nicht damit zufrieden, nur in der Gesellschaft Gleichgesinnter fromme Lieder zu singen, an Gott zu denken und Lehrreden anzuhören. Das sind nur die Vorarbeiten, die das Interesse für die "Arbeit des Bauern" wecken soll. Manche Leute verbringen alle ihre Zeit mit dem "Einzäunen", sie haben kaum noch Zeit übrig, sich um die Feldfrüchte zu kümmern, für die der Zaun als Schutz dienen soll!

Was ist die Weisheit, die ihr erlangen sollt? Es ist das Aufgeben der Vorstellung, der Körper zu sein. Ihr sagt: meine Hand, mein Fuß, ebenso wie ihr sagt: meine Uhr, mein Schuh, und doch identifiziert ihr euch mit dem Körper. Prüft, was der Körper wirklich ist, und entflieht dieser falschen Vorstellung – das ist das Kennzeichen der Weisheit *(jnāna)*. Das "Ich", welches erkennt, erfährt, fühlt, weiß – dieses "Ich" ist die göttliche Wirklichkeit *(paramātman)*.

Die Wahrheit kann nur in einem geläuterten Geist aufleuchten. Die erste Unreinheit, vor der Ich euch warnen will ist: Eifersucht, die den Erfolg anderer nicht ertragen kann. Eifersucht ist die größte aller Sünden und ist verwandt mit Eitelkeit und Eigenliebe. Diese drei verletzen die Wurzel der wahren Natur des Menschen. Ein anderer Makel ist der Stolz, ein *Devotee (bhakta)* des Herrn zu sein. Wenn ihr ein Berg seid, fühlt euch als Hügel; wenn ihr ein Hügel seid, gebt nicht vor, ein Berg zu sein.

Es gibt drei Arten von Menschen: Solche, die das Glück anderer als ihr eigenes betrachten; solche, die Glück für sich selbst suchen, ohne Rücksicht auf das Glück anderer; und solche, die zu verhindern suchen, daß andere Glück haben, selbst auf die Gefahr hin, dadurch ihr eigenes zu zerstören. Es gibt keine wirklichen Atheisten, auch wenn manche von euch andere dafür halten. Gott ist Liebe und wenn jene, die zwar nicht an Gott glauben, jemanden lieben, dann zeigt diese Liebe, daß sie fähig sind, Opfer zu bringen und selbstlos und mitfühlend zu sein. Ihr mögt glauben, daß jene, die keinen Glauben in die *Veden* und die anderen heiligen Schriften haben und die behaupten, es gäbe keine allgegenwärtigen und allwissenden Wesenheiten, Atheisten seien. Ich aber sage euch, daß jene, die ihre Eltern ehren und für sie sorgen und die ihre Brüder und Schwestern liebevoll beschützen, Theisten sind, die an Dankbarkeit, Liebe, Zuneigung und Pflichterfüllung glauben. Diese Eigenschaften genügen, um gerettet zu werden.

Liebt alle; achtet alle; helft allen nach besten Kräften. Seid so nützlich, so gütig, so sanft wie möglich. Dann wird der Boden, auf dem ihr steht, so heilig werden wie der Pilgerort Kashi und eure Worte so heilig wie die der heiligen Schriften. Eine solche innere Haltung wird euch zur Erleuchtung führen.

Eben wurde gesagt, daß die Sonne (āditya) durch *"mantras"* günstig gestimmt werden muß. "Āditya" ist die Gottheit, die über die Zeit präsidiert. Stimmt sie deshalb günstig, indem ihr eure Zeit gut nutzt. Ein *"mantra"* ist das Fahrzeug des Gebetes, mit dem die höhere Intelligenz *(buddhi)*, welche Āditya dem Menschen zugeordnet hat, bestens genutzt werden kann. Ihr fragt, wie ein *"mantra"* Āditya erreichen kann. Ich bin überrascht über diese Frage, denn ihr wißt ja, daß es möglich ist, in einem Flugzeug mit dem Flughafen, von dem man abgeflogen ist und mit dem, der angeflogen wird, Funkverbindung aufzunehmen. Wie wird das gemacht? Man benutzt dazu elektrische Wellen. Es gibt noch subtilere Wellen als diese, und sie können *"mantras"* zu den Gottheiten tragen, an die sie gerichtet sind. Wenn ihr lebloser Materie vertraut, wird euer Leben leblos; vertraut ihr dagegen der allem innewohnenden Lebenskraft, werdet ihr zu neuem Leben erweckt.

Es gibt auch Leute, die darüber diskutieren, ob Gott Eigenschaften hat oder nicht, ob er eine Form hat oder formlos ist! Nun, wie ist das bei euch? Habt ihr Eigenschaften oder nicht, habt ihr eine Form oder seid ihr formlos? Natürlich habt ihr Eigenschaften und eine Form – den Körper. Solange ihr fühlt, daß ihr einen Körper habt, könnt ihr die Form nicht transzendieren und des Formlosen nicht gewahr werden. Wenn ihr euch von der Bindung an diese Begrenzung befreit, könnt ihr den formlosen, eigenschaftslosen Zustand erfahren. Das geschieht schlagartig. Wenn die Wahrheit wie die Sonne aufgeht, wird alles hell. Es gibt dann keine Dunkelheit mehr, keine Furcht, keinen Haß, ja nicht einmal Liebe. Alles ist in "das Eine ohne ein Zweites" eingegangen.

Ihr kennt den Edelstein, der in euch scheint, nicht, das Göttliche, dessen Abglanz eure Intelligenz und dessen Widerschein die Liebe *(prema)* ist, die ihr ausstrahlt. Ihr wißt vieles, aber nicht die wichtigen Dinge. Ihr wißt nicht einmal, wo ein bestimmter *Pandit* hier in Venkatagiri wohnt, aber ihr wißt, wo ein gewisser Filmstar in Madras lebt! Ihr solltet euch wirklich schämen, jeden Wertmaßstab verloren zu haben! Ihr müßt das Höhere, ja das Höchste zu erkennen suchen. Der Tod begleitet euch auf jedem Schritt. Erkennt die Wahrheit, bevor er ernst macht, dann seid ihr gesegnet. Der Name des Herrn ist das Gewehr, welches euer Leben gegen die wilden Tiere des Dschungels schützt. Wenn der Schuß ertönt, verläßt die Kugel den Lauf. So feuert auch mit dem Klang des Namens die Kugel des tiefen, echten Gefühls ab, welche dann das Ziel treffen wird.

Heutzutage lachen die Leute über die Idee, den Namen Gottes zu singen oder zu rezitieren. Sie fragen: Was ist schon eine Name? Er ist eine Reihe von Lauten. Meine Worte sind auch eine Reihe von Lauten, aber wenn sie euer Herz erreichen, erfaßt ihr deren Inhalt und fühlt euch ermutigt, ist es nicht so? Worte haben eine ungeheure Macht; sie können Gefühle aufwühlen oder beruhigen. Sie führen, sie machen wütend, sie offenbaren, sie verwirren; sie sind mächtige Kräfte, die große Reserven an Stärke und

Weisheit wachrufen. Deshalb habt Vertrauen in den Namen und wiederholt
ihn, so oft ihr könnt. Venkatagiri, 12.12.64

Der größte Reichtum ist die Gnade Gottes

Ich sehe, daß dieser Platz für die große Zuhörerschar zu klein geworden
ist. Übt euch ein wenig in Geduld, dann werdet ihr aus dem Vortrag des
Pandits Nutzen ziehen. Wenn ihr jedoch der Unbequemlichkeit erlaubt,
euch abzulenken, werdet ihr die Chance eines Lebens verpassen.

Was ist dieses Leben? Es ist entweder ein Sich-Abmühen im Sumpf
oder ein Marsch direkt dem Ewigen entgegen. Millionen sind bereit zu
sagen, was ihr hören wollt, aber es ist schwierig, in einer Million auch
nur einen zu finden, der euch sagt, was gut für euch ist. Was gut für
euch ist, kommt der Wahrheit gleich, und die Wahrheit ist oft hart, aber
nützlich. Es ist nicht so angenehm, jemandem den Rat zu geben, sich unter
allen Umständen an die Wahrheit zu halten, aber nur die Wahrheit zahlt
befriedigende Dividende.

Sitzt einen Augenblick still und fragt euch, was Bestand hat und
was nicht. Ihr versucht, über Ereignisse, über Glück und Unglück in
allen Ländern der Welt informiert zu sein, aber ihr dürstet nicht danach,
über die Verhältnisse und Konflikte eurer eigenen inneren Welt vor dem
unvergänglichen Hintergrund des unwandelbaren Selbst *(ātman)* Bescheid
zu wissen. Welches ist der innerste Kern eures Seins? Wenn ihr das wißt,
wißt ihr alles. Handelt entsprechend, und alles ist getan. Besitzt dieses
Wissen, und alle Dinge gehören euch!

Das "Ich" *(ātman)* ist das universale "Ich". Bedenkt die wunderbare
höchste Glückseligkeit, die euch erfüllen wird, wenn ihr erkennt, daß ihr
all "Das" seid, daß all "Das" ihr seid! Das Glücksgefühl, welches ihr
durch die Sinne erfahren könnt, ist nur ein winziger Abglanz der höchsten
Glückseligkeit *(ānanda)*. Ihr könnt ihrer nicht teilhaftig werden, wenn
ihr sie nicht durch die Fenster der Sinne hindurchscheinen laßt. Der
Lichtschein, der durch einen Topf mit neun Löchern scheint, welcher
über eine Lampe gehalten wird, kommt von der Lampe, nicht wahr?
Wenn ihr nicht an den Körper denkt, wird das Licht *(jyotis)* sichtbar,
und das "Ich" oder "Selbst" *(ātman)* ist verwirklicht. Wenn aber der Topf
mit Unwissenheit *(ajñāna)* dicht verhangen ist, könnt ihr nicht einmal
erkennen, daß darunter die Lampe brennt, welche die Sinne erleuchtet.

Der Mensch sehnt sich zutiefst danach, das Eine hinter der Vielfalt zu
erkennen. Wissenschaftler versuchen, das Gesetz zu entdecken, welches
alle Quellen der Energie und alle Formen der Materie erklärt. Aber nur,

wenn ihr vollständig in Glückseligkeit getaucht seid, könnt ihr das wissen, welches, wenn es gewußt wird, alles ist, was es zu wissen gibt. Der untere Stein, die Basis einer Mühle, ist unbeweglich, der obere bewegt sich; doch beides sind Steine. So sind auch beide, das Unwandelbare und das Wandelbare, Basis und Oberbau, das Göttlich-Absolute *(brahman)*. Das Wandelbare *(prakriti)* bewegt sich, das Unwandelbare *(brahman)* ist unbeweglich; beide sind untrennbar miteinander verbunden.

Gott sollte der Mahlstein sein, auf dem ihr euch dreht, dann wäre das Leben einfach. Die körperliche, mentale und materielle Welt dreht sich um Gott. Wenn ihr diese enge Beziehung erkennt, seid ihr erleuchtet. Wie die Schläge eines Hammers, die dem Gold Form und Schönheit verleihen, bekommt das Selbst *(ātman)* Name und Form durch die Schicksalsschläge, welche die Folgen mannigfaltiger Handlungen *(karma)* während vieler Erdenleben sind. Form entstellt, und die Entstellung muß durch spirituelle Disziplin berichtigt werden.

Heute wird keine Anstrengung in dieser Richtung unternommen. In den Schulen unseres Landes wird diese Art der Disziplin nicht gelehrt. Es ist falsch, Zeitmangel dafür verantwortlich zu machen; Zeit ist nicht der Hinderungsgrund. Ihr selbst seid schuld daran, nicht die Zeit. Der Affe, der seine geballte Faust nicht aus der engen Öffnung eines Kruges ziehen kann, gibt die Schuld daran dem Krug oder dem, der den Krug gemacht hat. Aber wenn er nur die Erdnüsse loslassen würde, die er in der Faust festhält, könnte er seine Hand ganz leicht herausziehen. Die Schuld liegt bei ihm selbst. Habgier ist der Grund für den Zeitmangel des Menschen. Niemand hat die Hand mit Gewalt in den Krug hineingesteckt; niemand zwang den Affen dazu, sich die Nüsse zu holen. Er wurde ein Opfer seiner eigenen Schlauheit, das ist alles.

Der Mensch leidet nur deshalb, weil er seine Gier nach materiellen Dingen und sinnlichen Vergnügungen nicht bezwingen kann. Er weiß, daß er früher oder später alles, was er sich angeschafft hat, wieder aufgeben muß, und doch nimmt seine Bindung an diese Dinge mit den Jahren ständig zu statt ab. Wenn jeder sterbende Mensch auch nur eine Handvoll Erde mitnehmen könnte, wäre nicht mehr viel davon übrig, und der Rest müßte pro Kopf rationiert werden.

Wenn die Menschen das Eine vergessen und der Vielfalt nachjagen, verfällt die göttliche Ordnung *(dharma)*. Es gibt dann keine Liebe, keine Opferbereitschaft, keine Selbstlosigkeit in menschlichen Beziehungen mehr. Deshalb kommt der Herr in menschlicher Gestalt, um das Gefühl für die Gültigkeit der Werte wiederherzustellen. Ihr mögt fragen: Warum muß der Herr dafür Gestalt annehmen? Kann Er nicht eines Seiner himmlischen Wesen schicken, die Seinem Befehl gehorchen? Diese Frage wurde von König Akbar gestellt, der über die Vorstellung der Hindus lachte, daß das Formlose Form annähme und als *Avatar* in die Welt komme, um die göttliche Ordnung *(dharma)* wiederherzustellen. Einer seiner Minister, Tansen, bat um eine Woche Zeit, um die Antwort zu formulieren, und diese Bitte wurde ihm gewährt. Einige Tage später befand Tansen sich während einer Kreuzfahrt mit dem Herrscher und seiner Familie auf dessen Vergnügungsboot. Tansen warf eine Puppe, die er schlauerweise als genaues Abbild des kleinen Sohnes des Herrschers hatte anfertigen lassen, über Bord und schrie: "Oh, der Prinz ist ins Wasser gefallen!" Als der König das hörte, sprang er in den See, um seinen Sohn zu retten!

Tansen gestand dem König dann, daß er die Puppe ins Wasser geworfen habe und daß der kleine Prinz in Sicherheit sei. Er beruhigte den Zorn Akbars, indem er ihm erklärte, daß er diesen Vorfall inszeniert habe, um den Hindu-Glauben klar zu machen, daß Gott selbst menschliche Form annimmt, um die göttliche Ordnung zu retten und nicht jemand anderen damit beauftragt. *"Dharma"* ist der "Sohn", den Gott so sehr liebt. Akbar hätte einem seiner vielen Diener befehlen können, über Bord zu springen und seinen Sohn zu retten. Aber seine Liebe war so groß und die Gefahr so drohend, daß er selbst ins Wasser sprang, um den "Sohn" herauszuholen. Der Verfall der göttlichen Ordnung *(adharma)* ist eine so drohende Gefahr und die Liebe des Herrn zu den Menschen so groß, daß Er selbst kommt. Gott ist Liebe. Er kommt in menschlicher Gestalt, damit ihr mit Ihm sprechen, mit Ihm zusammen sein, Ihn anbeten und dadurch eure Verwandtschaft mit Ihm erkennen könnt.

Wer die kostbare Weisheit alter Zeiten von sich weist, kann der Katastrophe nicht entrinnen. Als die Menschen begannen, die *Veden* und andere heilige Schriften zu mißachten und abzulehnen, setzte der Verfall der Moral, der Kraft, des Mutes und des Vertrauens ein. Dünkelhafte Kritiker der *Veden* behaupten, das Kastensystem sei in fortschrittlichen Ländern des Westens nicht zu finden. Als ob es da nicht auch religiöse Führer, Hüter der Gesellschaft, Kaufleute, Arbeiter und Bauern gäbe! Es ist unvermeidlich, daß sich die Gesellschaft in diese vier Gruppen aufteilt, die sich zu Klassen mit eigenen Verhaltensregeln verhärten.

Was ist die grundlegende Lehre der *Veden*? Sie sagen: Du bist ein Kind der Unsterblichkeit, gleichgültig, welcher Standes- oder Berufsgruppe du angehörst. Sie sagen, daß der Mensch nicht nur belebte Materie ist, sondern ein Wesen, das Unterscheidungsvermögen besitzt, mit dessen Hilfe es die in ihm ruhende Göttlichkeit erfahren kann. "Mā" bedeutet "Unwissenheit" *(ajnāna)*, "na" bedeutet "ohne"; "māna" (Mensch) ist der, der ohne Unwissenheit, der weise ist, der sich selbst kennt, der weiß, daß er unsterblich ist.

Gott ist das größte Mysterium. Die dunkelblaue Farbe, in der *Krishna* dargestellt wird, ist das Symbol der Tiefe dieses Geheimnisses. Der Himmel und das Meer erscheinen blau wegen ihrer unendlichen Tiefe.

Entfernt die Dunkelheit der Unwissenheit und des Lasters aus eurem Herzen, und ihr werdet auf dem dann lichten Hintergrund "meghashyāma" *(Krishna)* sehen, dessen Hautfarbe das dunkle Blau einer Regenwolke (meghashyāma) zeigt. Aber statt dessen verdunkelt der Mensch sein Bewußtsein mehr und mehr und beschuldigt dann Gott, daß Er sich nicht finden lasse. Er sucht das Licht, entfernt sich aber gleichzeitig weiter und weiter davon und geht der Dunkelheit entgegen. Das ist wirklich ein Jammer. Es ist besser, nur einen Augenblick wie der göttliche Schwan Hamsa *(Krishna)* von Milch zu leben als hundert Jahre lang wie eine Krähe, die sich von Aas ernährt.

Die Zunge sollte dazu benutzt werden, den Namen Gottes auszusprechen und nicht, zu zischen wie eine Schlange oder zu brüllen wie ein Löwe mit der Absicht, Schrecken zu verbreiten. Das ist nicht der Zweck, für welchen die Zunge dem Menschen gegeben wurde. Die Sprache enthüllt den Charakter, sie belehrt und vermittelt Erfahrung und Information. Deshalb achtet auf eure Worte! Wenn ihr beim Gehen ausgerutscht seid und euch verletzt habt, kann die Wunde wieder heilen; wenn jedoch die Zunge beim Sprechen ausrutscht, wird die Wunde, die ihr verursacht habt, niemals wieder heilen!

Der größte Reichtum ist die Gnade Gottes. Er wird euch beschützen wird wie Seinen Augapfel. Zweifelt nicht daran. Der Glauben in die Vorsehung ist der Atem des Lebens. Die Seligkeit, die er gewährt, wurde von vielen Heiligen und Weisen erfahren, die mit Glauben im Herzen von Angriffen, Armut, Vernachlässigung und Grausamkeit unberührt blieben. Anstatt sich darauf zu konzentrieren, verzettelt der Mensch seine Energie und sammelt, statt der Diamanten, die er haben könnte, billigen Flitter an. Beides ist auf Erden zu finden, aber leider schaut der Mensch mehr auf das Glitzern als auf den Wert.

Wenn ihr im Tempel eine Kokosnuß aufbrecht, müßt ihr fühlen, daß auch euer Ego zerbricht. Die Kokosnuß wird nicht geopfert, damit Gott das Innere essen kann! Sie ist ein Symbol der Vernichtung des Egoismus *(ahamkāra)*, der mit einem Schlag, dem Schlag der Weisheit, in zwei Teile gespalten werden muß. Wie könnt ihr die Kokosnuß mit einem Schlag aufbrechen? Erst müßt ihr die Fasern, welche die Schale bedecken, entfernen, nicht wahr? So muß der Mensch auch erst die "Fasern", die sein Herz umgeben, entfernen, nämlich Lust, Zorn, Eifersucht und den Rest der bösen Brut. Der Mensch hat ungeahnte Kräfte, er ist kein Schwächling. Es sind die bösen Neigungen, die ihn schwach machen. Laßt euch von dem Göttlichen in euch inspirieren und verdient euch durch Güte, Ernsthaftigkeit, Ehrlichkeit, Opferbereitschaft und Liebenswürdigkeit die Herrlichkeit Gottes. Hört Gutes, seht Gutes, tut Gutes, denkt Gutes – dadurch werden alle üblen Neigungen ausgerottet.

Ihr könnt auch in einem weltlichem Leben spirituelle Fortschritte machen. Es schadet nicht, das Familienleben mit Frau und Kindern als Übungsfeld für ein spirituelles Leben zu wählen. Ihr tragt eine Brille, um euer Sehvermögen zu verbessern. Ebenso kann ein Leben in der Familie, in der Gesellschaft und der Politik euer "Sehvermögen" verbessern. Nutzt die Möglichkeiten, die sich dabei bieten, für die Entwicklung von Selbstbeherrschung und Opferbereitschaft. Wenn ihr das nicht tut, seid ihr wie der Tor, der die falsche Brille aufsetzt und sich dadurch seine Augen verdirbt.

Das Mikrophon, welches hier vor Mir steht, hindert einige von euch daran, Mich zu sehen. Aber ihr nehmt es in Kauf, weil ihr Mich dafür besser hören könnt. So müßt ihr euch auch mit dem Körper, in dem ihr eingeschlossen seid, abfinden, denn er hilft euch, die wahre göttliche Wirklichkeit, die ihr seid, zu erkennen. Er ist das Mittel zu einem wunderbaren Zweck – nichts weiter. Es genügt nicht, ihn gut zu ernähren, zu kleiden, zu erhalten und ihm Obdach zu geben. Inneren Frieden könnt ihr nur finden, wenn ihr in die tiefe Quelle der Freude eintaucht, die in euch liegt. Diese göttliche Freude ist unermeßlich und unbeschreiblich. Die Freude über materiellen Besitz dagegen ist begrenzt und in Gefahr, getrübt oder verdorben zu werden. Ein Übermaß an materieller Bequemlichkeit ist gesundheitsschädlich und macht unglücklich. Zu viele Speisen, genossen bei einem Festessen, verderben den Magen.

Ich muß den vielen Frauen, die hier anwesend sind etwas sagen: Obwohl ihr gläubig und fromm seid, stiftet ihr durch euer Verhalten Verwirrung und schafft Friedlosigkeit (ashānti). Ihr habt euch nicht dazu erzogen, Selbstbeherrschung zu üben, und so wachsen Unrast und Sorgen in den Familien und in der Gesellschaft. Ihr macht keinen Unterschied, ob ihr in einem Kino, auf dem Markt, oder in einer Ausstellung seid: Ihr schwätzt ununterbrochen, sogar in einem Tempel und bei spirituellen Veranstaltungen. Die Kinder lernen dieses Benehmen von euch, und wenn sie heranwachsen, verlieren sie jeden Respekt vor den Älteren und vor heiligen Orten. Sie reden laut und respektlos. Dadurch vermehrt sich die Rastlosigkeit, anstatt vermindert zu werden. Einstmals waren die Frauen die Säulen der göttlichen Ordnung (dharma). Aber heute kennen sie deren Bedeutung nicht und wissen nicht, wie sie im täglichen Leben verwirklicht werden kann.

Wenn ihr einmal Nektar (amrita) gekostet habt, könnt ihr dann noch Geschmack an anderen Speisen finden? Wie töricht ist es da, heute dem Schmutz und leichtfertigen Vergnügungen nachzujagen! Es gibt einige Zyniker, die meinen, die uralte göttliche Ordnung (sanātanadharma) sei nicht mehr zeitgemäß, sei bedeutungslos geworden. Das kommt daher, weil sie darauf besteht, daß die Mittel ebenso rein sein müssen wie der Zweck. Sie verlangt, daß jede Handlung als Gottesdienst ausgeführt wird und wahre Liebe alle Unterschiede des Standes, des Alters und der finanziellen Lage außer acht lassen muß. Sie besagt, daß man ohne Selbstbeherrschung und Unabhängigkeit von der materiellen Welt keinen Anspruch darauf hat, der menschlichen Rasse zugerechnet zu werden. Heutzutage kann jemand ein "Held" in den Augen von Millionen sein, ohne irgendwelche Vorzüge aufzuweisen und ohne die geringste moralische Qualifikation zu besitzen. Das sind traurige Zustände. Eine steinerne Statue wird als Stein angesehen; aber in früheren Zeiten hat man in jedem Stein das Göttliche, welches darin verborgen ist, erkannt. Heute ist die Intelligenz nur noch die Magd der Klugheit; damals war sie der erste Schritt zu dem Wissen, daß alle Dinge von dem göttlichen Prinzip durchdrungen sind.

Wenn eure Wünsche nicht in Erfüllung gehen, beschwert ihr euch über den Gott, zu dem ihr gebetet habt. Es ist aber eure eigene Schuld, denn ihr besitzt nicht die notwendigen Voraussetzungen und verdient die Erfüllung eurer Wünsche nicht. Oder es liegt an den Motiven, die zu dem Wunsch geführt haben. Ihr erkennt die Ursache nicht. Alles was Ich tue, dient der Aufgabe, für die Ich gekommen bin. Alle "Wunder", die ihr beobachtet, müssen in diesem Sinne verstanden werden. Für einen Damm werden verschiedene Baustoffe verwendet, ohne die er dem Wasser nicht standhalten könnte. Wenn der Herr Gestalt annimmt, trägt Er auf verschiedene Weise zum moralischen Aufschwung der Menschen bei. *Krishna* hob den Govardhana-Berg nicht hoch, um Seine übernatürlichen Kräfte zu zeigen, sondern um die Hirten und Hirtinnen *(gopī)* mit den Kühen, die ihnen so lieb waren, vor dem Regensturm zu schützen. Dazu mußte Er etwas tun, was kein Mensch hätte vollbringen können, Er hatte aber nicht die Absicht, Seine Kräfte zur Schau zu stellen. Nur minderwertige Geister schwelgen in Propaganda und Eigenlob. Diese Dinge treffen für *Avatare* nicht zu, denn sie brauchen keine Reklame. Jene, die das Übermenschliche in Verruf bringen, sind entweder unwissend oder bösartig, und sie haben keine Befugnis, das Spirituelle zu beurteilen. Mein Ziel ist es, die göttliche Ordnung *(dharma)* wiederherzustellen, sie zu lehren und zu verbreiten. Diese "Wunder", wie ihr sie nennt, sind nur Mittel, die diesem Zweck dienen. Manche Leute bemerkten, daß *Rāmakrishna Paramahamsa* sagte, daß übernatürliche Kräfte *(siddhi)* Hindernisse für den Aspiranten *(sādhaka)* auf dem spirituellen Pfad darstellen. Natürlich könnt ihr durch diese Kräfte auf Abwege geraten. Geht deshalb euren Weg geradeaus und habt nichts damit zu tun. Das Ego vergrößert sich, wenn ihr der Versuchung nachgebt, okkulte Kräfte *(siddhi)* zu entwickeln und zur Schau zu stellen. Jeder Aspirant *(sādhaka)* auf dem spirituellen Pfad sollte sich davor hüten.

Es wird der Fehler gemacht, Mich den *"sādhakas"*, denen *Rāmakrishna* half und die er führte und ermahnte, gleichzusetzen. Die unmittelbare Schöpfung von Dingen aus dem Nichts ist die Natur des *Avatars*, und es ist Seine Absicht, auf diese Weise zu beschützen und Freude zu bereiten. Schöpfung, Erhaltung und Auflösung – diese drei können nur von dem Allmächtigen vollbracht werden. Zyniker kritisieren nur, sie wissen nichts. Wenn sie die heiligen Schriften studiert oder direkte Erfahrung gemacht hätten, würden sie Mich verstehen. Aber eure angeborene Faulheit hält euch von den spirituellen Übungen ab, die notwendig sind, um das Göttliche zu erkennen. Der *Guru* sagt: "Klärt euren Intellekt durch rechtes Handeln *(karma)*"; doch der Schüler ist faul. Er zieht Meditation vor, weil er denkt, daß es leichter sei, still auf seinem Platz zu sitzen. Nach ein paar Versuchen jedoch erkennt er die Schwierigkeit und bittet den *Guru*, ihm eine andere Disziplin zu verordnen. Der erste Schritt, den Menschen in Gott zu verwandeln, ist, diese Faulheit aus seinem Wesen zu vertreiben.

Gott allein ist ewig; der Mensch ist ein kurzer Blitz, eine winzige Welle, die steigt und fällt. Deshalb erfüllt euren Geist mit tiefschürfenden und großartigen Gedanken von unbeschreiblicher Herrlichkeit, indem ihr durch die Rezitation des Namens Gottes euer Unterbewußtsein beeinflußt. Das ist für dieses Zeitalter die wichtigste Disziplin.   Venkatagiri, 13.12.64

Der menschliche Körper ist das Floß

Der Mensch ist ein Opfer vieler Leiden. Wer sich mit dem Körper identifiziert, dessen Leben besteht aus Mühe und Plage. Aber wer weiß, daß der Körper nur ein Fahrzeug ist, wird davon nicht beunruhigt. Ich muß das jetzt besonders hervorheben, denn Ich weihe hier ein Krankenhaus ein. Körperliche Gesundheit ist wichtig, denn Krankheit wirkt sich auf die Gelassenheit und Konzentration nachteilig aus. Wenn der Körper fit ist, arbeiten die mentalen Funktionen ganz normal; wenn der Körper leidet, ist der Geist in Mitleidenschaft gezogen. Dieses "Floß", das wir Körper nennen, ist das einzige Mittel, mit dem ihr das Meer des Wandels *(samsāra)* überqueren könnt, und es muß in gutem Zustand gehalten werden.

Unehrlichkeit, Ungerechtigkeit und Sorgen machen das Floß undicht. Es ist töricht, die Überquerung mit einem brüchigen Floß zu versuchen. Wenn die Überquerung stattgefunden hat, wird das Floß nicht mehr gebraucht und man kann sich davon trennen. Ein menschliches Floß ist sehr stark, denn es ist aus Unterscheidungsvermögen *(viveka)*, Intelligenz und Selbstlosigkeit *(vairāgya)* gezimmert. Das ist hartes Bauholz und kann starken Wogen und Strömungen standhalten. Wenn ihr diese Gelegenheit, das Meer zu überqueren, jetzt nicht wahrnehmt, mag sie für eine sehr lange Zeit nicht wiederkommen.

Frömmigkeit und Moral sind ebenso wichtig für körperliche wie für geistige Gesundheit. Sie befreien den Geist von Unrast und geben ihm Freude und Zufriedenheit; sie beruhigen die Nerven und sorgen dafür, daß alle körperlichen Funktionen normal ablaufen. Die Blumen dieser Girlande waren gestern noch Knospen, heute morgen blühten sie, beginnen nun zu welken und werden morgen ganz verdorrt sein. Aber der Faden, der sie zusammenhält, wird sich nicht verändern; er war gestern ein Faden, ist es heute und wird es morgen auch sein. Das unveränderliche Selbst (ātman) und der veränderliche Körper – untersucht beides, und seid überzeugt von dem unvergänglichen Kern eures Wesens. Als denkende, urteilsfähige Menschen habt ihr die Verantwortung euch selbst gegenüber, dieser Pflicht zu genügen. Es ist auch die Pflicht eurem Land gegenüber. Indien verdiente die Ehre, ein Lehrer der Menschheit zu sein, weil seine Bevölkerung immer darauf bestanden hatte, diese große Verantwortung auf sich zu nehmen. Aber als die Inder begannen, diese zu vernachlässigen und sich an materielle Annehmlichkeiten zu gewöhnen, versank das Land im Sumpf der Gewinnsucht.

Heute läßt sich der Mensch in Raketen einschließen und rast mit irrsinniger Geschwindigkeit um die Welt und sogar zum Mond, aber er hat es nicht fertig gebracht, auch nur einen Zentimeter tief in sein Inneres einzudringen, um die zügellosen Gefühle und Gedanken, die dort wüten, zu beherrschen. Um euch davor zu bewahren, von der Strömung des Wandels weggeschwemmt zu werden, müßt ihr stromaufwärts schwimmen, und das ist in der Tat ein kühnes und schwieriges Unternehmen.

Ihr seid Treuhänder allen Besitzes und Vermögens, welche Gott euch gegeben hat. Selbst eure Familie müßt ihr als heiliges Vermächtnis betrachten und sie lieben, für sie sorgen und sie führen. Ihr müßt eure Bindungen an die Familie zum Gottesdienst erheben und sie zum Instrument spirituellen Fortschritts machen.

Minister Balarami Reddy drückte den Wunsch aus, daß diese Krankenstation, die nach Velugota Venkataraja Gopalakrishna Yachendra benannt wurde, in den nächsten Jahren blühen und gedeihen möge. Aber ein Krankenhaus darf nicht nach der Anzahl der Patienten beurteilt werden, die zur Behandlung kommen. Es hat die Aufgabe, die Bevölkerung über die Grundprinzipien der Gesundheit aufzuklären und dafür zu sorgen, daß die Gegend von Krankheiten befreit wird. Von den Mitteln, die anzuwenden sind, um Gesundheit zu gewährleisten, ist spirituelle Disziplin am wichtigsten.

Laßt euch nicht in die Probleme der Welt verwickeln. Versucht, so oft ihr könnt, mit dem Namen des Herrn auf den Lippen in die reinere Luft des göttlichen Geistes zu entfliehen. Von den 24 Stunden des Tages nehmt 6 Stunden für eure persönlichen Bedürfnisse in Anspruch, 6 Stunden für den Dienst am Nächsten, 6 Stunden für Schlaf und verbringt 6 Stunden in

Gedanken über das Göttliche. Die letzteren 6 Stunden werden euch eine stählerne Kraft verleihen.

Gopalakrishna Yachendra, der Vorsitzende, beschreibt die grünen Felder, die das Dorf umsäumen und erklärt, daß nichts glücklicher machen könne, als in einem Dorf zu leben. Dörfer sind das Rückgrat der Nation. Städte gehen in Verwirrung, Lärm und selbstsüchtiger Betriebsamkeit unter. Die Bauern, welche das Land bebauen und die Menschen ernähren, sind wahrhaftig Heilige, die ihren Brüdern und Schwestern geben, was sie so nötig brauchen. Sie leisten still und freudig die schwere Arbeit. Ihr habt also keinen Grund, euch gering zu achten. Seid wie die Götter und nehmt euch von dem Nektar *(amrita)*, wie sie es einst taten. Wenn ihr euch allerdings wie Dämonen *(asura)* benehmt, könnt ihr keinen Anteil an dem göttlichen Nektar haben.

Schließt alle Wesen in eure Liebe ein! Bis jetzt geht ihr sehr selbstsüchtig und sparsam damit um. Bemüht euch wenigstens, andere nicht zu hassen, und redet hinter ihrem Rücken nicht über ihre Fehler. Seid nicht enttäuscht oder gekränkt, wenn andere glücklich sind; versucht, ihre Freude zu teilen und seid fröhlich, wenn andere es sind. Sprecht leise und gütig; brüllt nicht wie die Löwen und zischt nicht wie die Schlangen. In einem Dorf, in dem jeder jeden kennt und das Leben aller so eng verflochten ist, müßt ihr unbedingt liebevoll und freundlich miteinander umgehen. Heute ist die Zunge die schärfste Waffe der Dorfbewohner; sie zerstört die Beziehungen in vielen Familien, trennt Brüder und Nachbarn und richtet mehr Schaden an als eine Bombe!

Diese Krankenstation wird ihren Zweck erfüllen, wenn die Dorfbewohner ihre Dienste würdigen, mit den Ärzten zusammenarbeiten und ihren Bemühungen nicht mit Zank und Streit untereinander im Wege stehen. Übt euch in der Liebe und in der Zusammenarbeit, dann werden die Dörfer blühen und gedeihen. Andernfalls wird alles, was die königliche Familie von Venkatagiri und die Regierung in bester Absicht tun, vereitelt. Die Anwesenheit des Ministers und des Präsidenten des Samithi ist ein Zeichen dafür, daß sie ihr Bestes tun wollen. Es liegt nun an euch, das Beste aus der Hilfe, die man euch anbietet, zu machen. Wenn ihr das tut, wird Venkatagiris königliche Familie sehr glücklich sein.

Ich muß euch noch etwas über diese Krankenstation sagen: Der verstorbene Malayala Swami, der diesen Ort durch die Errichtung des *Aschrams* und der Gebetshalle so berühmt gemacht hat, wünschte, daß diesen Einrichtungen noch ein Krankenhaus hinzugefügt werden sollte. Mit der Einweihung dieser Station wird sein Wunsch erfüllt. Laßt euch die reiche Ernte, auf die ihr mit stetigem Fleiß hingearbeitet habt, nicht durch Zorn, Laster und Gier verderben. Benutzt eure Hände, nicht um andere zu schlagen, sondern um den Takt zu schlagen, wenn ihr die

Namen des Herrn singt – Namen, die Seine Herrlichkeit beschreiben. Das ist heute Mein Rat für euch.   Yerpedu, 14.12.64

Ihr seid um eurer selbst willen geboren

Das "Prashanti Vidvanmahāsabha" trifft sich hier zum zweiten Mal, und Ich freue Mich, bei euch sein zu können und eure glücklichen Gesichter zu sehen. Ich bin auch gekommen, um euch mit Meiner Liebe zu segnen. Alles Elend in der Welt ist der Menschheit zuzuschreiben und keiner überirdischen Macht. Der Mensch verfügt über alle Mittel, Freude und Zufriedenheit zu gewährleisten, und wenn er elend ist, hat er das seinem Eigensinn und seiner Dummheit zu verdanken. Die heiligen Schriften haben seit Jahrhunderten in allen Sprachen ermahnt, Habgier, Lust und die Gewohnheit, die Sinne zu befriedigen, aufzugeben und sich von der Vorstellung, nichts weiter als der Körper zu sein, freizumachen. Aber bis jetzt kennt der Mensch die Krankheit, an der er leidet, noch nicht.

Die Krankheit kommt von "Vitaminmangel". Es fehlen die Vitamine: Wahrhaftigkeit *(satya)*, Rechtschaffenheit *(dharma)*, Friedfertigkeit *(shānti)* und Liebe *(prema)*. Nehmt sie ein, und ihr werdet charakterlich, körperlich und geistig gesund sein. Je größer der materielle Reichtum, den ihr ansammelt, desto schwieriger wird es für euch, wenn es zum Sterben kommt. Ihr könnt keinen Seelenfrieden durch die Anhäufung materieller Güter finden. Ihr seid zu vielen Tausenden aus euren Dörfern hierhergekommen, um Sai Baba zu sehen und zu hören, nicht wahr? Etwas anderes ist noch wichtiger, nämlich euch selbst zu kennen, auf eure innere Stimme zu hören und euch danach zu sehen, eure wahre Wirklichkeit zu entdecken. Es ist Meine Mission, euch dazu anzuregen.

Laßt euch nicht von Zweifeln unsicher machen. Zweifel kommen nur von Unwissenheit; sie verschwinden, wenn das höhere Wissen durchbricht. Es war einmal ein Mann, der auf einem Pferd ritt, und hinter ihm ging ein anderer Mann, der sein Bett auf dem Rücken trug. Vorübergehende schlossen daraus, daß der Mann auf dem Pferd der Herr und der Mann hinter ihm dessen Knecht sei. Als beide die Karawanenstation erreicht hatten, fütterte der Reiter sein Pferd, und der Mann mit dem Bett legte sich gleich zum Schlafen nieder. Nun dachten die Leute dort, der erstere sei der Knecht und der letztere der Herr! Man sollte nicht so leichtfertig Schlüsse ziehen. Ihr seid nur um euretwillen geboren, nicht für jemand anderen. Ihr müßt euch selbst von der Krankheit der Unwissenheit heilen, ebenso wie ihr selbst euren Hunger stillen müßt. Niemand anderes kann das für euch tun. Rettet euch selbst durch eigene Anstrengung.

Gott ist in euch. Wie eine Frau, die fürchtet, ihre Halskette verloren zu haben und sie an ihrem Hals hängen sieht, wenn sie an einem Spiegel vorbeigeht, so werdet ihr Gott in euch erkennen, wenn der *Guru* euch daran erinnert. Das Glücksgefühl, das ihr dann erfahrt, ist unbeschreiblich. Jeder Inder sollte wissen, daß die Wissenschaft der Selbstentdeckung sein Erbe ist. Er muß seinen Wert erkennen und es sich verdienen. Heute gibt es viele Gelehrte, die dieses Erbe erklären können, aber nur wenige richten sich danach und machen sich verdient. Diese Wissenschaft wurde von den Weisen erforscht und einfach und klar ausgedrückt. Es ist von großem Schaden für dieses Land, daß die Menschen weder davon etwas wissen noch in die Praxis umsetzen wollen. Das Moderne wird dem Klassischen und das Vergängliche dem Ewigen vorgezogen, und das ist die Ursache allen Elends. Zuckerrohr sollte nicht einem anderen Rohr gleichgesetzt werden! Nur jene, die den Geschmack des Zuckers nicht kennen, würden das tun.

Sucht nach der Weisheit, und ihr findet die köstliche Süße. Gebt den Wunsch nach der Befriedigung der Sinne auf, denn das kann euch nur kurzes Vergnügen bringen. Es ist so, als ob ihr einen juckenden Ausschlag kratzt, er wird dadurch nur noch schlimmer. Ihr könnt den Ausschlag nicht heilen, wenn ihr der Versuchung zu kratzen nachgebt. Je mehr ihr kratzt, desto größer wird die Versuchung, weiter zu kratzen, bis er zu bluten anfängt. Also widersteht der Versuchung und konzentriert euch auf spirituelle Dinge. Lebt in der Welt mit dem Bewußtsein, daß Verlangen und Bindungen Sümpfe, Netze und Fallen sind, die euch ins Verderben führen. Werdet entweder gute Gläubige *(bhakta)*, die sich so winzig klein machen können, daß es ihnen möglich ist, den Fesseln der Sinne zu entschlüpfen, oder aber Weise *(jnānī)*, die stark genug sind, um die Fesseln sprengen zu können. Nayudupet, 16.12.64

Erkennt eure Krankheit

Auf Meinem Weg nach hier säumten Tausende von Männern und Frauen die Straße und bestanden darauf, daß Ich bei ihnen verweile. Dadurch bin Ich hier verspätet eingetroffen und muß Mich nun in Meiner Rede kurz fassen. Meine *Devotees* binden Mich an sich, und Ich kann Mich ihnen nicht verwehren, wenn sie Mich so von Herzen bitten. Wir haben uns gegenseitig unbeschreibliches Glück *(ānanda)* geschenkt. Ich weiß, daß einige Leute wegen Meiner Verspätung nach Hause gegangen sind. Nun, Ihr seid die Glücklichen, denn ihr habt gewartet. Die Chakora-Vögel warten sehnlichst auf die ersten Regentropfen. Dann sind sie zufrieden, wenn nur vier Tropfen ihre ausgedörrten Kehlen befeuchten.

Das Leben bietet viele Möglichkeiten, und man kann in verschiedene Richtungen gehen. Aber es gibt Richtungen, die günstig für euch sind und andere, die euch zugrunde richten. Die meiste Zeit verbringt ihr damit, Wahnvorstellungen und Luftschlössern nachzujagen. Das Verlangen, den Durst in dem See einer Fata Morgana zu löschen, wird immer unbefriedigt bleiben. Wünsche multiplizieren sich selbst; wenn einer erfüllt wird, entstehen viele andere. Ihr könnt nie sagen: "Jetzt habe ich keine weiteren Wünsche mehr, dieses war der letzte." Liebe, die ichbezogen ist, gleicht einer Glühbirne, die nur einen Raum erhellt, ohne ihr Licht über die vier Wände hinaus ausstrahlen zu lassen. Diese Art der Liebe ist auf die Sinne begrenzt, sie öffnet sich nicht den andern, die in Gott auch zu eurer Familie zählen. Es gibt jedoch eine andere Art der Liebe, die größer und tiefer ist und sich auf alle Mitglieder der Familie ausdehnt. Die begrenzte Liebe ist wie das Mondlicht; nicht hell genug, um lesen zu können, aber ausreichend, um sich zurechtzufinden. Sie ist ebenfalls dem Gesetz des Auf- und Untergehens und des Zu- und Abnehmens unterworfen. Die andere Art der Liebe gleicht dem Sonnenschein: immer reinigend, belebend, erleuchtend, ohne Unterschiede zu machen. Diese Art der Liebe inspiriert den Menschen, immer im Geiste der Hingabe an den Herrn zu handeln. Dadurch wird alles, was er tut, geheiligt.

Hingabe ist etwas anderes als Dienst. In letzterem spielt das Ego noch eine Rolle: "Ich diene. Er ist der Herr. Er verlangt, daß ich Ihm diene. Er braucht mich." Aber bei der Hingabe ist das "Ich" ausgelöscht. Das Verlangen nach den Früchten ist verschwunden; jeder Akt birgt die Freude in sich selbst. Um euch ganz hingeben zu können, müßt ihr Gott und Seinen Namen immer in euren Gedanken haben und euren Glauben an Ihn vertiefen. Die Vorbedingungen für inneren Frieden sind Glauben und Frömmigkeit. Kein Universitätsdiplom kann euch ihn geben, kein Reichtum erkaufen, Verwandte können ihn nicht an euch vererben, und Lehrer können ihn nicht vermitteln.

Die schwerste aller chronischen Krankheiten ist die Unwissenheit *(ajnāna)*. Ihr müßt ihre Ursache erkennen und versuchen, von ihr geheilt zu werden. Die äußere Ursache von Krankheiten ist die Vernarrtheit in die materielle Welt und die Abhängigkeit von den Sinnen. Es gibt aber eine noch tiefere Ursache: die übertriebene Wichtigkeit, die dem Körper beigemessen wird, und die Vorstellung, daß er der Prüfstein aller Werte ist. Der Körper ist ein zeitweiliges Obdach, in dem ihr während eurer kurzen Lebenszeit wohnt. Das Ziel ist Erlösung. Erlösung ist höchste Glückseligkeit.

Habt Vertrauen in das Meer, nicht in die Welle. Glaubt an den Herrn, nicht an etwas geringeres. Leider setzt ihr euer Vertrauen oft in kleinliche, egoistische Menschen, selbst wenn ihr wißt, daß sie bösartig und habgierig sind. Ihr zögert aber, wenn euch geraten wird, an Gott zu glauben, der gütiger ist als jeder Vater, liebvoller als jede Mutter, rücksichtsvoller als jeder Verwandter und mächtiger als jeder Machthaber auf Erden. Ihr habt Vertrauen zu einander, aber beginnt zu zweifeln, wenn es um Gott geht. Sogar Laien reden viel und laut über Gott, und keiner fragt nach ihrer Glaubwürdigkeit.

Es ist leicht zu zweifeln, aber schwer zu glauben. Wiederholt den Namen des Herrn, das wird eure Zunge erfreuen und euren Geschmack verbessern. Zählt nicht nach, wieviele Male ihr den Namen wiederholt habt. Auf wen wollt ihr denn mit einer Zahl Eindruck machen? Der Herr hört euch, selbst wenn ihr Ihn nur einmal aus der Tiefe eures Herzens anruft. Aber er ist taub, selbst wenn ihr Seinen Namen Millionen Mal automatisch mit der Zunge aufsagt, anstatt mit dem Herzen. Es ist leicht, Zahlen zu manipulieren. Als König Akbar seine Höflinge herausforderte, ihm die genaue Anzahl der Vögel in Delhi mitzuteilen, erbot sich ein ungebildeter Mann, sie zu zählen. Nach ein paar Tagen kam er an den Hof zurück und sagte, es gäbe 9 999 000 Vögel in Delhi. "Wenn ich das nachprüfen lasse und es sich heraus stellt, daß mehr Vögel da sind und du dich geirrt hast, was für eine Strafe soll ich über dich verhängen?" fragte der Herrscher. Der Diener sagte: "Es mögen einige von den benachbarten Gegenden hinzugeflogen sein." "Was aber, wenn man weniger Vögel zählt?" fragte der König. "Einige Vögel mögen inzwischen aus der Stadt fortgeflogen sein", antwortete der Diener gelassen. Zahlen können leicht manipuliert werden, aber Gnade verläßt sich nicht auf solche Dinge. Gott fragt nach dem Herzen, dem ganzen Herzen, nach nichts anderem als dem Herzen.

Wenn das Herz undicht wird, kann es die süße Milch der Liebe, die dem Herrn geopfert werden sollte, nicht halten. Die Löcher, welche es undicht werden lassen, sind Egoismus, Stolz und euer Verlangen nach Ruhm. Wenn ihr etwas für einen guten Zweck spendet, in der Hoffnung, daß euer Name in der Zeitung erscheint und frohlockt, wenn ihr ihn darin zu sehen bekommt, aber euch ärgert, wenn er nicht erscheint, dann wird die "Wohltätigkeit" zu einem solchen Loch. Opfer dieser Art sind oberflächlich und selbstsüchtig. Samen keimen nur, wenn sie gut in die Erde gebettet sind, nicht, wenn sie auf die Oberfläche gestreut werden. *Karna* verlor sein Leben, als er in einer verzweifelten Lage alle Opfer, die er gebracht hatte, geltend machte. Man sollte sich nicht an sie erinnern!

Feilschen und Berechnen sind auf spirituellem Gebiet völlig nutzlos. Ihr könnt nicht mit dem Herrn handeln und eine entsprechende Belohnung verlangen. Wenn ihr das versucht, verliert ihr alles. Er hat Seine eigene Arithmetik. Nahrung – Kopf – Gott, in dieser Reihenfolge: Ernährt euch gut, damit sich eure Intelligenz entwickeln kann; den intelligenten Kopf braucht ihr, um Gott erkennen zu können. Die Sinne können euch nur über das Offensichtliche, das in ihrem Bereich vor sich geht, informieren. Aber die *Veden* berichten von der Intuition der Weisen, welche das erfaßt hat, was weder von den Sinnen oder dem Intellekt, noch von der Vorstellungskraft erreicht werden kann. Es ist sehr töricht, die *Veden* nicht ernst zu nehmen.

Das "Fieber der arroganten Jugend" ist eine Krankheit, die den Intellekt benebelt und die Jugend undankbar und herzlos macht. Die Eltern werden vernachlässigt, die Älteren nicht geachtet, die Lehrer lächerlich gemacht, die heiligen Schriften verhöhnt. Die jungen Leute brüsten sich, ihren Kopf vor niemand anderem zu beugen, als vor dem Barbier. Sie verursachen den Eltern, denen sie ihr Leben verdanken, Kummer und Sorgen. Laßt euch nicht einreden, daß ein solches Verhalten etwa achtenswert sei. Nehmt euch *Lakshmana*, *Dharmaja*, *Sītā* oder *Mīra* zum Vorbild. Bemüht euch, nur Gutes zu sehen und zu hören; sprecht freundlich und leise, und laßt den Herrn im Heiligtum eures Herzens wohnen. Die Folgen eurer Handlungen *(karma)*, die ihr jetzt oder in vergangenen Erdenleben ausgeführt habt, müssen von euch selbst ausgelebt werden.

Ihr werdet in diesem Trainingszentrum ausgebildet, um zu lernen, wie ihr euren Mitmenschen besser dienen und inneres Glück ausstrahlen könnt. Euer Dienst *(seva)* wird wirkungsvoller und dauerhafter sein, wenn ihr große *Pandits* in euer Dorf einladet, welche die Dorfbewohner ermahnen können, die Verbindung mit Gott zu pflegen, Gott zu dienen und die Menschen zu lieben. Ich möchte, daß ihr die Möglichkeit zum *"bhajan"*-Singen und zur Meditation schafft, damit alle zu einem höheren spirituellen Leben angehalten werden.

Ich werde Meine Rede jetzt beenden. Es ist ziemlich spät geworden, und die Nacht ist fortgeschritten. Ihr seid von den umliegenden Dörfern hierhergekommen und müßt jetzt wieder nach Hause gehen. Ich verspüre keine Erschöpfung und werde direkt von hier nach Madras reisen. Ich fühle Mich nur erschöpft, wenn ihr nicht tut, was Ich euch sage. Wenn ihr euch entscheidet, Meinen Rat zu befolgen, bin Ich alle 24 Stunden des Tages bei euch. Denkt über die kostbaren Worte, die ihr gehört habt, nach und wendet sie in eurem täglichen Leben an.

Trainingszentrum, Kalahasti, 17.12.64

Der vorbildliche Aschram

Ich halte Mich seit 15 Jahren in dieser Gegend auf, aber es ist das erste Mal, daß Ich diesen schönen *Aschram* besuche. Ich brauche wohl kaum zu betonen, was für ein glückverheißendes Ereignis das für euch ist. Ein Staat muß eine Verfassung und eine Reihe wichtiger Gesetze haben. Die *Veden* sind die Verfassung und das *"sanātanadharma"* die Gesetze im "Staat" der Menschen. Diese sind euch von den Weisen, welche sie in der Ekstase einer höheren Bewußtseinsstufe "gesehen" haben, überliefert worden. Darum werden die Weisen auch "Seher" genannt. Die *Veden* werden also nicht einem bestimmten Autoren zugeschrieben. Man nennt sie auch *"shruti"*, das, was gehört und als kostbarer Schatz im Gedächtnis gehütet wurde. Die *Veden* sind ihre eigene Autorität, so wie das Auge der Richter dessen ist, was sich dem Auge darbietet. Ihr könnt die Farbe eines Gegenstandes nicht nach dessen Geruch beurteilen. Die Erfahrung der Weisen kann nur von Weisen geprüft werden, welche den Anleitungen der *Veden* folgen. In jedem Fall wurde dann die gleiche Erfahrung gemacht, so klar und deutlich, wie es in den *Veden* beschrieben ist.

Die *Veden* müssen gelebt werden; das sind Sinn und Zweck ihrer Offenbarungen. Es ist nutzlos, sie nur auswendig zu lernen. Der "Uttaramimamsa" Teil enthält das Wissen *(jnāna)*, das zur Befreiung von Knechtschaft und Blindheit notwendig ist. Man nennt es *"brahmajnāna"*, denn wenn eine bestimmte spirituelle Stufe erreicht ist, erkennt man, daß alles, was besteht, mit *"brahman"*, dem Göttlich-Absoluten, identisch ist, daß es beides ist: Ursache und Wirkung, Werden und Sein.

Bhārat (Indien), das von alters her ein Land des *Yoga* und der Meditation war, folgt heute den Spuren der Länder, die sich mit weltlichen Vergnügungen befassen. Das ist der Pfad, auf dem Unwissenheit, Haß, Habsucht, Bosheit und unlauterer Wettbewerb vorherrschen. Was die *Rischis* überliefert haben, ist das Beste für alle, denn sie haben sich darin geübt, unparteiisch und unvoreingenommen zu sein. Die Lehren der *Veden* wurden im *Rāmāyana*, im *Mahābhārata* und im *Bhāgavatam* ausführlich erklärt und von *Shankara*, Rāmānuja und Madhvāchārya mit Kommentaren versehen. Heute haben selbst jene, die Treuhänder der vedischen Lehren sein sollten, diese vernachlässigt und sich geringeren Studien zugewandt.

Vimalānanda, der Leiter dieses *Aschrams*, war früher für etwa ein Jahr in *Prashanti Nilayam*. Er hat um Meinen Segen gebeten, als er die Verantwortung hier übernahm und zu einem *"samnyāsin"* wurde, nachdem sein *Guru*, Malayala Swami gestorben war. Wie das Meer den Fluß ruft, so rief die Rolle des *"samnyāsin"* nach ihm. Das individuelle Selbst *(jīva)* und das göttliche Selbst *(ātman)* sind untrennbar miteinander verbunden. Es ist die hingebungsvolle Liebe und spirituelle Disziplin *(sādhana)* der Aspiranten, die hier so wunderbar zum Ausdruck kommen. Schreibt das aber nicht nur einer Person zu; der *Guru* hat inspiriert, und Hunderte wurden berührt und weihten sich der gleichen Aufgabe. *Rāma* lebte nicht im Walde, weit entfernt von der Stadt, weil es Ihm Spaß machte. Er nutzte aber die Gelegenheit, um den *Maharshis* zu dienen, die dort Buße taten und begierig waren, Gott zu schauen. Er suchte sie auf, um ihnen Glückseligkeit zu verleihen. Malayala Swami kam hierher, um den Aspiranten *(sādhaka)* auf dem spirituellen Pfad zu helfen. Die Anstrengungen der *Devotees* sind deutlich in der Entwicklung dieses *Aschrams* zu sehen.

Weiht alle eure Handlungen dem Herrn. Vor allem in einem *Aschram* muß die Suche nach der Wahrheit, die alles, was es zu wissen gibt, einschließt, strikt durchgeführt werden. Dann braucht man nicht mehr zu kämpfen, sich nicht mehr anzustrengen und sich keine Sorgen mehr zu machen. Der *Aschram* sollte ein Ort sein, an dem es keine Sorgen gibt, an dem man seine Sorgen loswerden kann.

Die Menschen lesen viel, aber setzen das Gelesene nicht in die Praxis um. Sie wissen ganz genau, daß die Sinne die Feinde einer höheren Lebensart sind, aber sie bleiben ihnen weiterhin verhaftet. Seht die Reinheit, die allen Wesen und Dingen zugrunde liegt, dann werdet ihr keine Fehler in anderen finden. Hört nur die reinen, klaren Töne, dann werdet ihr euch nicht an Skandalen ergötzen, die törichte Menschen über andere verbreiten, ohne zu wissen, daß sie dabei selbst Ärgernis erregen. Es ist wichtiger, an den Herrn aller Dinge zu denken, als immer nur an die Pflege und Erhaltung des vergänglichen Körpers.

Jeder Bauer weiß, daß man nur mit gutem Saatgut eine reiche Ernte erwarten kann. Wenn der Samen schlecht ist, sind alle seine Mühen fruchtlos. Sät den Samen, d.h. den Namen Gottes, in das wohlvorbereitete Feld des Herzens; düngt es mit Glauben und errichtet den Zaun der Disziplin, um die Rinder fernzuhalten. Ohne diesen Zaun zum Schutz der Feldfrüchte, ist die Arbeit des Bauern so vergebens wie ein Schuß ohne Kugeln – nur ein Knall, aber keine Beute! Ein Gebet muß aus den Tiefen des Gemütes emporsteigen; der Herr schaut auf das innere Fühlen, nicht auf äußeres Getue! Echtes Gefühl kann das Göttliche im Herzen zu herrlichem Blühen bringen. Zwei Teile der *Veden*, *Karmakānda* und *Upāsanakānda*, halten euch dazu an, Gott zu suchen. Sie besingen Seine Herrlichkeit und lehren den Menschen, wie man darüber meditieren kann. Sie sagen, Gott sei unter vielen Namen bekannt und erscheine in verschiedenen Gestalten. Sie sagen auch: "Es gibt nur Eins", beschreiben aber dieses Eine auf verschiedene Weise. Es ist euer Erbrecht, zu wissen, daß ihr selbst dieses Eine und daher auch unsterblich seid. Die *Veden* grüßen die Menschen als "Kinder der Unsterblichkeit". Handelt deshalb eurer hohen Abstammung gemäß.

138

Die Mehrzahl der Menschen ist sich der Herrlichkeit und Gnade Gottes nicht bewußt. Malayala Swami hat jedem, der zu ihm kam, die Wirklichkeit, welche die Grundlage des Unwirklichen ist, verständlich gemacht. Studium und Disziplin *(sādhana)* haben ihm dieses Wissen gegeben. Der *Guru* ist der Lehrer, der dem Schüler den Weg zur Selbsterkenntnis *(ātmavidyā)* zeigt; ebenso wie die Sonne vertreibt er die Dunkelheit. Sein Wille ist es, daß der *Aschram* seiner Aufgabe, anderen zu spiritueller Erleuchtung zu verhelfen, gerecht wird. Vimalānanda schrieb Mir und bat um Meinen Segen, als er zum Leiter dieses *Aschrams* bestimmt wurde. Ich schrieb ihm zurück: "Da er (Malayala Swami) dich auserwählt hat, wirst du von seinem Segen beschützt und geleitet werden und mit Sicherheit erfolgreich sein." Er war etwas unsicher, nicht weil er am Segen des *Gurus* zweifelte, sondern weil er glaubte, zu wenig Erfahrung für dieses schwere Amt mitzubringen. Ich bin froh, daß alle, die mit Malaya Swami und dem *Aschram* verbunden sind, ihre Loyalität auf Vimalānanda übertragen und ihm zu Ehren eine Girlande gewunden haben.

Ihr habt auch einen Ältestenrat, der ihn in allen Angelegenheiten hilfreich unterstützen wird. Jeder von euch sollte den *Guru* ehren; das heißt nicht, seine Photographie anzubeten, sondern seinen Anordnungen Folge zu leisten. Wenn ihr dem Pfad folgt, den er für euch bestimmt hat, könnt ihr, unbekümmert um Lob oder Tadel, mutig voranschreiten. Zweifelt nicht daran!

Ich muß euch etwas von Mir erzählen, das Ich euch als "Visitenkarte" hier lassen werde. Meine Aufgabe ist es nicht, nur zu heilen, zu trösten und von persönlichem Elend zu befreien. Sie ist sehr viel wichtiger. Die Hauptaufgabe des Mangobaumes ist es, Mangofrüchte wachsen zu lassen. Die Blätter, Äste und der Stamm sind ohne Zweifel auch nützlich, aber die Hauptsache sind die Früchte. Auch der Bananenbaum hat verschiedene Nebenprodukte, wie die Blätter und das eßbare Mark des Stammes, aber die Früchte bringen den größten Gewinn. Ebenso ist die Beseitigung von Not und Leid ein Nebenprodukt Meiner Mission. Meine Hauptaufgabe ist die Wiederherstellung der Bedeutung der *Veden* und anderer heiliger Schriften in Indien und die Wiederbelebung des darin enthaltenen Wissens in den Herzen der Menschen. Diese Aufgabe wird erfüllt und durch nichts aufgehalten, begrenzt oder verzögert werden. Wenn der Herr entschieden hat, wird Sein Wille geschehen. Ihr mögt gehört haben, daß es Leute gibt, die behaupten, Ich würde über Zauberkräfte verfügen. Nun, diese Leute könnten geradeso sagen, daß *Krishna*, als Er den Godavari-Berg hochhob, und *Rāma*, als Er die Brücke über das Meer nach Lanka baute, Zauberkräfte angewandt hätten.

Natürlich gibt es in der Welt beides, schwarze und weiße Magie; aber die Manifestation der göttlichen Macht, darf nicht als Zauberei ausgelegt werden. Kann man ein Krähenei mit einem Kuckucksei verwechseln? Zauberer verwenden Tricks, um ihren Lebensunterhalt zu verdienen. Sie benutzen sie, um weltlichen Ruhm und Vermögen zu erlangen. Ihr Gewerbe beruht auf Betrug, und sie rechnen mit der Unwissenheit der Leute. Dieser Körper kann niemals auf eine so tiefe Stufe herabsinken. Niemals! Er ist durch den göttlichen Willen *(sankalpa)* in die Welt gekommen. Dieser Entschluß wurde gefaßt, um die Wahrheit *(satya)* aufrechtzuerhalten. Der göttliche Wille ist immer der Wille zur Wahrheit. Jeder kennt die strenge Disziplin in *Prashanti Nilayam*; der Befehl lautet: Es darf nicht einmal eine Blume als Geschenk gebracht werden! Aus Unwissenheit oder mit böser Absicht werden die unbegrenzten Kräfte Sais oft falsch aufgefaßt und dargestellt. Ein Sehfehler ist schuld daran, wenn die Wirklichkeit nicht gesehen wird. Es gibt nichts, was die göttliche Kraft nicht vollbringen könnte. Sie kann die Erde in den Himmel und den Himmel in die Erde verwandeln. Wer das bezweifelt, ist nicht fähig, die Erhabenheit des Universums zu erfassen.

Ich bin gekommen, um alle Menschen den innersten Gehalt der *Veden* zu lehren, sie mit diesem kostbaren Geschenk zu segnen und die uralte göttliche Ordnung *(sanātanadharma)* zu schützen und zu erhalten. Für jeden Beruf gibt es eine bestimmte Ordnung *(dharma)*, Einschränkungen und Regeln, die bei seiner Ausübung eingehalten werden müssen. Wer sich danach richtet, wird mehr und mehr Freude an seinem Beruf haben.

Die Menschen haben unterschiedliche Eigenschaften, Impulse, Einstellungen, Vorurteile, Vorzüge und Neigungen. Nicht alle Mangos sind einander gleich, und ihr kauft sie nicht unbesehen. Einige sind sauer, einige klein, andere groß, manche schmecken besser als andere; es gibt saftige, fleischige usw. Ihr wertet sie nach ihrem Geschmack und wählt sie nach ihrer Güte aus, nicht wahr? Natürlich sind alle Menschen vor Gott gleich. Niemand hat Anspruch darauf, begünstigt zu werden, außer in manchen Fällen die Notleidenden und Verzweifelten. Aber in der menschlichen Gesellschaft muß es Unterschiede geben, die auf Eignung und Verdienst beruhen, sei es auf intellektuellem, moralischem oder spirituellem Gebiet. Wenn alle fühlen, das gleiche Ziel zu haben, wird es keinen Streit geben. Die Arbeit jedes einzelnen ist wichtig für das Gemeinwesen. Es gibt weder hoch noch niedrig, und man muß nicht die anderen zu übertreffen suchen, um weltliches Ansehen zu erringen. Das damit verbundene Gefühl der Über- und Unterlegenheit ist wertlos und dauert nicht länger als ein Nadelstich. Wetteifert mit anderen, wer schneller ist auf dem Weg zu Gott! Vor Jahren war dieser Ort eine verlassene Wüste; heute ist er so reich an Möglichkeiten und so vielversprechend. Wie kam es dazu? Wie konnte Malayala Swamis Plan Früchte tragen? Weil er niemals von seinem Ideal abgewichen ist und weil seine spirituelle Autorität respektiert wurde.

Ihr müßt alles, was die *Veden* fordern, gewissenhaft ausführen. Männer

140

müssen die Gesetze *(dharma)* beachten, die für ihren Stand in der Welt bestimmend sind; Frauen müssen das tun, was für sie vorgeschrieben ist. Beide sind natürlich Kinder Gottes, aber die Disziplin verlangt es, daß Männer und Frauen in dem Wirkungskreis tätig sind, welcher ihnen von der göttlichen Ordnung *(dharma)* zugeteilt wurde. Besteht auf Disziplin während der Lehrjahre. Laßt Jungen und Mädchen zu selbstbeherrschten und selbstbewußten Bürgern heranwachsen. So können sie einen besseren Beitrag zur Wohlfahrt des Landes leisten, als viele von den sogenannten gebildeten, aber undisziplinierten Leuten, welche die Gesellschaft in Verwirrung stürzen. Ein Schauspieler ist so in Anspruch genommen von dem, was auf der Bühne vor sich geht, daß er das Spiel nicht im Ganzen überblicken kann. Ein Beobachter kann dem Spieler viel bessere Anweisungen für das Spiel geben. Deshalb hört euch den Rat derer an, die hierherkommen und beobachten.

Das Grabmal, das ihr für euren *Guru* Malayala Swami errichtet habt, verrät die Verehrung, die ihr für ihn empfindet. Diese Verehrung muß in jeder eurer Handlungen und Gedanken zum Ausdruck kommen. Beweist, daß ihr seine Schüler seid, indem ihr selbst die geringste Liebestat im Geiste der non-dualistischen Philosophie *(advaita)* ausführt. Malayala Swamis Geist war von der *Gītā* erfüllt. Sie war das Ideal, dem er sich geweiht hatte.

Er übertrug die Verantwortung für diesen *Aschram* auf Vimalanandas Schultern und verschied. Nun müssen alle, die ihn verehrt haben, Vimalananda Swami voll unterstützen und dadurch den Befehl ihres Gurus, der nicht außer acht gelassen werden darf, ausführen. Ich werde jetzt meine Rede beenden, denn Ich habe noch viel mit Vimalananda Swami zu besprechen. Ich mußte Meine Pläne für den heutigen Tag ändern, um mit euch und Vimalananda Swami zusammensein zu können. Aber es hat Mir große Freude bereitet, euch zu besuchen und Mein *"ānanda"* mit euch allen zu teilen. Vyasashram, Yerpedu, 17.12.64

Schließt die Fenster

Die beiden Redner haben an diesem Feiertag über eine alte Legende gesprochen, deren Einzelheiten im *Bhāgavatam* beschrieben werden. Es handelt sich um den Kurma-*Avatar*, den Mandara-Berg, die Schlange Vasuki, die Dämonen *(asura)*, das Meer aus Milch und alle die Dinge, die durch das Umrühren aus dem Meer aufgetaucht sind, als letztes und bestes: der Nektar der Götter *(amrita)*! Diese Legende ist sehr lehrreich für euch, denn auch ihr müßt das Meer eures Herzens tüchtig umrühren, um den Nektar für euch zu gewinnen. Die Legende soll euch daran erinnern und ermahnen.

Ein Herz voll guter Eigenschaften ist das Meer aus Milch. Die beständige Kontemplation über das Göttliche, entweder als die eigene Wirklichkeit oder als das Ideal, welches ihr anstrebt, ist der Mandara-Berg, der als Quirl benutzt wird. Die Schlange Vasuki, welche die Sinne symbolisiert, ist als Strick um den Quirl gewunden, an dem die guten und schlechten Impulse auf beiden Seiten ziehen, um den Quirl zu drehen. Sie stößt während des Quirlens giftige Dämpfe aus, die sogar den Dämonen, welche den Kopf der Schlange halten, Angst einjagen. Kurma, die Schildkröte, ist die Gnade Gottes, denn der Herr selbst kommt euch zu Hilfe, wenn Er weiß, daß ihr ernsthaft nach dem Geheimnis der Unsterblichkeit sucht. Er kommt leise und unbemerkt wie Kurma, die Schildkröte, ohne den Vorgang der Meditation, welche die Grundlage für jeden spirituellen Fortschritt ist, zu unterbrechen. Vieles taucht aus dem Geist auf, wenn er "gequirlt" wird, aber der Weise wartet geduldig, bis der Bürge der Unsterblichkeit erscheint und bemächtigt sich dann seiner mit großem Verlangen. Das ist die Lehre, die aus der Legende zu ziehen ist. Sie ist die Zusammenfassung der Wissenschaft vom wirklichen Selbst *(ātmavidyā)*.

Das Lied, welches der Doktor zu Beginn der Veranstaltung gesungen hat: "bhaja gopalam", hat die gleiche Botschaft zum Inhalt, nur in einfacherer, leicht verständlicher Form. In diesem Zeitalter genügt es, immer an den Namen des Herrn zu denken, um gerettet zu werden. Der Herr ist: Sein-Bewußtsein-Glückseligkeit *(sat-cit-ānanda)*, und diese Seligkeit kann durch Seinen Namen erfahren werden. Ihr mögt daran zweifeln, ob ein kleiner Name wie: *Rāma*, Sai oder *Krishna* euch wirklich helfen kann, das grenzenlose Meer des Wandels *(samsāra)* zu überqueren. Die Menschen segeln in winzigen Booten auf dem Meer und können mit einer kleinen Lampe in der Hand im Urwald ihren Weg finden. Beide, der Name des Herrn und der Urlaut *"OM"* *(pranava)*, der noch kürzer ist, sind ungeheuer machtvoll. Ein Boot muß nicht so groß sein wie das Meer!

Die Rezitation des Namens ist wie das Bohren nach einer Wasserader; sie ist wie ein Meißel, der einen Marmorblock bearbeitet und dadurch das Antlitz Gottes freigibt. Zerbrecht die äußere Schale, und der Herr wird erscheinen; spaltet die Säule, wie es *Prahlādas* Vater getan hat, und der immer allgegenwärtige Herr wird sich offenbaren. Quirlt die Milch, und die Butter, die verborgen darin enthalten ist, wird sichtbar. Jede Mutter weiß das und lehrt es ihre Tochter. Auf spirituellem Gebiet könnt ihr die Technik des "Quirlens", welche eine geistige Übung *(sādhana)* ist, von den *Yogis* lernen, welche die "Butter" gewonnen und *Krishna* als Opfer dargebracht haben.

Es gibt viele Leute, die *Yogis* verachten und sie lächerlich machen. Sie werden als selbstsüchtig und unsozial angesehen. Man hält sie für zu faul, ihren Pflichten nachzukommen und denkt, daß sie es sich statt dessen lieber in einem Asyl des Friedens und der Stille wohl sein lassen. Aber anderen nahe zu sein und unter ihnen zu leben, bedeutet nicht zwangsläufig, daß man ein nützliches Mitglied der Gesellschaft ist, ebenso wie das Leben in der Einsamkeit nicht Furcht vor der Gesellschaft oder Faulheit bedeuten muß. Viren treten in den Blutstrom ein und sind euch so nahe wie nichts anderes. Aber trotzdem sind sie tödliche Feinde. Die Mitglieder einer Familie sind eifersüchtig und mißtrauen einander. Brüder und Schwestern bekämpfen sich vor Gericht und füllen die Taschen der Anwälte. Selbst Zwillinge lieben sich selten. Es ist nicht die Nähe, auf die es ankommt.

Die *Yogis* begaben sich auf der Suche nach Lehrern des inneren Pfades in die Einsamkeit. Heute gehen junge Techniker nach Japan, Amerika oder Rußland, um sich als Spezialisten ausbilden zu lassen, damit sie später mithelfen können, ein besseres Indien zu bauen. Die *Yogis* verlassen ihre Familien und ihre Arbeit nicht, um ihr Glück zu machen, oder weil sie Angst haben, der harten Wirklichkeit des Lebens ins Auge zu sehen; sie fliehen nicht aus Furcht, Verluste oder Niederlagen erleiden zu müssen. Sie gehen, um das Geheimnis ewiger Freude zu suchen. Ihr Erfolg hilft ihnen selbst und inspiriert andere, den gleichen Pfad zu beschreiten, der ihnen geholfen hat, hinter dieses kostbare Geheimnis zu kommen. Niemand findet einen Mann, der zum Ingenieur- oder Arztstudium ins Ausland geht, selbstsüchtig. Warum sollte dann der Mann, der noch größere Strapazen auf sich nimmt, um ein noch besserer "Ingenieur" des Geistes zu werden, und der seine Kräfte nicht für die Bindung an materielle Dinge einsetzt, sondern für die Erlösung, als Egoist gebrandmarkt werden? Ein solches Denken beweist nur die Unkenntnis der wahren Werte. Es gibt besondere Krankenhäuser, in denen Patienten mit ansteckenden Krankheiten behandelt und geheilt werden. Die *Aschrams* in der Einsamkeit der Wälder sind solche Krankenhäuser, in denen Menschen, die von der Krankheit weltlicher Bindungen geheilt werden wollen, sich einer Behandlung unterziehen, um, wenn sie gesundet sind, anderen Patienten helfen zu können.

Heute gedenken wir des Tages, an dem der Nektar der Unsterblichkeit *(amrita)* aus dem Meer auftauchte und den Göttern zurückgegeben wurde. Die Legende berichtet, daß sie in Gefahr geraten waren, ihre Unsterblichkeit zu verlieren. Auch der Mensch ist ein Kind der Unsterblichkeit, deshalb gelingt es ihm auch nicht, sich mit dem Gedanken abzufinden, sterben zu müssen. Er sieht seinen Nachbarn sterben, aber er hofft trotzdem, selbst verschont zu bleiben. Der Weise *(jnānī)* jedoch, ist jederzeit bereit, die Last des Körpers aufzugeben und dem Gefängnis von Name und

Form zu entfliehen. König *Janaka* war ein solcher Weiser. Er hat niemals das Bewußtsein des Einsseins verloren. Einmal, als Sulabha, die gefeierte Meisterin der Dialektik, seinen Hof besuchte, forderte sie ihn in einer Diskussion heraus, auch sie als seine Königin zu behandeln, denn, so sagte sie, ein Weiser solle keine Unterschiede machen. Aber *Janaka* antwortete: "Als Weise solltest du das Einssein erkennen; es ist nicht richtig, von einer Verschiedenheit zwischen Männern und Frauen zu sprechen." So lehrte er sie, was wirkliche Weisheit ist.

Das *"amrita"*, das Ich für euch manifestiere, wird euch nicht die Unsterblichkeit des Körpers verleihen. Alles, was geboren wurde, muß sterben; alles, was zusammengefügt wurde, muß sich in seine Bestandteile auflösen. Aber ihr könnt dem Tod dadurch entfliehen, daß ihr nicht wieder geboren werdet. Wenn ihr erkannt habt, daß ihr das grenzenlose göttliche Selbst *(ātman)* seid, werdet ihr nicht mehr den Begrenzungen einer Geburt unterworfen. Das ist das Geheimnis. Wie könnt ihr zu dieser Einsicht kommen? Die Intelligenz muß geschärft, Gefühle und Impulse müssen geläutert werden. Ihr mögt euch den strengsten Übungen und asketischer Lebensweise unterziehen, aber das alles ist nutzlos, wenn ihr keine Tugend besitzt. Ihr mögt das feinste Gemüse und den besten Koch haben, aber wenn der Kupferkessel nicht verzinnt ist, wird die Speise, die darin gekocht wird, vergiftet. Also "verzinnt" euer Herz mit Wahrhaftigkeit *(satya)*, Rechtschaffenheit *(dharma)*, Friedfertigkeit *(shānti)* und selbstloser Liebe *(prema)*. Dann wird es ein Gefäß werden, in dem ihr die Rezitation des göttlichen Namens *(japa)*, die Meditation *(dhyāna)*, die Einhaltung von Gelübden, das Pilgern zu heiligen Orten und andere "Speisen" kochen könnt.

Die Verbesserung des Charakters ist eine schwere Aufgabe. Ein Mann mag jahrelang die heiligen Schriften studiert haben und sogar Vorlesungen darüber halten, aber wenn die Versuchung an ihn heran tritt, zeigt sich sein wahrer Charakter. Es ist wie bei einem verdorrten Feld, auf dem nichts wächst. Wenn aber der erste Regenschauer die Samen und Wurzeln unter der Erde erreicht, verwandelt sich die Einöde in einen grünen Teppich. Es war einmal ein Wandermönch, der sich weigerte, seine Kaste, seine Religion und sein Woher und Wohin bekanntzugeben. Eine schlaue Hausfrau fand es aber ganz leicht heraus. Sie gab ihm gut zu essen, und als er danach fest eingeschlafen war und schnarchte, berührte sie seine Fußsohle mit einem glühenden Stück Eisen. Der Mönch schrie auf: "Allah!" Das wahre, innerste Wesen kann weder verändert, noch verborgen oder unterdrückt werden.

Aber was ist das wahre, innerste Wesen? Es ist nicht eine bestimmte Religion, der Name oder die Sprache, die man auf dem Schoß der Mutter gelernt hat. Was ihr wirklich seid, ist das Göttlich-Absolute *(brahman)*. Ganz tief in eurem Herzen wißt ihr: "Ich bin und werde immer sein". Das ist das Merkmal des Seins *(sat)*, welches allen Wesen eigen ist. Ihr seid auch begierig zu wissen, zu erfassen und eure Kenntnisse zu erweitern. Alle Wesen haben diesen Drang nach Ausdruck. Das ist das Merkmal des Bewußtseins *(cit)*. Ihr wollt glücklich sein, so wie alle Wesen. Das ist das Merkmal der Glückseligkeit *(ānanda)*. Die Glückseligkeit, die euer innerstes Wesen ist, sucht ihresgleichen überall und in allen Dingen. Darum wird auch gesagt, daß Sein-Bewußtsein-Glückseligkeit *(sat-cit-ānanda)* in dem Ausspruch *"tat tvam asi"* das Bindeglied zwischen dem "Das" (tat) und dem "Du" *(tvam)*, dem Besonderen und dem Universalen ist. Alles existiert, denn es ist Sein *(sat)*, es drängt nach Ausdruck, denn es ist Bewußtsein *(cit)*, es will glücklich sein, denn es ist Glückseligkeit *(ānanda)*.

Wenn ihr euren Geist mit diesem Bewußtsein ausrüsten könnt, seid ihr weise. Andernfalls gleicht ihr einem Narren, dessen Geist sich in einer der folgenden drei Masken zeigt: 1. als aufbereitete Baumwolle, bereit, den Funken der Weisheit zu empfangen und die Schwächen und Vorurteile vieler Lebenszeiten augenblicklich den lodernden Flammen zu übergeben; 2. als trockenes Holz, das wohl brennen wird, aber erst nach geraumer Zeit; 3. als grünes, feuchtes Holz, das sich mit aller Macht dem Feuer der Weisheit *(jnāna)* widersetzt.

Eine Rinderherde rennt auf eine Fata Morgana zu, weil sie ihren Durst löschen will. Aber ihr solltet weiser sein. Ihr habt Unterscheidungs-vermögen *(viveka)* und könnt frei sein von Bindungen *(vairāgya)*, so daß ihr keine Ziele verfolgen müßt, die ihr als Illusion erkannt habt. Sitzt ein paar Minuten still und denkt darüber nach, wie es jenen ergeht, die versuchen, eine Fata Morgana zu erreichen. Sind sie glücklich? Haben sie die Kraft, Schmach und Ehre gleichermaßen zu ertragen? Haben sie eine Ahnung von der Schönheit, der Größe und Herrlichkeit des Universums, der Schöpfung Gottes? Sehen sie sich selbst als Mittelpunkt des Weltalls? Ihr habt gelesen, daß der Herr, gerührt durch die Frömmigkeit eines Weisen, zu ihm kam und liebevoll fragte: "Mein liebes Kind, was möchtest du haben?" Der Herr will, daß ihr euer Sehnen und eure Wünsche in Worten ausdrückt, wenn ihr Ihn durch eure Anbetung in der Stille zu euch gebracht habt. Das ist ein kleines Spiel, das Ihm gefällt. Manchmal beantwortet Er die Bitten – wenn sie Seinem Plan für euch entsprechen! Es war ein Segen, daß der Dämon Kumbhakarna sich versprach, als er eine Bitte an den Herrn richtete. Er bat aus Versehen um "nidra", Schlaf, anstatt um "nigraha", die Macht zu töten.

Ihr solltet euch niemals an das, was ihr seht, binden. Auf diese Weise bleibt ihr frei. Wenn einer der Sinne mit einem Gegenstand in Berührung kommt, entsteht das Verlangen danach, welches dann zu einer Bindung führt, die entweder frohe Erregung oder Enttäuschung zur Folge hat. Es entsteht die Angst, etwas zu verlieren oder in irgend einer Weise zu versagen, und so wird die Kette der Reaktionen länger und länger. Wie kann man das Verlöschen der Flamme in der Lampe verhindern, wenn alle Türen und Fenster offen sind? Diese Lampe ist euer Geist, der stetig brennen muß, unberührt von den Gegensätzlichkeiten der äußeren Welt. Die vollständige Hingabe an den Herrn *(sharanāgati)* ist eine Möglichkeit, die Fenster und Türen zu schließen, denn dadurch verliert ihr euer Ego und werdet nicht mehr von Freud und Leid herumgestoßen. Die Hingabe an den Herrn erlaubt es euch, Seine Gnade in allen Krisen des Lebens in Anspruch zu nehmen, und das macht euch mutig und stark und bereitet euch gut für den Lebenskampf vor.

Entscheidet euch an diesem gesegneten Tag, mit der Suche nach der Wahrheit zu beginnen. Geht den vornehmen, den überlegenen Pfad. Es ist günstig, heute damit anzufangen. Auf einen Morgen wie diesen hatte der große *Bhīshma*, der lange von Pfeilen durchbohrt auf seinem Bett lag, mit dem Sterben gewartet, denn die Sonne wandte sich nach Norden, den Göttern, dem Wohnsitz *Shivas* entgegen. Die Sonne ist die Gottheit, welche das Auge und das innere Licht des Menschen beherrscht. Deshalb sind die kommenden sechs Monate, in denen die Sonne sich "shivawärts" bewegt, für den Menschen sehr günstig.

Es sind einige Holzhändler aus dem Ost-Godavari Distrikt hier. Sie wissen, daß Holzstämme während der Regenzeit den Godavari-Fluß hinunter geschwemmt und nach einer langen Reise in der Gegend von Rajahmundry aus dem Wasser gezogen werden. Eisenbahnschwellen werden zu Tausenden von den Himalaya-Bergen auf dem Ganges bis Haridwar transportiert. Schwimmt mit dem Strom, und die Reise geht leichter vonstatten. Nutzt deshalb die Zeit, in der die Sonne sich ebenso wie das Licht der Erkenntnis gottwärts bewegt und übt euch in spiritueller Disziplin *(sādhana)*. Heute erwarten viele, daß Ich zum Chitravathi-Flußbett gehe und dort den Nektar der Unsterblichkeit *(amrita)* erschaffe, um ihn an euch zu verteilen. Auch Rinderherden gehen zum Fluß! Ihr aber habt Meine Rede als Nektar bekommen! Behaltet sie als kostbaren Schatz in eurer Erinnerung und richtet euch danach. Das ist der wirkliche himmlische Nektar! Erkennt seinen Wert, vergeudet ihn nicht, bewahrt ihn in eurem Herzen, und er wird von unschätzbarem Wert sein. Prashanti Nilayam, 13.1.65

Die Sonne vor eurer Tür

Ein aufgeregter Mann wollte auf einem Bahnhof unbedingt eine Fahrkarte haben. Aber der Beamte hinter dem Schalter konnte ihm nicht helfen, denn der Mann wußte nicht, wohin er fahren wollte. Er wollte einfach irgendwo anders hin, denn er hatte genug von diesem Ort. Alle Menschen haben früher oder später dieses Gefühl, selbst wenn sie hundert Jahre alt sind und gar nicht den Wunsch haben weiterzuleben, weil alle, die ihnen lieb waren, nicht mehr am Leben sind. Das Leben besteht nicht nur aus guten Zeiten. Kein Mensch, der ein weltliches Leben führt, ist wirklich glücklich. Er wird auf den Wellen von Freud und Leid herumgestoßen; er ist dem Schicksal, ob gut oder schlecht, ausgeliefert; er ist das Ziel von Blumensträußen und Steinwürfen; das Böse um ihn herum stört seinen Frieden; die Angst raubt ihm den Schlaf. Es ist, als ob er in einem Bett voller Flöhe zu schlafen versucht. Und dann will er all dem entfliehen, irgendwie, irgendwohin, aber er weiß nicht recht, wie und wohin.

Der *Guru* kann euch den Weg weisen, aber ihr müßt den Ort selbst erreichen. Ihr müßt den Weg selber gehen. Der Lehrer mag Unterricht erteilen und Nachhilfestunde geben, aber der Schüler muß selbst lernen. Zwei Dinge müßt ihr tun: 1. Eignet euch etwas an, das ihr noch nicht habt, und 2. Erinnert euch an etwas, das ihr bei euch tragt, aber von dem ihr vergessen hattet, daß ihr es habt. Ein Freund bittet euch um ein Darlehen von 10 Rupien. Es tut euch leid, daß ihr kein Geld habt, um dem Freund in seiner Not zu helfen. Eine Stunde später setzt ihr euch zum Lesen hin, öffnet die *Gītā* und heraus fällt ein längst vergessener 10-Rupien-Schein, den ihr einmal zwischen die Seiten gelegt hattet. Wie euch das freut! Es ist, als ob ihr die 10 Rupien gerade erst verdient hättet. Der *Guru* fordert euch auf, im Buch eures Herzens zwischen den Seiten zu suchen und siehe da: Ihr findet den Schatz, den ihr vergessen hattet, und er macht euch über die Maßen reich. *Krishna* hat *Arjuna* nicht durch Seinen Willen *(sankalpa)* von der Unwissenheit befreit, obwohl Er das ohne Zweifel hätte tun können. *Arjuna* mußte selbst alle Schritte unternehmen: Konzentration, Kontemplation und Meditation. Der Patient muß die Medizin einnehmen, nicht der Arzt. Der Arzt empfiehlt euch, sie zu nehmen. Und noch etwas muß gesagt werden: Der Schüler muß schon eine leise Ahnung von der Wahrheit haben, sonst kann er das Geheimnis nicht erfassen. Ein Telegramm wird im Morsecode übermittelt, deshalb muß die Person, die es sendet, ebenso wie die, welche es empfängt, das Morsealphabet kennen. Der Doktor sprach davon, daß die Leute aus verschiedenen Gründen zu Mir kommen. Das stimmt, aber einige sind unzufrieden, wenn sie nicht ganz genau das bekommen, was sie sich wünschen, anstatt sich selbst die Schuld zu geben, weil sie etwas haben wollen, was nicht gut für sie ist oder was Ich ihnen nicht geben kann, weil sie es nicht verdienen.

Warum gebt ihr der Sonne die Schuld, wenn euer Zimmer dunkel ist? Öffnet die Tür, und die Sonne, die an der Schwelle auf diesen Augenblick gewartet hat, wird euer Zimmer mit Licht überfluten. Ihr müßt eure höhere Intelligenz nutzen, um Gottes Gnade zu verdienen; das ist der Zweck menschlicher Anstrengungen. Ein Schüler wusch die Wäsche seines *Gurus* und hängte sie zum Trocknen auf. Der *Guru* wollte seine Sachen schnell haben, aber das Trocknen brauchte seine Zeit. Er hatte die Wäsche vierfach gefaltet aufgehängt! Hätte er seine Intelligenz walten lassen, wäre ihm klar gewesen, daß er die Wäsche glatt und ungefaltet aufhängen muß, damit sie schnell trocknet. So solltet ihr auch bei spirituellen Übungen *(sādhana)* die höhere Intelligenz *(buddhi)* zu Wort kommen lassen. Es ist nicht so wichtig zu wissen, wie man Wäsche am schnellsten trocknet oder wie man ein schmackhaftes Mahl bereitet. Wichtig ist, den Versuchungen der Sinne zu widerstehen, sich nach innen zu wenden und alle Regungen einem höheren Zweck dienen zu lassen. Was nützt es, eine Tasse außen zu polieren? Wascht lieber das Innere gründlich aus.

Die Wiederholung der Namen des Herrn *(nāmasmarana)* ist das beste Waschmittel für den Geist. Der Name ist das Schiff oder das Floß, mit dem ihr das Meer überqueren könnt. Der Name wird den Schleier falscher Vorstellungen *(māyā)* lüften, der nun das Universale vor dem Individuum verbirgt. Wenn dieser Schleier entfernt ist, steht der Mensch seinem Selbst gegenüber. Er hat unendliche Kraft und alle Möglichkeiten, denn er ist eine Welle des Meeres der Ewigkeit. Ihr könnt euch dessen bewußt werden, wenn ihr es wagt, darüber nachzudenken. Die Frucht wird nicht herabfallen, wenn ihr *"mantras"* unter dem Mangobaum aufsagt. Ihr müßt einen schweren Stock nehmen und ihn in den Baum schleudern. Benutzt dazu den Stock der Intelligenz und werft ihn auf das Problem: "Du und die Welt". Dann werden die Früchte herabfallen.

Aus diesem Grund bestehe Ich darauf, daß ihr die Gesellschaft guter Menschen sucht *(satsanga)*. Wenn ihr mit spirituellen und weisen Menschen verkehrt, habt ihr bessere Aussichten im Kampf gegen das Böse. Als *Garuda*, der bittere Feind der Schlangen, einst zum Berg Kailasa, dem Wohnsitz *Shivas* flog, sah er die Schlangen, die sich um *Shivas* Hals, Arme und Füße ringelten. Die Schlangen fühlten sich nicht bedroht und reckten ihre Köpfe zischend dem himmlischen Vogel entgegen, der ihnen nichts anhaben konnte, weil sie in der göttlichen Gesellschaft *Shivas* waren. *Garuda* sagte: "Wenn ihr den Schutz dieses Körpers verlaßt, werde ich euch alle töten!" Die Gemeinschaft mit Gleichgesinnten *(satsanga)* ist daher von großem Wert für den Gottsucher *(sādhaka)*. Auch für den fortgeschrittenen *Yogi* ist sie wichtig. Es ist, als ob man einen Topf mit Wasser in einen großen, mit Wasser gefüllten Behälter stellt; das Wasser im Topf verdunstet dann nicht. Für den *Yogi*, der in der Welt lebt, besteht die große Gefahr, daß sein *Yoga* "verdunstet". Der Wert heiliger Orte besteht in dem Zusammentreffen gleichgesinnter Menschen, die ihr spirituelles Sehnen vertiefen. Ihr könnt einander beraten und euch gegenseitig im Glauben stärken. Wo das nicht möglich ist, solltet ihr nicht bleiben, sondern weiterziehen, bis ihr den rechten Ort gefunden habt.

Ihr müßt vorsichtig in der Wahl eurer Speisen sein. Die Gier nach Essen und das Verlangen nach Sex treiben euch ins Verderben. Befriedigt die Lust des Gaumens nicht und werdet kein Opfer eurer Begierden. Ernährt euch mit gesunder, reiner Kost *(sattvika)*, und nehmt eure Mahlzeiten in der Gesellschaft guter Menschen ein. Seid mäßig im Essen, und beherrscht eure Sinne.

Vermindert auch die Zahl und das Ausmaß eurer Wünsche. Überprüft euren Besitz und befreit euch von allen überflüssigen Dingen, die ihr angesammelt habt. Ein Fakir z.B. hat keine Sorgen. Was ist die Wurzel aller Sorgen? Es sind Bedürfnisse, die man zu haben glaubt, und die Anstrengungen, sie zu befriedigen. Dazu kommt die Angst, man könne dazu nicht in der Lage sein. Vermindert euer Verlangen, das vermindert eure Sorgen. Ihr versammelt euch hier auf der Veranda und hofft auf ein persönliches Interview mit Mir. Eure Herzen sind angefüllt mit Wünschen, die Ich euch erfüllen soll. Warum tragt ihr diese Last? Habt nur den einen Wunsch, nämlich die Gnade Gottes zu gewinnen. Überlaßt alles Ihm, Er wird euch geben, was das Beste für euch ist. Ein Kind saß einmal auf dem Schoß seines Großvaters und fragte ihn: "Großvater, hast du mich lieb?" Der Großvater antwortete: "Ja, ich habe dich sehr lieb." Als nächstes fragte das Kind: "Liebst du Gott?" "Ja", sagte der alte Mann. Das Kind erwiderte: "Wenn du Gott liebst, dann kannst du doch nicht gleichzeitig auch mich lieb haben, jedenfalls nicht ebensosehr." In gewisser Hinsicht stimmt das schon. Ihr habt eine Wahl zu treffen. Ihr könnt es vorziehen, euch von der materiellen Welt *(prakriti)* so fesseln zu lassen, daß ihr Gott darüber vergeßt, oder aber ihr könnt Gott von ganzem Herzen lieben und erkennen, daß die materielle Welt nur Sein Gewand ist.

Arbeitet, aber verlangt nicht nach den Früchten eurer Arbeit. Beschwert euch nicht, wenn euch keine öffentliche Anerkennung für eine wohltätige Spende zuteil wurde. Ihr müßt gute wie schlechte Früchte gleichermaßen hinnehmen. Die beste Möglichkeit, von den Folgen eurer Handlungen frei zu werden, ist es, eure Arbeit *(karma)* nur um der Arbeit willen zu tun, ohne an deren Früchte zu denken. Wenn ihr das tut, belasten euch weder die guten noch die schlechten. Solltet ihr nach Gewinn streben, müßt ihr auch bereit sein, Verluste hinzunehmen. Wenn ihr gelobt werden wollt, weil ihr einen Brunnen dort gebaut habt, wo sich vier Straßen treffen, damit Menschen und Kühe ihren Durst löschen können, dann könnt ihr auch den Vorwürfen nicht entgehen, wenn jemand in den Brunnen hineinfällt und ertrinkt. Wer jemandem aus Liebe mit dem Fächer Erleichterung verschafft, könnte jederzeit damit aufhören; aber ein Mann, der dafür bezahlt wird, muß weiterfächeln, ob er will oder nicht. Gebt den Wunsch nach Belohnung auf, und ihr seid frei; wenn ihr sie annehmt oder darum bittet, seid ihr gebunden. Das ist das Geheimnis des *Karmas*, das euch frei und glücklich macht.

Laßt euch vor allen Dingen davon überzeugen, daß das Leben so unwirklich ist wie ein Traum. Bindungen dürfen nicht über das vernünftige Maß hinausgehen. Es war einmal ein Mann, der Haus und Hof verließ, weil er zu arm war, seine Frau und Kinder zu ernähren. Nachdem er fortgegangen war, wurde es noch schlimmer, und die Frau mußte mit ansehen, wie ihr jüngstes Kind verhungerte. Am nächsten Tag kam der Mann zurück. Die Frau berichtete, was geschehen war und weinte. Der Mann sagte: "Frau, vorige Nacht hatte ich einen Traum: Ich war ein sehr reicher Mann, wohnte in einem schönen Haus mit meiner Frau und sechs strammen Kindern. Im Garten standen bequeme Stühle und Schaukeln, und ich hatte viele Dienstboten, die ich herumkommandieren konnte. Als ich aufwachte, verlor ich alles! Um wen soll ich jetzt weinen? Um die sechs Kinder, die ich heute morgen verlor oder um das Kind, das gestern starb? Jene sechs werden nie mehr spielen, und auch dieses eine kann nicht mehr herumtoben. In meinem Traum war das eine Kind nicht vorhanden, und als ich aufwachte, hatte ich auch jene sechs Kinder nicht mehr. Das einzige, was ich im Traum- sowie im Wachzustand wahrnehme, ist das 'Ich'."

Nehmt dieses "Ich" wahr und erkennt, daß es mit dem "Er" identisch ist. Diese Erkenntnis könnt ihr nur durch strenge spirituelle Disziplin *(sādhana)* erlangen, die aber nicht durch Zorn, Eifersucht und Habgier beeinträchtigt werden darf. Untugenden dieser Art entspringen dem Ego. Wenn ihr zornig seid, benehmt ihr euch, als ob ein böser Geist von euch Besitz ergriffen hätte; eurer Gesicht wird häßlich und so rot wie die Lampe eines Warnsignals. Beachtet dieses Warnsignal. Macht euch nicht mit bösen Worten Luft, sondern sucht einen ruhigen Ort auf. Paßt auf, daß Eifersucht und Habgier, die auch vom Ego ausgehen, euch nicht beherrschen. Wie der Schwanz einer Kaulquappe wird auch das Ego von selbst abfallen, wenn ihr an Weisheit zunehmt. Er muß abfallen, denn wenn der Schwanz abgeschnitten würde, müßte die arme Kaulquappe sterben. Also, sorgt euch nicht um das Ego, nehmt zu an Weisheit, unterscheidet zwischen dem Vergänglichen und dem Ewigen – dann wird der "Schwanz" von selbst abfallen und euch nicht mehr im Wege sein.

Morgen werde Ich wieder zu euch sprechen. Ihr seid schon seit drei Uhr hier und solltet jetzt zum Essen gehen. Ich ermahne euch immer, gut für euren Körper zu sorgen, weil er das Werkzeug ist, welches ihr braucht, um Gotterkenntnis zu erlangen, und Ich sollte euch heute nicht davon abhalten, diesen Rat zu befolgen. Prashanti Nilayam, 14.1.65

Folgt Seinen Spuren

Der *Pandit* hat zu euch über das *Bhāgavatam* gesprochen. Dieses Buch wird so genannt, weil es die Spiele, Wunder und Belehrungen des Herrn während Seiner verschiedenen Manifestationen behandelt. Wenn der Herr auf Erden erscheint, hat Er immer eine zweifache Aufgabe: die eine weltlich, die andere göttlich – die eine äußerlich, die andere innerlich. Ihr habt gerade gehört, wie *Krishna* als Kind die Tontöpfe zerbrach, in denen die Milchmägde die Butter, welche sie bereitet hatten, lagerten. Das war die äußere Handlung. Die innere Bedeutung dieser Episode ist, daß *Krishna* die materiellen Hüllen zerbrach, in denen ihre Seelen gefangen waren, und sie dadurch von weltlichen Bindungen befreite. Dann nahm Er Besitz von dem, was Ihm schon immer gehörte – von der "Butter" des Glaubens. Diese Butter entsteht durch das "Quirlen" des Geistes, der Läuterung, durch das Bemühen um spirituellen Fortschritt *(sādhana)*.

Der Herr offenbart sich nur, wenn die Säule mit dem Schwert des Sehnens entzwei gespalten wird. Als Hiranyakashipu, der Vater *Prahlādas*, das tat, trat Gott augenblicklich aus dem Inneren der Säule hervor. Er hatte sich nicht etwa dort verborgen in Erwartung des Zufälligen. Er ist überall, und so war Er auch dort. Hiranyakashipu hat gelernt, daß Gott sich offenbart, wenn die Bindung an das Materielle "entzwei gespalten" wird. Das bedeutet, das "Ich bin der Körper"-Bewußtsein muß weichen, damit das "Ich bin im Körper"-Bewußtsein entstehen kann. Solange ihr das "Ich bin im Körper"-Bewußtsein habt, werden Schmerz, Kummer und Egoismus euch nicht plagen. Wenn ihr etwas Meerwasser in eine Flasche füllt, wird es in wenigen Tagen übel riechen. Solange es im Meer ist, kann es nicht verderben. Seid ein Teil des Meeres; sondert euch nicht davon ab; fühlt euch nicht als Körper, der von Ihm, der darin wohnt, getrennt ist. Ihr müßt durch ständiges Streben, durch Disziplin und Selbstbeherrschung das Körperliche dem Geistigen unterordnen. Der Körper ist nur ein Werkzeug, das dazu dient, den Bewohner des Körpers zu entdecken. *"Yoga"* bedeutet: Zügelung des unruhigen Geistes und, wenn das erreicht ist, völlige innere Ausgeglichenheit. Jedes Kapitel der *Gītā* wird als *Yoga* bezeichnet, um diesen Gesichtspunkt der Belehrung zu betonen. Liebe zu Gott *(bhakti)*, höheres Wissen *(jnāna)* und selbstloses Handeln *(karma)* müssen alle zu dieser inneren Ausgeglichenheit führen. Andernfalls sind sie nicht das, was sie zu sein vorgeben. Weder Wasser noch Feuer allein können einen Zug vorwärts bewegen. Sie müssen beide zusammenwirken und als drittes Element den Dampf produzieren. Der Dampf bewegt die Lokomotive vorwärts. Die Zügelung der Gedanken bringt euch ans Ziel. Kerosin und Luft bilden zusammen das Gas, welches in der Lampe entzündet wird, so daß sie Licht ausstrahlen kann.

Um den Strom "Kreislauf von Geburt und Tod" sicher überqueren zu können, braucht man eine Brücke, die Disziplin genannt wird. Es muß eine feste, sichere Brücke sein, denn sonst fallt ihr in das tobende Wasser und werdet in das Meer abgetrieben, in dem die Haie "Lust und Zorn" darauf warten, euch zu verschlingen. Denkt an Helden wie *Prahlāda*, die trotz größter Schwierigkeiten nie von Gott gelassen haben. *Prahlāda* gab die Rezitation des Namens des Herrn niemals auf, obwohl er gequält und gefoltert wurde. Sorgen und Unglück jagen wie Wolken über den Himmel, aber sie können seine blaue Tiefe nicht verletzen. Es ist eure Pflicht, euch von jetzt ab anzustrengen. Zögert nicht und schiebt es nicht auf. Wer weiß, wann der Tod kommt; er könnte heute nacht oder in diesem Augenblick anklopfen! Deshalb: Schiebt es nicht auf! Verschiebt ihr denn euer heutiges Mittagessen auf morgen? Ernährt euren Geist ebenso gewissenhaft wie jetzt euren Körper.

Macht euch unabhängig von den Sinnen, nur dann kann euer wahres Selbst *(ātman)* in Erscheinung treten. Das soll nicht heißen, daß ihr sie zerstören sollt. Der Geist muß sich von seinen jetzigen Kumpanen, den Sinnen, zurückziehen; er muß seinem Meister, der höheren Intelligenz *(buddhi)*, ergeben sein. Die Spreu muß durch die Disziplin der Selbsterforschung vom Weizen gesondert werden. Richtet euer Verlangen mehr auf Dinge, die von Dauer sind und die euch fördern, anstatt auf glitzernden Tand, der sich auflöst und vergeht. Wenn die fünf Fenster eines Raumes geöffnet sind, erlischt die Öllampe, denn der Wind bläst die Flamme in alle Richtungen. Wenn sie ruhig brennen soll, müßt ihr die Fenster schließen. Die Sinne sind die Fenster, die Flamme der Geist, der sich einzig auf die Erkenntnis Gottes konzentriert. Was können die nach außen gerichteten Sinne von der Wonne dieser Erfahrung wissen? Sie sind wie die Frösche, die auf den Lotosblumen herumspringen, ohne den Nektar wahrzunehmen, der in den Blüten verborgen ist. Das könnt ihr nur mit Hilfe der höheren Intelligenz erkennen.

Der *Pandit* sagte, daß Yashoda, die Pflegemutter *Krishnas*, den Spuren Seiner milchverschmierten Füßchen folgte, um Ihn zu finden, wenn Er sich versteckt hatte. Sie versuchte wiederholt, einen Strick um Seine Taille zu schlingen, um Ihn zu sich zurückziehen zu können, aber es glückte nie. Der Strick schien jedes Mal um zwei Fingerbreit zu kurz zu sein. Der Strick symbolisiert das Ego, und der Herr kann nicht durch euer Ego gebunden werden. Daß er um zwei Fingerbreit zu kurz war, deutet auf zwei fehlende Tugenden hin: Aufrichtigkeit und stetes Streben nach dem Göttlichen. Es genügt, wenn ihr mit Konzentration und Verehrung Seinen Fußspuren folgt, die ihr in der Schönheit und Stärke, der Wahrhaftigkeit, Tugend, Liebe und Opferbereitschaft in den Herzen der Menschen findet.

"*Advaita*" bedeutet: "Alles ist Eins". Warum gibt es dann eine so große Vielfalt? Die Vielfalt ist ein Bild, welches von der Vorstellung, daß ihr selbst wirklich der "Charakter" seid, den eure Rolle in diesem Drama des

Lebens euch zuschreibt, gezeichnet wird. In einem Theaterstück singt und sprecht, weint und lacht ihr, seid euch aber jederzeit bewußt, daß ihr nicht wirklich die Person seid, deren Rolle ihr spielt. Chandramathi bricht in Tränen aus, wenn ihr "Sohn" von einem Schlangenbiß getötet wird; die Zuschauer weinen aus Mitgefühl, aber obwohl sie die Rolle so gut spielt, ist sie unberührt und fühlt keine Trauer. Das Spiegelbild des Mondes in einem See erweckt den Eindruck, er sei in viele Stücke zerbrochen. Ihr braucht euch deshalb keine Sorgen zu machen, denn es ist eine Täuschung, welche durch die Bewegung des Wassers entsteht. Der Mond oben am Himmel ist davon unberührt. Ebenso ist es ein zerbrochenes Spiegelbild, wenn ihr euch für den Körper haltet, der wächst und altert, fröhlich oder niedergeschlagen ist. Die wahre Wirklichkeit bleibt davon unberührt.

Ihr werdet gehört haben, wie ein Bettler an der Tür klagt: "Ich bin ohne 'anātha' (Unterstützung)!" Richtiger übersetzt müßte es heißen: "Ich bin zeitlos". Damit enthüllt der Bettler ein großes Mysterium, welches alle Menschen zu seinen Brüdern werden läßt. Und wenn er sagt: "bhikshām dehi", versteht ihr es als : "Gebt mir ein Almosen". Aber seht, welches Wort er für "geben" benutzt: "dehi" und das bedeutet: "Er, der Bewohner des Körpers", das wirkliche Selbst *(ātman)*. Er lehrt euch damit, daß ihr alle das göttliche Selbst seid, welches einen Körper als Kleidung trägt. Hegt immer nur solch heilige Gedanken. Die Luft in einem Fußball nimmt die Form eines Balles an, in einem Ballon die Form des Ballons: kugelförmig oder länglich wie eine Wurst. Der Geist nimmt die Form an, welche dem Gegenstand gleicht, mit dem er sich befaßt. Sind es kleine Dinge, so wird er klein, sind es große Dinge, so wird er groß. Der Fotoapparat macht Bilder von allem, auf das er gerichtet wird; paßt also auf, bevor ihr auf den Auslöser drückt; überlegt gut, bevor ihr Bindungen eingeht. Wenn ihr ausschließlich an Frau und Kinder, Haus, Hof und Bankkonto gebunden seid, werdet ihr leiden müssen, wenn sich Verluste einstellen. Bindet euch an das Ewige, Unzerstörbare, und auch ihr werdet zu Seiner Liebe und Herrlichkeit heranwachsen.

Diese Art der Bindung muß ernsthaft und beständig sein. Weder wird verehrende Liebe zu Gott *(bhakti)* an Rosenkränzen und langen Bärten gemessen, noch besteht wahrer Gottesdienst aus Blumen- und Kerzenopfern. Leute, die diese äußerlichen Dinge für wichtig halten, sind unehrlich, und sie als Jünger des Herrn zu betrachten, grenzt an Gotteslästerung. Wie kann die Liebe zu Gott in einem Herzen, das unehrliche Gedanken und Gefühle hegt, keimen und zum Blühen kommen? Laßt euch nicht durch Glockengeläute und Weihrauch täuschen. Das Feld muß von Gestrüpp und Unkraut befreit werden, es muß gepflügt, gefurcht und bewässert werden. Dann müssen die Samenkörner in die Erde eingebettet werden, denn auf die Oberfläche gestreut, können sie nicht keimen. Sät den Samen, bewässert das Feld, jätet das Unkraut, haltet die Rinderherden fern, düngt, bekämpft die Schädlinge, dann könnt ihr am Ende die Ernte einbringen. Alle diese Schritte sind spirituelle Disziplinen *(sādhana)*. Ihr werdet nach eurem *"sādhana"* beurteilt, nicht nach der Anzahl der Tempel, die ihr besucht oder nach den Geldbeträgen, die ihr opfert. Seid nicht stolz auf die vielen Stunden, die ihr im Andachtsraum verbringt. Bereut lieber die vielen·Stunden, die ihr ohne einen Gedanken an Gott vergeudet habt. Laßt eure Gedanken immer um den Namen des Herrn kreisen, dann kann euch kein Unglück unterkriegen. Denkt daran, wie tapfer *Sītā* den Spott, die Beleidigungen und Folterungen der Dämonen in Lanka ertragen hat. Was hat ihr die Kraft dazu gegeben? Es war der Gedanke an *Rāma* und nichts anderes. Begierde und Haß sind mit dem Gedanken an *Rāma* unvereinbar.

Die Meditation über *Rāma* wird euren Geist umformen. Die köstlichste Speise wird ungenießbar, wenn ein Tropfen Kerosin darauf fällt. Eine schlechte Handlung läßt alle spirituellen Bemühungen wirkungslos werden. Siddhartha Buddha wuchs wohlbehütet innerhalb der Palastmauern auf, ohne von den Leiden anderer Menschen etwas zu erfahren. Als junger Mann bat er eines Tages seinen Vater, die Stadt besichtigen zu dürfen. Als er durch die gepflegten Straßen fuhr, sah er erschütternde Szenen von Krankheit, Alter und Tod. Er sah auch die ruhige Gelassenheit eines Mönches und zog seine Schlüsse daraus. Er erkannte, daß die innere Haltung von der Lebensweise bestimmt wird. Die Bemühungen seines Vaters, ihn von der Außenwelt abzuschirmen, damit er immer glücklich sein könne, waren vereitelt. Er hatte die wirklichen Zustände entdeckt, und was sein Vater zweiundzwanzig Jahre lang befürchtet hatte, traf nun ein. Siddhartha verließ Frau und Kind, um nach dem Geheimnis der Erlösung für die ganze Menschheit zu suchen.

Kansa, der Onkel *Krishnas*, fuhr den Wagen selbst, in dem seine jungverheiratete Schwester Devakī mit ihrem Gatten Vasudeva saß. Er war in sehr fröhlicher Stimmung, bis ihm plötzlich eine himmlische Stimme alle Freude verdarb. Sie offenbarte ihm, daß das achte Kind seiner Schwester ihn erschlagen werde. Diese Worte verwandelten Kansa in ein haßerfülltes Ungeheuer. Haß beeinflußte alle seine zukünftigen Handlungen. Beeinflußt euer Denken durch euer Handeln so, daß es euch auf göttliche Wege führt. Verdient euch durch euer Handeln *(karma)* göttliche Gnade. Wenn die Lampe nicht brennt, beweist das, daß ihr sie nicht angezündet habt. Der Herr ist weder gut noch böse. Euer Fortschritt spiegelt sich als Gnade wieder, euer Versagen erzeugt kein Spiegelbild. Ein Spiegel reflektiert nur, er ist unparteiisch und nicht voreingenommen.

Seid euch immer bewußt, was der Sinn eures Lebens ist, und laßt diesen zu eurer eigenen Erfahrung werden. Die Wahrheit ist, daß ihr "das Eine" seid. Ihr und das Universum seid Eins; ihr und das Absolute seid Eins; ihr und das Ewige seid Eins. Ihr seid kein vergängliches

Einzelwesen. Das müßt ihr wissen und fühlen und entsprechend handeln. Es kam einmal jemand zu *Ramana Maharshi* und fragte ihn: "Swami, ich meditiere seit achtzehn Jahren, aber es ist mir nicht gelungen, das Ziel der Meditation zu erreichen. Wieviele Jahre werde ich dazu noch brauchen?" *Ramana* antwortete: "Es kommt nicht auf die Anzahl der Jahre an. Du mußt solange mit der Meditation *(dhyāna)* fortfahren, bis du nicht mehr wahrnimmst, daß du meditierst. Vergiß das Ego; es muß in allen Schichten des Bewußtseins ausgelöscht werden."

Manche schlagen während der Meditation nach den Mücken, die sie belästigen! Ihr müßt euch so tief in euch versenken, daß ihr keine körperlichen und mentalen Impulse mehr wahrnehmt. *Vālmīki* war zu einem Ameisenhügel geworden. Er war so mit Ameisen bedeckt, daß die Leute ihn nur fanden, weil von dem Hügel das "rāmanāma", die Wiederholung des Namens des Herrn, erklang. Laßt den Körper *(deha)* außer acht, damit ihr den, der darin wohnt (dehi), finden könnt. Befaßt euch nicht mit Äußerlichkeiten, sondern taucht tief in euer Inneres, und entdeckt die Schätze, die dort liegen. Was bedeutet es, den Körper außer acht zu lassen? Es bedeutet, die Versuchung der Sinne und die sechs Feinde des Menschen: Verlangen, Zorn, Habsucht, Abhängigkeiten, Stolz und Bosheit zu überwinden. Zorn verwandelt den Menschen in einen trunkenen Unhold. Die anderen fünf sind ebenso verwerflich. Handelt immer rechtschaffen; nehmt gesunde, reine Nahrung zu euch, welche die innere Gelassenheit, die ihr durch spirituelle Disziplin *(sādhana)* gewonnen habt, nicht beeinträchtigt. Brecht den gleichmäßigen Ablauf eurer spirituellen Übungen nicht ab. Erinnert euch an den Heiligen Rāmadas, der trotz Verhöhnung und Kerker niemals aufhörte, den Namen des Herrn zu rezitieren.

Ihr könnt wirklich nur dann gesund und glücklich sein, wenn ihr euch in das Ewige vertieft. Erreicht euer wahres Wesen *(ātmatattva)*, dann fühlt ihr euch frisch, glücklich und gesund. Individualität macht euch körperbewußt und wirkt sich nachteilig aus.

Das *Bhāgavatam* berichtet, wie *Krishna* heimlich die Butter aß, die Er in den Häusern der *"gopīs"* fand. Was ist die Bedeutung dieses Benehmens? Ging Er herum und stahl Butter, weil Er zu Hause keine bekam? Es ist nicht die gewöhnliche Butter, die Er haben will, sondern die Butter der Tugend, die in den "Herztöpfen" aufbewahrt wird. Diese Butter ist das wirkliche Selbst *(ātman)*, welches durch kräftiges Quirlen gewonnen wird. Und ist Er wirklich ein Dieb? Er ist *"hari"*, Er, der sich aneignet, was Ihm gehört; Er, der alles sieht und Selbst unsichtbar ist. Sobald Er bei euch einkehrt, erwacht euer inneres Bewußtsein. Ihr opfert Ihm den Blütenduft euer Tugend, euer tapferes Herz und die Weisheit eurer Erfahrungen. Das ist es, was Er nimmt; ein solcher Dieb ist Er! Entwickelt in euch die Liebe zu Ihm. Zu- und Abneigungen sind nur die Produkte von Gewohnheit und falscher Erziehung. Die Sinne zerren euch weg von Ihm. Gebt ihnen nicht nach, dann werden sie bald schwach werden und ihre Versuche aufgeben. Nur ernsthaftes Sehnen, das durch Selbsterforschung entstanden ist, kann euch dabei helfen. Ich segne euch, daß ihr von Tag zu Tag stärker werden mögt. Aber Ich will euch nun nicht länger halten. Singt noch ein oder zwei *"bhajans"*, und dann geht auseinander.   Prashanti Nilayam, 29.1.65

Die Gelübde Krishnas

Ihr habt die Belehrungen über den berühmten Dialog zwischen *Krishna* und *Rukminī* gehört. Dieses Gespräch mag weltlich klingen, aber der Mensch kann das Transzendente normalerweise nur mit Hilfe der Sprache des Alltags verstehen. Das Unerfaßbare muß durch die groben Bezeichnungen des Erfaßbaren angedeutet werden. Der Vers z.B., der *Krishnas* Äußeres beschreibt, geht auf Seine Schönheit und seinen Schmuck ein. Aber jedes dieser Worte hat eine tiefere Bedeutung, die man verstehen muß.

Der rote Punkt, der *Krishnas* Stirn ziert, ist das Symbol des Auges der Weisheit, des inneren Auges, der inneren Vision, wie das dritte Auge auf *Shivas* Stirn. Das Sanskritwort für den "Moschus", der für den Punkt auf der Stirn mitverwendet wird, ist "kastūrī" und bedeutet: Weisheit oder übersinnliches Wissen *(jnāna)*. Das Gedicht spricht auch von dem "kaustubha – Juwel", das an *Krishnas* Brust hängt. Es bedeutet: die Glückseligkeit des Herzens, das ungetrübte Glücksbewußtsein des Herrn in der Form. Und dann spricht das Gedicht von der glänzenden Perle an *Krishnas* Nasenschmuck. Diese Perle bezeichnet den Erfolg der auf einen Punkt ausgerichteten Konzentration. *Yogis* betrachten die Nasenspitze als eine Hilfe zur Konzentration. Nach der Hindu-Mythologie ist die Perle aus dem Regentropfen entstanden, der, von dem ersten vollkommen reinen Regenschauer kommend, von einem Fisch geschluckt wurde, der schon lange auf dieses kostbare Geschenk des Himmels gewartet hatte. Das weist auf die Wirkung hin, die starkes Sehnen hervorruft und darauf, wie sehr das menschliche Herz nach dem Reinen und Wahren durstet.

Der nächste Gegenstand der Beschreibung ist die Flöte in *Krishnas* Hand. Sie erinnert alle daran, daß es notwendig ist, wie ein hohles Rohr zu werden, ohne die geringste Spur des Verlangens nach materiellen Dingen. Seid aufrecht, befreit euch von all den hinderlichen Wünschen – dann wird der Atem des Herrn durch euch strömen und dabei liebliche Musik erzeugen, die jede Seele zum Erwachen bringt.

Ein "kankana" ist nicht ein gewöhnlicher Armreif, wie es im Lexikon steht, sondern ein besonderer, der als Symbol für abgelegte Gelübde getragen wird. Ihr werdet fragen, welche Gelübde *Krishna* denn abgelegt hatte, und Ich werde es euch erzählen. Sie sind auch in der *Bhagavad Gītā* erwähnt, so daß jeder es lesen, wissen und daran glauben kann. Es handelt sich um drei Gelübde: 1. "Um die Guten zu schützen, die Schlechten zu strafen und um die göttliche Ordnung *(dharma)* wiederherzustellen, werde Ich in jedem Zeitalter Gestalt annehmen." 2. "Wer sich ganz in die Kontemplation des Göttlichen vertieft, ohne an etwas anderes zu denken, der wird für immer bei Mir sein, und Ich werde Mich um sein Wohlbefinden kümmern." 3. "Wer alle weltlichen Verbindlichkeiten aufgibt und sich Mir ganz anvertraut, den werde Ich von allen Sünden und Leiden erlösen." Dieses sind die drei Gelübde, die *Krishna* abgelegt hatte, und der Armreif ist das äußere Kennzeichen dafür.

Das Gedicht beschreibt noch weitere Symbole, nämlich die gelbe Sandelpaste, mit der sich *Krishna* gesalbt hatte und die gelbe Kleidung, die Er trug. Er war ganz von feinem Sandelduft umgeben. Gelb symbolisiert die materielle Welt, und so trug Er Gelb als ein äußeres Zeichen dafür, daß Er Form angenommen hatte. Er kann je nach Seinem Belieben eine Form annehmen oder ablegen. Das Gedicht endet mit dem schönen Namen, mit dem *Krishna* angesprochen wurde: "gopālacūḍāmani" – "Kronjuwel der Kuhhirten". Wer sind die Kühe? Es sind die individuellen Seelen, deren Beschützer Er ist. Der Herr kümmert sich um die "Kühe" und führt sie auf eine friedliche Weide, die ihnen Sicherheit bietet. Ein anderes Bild beschreibt die Kühe als die Sinne, die in der äußeren Welt grasen, d.h. Befriedigung suchen. "Gopala", der Kuhirte, zügelt die Sinne und geleitet sie sicher auf den inneren Pfad. Diese bedeutungsvollen Beschreibungen stammen von einem *Yogi*, der in spiritueller Ekstase eine Vision erfahren hatte. Es handelt sich also ganz gewiß nicht um ein weltliches, sinnliches Gedicht. Das *Bhagavatam*-Epos wurde König *Parikshit* von *Shuka*, dem größten der Weisen, erzählt, der unerschütterlich dem Pfad ewiger Wahrheit folgte. Das ist eine Gewähr dafür, daß dem Epos keine sinnlichen Gedanken zugrunde liegen. Der Dialog zwischen *Krishna* und *Rukminī* muß mit der gleichen ehrfürchtigen Haltung betrachtet werden.

Ihr müßt eine unzertrennliche Verbindung mit Gott, der euer eigenes Wesen ist, herstellen. Wenn Er die Blume ist, fühlt euch als eine Biene, die Seinen Honig saugt; wenn Er ein Baum ist, fühlt euch als eine Schlingpflanze, die sich an Ihn klammert; ist Er eine Klippe, fühlt euch als das schnelle Wasser, das darüber fließt; ist Er der Himmel, seid ein kleiner funkelnder Stern. Denkt vor allen Dingen immer an die Tatsache, daß ihr durch göttliche Liebe mit Ihm verbunden seid. Ihr müßt euch dessen klar bewußt sein – nicht intellektuell, sondern intuitiv – dann wird die Reise schnell vonstatten gehen, und ihr werdet bald das Ziel erreichen. Der grobstofflichere Intellekt bringt euch langsam vorwärts, aber die feinstofflichere intuitive Erkenntnis läßt euch dem Ziel entgegen fliegen. Das Grobstoffliche ist an den Körper gebunden, während das Feinstoffliche sich vom Körper lösen kann. Das erstere ist, als ob man sich mit einer Axt rasieren wollte, das zweite, als ob man statt dessen einen Rasierapparat benutzt.

Der *Pandit* erwähnte den Grundsatz: "Es gibt nur Eines, nicht Zwei." Wenn es zwei gäbe, könnte es auch drei oder mehr geben, deshalb wird das Absolute als "das Eine" definiert. Es ist die innere Kraft, die alles Bestehende durchströmt und zusammenhält wie der Faden die Perlen einer Kette. Ihr mögt fragen: Warum kann ich das Eine nicht sehen, obwohl es in allem wirksam ist? Denkt an einen Rosenkranz, der aus verschiedenartigen Perlen besteht: aus Korallen, Perlen, Tulsi, Rudraksha, Kristall oder aus Muscheln. Der Faden läuft durch alle Perlen hindurch und hält sie zusammen, aber man kann ihn nur in den durchsichtigen Perlen sehen. Ihr müßt also selbst durchsichtig werden, indem ihr euch von Wünschen, die verhüllen und vernebeln, freimacht. Nur dann kann die innere göttliche Kraft sichtbar werden. Ihr könnt nicht behaupten, daß es sie nicht gibt, nur weil ihr sie nicht sehen könnt. Diese Durchsichtigkeit kann man sich nur durch Reinheit der Impulse und Motive verdienen. Um diese zu läutern, sind ernsthafte und regelmäßige spirituelle Übungen *(sādhana)* notwendig.

Eine Leiter muß hoch genug sein, damit ihr das, was ihr haben wollt, erreichen könnt. So müßt ihr auch mit den Übungen so lange fortfahren, wie es nötig ist, um das Ziel zu erreichen. Wenn die Wände eines Hauses fertig gebaut sind, kann das Gerüst entfernt werden; wenn Selbstverwirklichung erreicht ist, sind spirituelle Übungen, wie z.B. die Rezitation der Namen des Herrn, Gottesdienst, Anhören von Belehrungen, Singen von *"bhajans"* usw. nicht mehr nötig. Ihr müßt euch darum bemühen, nur vornehme Gedanken zu hegen, immer Gutes zu tun und dem Ego, das euch nach unten ziehen will, entgegenzuwirken.

Ich muß euch etwas sagen, was eure Namen betrifft. Euer Name muß der Widerhall eures wirklichen Selbst sein und nicht eine Beschreibung eures Körpers wie z.B. "Schwarzer Mann", "Hellhäutiger Mann", "Dunkler Mann" usw. Eure Namen müssen auf das Göttliche Bezug nehmen wie z.B. *Rāma* oder *Krishna, Lakshmana* oder *Bharata*. Kennt die Bedeutung eures Namens und macht ihm Ehre! Heute verklagt ein Sohn mit Namen *Rāma* seinen Vater, weil er sein Erbteil haben will. Ein Sohn mit Namen *Lakshmana* ist Führer einer Partei, die seinen älteren Bruder bekämpft. Werdet eurem Namen gerecht! Kürzt ihn nicht ab, oder verstümmelt ihn wie zum Beispiel: V.D. Rao anstatt Vasudeva Rao oder V.A. Dani anstatt Vishvesvara Avadhani. Nennt euch bei eurem richtigen Namen, so daß auch andere die kostbare Gelegenheit haben, den Namen des Herrn wenigstens dann auszusprechen, wenn sie euch begegnen. Ihr beleidigt eure Eltern und Vorfahren, wenn ihr den Namen, den sie euch vererbt haben, entweiht. Lebt eurem Namen entsprechend, und gebt ihn an eure Kinder und Kindeskinder unverstümmelt weiter.

Es ist wichtig, daß ihr für jede Art von spiritueller Disziplin in der Gesellschaft Gleichgesinnter seid. Der Mensch wird durch den Umgang, den er pflegt, geprägt. Seid immer wachsam, daß ihr keine schlechte Luft einatmet, denn die Luft wird schlecht durch die schlechten Gedanken von Leuten, in deren Gesellschaft ihr euch befindet. Reines Wasser fällt als Regen vom Himmel und verändert sich hundertmal in Geschmack und Farbe, je nach dem, auf welchen Boden es fällt. Aber selbst wenn der Regen auf den schmutzigen Schlamm der Gosse fällt, kann das Wasser wieder gereinigt werden. Wenn die Sonne scheint, steigt es als Dunst in die Wolken empor und gewinnt seine ursprüngliche Form zurück. Zur Reinigung des Geistes braucht ihr das Gebet als Wasser und die Reue als Seife. Jedoch Wasser und Seife allein können die Aufgabe nicht erfüllen. Der Reue muß der feste Entschluß folgen, das Unrecht nicht zu wiederholen. Bittet den Herrn, euch mit Seiner Gnade zu helfen.

Schützt die gewonnene Weisheit vor den Gefahren, welche Zu- und Abneigungen mit sich bringen. Ihr seid diesen Gefahren ausgesetzt, denn in der materiellen Welt gibt es Furcht, Verfall und Tod. Der Sieg bei den Wahlen sichert dem Politiker die Macht nur für fünf Jahre; wenn die Zeit abgelaufen ist, muß er von neuem um Stimmen kämpfen. Gute Taten, bei denen egoistische Motive mit im Spiel sind, sichern euch zwar den Himmel, aber ihr müßt auch von dort wieder auf die Erde zurückkommen, sobald alle erworbenen Verdienste belohnt worden sind. Ein Mann, der mit 1000 Rupien nach Madras gekommen ist, kann sich den Besuch aller Geschäfte, Kinos und Hotels leisten und mit dem Taxi herumfahren, bis er das Geld ausgegeben hat. Wenn der Geldbeutel leer ist, muß er – vielleicht als Schwarzfahrer – in sein Dorf zurückkehren und an jeder Haltestelle Angst vor der Polizei haben. Nein, der Himmel ist keine Lösung für den Hunger der Seele! Der Fluß muß das Meer erreichen, nicht den Wüstensand; Wasser muß sich mit Wasser vereinigen. Das ist Erlösung, ist Vereinigung mit Gott. Um dieses Ziel immer vor Augen zu haben, muß euer unruhiger Geist stets in Schranken gehalten werden. Wenn die Sonne am Himmel steht, ist der Mond außer Sicht. Die höhere Intelligenz *(buddhi)* ist die Sonne; der Geist ist der blasse Satellit, der Mond, der zu- und abnimmt. Gebt der höheren Intelligenz den Vorrang, und laßt den Geist der Vernunft, nicht aber der Leidenschaft dienen.

Beherrscht die Sinne, laßt euch nicht von ihnen versklaven. "Hrishīkesha", ein Beiname für *Krishna*, bedeutet: Herr der Sinne. "Gudākesha", ein Beiname für *Arjuna*, hat eine ähnliche Bedeutung. Deshalb wurden die beiden so gute Freunde. Die Sinne zerren euch in den Dschungel der niederen Natur. Was hat es für einen Sinn, sich in den Dschungel zurückzuziehen, wenn die Sinne ungebärdig und hungrig sind? Die alten Weisen haben sich in die Einsamkeit der Wälder zurückgezogen, um ihren Geist ganz auf Gott ausrichten zu können, dessen Stimme nur zu vernehmen ist, wenn alle anderen Stimmen verstummen. Wenn ihr die Fenster schließt, durch welche all diese Geräusche hereinkommen, kann sich euer Heim ebenfalls in die Einsamkeit verwandeln, in der ihr Befreiung finden könnt. "Wo *Rāma* ist, da ist *Ayodhyā*", sagte Sumitrā zu ihrem Sohn *Lakshmana*. Bringt *Rāma* in euer Herz, dann wird es ein *Ayodhyā*, das heißt: Es kann nie von Feinden erobert werden.

Seid selbst still, das wird andere zur Stille bewegen. Gewöhnt euch nicht an, herumzuschreien und viel und laut zu reden. Vermeidet Kontakt; verbleibt in stiller Kontemplation, wo ihr auch sein mögt. Es gibt einige, die ständig Unruhe verbreiten. Ob sie sich in einer Ausstellung, auf einem Jahrmarkt, in einem Hotel oder im Tempel von *Prashanti Nilayam* befinden, ihr Mund plappert ohne Unterbrechung. Diese werden auf ihrem Weg zu Gott nicht weit kommen.

Andere wieder schwelgen in Streitgesprächen und geben sich nie mit offensichtlichen Tatsachen zufrieden; sie lassen Zweifel entstehen, wo es vorher keine gab und versuchen, den Glauben anderer zu schwächen. Sie streiten darüber, ob *Rāma Krishna* überlegen oder ob *Krishna* eine volle oder teilweise Inkarnation des Göttlichen sei. Leute, die nicht einmal die Außenbezirke der Hauptstadt erreicht haben, kritisieren das Auftreten und bezweifeln die Fähigkeiten des Königs, der im Palast der Innenstadt residiert! Das ist heute der jammervolle Zustand der Gelehrsamkeit.

Der *Mahārāja* von Burdvan hielt einmal eine Konferenz ab, bei der die Vorzüge *Shivas* und *Vishnus* diskutiert wurden. *Shivas* "panchakshari mantra" und *Vishnus* "ashtākshari mantra" wurden von rivalisierenden *Pandits* ausgelegt und gepriesen. Der *Mahārāja* weigerte sich, seine Loyalität ausschließlich *Shiva* oder *Vishnu* zuzuwenden. Er bat den Priester des Palastes, der ein großer Gelehrter und ein frommer Mann war, sein Urteil abzugeben. Dieser sagte, daß keiner der *Pandits Shiva* und *Vishnu* je gesehen hätte, aber trotzdem in Ihren Namen spräche. Er erklärte, daß, wer immer eine der Gottheiten gesehen habe, darüber schweigen würde und wer sie nicht gesehen habe, sowieso schweigen müsse. Diese Erklärung machte der Streiterei ein Ende, und jeder ging ziemlich beschämt über die eigene Unwissenheit nach Hause zurück.

Trennt das Wirkliche vom Unwirklichen. Betrachtet das Innere der Geschehnisse, den Kern, die tiefere Bedeutung. Denkt über eure göttliche Wirklichkeit *(ātman)* nach: Ihr seid rein, unzerstörbar und unberührt vom Auf und Ab des Lebens; ihr seid wahr und unvergänglich, das unveränderliche Göttlich-Absolute *(brahman)*, die Wesenheit, welche all dies ist. Nur fünf Minuten des Nachdenkens werden euch überzeugen, daß ihr weder Körper, Geist und Sinne, noch Intelligenz, Name und Form seid, sondern das göttliche Selbst *(ātman)*, welches in all dieser Vielfalt erscheint. Wenn ihr erst einmal eine Ahnung von dieser Wahrheit habt, haltet sie fest; erlaubt ihr nicht, wieder zu entgleiten. Macht sie zu eurem dauernden Besitz.

Als einen ersten Schritt auf dem Weg zu dieser Weisheit beginnt heute mit der Disziplin der Rezitation des Namens des Herrn, dem ständigen Gedanken an den Namen Gottes. Die übliche Ausrede derer, die diese Disziplin nicht mögen, ist: "Keine Zeit!" Man braucht dazu keine besondere Zeit oder mehr Zeit. Solange ihr wach seid, könnt ihr es immer tun: beim Baden und Essen, beim Gehen und Sitzen. Alle die Stunden, die jetzt mit Geschwätz, mit dem Anschauen von Sport und Filmen oder mit oberflächlicher Unterhaltung verbracht werden, können mit stiller Kontemplation über den Namen, die Form und die Herrlichkeit Gottes genutzt werden.

Ihr beklagt euch, jetzt kein Verlangen nach Gott zu verspüren. Ihr habt den Appetit verloren, weil ihr ungesunde Kost zu euch genommen habt, nicht, weil ihr zuviel des Guten hattet. Ihr wißt nicht, was gesund und gut für euch ist. Ihr bildet euch ein, die ungesunde Kost, die ihr durch die unreinen Tore der Sinne einlaßt, werde euch gesund erhalten! Lernt hier eure Lektion, und kehrt eines Besseren belehrt nach Hause zurück. Wenn ihr nicht lernt, was gut für euch ist, habt ihr das Geld und die Zeit für eure Reise und den Aufenthalt hier nutzlos vergeudet.

Prashanti Nilayam, 30.1.65

Das Angenehme oder das Richtige

Voriges Jahr besuchte Ich diese Stadt im Februar, und nun, ein Jahr und vier Tage danach, bin Ich wieder hier. Es genügt Mir aber nicht, euch nur einmal im Jahr zu sehen. Meine Mission ist es, euch glücklich zu machen, und so bin Ich bereit, nicht nur zwei oder drei Mal unter euch zu weilen, sondern so oft ihr Mich haben wollt. Die gymnastischen Übungen, welche die Jungen und Mädchen dieser Schule vorgeführt haben, waren ausgezeichnet und haben Mir gut gefallen. Die Lieder sorgten für eine schöne Untermalung der Übungen, und Ich möchte dem Turnlehrer der Schule, der diese feine Aufführung inszenierte, ein Wort des Lobes sagen. Er gibt sich viel Mühe mit der Leibeserziehung der Schüler und hat lange darum gekämpft, daß diese Turnhalle gebaut wird. Er möchte, daß diese

Schule, was sein Lehrfach betrifft, die beste im ganzen Staat wird. Eine solche Begeisterung ist lobenswert, und Ich segne seine Bemühungen.

Ihr denkt vielleicht, daß die vielen Menschen, die aus ganz Indien und anderen Ländern auf der Fahrt nach *Prashanti Nilayam* durch eure Stadt strömen, die Kasse im *Nilayam* füllen. Aber ihr müßt wissen, daß Ich von niemandem etwas annehme, außer seiner Liebe und Hingabe. In den vergangenen 26 Jahren habe Ich es immer so gehalten. Die Leute, die zu Mir kommen, geben Mir den gleichen Reichtum, den ihr Mir heute gegeben habt: Glauben, Hingabe und Liebe – das ist alles.

Um jemanden verstehen zu können, muß man mit ihm zusammen sein. Man muß ihm mit Freundschaft und Liebe begegnen, nicht mit Ablehnung. Ebenso ist es auch, wenn ihr Mich kennen lernen wollt. Wie kann das geschehen, wenn ihr nicht zu Mir kommt?

Liebe Schüler! Ihr müßt euch durch ernsthaftes Lernen und durch die Bereitschaft, anderen zu helfen, Anerkennung verdienen und eurer Schule und euren Eltern Ehre machen. Eure Eltern bringen große Opfer, um für euch zu sorgen. Sie plagen sich bei Sonne und Regen auf den Feldern, um euch das Schulgeld schicken zu können. Sie erwarten, daß ihr fleißig lernt und sie später unterstützt. Ihr müßt ihnen ihre Liebesdienste vergelten und euch so gut benehmen, daß sie es nicht bereuen, euch die Schule ermöglicht zu haben. Alle anderen Pflichten kommen erst an zweiter Stelle, selbst die Pflicht eurem Land und eurer Muttersprache gegenüber, über die heute in Indien so viel geredet wird.

Die Schüler dieser Schule haben sich ruhig verhalten, während überall im Land ein Sturm über das Problem der Sprache tobte, dessen Lösung die Jugendlichen am besten den Erwachsenen überlassen sollten. Ich freue Mich, daß ihr das Programm dieses Schulfestes so fröhlich und ungestört durchführt. Wenn solche Unruhen ausbrechen, sorgen sich die Eltern darum, wie ihre Kinder reagieren werden. Ängstigt eure Eltern nicht! Zeigt ihnen die Dankbarkeit, die sie verdienen; erwidert ihre Liebe, die sie euch in so reichen Maße geben. Denkt daran: Das Angenehme zu tun ist leicht, schwierig aber ist es, das Richtige zu tun. Das Angenehme ist nicht immer richtig. Wer auf Annehmlichkeiten verzichtet und die Schwierigkeiten tapfer meistert, kann mit Erfolg rechnen. Kein Weg ist mit Rosenblüten bestreut. Das Leben ist wie ein Schlachtfeld *(dharmakshetra)*, auf dem Verlangen und Pflichten miteinander in Widerspruch stehen. Erstickt das Feuer des Verlangens, des Hasses und des Zornes, wenn es in euch auflodert. Es ist pure Feigheit, diesen Feinden, die euch zu Bestien werden lassen, nachzugeben. Wenn Hindernisse auftreten, überwindet sie mutig; das härtet euch ab und macht euch zäh. Die beste Methode, Schwäche zu überwinden, ist, das Hauptübel aus dem Weg zu räumen, nämlich den Fehler, zu glauben, daß ihr der Körper mit Name und Form oder Geist, Sinne und Intelligenz seid. Das sind alles Gepäckstücke, die ihr herumtragt. Sagt ihr nicht: meine Nase, mein Geist, meine Hand, meine Vernunft, geradeso wie ihr sagt: mein Buch, mein Schirm? Was ist dieses "Ich", das all dieses als "Mein" betrachtet? Es ist das, was ihr wirklich seid. Es war da, als ihr geboren wurdet, und ist da, wenn ihr schlaft und alles vergeßt, selbst euren Körper mit allem, was dazu gehört. Das "Ich" kann nicht verletzt werden; es ist unveränderlich und unsterblich. Übt euch in der Disziplin, die euch diese Wahrheit bewußt macht, dann seid ihr für immer stark und frei. Das ist das wirkliche Wissen *(ātmavidyā)*, welches die Weisen für euch zusammengetragen haben. Die Tausende, die nach *Puttaparthi* strömen, kommen wegen dieses kostbaren Kleinods. Auch ihr müßt euch eines Tages dieses Wissen, das euch retten wird, aneignen. Alle Menschen, die den Pfad der Weisheit gehen, werden das Ziel erreichen.

Wendet euch nach innen, prüft eure Erfahrungen. Wenn ihr euch dazu erzieht, werdet ihr dieses Wissen bekommen. Entwickelt gute Gewohnheiten und vermeidet die schlechten; pflegt Umgang mit frommen Menschen, und tut Gutes, indem ihr den Notleidenden dient. Das alles sind Schritte, die euch auf den ruhmreichen Pfad der Selbsterkenntnis führen. Ihr könnt jetzt gleich damit beginnen und euch dadurch Kummer und Leid ersparen. Ich segne euch, so daß ihr den Willen dazu aufbringen und euch den Disziplinen *(sādhana)* unterwerfen werdet, bis ihr das Ziel erreicht habt.   Penukonda, 20.2.65

Die Bürde eures Amtes

Ich habe euch heute zu Mir gerufen, um euch zu erklären, was Ich von euch erwarte, solange ihr als Helfer in *Prashanti Nilayam* Dienst tut. Ich habe euch alle für dieses Amt selbst ausgewählt, und das allein ist ein seltenes Vorrecht. Viele unter den Tausenden, die zur spirituellen Weihe der Jungen und zum *Shivarātri*-Fest hierhergekommen sind, haben darum gebetet, daß es ihnen vergönnt sein möge, hier als Helfer dienen zu dürfen. Auf euch ist Mein Auge gefallen, nur euch habe Ich ausgewählt. Ich muß euch sagen, daß eine augenblickliche Begeisterung für den Dienst als freiwilliger Helfer nicht genügt. Nur jene, die sich lange Zeit demütig und mit Disziplin darauf vorbereitet haben, können ihn ausführen. Ihr seid nicht plötzlich dazu geeignet, weil das Abzeichen des Helfers an euer Hemd geheftet wurde.

Zuerst müßt ihr wissen, auf welche Weise man Anweisungen gibt. Ich sage euch, daß es nicht darum geht, Befehle, sondern eher darum, Richtlinien zu geben. Die *Gītā* enthält die Anweisungen *Krishnas*, denen Er ausführliche Erklärungen des Warum und Weshalb hinzufügte. *Arjuna*

163

hatte gelobt, sich Seinem Willen zu beugen. Weitere Erklärungen waren also nicht erforderlich, und *Krishna* mußte sich nicht vergewissern, ob Seine Anweisungen auch befolgt wurden. Und doch erklärte Er *Arjuna* die Gründe für Seine Anordnungen, damit dieser sie mit ganzem Herzen ausführen konnte. Ebenso möchte Ich, daß ihr wißt, weshalb Ich von euch ein bestimmtes Verhalten erwarte.

Ferner müßt ihr alle Menschen in eure Liebe einschließen. Denkt nicht, daß freiwillige Helfer anderen überlegen oder Mir mehr zugetan sind. Wenn ihr Mich liebt, werdet ihr alle Menschen lieben, denn Sai ist in allen. Ihr singt das *"bhajan"*: "Alles ist Sai, die ganze Welt ist Sai"; wie könnt ihr dann Sai nur in dieser einen Person lieben? An den Wänden hier in der Halle hängen viele Bilder von Swami, und ihr liebt Mich in jedem Bild. Wenn jemand über irgend eines davon schlecht spricht, mißfällt euch das sehr, nicht wahr? Ihr steht vor dem Bild und ruft vor Freude aus: "O Swami!" Seht in jedem menschlichen Wesen Mein Bild, denn Ich bin jedes Wesen. "Alles ist Sai", so heißt es in dem Lied, nicht wahr? Wenn ihr also jemanden unfreundlich behandelt, seid ihr unfreundlich zu Mir; wenn ihr jemanden beleidigt, beleidigt ihr Mich.

Dieses ist euer Zuhause, und alle, die zu den Festlichkeiten kommen, sind eure Gäste oder Anverwandte. Zu den sechs Pflichten eines Hausherrn gehören: das morgendliche Bad, die Morgen-, Mittag- und Abendandacht *(pūja)*, das Rezitieren der Namen des Herrn *(japa)*, ritueller Gottesdienst, Opferhandlungen und die Gastfreundschaft. Ihr seid Diener des Herrn, habt euch zum Dienst am Nächsten verpflichtet und müßt deshalb dafür sorgen, daß den Gästen diese Gastfreundschaft entgegengebracht wird. Ob die Menschen, denen ihr dient, dankbar sind oder nicht, ihr müßt die euch zugeteilte Aufgabe mit Freuden erfüllen. Denkt daran: Ihr dient euch selbst dabei! Blumensträuße oder Steinwürfe – nehmt beides mit Gelassenheit hin. Nur jene, die sich mit dem Körper identifizieren, frohlocken oder sind traurig. Ihr müßt fühlen, daß ihr im Körper wohnt, nicht aber der Körper seid; das wird euch die Kraft geben, euer Bestes zu tun. Streitet euch bei der Arbeit nicht über die Zuständigkeit auf einem bestimmten Gebiet. Seid nicht kleinlich, sondern unterstützt euch gegenseitig mit Freuden und stärkt einander. Wirkt zusammen wie die Gemeinschaft der Heiligen; steckt einander an mit eurer Begeisterung und Energie. Das bedeutet nicht, daß ihr eine größere Verantwortung übernehmen müßt, als die, welche euch zugeteilt wurde. Mischt euch nicht in die Arbeit anderer ein und kritisiert nicht ihre Methoden. Erweist euch als würdige Vertreter einer Gruppe von Menschen, die eine enge Beziehung zu diesem *Prashanti Nilayam* hat. In eurem Herzen darf es keinen Raum für böse Gedanken oder Eifersucht geben, und ihr dürft nicht miteinander wetteifern. Strahlt eine Atmosphäre des Friedens aus; rennt nicht herum und sucht nach Verstößen gegen die Ordnung, wo es keine gibt. Das wäre falsch verstandener Diensteifer.

Stört die Ruhe der anderen nicht! Ihr wißt ja, wie wertvoll Ruhe und Stille für euch selber sind. Jedenfalls hoffe Ich, daß ihr es wißt! Behandelt andere so, wie ihr wünscht, daß sie euch behandeln. Das muß das Maß für eure Liebe sein. Kümmert euch um die Alten, die in der heißen Sonne oder abends im Dunkeln außerhalb des Auditoriums sitzen, weil sie zu schwach waren, sich nach vorne zu drängen, um hineinzukommen. Helft den Schwerhörigen und den Kurzsichtigen, und bittet jüngere Personen, ihnen ihren Platz in der Nähe des Podiums zu überlassen. Ihr solltet im Tempel und im Auditorium nicht mit eurem Dienstabzeichen ein Vorrecht geltend machen. Wer zuerst kommt, wird zuerst eingelassen; streitet nicht und verursacht keine Unruhe. Laßt die Leute sich still hinsetzen, wo immer Platz ist. Jeder muß sich seinen Platz selbst erobern, nicht im Auditorium, sondern in Meinem Herzen! Die Vorschriften in *Prashanti Nilayam* verlangen, daß die Andacht derer nicht gestört werden darf, die sich rechtzeitig zu *"bhajans"* oder Belehrungen eingefunden haben. Nach Beginn des Programms darf sich niemand nach vorne drängen, um sich in den ersten Reihen auf einen leeren Platz zu setzen. Diese Regel muß strikt befolgt werden. Ihr seid von weither gekommen, um euch hier spirituell weiter zu entwickeln; warum solltet ihr da in alte Gewohnheiten zurückfallen und dem Egoismus freien Lauf lassen?

Ihr solltet nicht auf eine Gelegenheit warten, einen Dienst zu leisten, sondern euch danach umschauen. Seid immer bereit, dann werdet ihr überall Gelegenheit dazu finden. Nur ein Herz aus Stein ist blind für die Leiden anderer.

Ich habe alle Bewohner des *Aschrams* angewiesen, jeden Morgen als erstes ihre Nachbarn aufzusuchen und nachzufragen, ob sie sich wohlfühlen. Das soll kein Höflichkeitsbesuch, sondern ein echtes Zeichen der Nächstenliebe sein. Unter den Tausenden hier gibt es viele, die dankbar für etwas Hilfe wären. Eine freundliche Hand, die sie zum Essen, zur Unterkunft, zum Fluß, zum Tempel, zum Auditorium oder zum Krankenhaus führt. Sprecht freundlich mit ihnen und bietet eure Hilfe an.

Seht und hört ihr Mich nicht, wenn ihr bei ihnen seid? Ich spreche sanft und liebevoll, denn Ich liebe sie innig, trotz all ihrer Fehler. Warum solltet ihr dann schroff und unfreundlich sein? Familienbande sind nicht so sehr auf gemeinsame Ziele und Bestrebungen gegründet wie die Bande, die euch hier als spirituell Gleichgesinnte so liebevoll miteinander verbinden und die schon seit viel längerer Zeit bestehen. Wenn die Besucher wieder nach Hause zurückkehren, sollten sie glücklich über die Entdeckung sein, in *Prashanti Nilayam* Verwandte zu haben, die sie achten und lieben, wie keiner ihrer Verwandten es bisher getan hat.

Ihr müßt euch darüber im klaren sein, daß das Abzeichen des Helfers, das Ich euch gegeben habe, kein Gutschein für ein leichtes Leben ist; es bedeutet: ein anstrengender Tagesablauf, keine Bequemlichkeiten, schwere

Arbeit, wenig Schlaf und viele Opfer. Wenn ihr ein leichtes Leben haben wollt, seid ihr nicht als Helfer geeignet. Beschränkt eure Bedürfnisse auf ein Minimum; gebt der Versuchung nicht nach, ein Radio mit euch herumzutragen und euch all den entnervenden Krach anzuhören, den es hervorbringt. Prüft euer Zimmer, euren Tisch, eure Kleidung und eure Kästen, ob ihr überflüssige Dinge angesammelt habt, die ihr bei anderen gesehen habt, denen ihr nicht nachstehen wolltet. Das törichte Verlangen, "up to date" zu sein und die neueste Mode mitzumachen, hat euch veranlaßt, lauter lächerliche Gewohnheiten zu übernehmen und nutzlose Dinge anzuschaffen. Der Mensch kann mit viel weniger glücklich sein, als ihr denkt. Manche Sachen werden euch als unentbehrlich und lebensnotwendig vorkommen, nachdem ihr sie eine Weile besitzt. Wie eine Seidenraupe webt eure Phantasie einen Kokon für euch. Macht euch nicht Gewohnheiten zu eigen, die euch in geldlicher wie in spiritueller Hinsicht teuer zu stehen kommen. Beobachtet eure Zu- und Abneigungen mit einem wachsamen Auge, und gebt alles auf, was euch auf eurem spirituellen Pfad hinderlich sein könnte.

"*Vairāgya*" bedeutet: kein Verlangen haben. Das ist eine wertvolle Eigenschaft, die – um ein geordnetes Leben zu ermöglichen – auf Weisheit *(jnāna)* gegründet sein muß. Seht diese silberne Figur von *Shirdi Sai Baba* an: wenn ihr an das Silber denkt, seine Verarbeitung, die Kosten usw., dann seht ihr Sai nicht mehr. Denkt ihr jedoch an Seine große Güte und an Seine Wunder, dann seht ihr das Silber nicht mehr. Wenn ihr in Tirupathi vor der *Vishnu*-Statue steht und an den Stein, seine Farbe und geologische Struktur, sein Gesicht usw. denkt, dann ist *Vishnu* nicht in euren Gedanken; doch wenn euer Herz mit Liebe für den Herrn auf den "Sieben Hügeln" erfüllt ist, dann seht ihr keinen Stein vor euch. Seht das Göttlich-Absolute *(brahman)* in allen Dingen, auch in diesem Teppich, dem Handtuch, der Wand usw., dann seid ihr nicht mehr an Vergängliches gebunden, sondern von der Weisheit erfüllt, die das Ziel aller spirituellen Anstrengungen ist. Verzweifelt nicht! Übt euch darin, von jetzt an Gott überall zu sehen, opfert Ihm alles, tut alles für Ihn, überlaßt Ihm alles. Seid Sein wirksames Werkzeug, das weder Zu- noch Abneigungen kennt.

Bereitet immer nur Freude; fallt anderen nicht mit euren Klagen und Sorgen auf die Nerven. Zeigt immer ein lächelndes Gesicht, so daß andere von eurer Fröhlichkeit angesteckt werden. Wer vor anderen mit seinen Erfolgen prahlt, hat es darauf abgesehen, sie eifersüchtig zu machen. Ihr solltet andere nicht nur lieben, sondern so sein, daß auch sie euch lieben können. Versucht zu trösten, zu ermutigen, zu stärken und steht mit Rat und Tat zur Seite, wenn jemand sich elend, verzweifelt und schwach fühlt oder sich nicht zu helfen weiß. Rüstet euch für die Rolle, die ihr nun übernehmen müßt. Die Gelegenheit, hier als Helfer zu arbeiten, ist ein Aufruf zur persönlichen Läuterung *(sādhana)*. Von Tausenden, die sich darum bemüht haben, habt ihr das Glück, ausgewählt worden zu sein, und das gibt euch eine große Verantwortung.

Wenn ihr einem Gottsucher *(sādhaka)* zu ungestörter Meditation *(dhyāna)* verhelft, verdient ihr nicht nur Dankbarkeit, sondern es ist auch ein spiritueller Gewinn für euch selbst. Eine Mutter eilt vielleicht zum Tempel, wenn um 4 Uhr 30 die Glocke zur Morgenandacht läutet und läßt ihr schlafendes Kind in der Unterkunft zurück. Wenn das Kind aufwacht und zu schreien anfängt, braucht man die Mutter nicht aus dem Tempel zu holen, sondern eine Helferin kann das Kind auf den Schoß nehmen und mit einem Schlaflied beruhigen, bis die Mutter wieder zurückkommt. Dient euren Mitmenschen mit frohem Herzen und nicht mit Überheblichkeit oder saurem Gesicht. Laßt sie wissen, daß ihr euch ehrlich freut, ihnen helfen zu dürfen.

Wenn ihr einfach sagt: "Redet nicht so laut!", sprecht ihr von oben herab und mit Geringschätzung. Jeder verdient zu wissen, warum. Erklärt ihnen, daß Schweigen die erste Sprosse der Leiter ist, die durch Übung *(sādhana)* zur Vervollkommnung führt; daß Stille das Gütezeichen von *Prashanti Nilayam* ist; daß man lernen muß, still zu sein, um jeden Ort zu einem *Prashanti Nilayam* werden zu lassen; daß lautes Sprechen jene stört, die meditieren oder die Namen des Herrn rezitieren; daß Lärm noch mehr Lärm erzeugt. In einer Autowerkstatt hört man das Dröhnen der Hämmer, das Surren der Räder, das Brummen der Motoren und das Klirren der Ketten. Mit neuen Teilen versehen und frisch lackiert verlassen die Autos die Werkstatt und sind so gut wie neu. Sie fahren viele Meilen zuverlässig und ohne Pannen. Hier haben wir eine Werkstatt, in der beschädigte Herzen repariert und überholt werden, und man darf nur das Flüstern hören, mit dem die Namen des Herrn rezitiert werden. Dieser Ort ist eine Werkstatt für Besucher, die von weit hergekommen und erschöpft sind oder eine lange Reise vor sich haben. Prashanti Nilayam, 24.2.65

Rekruten in Meiner Armee

Die heutige spirituelle Weihe ist nicht nur für die Jungen segensreich, sondern auch für euch, die ihr Zeugen dieser feierlichen Handlung wart und davon inspiriert wurdet. Der gelehrte *Pandit* aus Delhi sprach gerade zu euch über die Bedeutung dieser Weihe, daß sie nämlich eine Läuterung sei, durch welche die Jungen ein zweites Mal geboren werden. Die Zeremonie, während welcher der Junge seinem Lehrer *(guru)* zugeführt wird, sowie die Rezitation der *Gāyatrī* des soeben Geweihten, durch die um Klarheit und höhere Intelligenz gebeten wird, sind die ersten Schritte auf dem Weg zur höchsten Selbstverwirklichung. *Pandit* Ramasaran erklärte, daß dieser *"mantra"* die Essenz des *Rig-, Yajur-* und *Sāmaveda* und die traditionelle Vorstellung von der Göttin *Gāyatrī* eine harmonische Verschmelzung der fünf Gottheiten: *Vishnu, Surya, Maheshvara, Ganapati* und *Īshvara* sei, welche die fünf Elemente repräsentieren. Er sagte auch, daß Gebete zur Göttin *Gāyatrī* die materiellen und spirituellen Bedürfnisse des Menschen befriedige.

Jeder Mensch hat einen Körper, in dem er vier Mal geboren wird! Er kommt als kleines Kind auf die Welt, das keinen Sinn für Reinlichkeit hat und sich nichts unter recht und unrecht vorstellen kann. Später, wenn er in der Jugendweihe dem *Guru* zugeführt wird, der die Verantwortung auf sich nimmt, ihn zum Ziel des Lebens zu führen, wird er ein zweites Mal, und wenn er seine spirituelle Lehre beendet und die heiligen Schriften studiert hat, ein drittes Mal geboren. Er setzt dann, was er gelernt hat, in die Praxis um und macht Erfahrungen. Wenn er erkennt, daß Gott *(brahman)* allen Wesen innewohnt, ja, daß alles Gott ist, dann erlebt er seine vierte Geburt. Die heutige Weihe ist für euch der erste, aber entscheidendste Schritt in der Entwicklung zur Selbstverwirklichung.

Eure Eltern haben euch den materiellen Körper gegeben; der *Guru* macht euch auf den eigentlichen Bewohner des Körpers aufmerksam. Deshalb verdient er es, verehrt zu werden. Die *Veden* sagen: "Ehre Gott in deiner Mutter; ehre Gott in deinem Vater; ehre Gott in deinem *Guru*." Um Gold für die Herstellung von Schmuck brauchbar zu machen, wird es mit etwas Silber oder Kupfer legiert. So hat sich auch das Göttliche, um sich in der vielfältigen Natur als Mensch zu manifestieren, in eine Legierung mit einem Zusatz von Egoismus verwandelt. Der *Guru* lehrt euch, wie ihr durch Zuhören, Nachdenken und Meditieren den ursprünglichen Zustand eures göttlichen Wesens wieder herstellen könnt. Es wird euch dann klar werden, daß die formlose göttliche Wirklichkeit *(brahmatattva)* und ihre körperliche Erscheinungsform *(jīvatattva)* wesensgleich sind.

Das Ziel aller spirituellen Anstrengungen des Menschen ist dieses Eine, das hinter all der Vielfalt liegt. Der Mensch kann weder äußeren noch inneren Frieden finden, wenn er dieses Ziel nicht erreicht. Das Rezitieren von *"mantras"* verhilft ihm nicht dazu. Der *Guru* aber klärt den Schüler über den unsichtbaren Strom auf, der so viele scheinbar verschiedene Instrumente wie die Glühbirne, das Mikrophon, den Ventilator, den Kühlschrank, den Herd usw. betreibt. Er verdient eure Dankbarkeit. Er ist wie der Fremde, der die Hütte eines armen Mannes betrat und ihm verkündete, daß unter dem Boden in seiner Hütte ein kostbarer Schatz verborgen liegt und daß er nur ein paar Minuten zu graben braucht, um ihn zu finden und zu besitzen. Der Weise *Vishvāmitra* ersann die *Gāyatrī* und machte diesen *"mantra"* zu einer Arznei für den Sucher auf dem spirituellen Pfad. Auch er muß verehrt werden, denn diese Arznei erweckt die höhere Intelligenz *(buddhi)*, vermittelt Unterscheidungsvermögen *(viveka)*, den Drang, das Rechte zu tun (vichakshana) und niedere Begierden zu überwinden *(vairāgya)*. Dieses sind die Merkmale des Menschen, die ihn hoch über die Tiere erheben.

Läuterung *(samskāra)* erfüllt eine zweifache Aufgabe: Wenn z.B. ein Haus frisch gestrichen werden soll, wird zuerst der Schmutz entfernt und dann die neue Farbe aufgetragen. Die *Gāyatrī* hat die verborgene Kraft, schlechte Eigenschaften zu entfernen und durch neue, gute Gewohnheiten zu ersetzen. So trägt diese Weihe in einzigartiger Weise zur Läuterung der Herzen bei. Der Mensch ist göttlich; der Herr wohnt in seinem Herzen. Warum ist er trotzdem unfrei, elend, beschränkt, schwach und ängstlich? Warum? Er bildet sich das nur ein, weil er unwissend und sich seiner göttlichen Wirklichkeit nicht bewußt ist. Wie könnt ihr von dieser Vorstellung befreit werden? Wenn ihr einen Zug überholen wollt, müßt ihr das mit einem schnellen Auto oder mit einem Flugzeug tun. Ein Fahrzeug, das langsamer ist als der Zug, kann euch da nicht helfen. Wenn ihr beabsichtigt, die Unwissenheit zu überwinden, müßt ihr euch an Gott halten. Die menschliche Unwissenheit kann nur durch die Kraft Gottes überwunden werden. Die *Gāyatrī* hilft euch, diese Kraft Gottes zu erwerben.

Gāyatrī bedeutet: "Das, welches erlöst, wenn es wiederholt wird!" Diesen Jungen, die nun das Gebiet intellektuellen Forschens und der Selbstbeherrschung betreten, wurde mit der *Gāyatrī* die Fackel der Weisheit übergeben. So wie der Reis gedroschen, gesiebt und gereinigt werden muß, um ihn von der Hülse zu befreien, damit er gekocht und gegessen werden kann, müssen auch diese Jungen sich von der Hülse der Individualität befreien und das göttliche Selbst *(ātman)* entdecken, das sich in den fünf Schichten menschlicher Existenz verbirgt. Diese fünf sind: der materielle Körper *(annamaya)*, das vegetative Nervensystem *(prānamaya)*, der mentale Körper *(manomaya)*, die höhere Intelligenz *(vijnānamaya)* und die höchste Glückseligkeit *(ānandamaya)*. Es gehört zu diesem Prozeß des "Enthülsens", daß die Jungen von heute an drei Mal täglich bestimmte spirituelle Übungen durchführen. Die Zeit dafür wird da sein, vorausgesetzt, daß sie den Willen haben, sich dieser Disziplin zu unterziehen und ihre Eltern sie dazu anhalten. Für den Verlauf eines glücklichen Lebens ist es ebenso wichtig, dem Geist Kalorien zuzuführen wie dem Körper. Frühstück, Mittag- und Abendessen sowie Morgen-Mittag- und Abendandacht – alle sechs sind als Energiequellen gleich wichtig, und es schadet euch, wenn ihr eine davon auslaßt.

Liebe Jungen! Euch ist heute die *Gāyatrī* gegeben worden. So wie das Kalb die Milch der Mutter aus den vier Zitzen ihres Euters saugt, so könnt ihr mit Hilfe der *Gāyatrī* die Essenz der vier *Veden*, welche von dem Göttlich-Absoluten offenbart wurde, in euch aufnehmen. Diese

"Milch" gibt euch die Kraft für ein gesundes spirituelles Leben. Ihr müßt vorsichtig damit umgehen und sie nicht verschütten oder verderben lassen. Nutzt sie gut: Kocht sie, laßt sie dick werden und quirlt sie, um Butter daraus zu gewinnen. Durch Kontemplation über den Herrn wird sie zu Dickmilch, der Quirl ist die Disziplin, durch welche ihr dann die Butter der Glückseligkeit *(ānanda)* gewinnt. Ihr wurdet heute in der heiligen Gegenwart des *Avatars* geweiht, vergeßt das nicht! Es ist die Gegenwart, nach der sich viele Tausende sehnen! Ihr habt daher die besondere Verantwortung, mit geläutertem Herzen den Weg, der zum Bewußtsein des Absoluten *(brahmajnāna)* führt, zu gehen. Auch wenn der Körper an sich nicht rein ist, so sehnt er sich doch nach Reinheit und Heiligkeit, weil das seine wahre Bestimmung ist.

Zuerst müßt ihr euch um innere Reinheit bemühen. Wenn ihr einen Trinkbecher spült, reinigt ihr ihn innen oder außen besonders gründlich? Ihr mögt gutes Gemüse, den besten Tamarind-Saft, die feinsten Gewürze, einen erstklassigen Koch und den teuersten Herd haben, aber wenn der Kupferkessel nicht verzinnt ist, wird die Speise, die darin gekocht wurde, ungenießbar. Sie wird zu einem gefährlichen Gift für jene, die sie essen. Tugend und gute Gewohnheiten schützen "die Speise" vor dem Kupfer. Für euch werden die *Gāyatrī* und eure drei täglichen Andachten als "Zinn" für den Kupferkessel des Herzens dienen, in dem die Gefühle, Impulse und Instinkte gekocht werden. Die Disziplin der Andachten wird alle Instinkte zähmen, so wie der Trainer den Elefanten für sein Auftreten im Zirkus zähmt. Macht das Beste aus der Gelegenheit, die euch gegeben ist.

Es sind 450 Jungen, welche diese Gelegenheit heute bekommen haben. Hier in *Prashanti Nilayam* fürchteten manche, daß es vielen Schülern nicht möglich sein würde, heute in die heilige Gegenwart zu kommen, um an der Weihe teilzunehmen, weil es die Zeit der Examen in den Schulen ist. Aber wegen der Streiks und der Unruhen wurden die Schulen geschlossen, die Examen verschoben, und fast alle Jungen, die in Briefen den Wunsch geäußert hatten, hierherzukommen, sitzen jetzt vor Mir! Das ist wieder ein Beweis für die Wirksamkeit früher erworbener Verdienste. Der Regen fällt auf scheinbar unfruchtbares Land, alle Samen, die unter der Erde verborgen waren, keimen, und ein grüner Teppich breitet sich aus! Niemand, außer Mir, wußte von der Saat verdienstvoller Taten, die als Erbteil dieser Jungen auf den Schauer der Gnade wartete.

Diese Jungen werden als wirksame Werkzeuge zur Wiederbelebung der uralten göttlichen Ordnung *(sanātanadharma)* beitragen und Indien in seinem alten Glanz erstrahlen lassen. Sie sind heute in Meine Armee eingetreten. Meine Aufgabe ist es, die göttliche Ordnung unter den Menschen und das Ansehen der *Veden* wiederherzustellen. Deshalb werde Ich jedes Jahr Jungen aus allen Teilen Indiens in Meine Gegenwart rufen, um ihnen die spirituelle Weihe zu geben. Diesem Ritus wird heute fast keine Bedeutung mehr beigemessen. Die Rezitation der *Gāyatrī* und die täglichen Andachten werden vernachlässigt. Sie müssen wieder zu Ehren kommen. Das ist ein bedeutsamer Schritt. Da ihr noch nicht in der Lage seid, das Unwandelbare zu sehen, müßt ihr es mit Hilfe des Wandelbaren zu erkennen suchen. Wenn ihr wißt, wie das Wort "Katze" ausgesprochen wird, braucht ihr es nicht mehr als K-A-T-Z-E zu buchstabieren. Die *Gāyatrī* wird euch helfen, zur Erkenntnis des Unwandelbaren zu gelangen. Rezitiert sie drei Mal täglich während eurer Andachten. Die Mutter, die euren Körper geboren hat *(deha* mātā), die Mutter, die das Universum erhält, *(loka* mātā) und die Mutter, die euch von den Ketten der Unwissenheit befreit *(gāyatrī* mātā) – alle drei verdienen eure Dankbarkeit und Verehrung. Prashanti Nilayam, 25.2.65

Gott wohnt in eurem Herzen

Von den Bergen des Himalayas bis nach Kanyakumari ertönt heute im ganzen Land der Ruf: "shivoham, shivoham!" (Ich bin Gott, ich bin Gott!). Es ist ein großes Glück für euch, daß ihr an diesem Tag hier bei Mir sein dürft. An allen traditionellen Feiertagen, an denen ihr über das Göttliche in euch nachdenkt, müßt ihr entscheiden, welche eurer Eigenschaften und Gewohnheiten ihr beibehalten und welche ihr ablegen wollt. Alle jene, die euch dem Absoluten, mit dem ihr einswerden wollt, näher bringen, müssen beibehalten und weiter entwickelt werden; die anderen, die bewirken, daß ihr euch der vergänglichen Welt von Raum und Zeit zuwendet, müssen abgelegt werden. Zumindest aber müßt ihr erkennen, daß diese materielle Welt keinen Bestand hat.

Das wirkliche Glück, nach dem ihr euch sehnt, ist in euch. Ihr gleicht jedoch einem Mann, der seine Schätze in einem Stahltresor aufbewahrt, aber nicht weiß, wo er den Schlüssel gelassen hat. Es ist aber möglich, sich in der Stille der Meditation daran zu erinnern, wo sich der Schlüssel befindet. Dann könnt ihr den Tresor öffnen und euch eurer Schätze erfreuen.

Zorn, Stolz, Haß und Eifersucht sind Flammen, die vernichtender sind, als jedes andere Feuer. Sie entstehen im Verborgenen und brechen plötzlich hervor. Sie sind unersättlich. In der *Gītā* wird Feuer "anala" genannt, was bedeutet: "nicht genug". Das Feuer sagt niemals: "Ich habe genug" oder "Ich bin befriedigt". Ihr fürchtet das Feuer, wenn ihr es von weitem seht; wie aber ist das erst, wenn es in euch selbst brennt? Wie können die schrecklichen Flammen gelöscht werden? Nun, die uralte göttliche Ordnung *(sanātanadharma)* enthält gewisse Feuerlöscher,

171

die sich bewährt haben und von den Weisen empfohlen werden. Es handelt sich um: Wahrhaftigkeit *(satya)*, Rechtschaffenheit *(dharma)*, Friedfertigkeit *(shānti)* und Liebe *(prema)*. Rüstet euer Herz mit diesen aus, und ihr seid garantiert feuerfest.

Ebenso wie ein Frosch, der von den Fängen einer Kobra festgehalten wird, sich seines Schicksals nicht bewußt ist und mit der Zunge noch eine Fliege erhaschen will, so seid auch ihr euch des Todes, der euch in seinen Fängen hält, nicht bewußt. Ihr sucht nach dem Glück und findet Schmerz, ihr jagt dem Vergnügen nach und erbeutet Leid. Ihr bindet euch an den vergänglichen Körper und laßt euch dabei das ewig Göttliche entgehen. Tausende von Weisen haben euch das immer wieder gesagt. Aber eure Ohren waren taub. Ihre Worte fielen auf harten Boden, auf dem sie nicht keimen konnten. Wären sie auf die weiche Erde eures Herzens gefallen und mit Tränen der Reue bewässert worden, hätten sie sicherlich begonnen zu keimen und zu wachsen. Ein reines Gewissen ist wie eine Lampe; füllt sie mit dem Öl der Gnade, benutzt den Docht der Selbstbeherrschung und stülpt *"nāmasmarana"*, die Wiederholung der Namen des Herrn, als Zylinder darüber, so daß die Stürme von Freud und Leid die Flamme nicht ersticken können. Entzündet das Licht mit einem *"mantra"* wie z.B.: *"aham brahmasmi"* (Ich bin Gott), oder *"tat tvam asi"* (DAS bist du). Dann werdet ihr nicht nur Licht haben, sondern selbst eine Quelle des Lichtes sein.

Die Flagge, die Ich nun hissen werde, ist eine Aufforderung, eure eigenen Lampen anzuzünden. Das Sinnbild auf der Flagge ist für alle klar zu sehen, und ihr könnt davon lernen. Die konzentrischen Ringe rund um die Lotossäule bezeichnen die Stufen des Fortschritts, die der Gottsucher auf dem Weg zum Ziel ersteigen muß. Er wird die sandigen Wüsten des Verlangens durchqueren, die blutroten Stufen des Zornes und des Hasses erklimmen und schließlich die kühlen, grünen Gebiete der Liebe, die weite Stille des *Yoga* erreichen. Dort muß er sich in der Meditation festigen, wie es in dieser aufrechten Säule symbolisiert ist. Ihr werdet bemerkt haben, daß es sechs Ringe sind, welche die Säule, die ihr im Zentrum des Kreises seht, aufweist. Sie symbolisieren Kraftzentren *(cakra)*, durch welche die im Sucher ruhende kosmische Energie *(kundalinīshakti)* auf dem Wege zum Ziel geleitet wird. Und was ist das Ziel? Das Erblühen des Lotos im Herzen. Die Ausstrahlung, die als Licht der Weisheit davon ausgeht, verzehrt die Unwissenheit und wird mit der universalen Herrlichkeit verschmelzen.

Ihr werdet auch bemerkt haben, daß *Prashanti Nilayam* drei Tore hat, aber keine Mauer und nicht einmal einen Zaun. Ein Weiser hat einmal gefragt: "Das Universum ist Sein Wohnsitz; welches ist der Haupteingang zu Ihm?" Wir haben hier überall Tore und Türen, und niemand wird davon abgehalten, einzutreten! Das erste Tor entspricht der Unwissenheit *(tamoguna)*. Die Eintretenden werden von den Gartenanlagen, den festlichen Dekorationen und der Musik angezogen und gehen weiter durch das Tor der Gefühle *(rajoguna)*, das sie zum Tor des Tempels führt, in dem erhabene Stille herrscht *(sattvaguna)*. Diese Tore enthalten eine Lehre für euch. Alles, was Ich sage oder tue, hat eine tiefere Bedeutung; Ich befasse Mich niemals mit bedeutungslosen Dingen.

Betrachtet einen heiligen Tag wie *Shivarātri* nicht als einen freien Tag, den man mit Picknicks, Kinobesuch, Kartenspielen, lauter Lustbarkeit und Wettspielen verbringt. Die *Rischis* haben diese Tage auf den Kalender gesetzt, um euch Gelegenheit zu geben, über Gott nachzudenken, dem Nächsten zu dienen, das Unkraut der Laster zu jäten und schlechte Gewohnheiten abzulegen. Kontempliert über das innere Licht und euer göttliches Wesen, dessen Symbol heute als *"linga"* aus Mir geboren wird. Seid überzeugt, daß auch in jedem von euch das *"linga"* vorhanden ist, denn es ist das Kennzeichen des einen Gottes, der in eurem Herzen wohnt. Nehmt die Vision des *"lingas"* in euer inneres Bewußtsein auf, und laßt sie mit dem Göttlichen in euch verschmelzen. Vergeudet die paar Tage, die ihr in *Prashanti Nilayam* verbringt, nicht mit aufgeregtem Geschwätz, nutzlosen Diskussionen, müßiger Neugier oder rastlosem Herumlaufen. Seid diszipliniert, redet wenig, knüpft keine neuen Beziehungen an und verzichtet auf Bequemlichkeit, so daß ihr eure Gedanken ganz dem Göttlichen zuwenden könnt, und zwar nicht nur hier, sondern auch, wenn ihr wieder zu Hause seid. Erfreut euch an dem Frieden *(shānti)* dieses Ortes; stört ihn nicht durch abwegige Gedanken, Worte oder Taten. Nutzt diese einzigartige Gelegenheit, die ihr euch während vieler Erdenleben verdient habt, zur Selbstvervollkommnung. *Mahāshivarātri*, Hissen der Flagge

Prashanti Nilayam, 1.3.65

Die Unsterblichkeit der Sterblichen

Shivarātri ist ein großer Tag für den Gläubigen, denn der Herr wird die Form annehmen, welche die Schöpfung symbolisiert *(shivalinga)*. Was ihr von Gott erbitten müßt, ist Weisheit *(jnāna)*, denn es ist Weisheit, welche das Göttliche, das im Menschen ruht, offenbart. Das ist das letzte Ziel aller spirituellen Anstrengungen *(tapas)*, aller Opferzeremonien und aller *Yoga*-Disziplinen. Ihr könnt niemals durch weltliche Freuden ein solches Glücksbewußtsein, ja nicht einmal einen Bruchteil davon, erfahren. Um von einem Schlangenbiß, den ihr im Traum erleidet, geheilt zu werden, müßt ihr nur aufwachen – das ist alles. Das "Aufwachen" ist eine Folge der Weisheit *(jnāna)*, welche ihr durch unaufhörliche Meditation über die Herrlichkeit und Stärke des Allmächtigen erlangen werdet.

Zwei Dinge sind wichtig für ein glückliches Leben: Nahrung und Meditation. Nahrung zur Erhaltung des Körpers und Meditation zum Eintritt in den Tempel Gottes und zum Einswerden mit Seiner Herrlichkeit. Der *Pandit* hat euch erzählt, daß die alten Weisen sich in die Stille der Wälder zurückgezogen und mit Hilfe strenger geistiger Disziplinen große Schätze spiritueller Erfahrungen und Inspirationen für die Menschheit gewonnen haben. Er hat euch viele Beispiele davon erzählt. Es gibt aber einige, welche die alten Weisen verurteilen, weil diese sich von der lauten Menschenmenge zurückgezogen haben, und sie nennen solche Helden Feiglinge, die Angst vor den harten Anforderungen des Lebens hatten. Sie stempeln sie als selbstsüchtig, nur auf ihre eigene Erlösung bedacht und gleichgültig dem Schicksal anderer gegenüber.

Der wirkliche Grund jedoch, daß sie sich in die Einsamkeit zurückzogen, war, zum Nutzen der Menschheit das Geheimnis der Erlösung zu ergründen. Heute gehen junge Männer ins Ausland, um eine höhere technische Ausbildung zu genießen. Ihr könnt sie nicht als Feiglinge oder gesellschaftlich nutzlose Personen verurteilen, weil sie ihre Kenntnisse erweitern und vertiefen, um damit nützlicher sein zu können! Die Weisen wollten ihre Sinne von ablenkenden Dingen, welche die Quelle des spirituellen Glücksbewußtseins verunreinigen könnten, fernhalten.

Die Erkenntnis des wirklichen Selbst *(ātmavidyā)*, die sie sich in den *Aschrams* und den Einsiedeleien erarbeitet haben, wird allen denen Rettung von der Unwissenheit bringen, die mit diesem Wissen in Berührung kommen. Ihre innere Ausgeglichenheit und ihr unveränderliches Glücksbewußtsein werden auch andere inspirieren. Ihr beschwert euch, daß sie die Gesellschaft gemieden haben; aber was kann der Mensch schon Gutes erreichen, wenn er unter seinesgleichen bleibt? Mitglieder derselben Familie leben oft wie Schlangen und Skorpione miteinander. Manches Haus gleicht eher einer Schlangengrube als einem wohnlichen Heim, in dem Frieden und Freude herrschen.

Heute morgen sprach Ich über Zorn, Haß, Eifersucht und Stolz, die wie Feuerflammen den Geist verzehren. Nun, der *Pandit* aus Delhi erklärte, daß solche Leidenschaften nur scheinbar auftreten und daß euer wahres Wesen davon nicht betroffen würde! Das erinnert Mich an eine Geschichte: Ein Junge erbot sich, die Dosen, Gläser und Töpfe in der Küche mit Namen zu beschriften, die deren Inhalt kennzeichnen sollten. Die Mutter war einverstanden. Er schrieb die Schildchen und klebte sie richtig auf alle entsprechende Behälter, nur auf die Zuckerdose klebte er eines mit dem Namen "Pfeffer". Als die Mutter ihn zurechtwies, sagte der Junge, er habe das getan, um die Ameisen irrezuführen, die den Pfeffer bestimmt in Ruhe lassen würden! Oberflächliche Kenntnis der letzten Wahrheiten *(vedānta)* wird das Feuer der Leidenschaften nicht löschen.

Manchmal können diese Eigenschaften auch nützlich sein. So wie das Zischen der Kobra Störenfriede fernhält, so können Zorn und Haß benutzt werden, um das Böse, das den Gottsucher bedroht, fortzutreiben. Seid ärgerlich über Dinge, die euren spirituellen Fortschritt hindern; verabscheut Gewohnheiten, die Gewalt über euch haben. Strebt nach dem höheren Wissen *(jnāna)*, und seht den Herrn in allen Dingen und in allem, was geschieht. Das macht euer Leben menschenwürdig. Sucht nicht nach Fehlern in anderen, denn auch die anderen sind Verkörperungen des Herrn, den ihr zu erkennen sucht. Es ist euer eigener Fehler, den ihr in anderen seht. Es gibt nur zwei Dinge in der Welt: Erscheinungsformen und Wirklichkeit – den Körper und den Bewohner des Körpers. Die Welt *(loka)* ist der Körper Gottes.

Wenn ihr wach seid, seid ihr im vollen Besitz eures Denkvermögens. Allerdings seht ihr im Wachzustand nur die Vielfalt, nicht das Eine. Wenn ihr euch im Zustand des Tiefschlafes befindet, verschwindet die Vielfalt; ihr seid euch dann der Welt und eurer täuschenden Vorstellung davon nicht bewußt. Untersucht, wenn ihr wach seid, die Zustände des Traumes und des Tiefschlafes. Erkennt, daß der Wachzustand ein Handikap für den Sucher nach der Wahrheit ist, weil die Sinne trügen und daher unzuverlässige Werkzeuge sind. *Rāmakrishna Paramahamsa* schockierte einst alle Anwesenden, als er die Fürstin Rasmani auf die Wange schlug, während sie vor dem Altar in Dakshineswar betete. Er tat das, weil er wußte, daß sie die Göttin nicht um Erlösung bat, sondern um materielle Dinge, die Knechtschaft zur Folge haben. Werdet frei! Nutzt die Chance, die euch gegeben ist; seid nicht so töricht, sie euch entgehen zu lassen.

Wenn ihr in euer Dorf zurückkehrt, werdet ihr vielleicht den Nachbarn erzählen: "Es waren Tausende und Abertausende aus ganz Indien und aus dem Ausland in *Puttaparthi*. Es war ein großes Gedränge, als Baba *"darshan"* gab usw." Das ist es nicht, was ihr von hier als Erinnerung mitnehmen sollt. Es war einmal eine Frau, die sich geduldig viele Stunden die musikalische Darbietung einer Geschichte aus den *Purānas* anhörte. Als sie von der Aufführung erzählte, beschrieb sie den Lärm, die Lichter, das Mikrophon, die Lautsprecher usw., aber sie hatte keine Ahnung, um was es eigentlich ging und was zum Ausdruck gebracht werden sollte! Ihr müßt bei eurem Besuch hier den Wert begreifen lernen, den die Stille, die Rezitation der Namen des Herrn, die Meditation, die Konzentration auf Form und Namen des Herrn und das Zusammensein mit Gleichgesinnten für euch haben kann. Die Erinnerung daran wird euch immer helfen, wenn ihr in Bedrängnis seid. Als der Herr des Hauses im Sterben lag, plagten ihn seine Frau und Kinder mit ihrem Gejammer: "Was wird mit uns geschehen, wenn du uns verlassen hast?" Der Sterbende wandte sich ihnen in gleicher

Verzweiflung zu: "Was wird mit mir geschehen, wenn ich euch verlassen habe?" So fragte er und verschied. Geht nicht hilflos und verzweifelt auf das Ende zu. Der Körper wird vergehen, nicht aber euer göttliches Wesen. Wißt, daß euer wirkliches Selbst unsterblich ist, und erlebt den Tod als einen erhabenen Akt der Erlösung.

Wer sich an die Gesetze der göttlichen Ordnung hält und auf jeder der vier Lebensstufen seine Pflicht erfüllt, kann diese höchste Weisheit erlangen. So wie Feuer und Wasser den Dampf erzeugen, welcher den Zug fortbewegt, oder wie der Treibstoff und die Luft das Gasgemisch bilden, welches den Motor antreibt, so müssen sich diese beiden Disziplinen zu einer dritten entwickeln: der stetigen Kontemplation über das Eine, das die Grundlage aller scheinbaren Vielfalt ist – Gott, das ewige, unvergängliche Absolute *(brahman)*. Übung in dieser Disziplin bewirkt, daß eure individuelle Existenz in der großen Flut der Weisheit aufgeht, daß ihr in Gott eingeht oder vielmehr wieder eins mit Ihm werdet.

Viele Tausende haben sich heute in *Prashanti Nilayam* zu diesem einzigartigen Ereignis zusammengefunden. Viele, die in vergangenen Jahren regelmäßig zum *Shivarātri*-Fest hierherkamen, um Zeuge der Geburt des *"lingas"* zu sein, sind heute nicht hier. Dafür haben viele andere, die vorher noch nie hier waren, das große Glück, heute anwesend sein zu dürfen. Das ist kein Zufall. Auf der spirituellen Ebene gibt es überhaupt keinen Zufall. Ein solches Glück ist entweder der Gnade oder großen spirituellen Anstrengungen *(sādhana)* zu verdanken. Betet in der Stille, und ihr werdet mit dem großartigen Erlebnis der Geburt des *"lingas"* gesegnet werden.   *Mahāshivarātri*

Prashanti Nilayam, 1.3.65

Die Wurzel oder das Seil?

In der Rede, die ihr gerade gehört habt, wurden die Methoden aufgezeigt, durch welche die *Shāstras* den Menschen auffordern, seine Schuld den Göttern, Weisen und Vorfahren gegenüber zu bezahlen. Ihr habt gehört, daß die uralte göttliche Ordnung *(sanātanadharma)* einen "dornenlosen" Weg für die Entwicklung des Menschen von der Menschheit zur Gottheit aufgezeigt hat. Dornenlos oder dornenvoll – jeder muß diesen Weg allein und voller Vertrauen gehen.

Arjuna und *Krishna* waren nicht nur verwandt miteinander, sondern auch gute Freunde. Auf dem Schlachtfeld gab es nicht viel Zeit für ausführliche Gespräche, aber trotzdem benutzte *Krishna* Seine Macht nicht, um den wankelmütigen Geist Seines Schwagers zu erleuchten und zu einem geeigneten Werkzeug für zielbewußtes und entschlossenes Handeln zu machen. *Krishna* verschrieb nur die Medizin; *Arjuna* mußte sie schlucken und *Krishnas* Anordnungen strikt befolgen, um geheilt zu werden. Er sagte: "Du bist Mein Freund und Mein Schwager und stehst Mir so nahe, daß Ich jetzt sogar bereit bin, dein Wagenlenker zu sein, weil du in so großer Bedrängnis bist. Die Verwirrung, die dich befallen hat, muß zwar schnell behoben werden, aber du mußt deine Unwissenheit durch eigene Anstrengung überwinden. Es kann nicht durch ein Wunder geschehen, das Ich vollbringen könnte." Die Wahrheit, die durch den eigenen Kampf gegen die Unwahrheit erobert wird, ist ein unvergänglicher Schatz. Kampf macht stark und gibt die Kraft, diesen Schatz auch zu nutzen. Nicht alle sind in der Lage, die umwälzenden Folgen, die ein solcher Besitz mit sich bringt, zu ertragen.

Arjuna gestand *Krishna*, daß es ihm nicht gelänge, seinen rastlosen Geist zu Ruhe zu bringen. Er sagte, er sei wie der Wind, der weht, wo er will. Es gibt eine schöne Geschichte über *Karna*, die Ich euch erzählen will: Als *Karna* sein Bad nehmen wollte, entnahm er Öl aus einem mit Edelsteinen besetzten Krug. Als er damit beschäftigt war, mit seiner rechten Hand das Haar gründlich einzureiben, erschien *Krishna* bei ihm. Er erhob sich, um *Krishna* Ehre zu erweisen. Dieser sagte, Er sei gekommen, um den Krug als Geschenk von ihm zu erbitten. "Ich bin überrascht, daß der Herr des Universums Verlangen nach einem für Ihn so wertlosen Gegenstand hat, aber wer bin ich, Dir Fragen zu stellen? Hier ist der Krug, ich schenke ihn Dir", sagte *Karna* und reichte dem Herrn den Krug mit seiner linken Hand. *Krishna* wies ihn zurecht, weil er das Geschenk mit der linken Hand übergeben habe, was ganz gegen Anstand und Sitte verstieß. Aber *Karna* sagte: "Verzeihe mir, o Herr! Meine rechte Hand war ölig, und ich hatte Angst, daß, wenn ich mir Zeit nähme, sie erst zu waschen, mir allerlei Gründe dafür einfallen würden, Dir den Krug nicht zu geben. In diesem Falle hätte mein unsteter Geist mich einer einzigartig glücklichen Gelegenheit beraubt. Ich bin darum dem augenblicklichen Impuls gefolgt, ohne die vorgeschriebene Etikette zu beachten. Bitte habe Verständnis dafür und verzeihe mir." So entschuldigte sich *Karna*, der wußte, daß er einen unsteten Geist hatte. Der Geist kann jedoch durch Disziplin und spirituelle Übungen gezähmt werden. Das hatte *Krishna* auch *Arjuna* gelehrt.

Der Geist darf den Sinnen nicht untertan sein, sondern muß der höheren Intelligenz dienen. Er muß sich vom Körper distanzieren, um objektiv urteilen zu können. Wie die reife Tamarind-Frucht sich von ihrer Schale löst, so muß der Geist sich auch von seiner Schale, dem Körper, lösen. Wenn ihr mit einem Stein auf eine grüne, unreife Tamarind-Frucht schlagt, verletzt ihr das Fruchtmark im Innern der Schale. Beobachtet aber, was geschieht, wenn ihr eine reife Frucht mit dem Stein öffnet: die Rinde fällt ab, ohne Fruchtmark und Kerne zu berühren. Der reife, gläubige Mensch fühlt die Schläge des Schicksals nicht; nur der unreife Mensch wird durch jeden Schlag verwundet.

Es war einmal ein König auf der Jagd im Walde. Als er einen fliehenden Hirsch verfolgte, fiel er in einen alten, sehr tiefen Brunnen. Die Verfolgung des Hirsches hatte ihn, allen voraus, tief in den Wald geführt, so daß niemand von seinem Gefolge von seiner Notlage wußte. Als er fiel, konnte er sich glücklicherweise an einer Baumwurzel festhalten, die an der Seite des Brunnens herunterhing. Dadurch entging er dem Tode, der unter ihm im gähnenden Abgrund auf ihn lauerte. Nach einigen qualvollen Stunden hörte er jemanden in der Nähe laut die Namen des Herrn rezitieren. Es war ein heiliger Mann, der, als er die schwachen Hilferufe des unglücklichen Königs hörte, ein Seil zu ihm hinunterließ. Er rief dem König zu, sich an dem Seil festzuhalten, so daß er ihn hochziehen könne. Der König mußte nun wählen: Wurzel oder Seil? Die Wurzel hatte ihm zwar das Leben gerettet, aber er brauchte sie nur so lange, bis Hilfe kam. Es wäre töricht von ihm gewesen, an der Wurzel festzuhalten, obwohl das Seil ihm endgültige Rettung versprach. Die Wurzel muß dankbar gewürdigt werden; aber Dankbarkeit darf keine Bindung zur Folge haben. Weltliche Existenz *(samsāra)* ist wie diese Wurzel; das Seil aber ist das Geheimnis der Erlösung, durch welches die spirituelle Wahrheit schlagartig enthüllt wird.

Erlösung ist das Bewußtsein der Wahrheit, welches sich einstellt, sobald die Schuppen der täuschenden Unwissenheit von den Augen fallen. Sie ist nicht nur auserwählten Seelen zugänglich, noch ist sie ausschließliches Vorrecht von Gläubigen, die in religiösen Fragen bewandert sind. Ebenso wie der Godavari-Fluß Form und Namen verliert, sobald er das Meer erreicht, so wird die Erlösung Name und Form, Neigungen und Vorstellungen auflösen. Ihr seid dann nicht mehr gesondert, einzeln, individuell. Der Regentropfen hat sich mit dem Meer vereinigt, von dem er als Tropfen ausging. Natürlich gab es nie wirkliche Knechtschaft, niemals ein Gefängnis; es war nur eine Vorspiegelung des Geistes, die vortäuschte, gebunden und gefangen, begrenzt und vergänglich zu sein!

Um den Geist und die Intelligenz zu läutern, so daß sie die Wahrheit unverzerrt widerspiegeln können, müßt ihr vor allen Dingen vorsichtig sein, was eure Nahrung betrifft. Das ist in der Tat eine sehr ernste Angelegenheit für einen Gottsucher *(sādhaka)*. In Malur, im Staate Mysore, lebte einst ein frommer *Brahmane*, der ein großer Gelehrter war. Er verbrachte seine Zeit mit Gottesdienst und in der Meditation über den Namen des Herrn. Er war weit und breit für seinen tugendhaften Charakter bekannt. Seine Frau war ebenso fromm wie er. Eines Tages klopfte ein Bettelmönch *(samnyāsin)* an seine Tür und bat um ein Almosen. Der *Brahmane* war so erfreut über den Besuch, daß er am nächsten Tag zu

Ehren des Mönches ein Festessen geben wollte. Er schmückte die Türen mit grünen Girlanden und traf sorgfältige Vorbereitungen für den Empfang. Aber im letzten Augenblick fühlte sich seine Frau unwohl und war nicht in der Lage, das Essen für den Ehrengast zu bereiten. Eine Nachbarin erbot sich, das Mahl zu kochen, und ihr wurde die Küche überlassen. Alles ging gut, und man war so zufrieden, wie man es unter diesen Umständen sein konnte. Aber plötzlich überfiel den Mönch während des Mahls ein unwiderstehliches Verlangen, den silbernen Becher zu stehlen, den der Gastgeber neben seinen Teller gestellt hatte. Trotz seines Bemühens, dieser üblen Regung Herr zu werden, eilte der Gast mit dem Becher, den er in den Falten seines Gewandes verborgen hatte, zu seiner Unterkunft. Er konnte in dieser Nacht nicht schlafen, weil sein Gewissen ihn so sehr plagte. Er wußte, daß er seinem *Guru* und den *Rischis*, die er durch das Rezitieren von *"mantras"* anrief, Unehre gebracht hatte. Er fand keine Ruhe, bis er am nächsten Morgen zum Hause des *Brahmanen* eilen, ihm zu Füßen fallen und unter Tränen der Reue den Becher zurückgeben konnte. Alle wunderten sich, daß ein so heiliger Mensch so tief sinken konnte. Dann äußerte jemand die Vermutung, es könne an den Speisen gelegen haben, die er gegessen hatte. Als man sich näher über die Nachbarin, die gekocht hatte, erkundigte, fand man heraus, daß sie eine notorische Diebin war! Die Neigung zum Stehlen hatte sich durch die Speisen übertragen, mit denen sie beim Kochen in Berührung gekommen war. So etwas kann geschehen, und aus diesem Grunde ist es ratsam, daß Gottsucher *(sādhaka)*, die eine höhere spirituelle Stufe erreicht haben, sich nur von Früchten und Wurzeln ernähren.

Der Gottsucher sollte die Herausforderungen durch Hindernisse will-kommen heißen, denn sie geben ihm Gelegenheit, die Bindung an den Körper zu überwinden. Heute feiern wir *Shivarātri*, die Nacht der Furcht-losigkeit und Glückverheißung. Ihr dürft euch glücklich schätzen, daß ihr als Pilger hierherkommen konntet, aber laßt euch sagen: falls ihr den Strom eurer Wünsche, die eurem Geist entspringen, nicht beherrschen könnt, ist diese Nacht nichts weiter als eine verpaßte Gelegenheit. Wird euch ein Wunsch erfüllt, verehrt ihr Mich, wird er verwehrt, verschmäht ihr Mich. So können eure Wünsche euch erniedrigen. Es gibt keinen Mangel an Wünschen; denn wenn ein Wunsch erfüllt ist, folgen zehn weitere nach. Dieselbe Person, die Mich um das Bestehen eines Examens gebeten hatte, wünschte sich dann der Reihe nach: eine Stellung, eine Frau, ein Kind, Gehaltserhöhung, Versetzung an einen anderen Ort, die Aufnahme des Sohnes an der medizinischen Hochschule – eine niemals endende Kette von Wünschen, bis er schließlich um Meine Gnade bat, der Verfolgung weltlicher Ziele ein Ende zu setzen, weil er nun den spirituellen Pfad zur Erlösung gehen wolle! Solche Menschen machen sich immer Sorgen (cinta). "Cinta" bedeutet in Telugu auch "Tamarind". Sie rasten unter dem

Tamarind- oder "Cinta-Baum". Mein Baum ist der *"Santosha-*Baum", der Baum der Zufriedenheit und Freude.

Der Mensch ist schlimmer als ein Hund, denn er vergißt die Gunst, die ihm erwiesen wurde; er verleugnet seinen Herrn; er vertraut dem Ohr, obwohl das Auge das Ohr Lügen straft. Er benimmt sich so, als ob er zwei Zungen hätte, denn wen er heute in den Himmel lobt, der wird morgen schlecht gemacht. Der Hund kennt seinen Herrn, gleichgültig, in welcher Rolle er auftritt: als König, Diener oder Clown. Er ist dankbar für die Reste, die er nach der Mahlzeit von euren Tellern lecken darf. Aber der Mensch ist nicht einmal dankbar für den Nektar der Unsterblichkeit *(amrita)*, der ihm geschenkt wird.

Niemand kann euch befreien, denn niemand hat euch gebunden. Ihr klammert euch an die Brennesseln weltlicher Vergnügungen und weint dabei vor Schmerz. Der Seeadler wird von der Krähe verfolgt, solange er den Fisch im Schnabel trägt. Er dreht und wendet sich im Flug, um der Krähe, die ihm den Fisch wegschnappen will, zu entkommen. Wenn er schließlich müde geworden ist, läßt er den Fisch fallen, und in diesem Augenblick ist er frei. Wenn ihr die Bindung an die Sinne aufgebt, werdet ihr nicht mehr von Kummer und Sorgen gequält werden. Der Seeadler sitzt auf dem Ast des Baumes, spreizt sein Gefieder und ist glücklich. Auch ihr könnt so glücklich sein, vorausgesetzt, daß ihr den "Fisch " fallen laßt, den ihr festhaltet.

Wenn ihr wißt, daß Diebe in das Haus eures Nachbarn eingebrochen haben, seid ihr besonders vorsichtig und prüft jede Nacht alle Schlösser und Riegel an den Türen eures Hauses. Warum prüft ihr dann nicht auch, wenn im Nachbarhaus ein Todesfall eingetreten ist, ob ihr selbst bereit seid, dem Tod in jedem Augenblick zu begegnen? Warum laßt ihr euch statt dessen durch alles mögliche ablenken: durch den Bau von Häusern, durch den Stand eurer Bankkonten, durch gemeinsame Picknicks und Wahlveranstaltungen? Beschäftigt euch lieber mit Dingen, die euch unsterblich machen, indem ihr euren Beitrag zum Wohlergehen der Welt leistet, und dient dadurch gleichzeitig auch eurem eigenen Interesse. Versucht, eure wahre Wirklichkeit zu erkennen! Das ist es, was ein weiser Mensch tun sollte.

Die *Devotees* von Bangalore haben eine mit Blumen geschmückte "jula" (Schaukel) bereitgestellt und Mich gebeten, während der Feierstunde heute abend darauf zu sitzen. Ich werde nun schließen, damit ihr gehen und etwas essen könnt, bevor ihr später wieder hierher zurückkommt.

Prashanti Nilayam, 2.3.65

Der Name verpflichtet

Der Körper ist der Tempel, in dem euer wahres Selbst residiert. Die Welt ist ein Gebäude, das auf einem starken Pfeiler ruht: auf dem "Ich". Wenn dieses "Ich" während des Tiefschlafes ausgeschaltet ist, wißt ihr nichts von der Welt. Während ihr schlaft, seid ihr allein. Bevor ihr geboren wurdet, gab es keine Welt für euch, und wenn ihr gestorben seid, werdet ihr euch auch keiner Welt bewußt sein. Um diese Wahrheit Erkenntnis werden zu lassen, müßt ihr erst durch die vorbereitende Schule spiritueller Erziehung und selbstlosen Handelns gehen. Dadurch wird euer Herz von egoistischen Impulsen gereinigt und eure Aufmerksamkeit auf das Universale und Absolute gelenkt. Die Folge davon ist das Wissen *(jnāna)*, welches alles einschließt, was es zu wissen gibt. Darauf hat das Gedicht, welches der *Pandit* gerade vorgelesen hat, Bezug genommen. Wer diese Weisheit gewonnen hat, ist den größten Weisen ebenbürtig.

Welche Art selbstlosen Handelns *(karma)* und welche Form der Verehrung des Höchsten *(upāsana)* eurem Lebensalter und der vorherrschenden Eigenschaft *(guna)* eures Charakters am besten entspricht, wird durch die göttliche Ordnung *(dharma)* bestimmt. Selbst Nektar *(amrita)* ist lebensgefährlich, wenn er durch die Nase getrunken wird. Für jeden Sucher gibt es eine Methode, einen bestimmten spirituellen Pfad, der sich von dem eines anderen unterscheidet. Der wahre *Guru* weiß, was das Beste für euch ist. Das soll nicht heißen, daß er parteiisch oder voreingenommen wäre. Es bedeutet, daß er gütig und rücksichtsvoll ist und nicht darauf besteht, daß alle die gleiche Zwangsjacke tragen. Ein Wäscher hatte einen Hund und einen Esel. Der Esel mußte die Wäsche zum Fluß tragen, und der Hund mußte sie bewachen, wenn sie zum Trocknen auf der Leine hing. Eines Morgens weigerte sich der Hund zu bellen, weil sein Herr ihn schlecht behandelt hatte. Er blieb sogar stumm, als Diebe die Wäsche davontrugen. Der Esel entschied sich zu schreien, um den Wäscher zu warnen. Dieser jedoch dachte, der Esel sei nur störrisch, und anstatt den Dieb zu verfolgen, schlug er unbarmherzig auf das arme Tier ein. Jeder darf nur die ihm zugedachte Aufgabe erfüllen, sonst entsteht, wie ihr an diesem Beispiel sehen könnt, große Verwirrung.

Als böse Hände versuchten, *Draupadī* zu entkleiden, bedachte der Herr sie in Seiner Gnade mit einem "endlosen" Sari. Heute versuchen unwürdige Kinder, Mutter Indien das Gewand der ewig gültigen Ordnung *(sanātanadharma)* wegzunehmen, und deshalb ist der Herr gekommen, um ihr Trost und Stärke zu verleihen. Ihr werdet erleben, wie ihr bei jeder Beleidigung ein wunderschöner "Sari" zur Verfügung steht. Ihr alle werdet Zeugen dieses großen Wunders sein, welches der *Avatar* vollbringen wird, um die Ehre Indiens und seine ererbten heiligen Schätze zu beschützen.

Das ganze Geheimnis liegt darin, wunschlos zu sein und alles Verlangen aufzugeben *(vairāgya)*. Die Zunge kommt mit fetten, öligen Speisen in Berührung, wird aber davon nicht fettig. Das Auge bleibt unberührt von dem Augenwasser, das es umgibt. Ebenso muß der Geist von Erfolg und Versagen, Gewinn und Verlust, Gesundheit und Krankheit unberührt bleiben; er muß dem Herrn übergeben werden. Überlaßt alles Seinem Willen. Was könnt ihr schon mit eurem kleinen Willen ausrichten? Schließt eure Augen für fünf Minuten, und denkt darüber nach, was eure eigenen Anstrengungen euch eingebracht haben. Ein Wunsch führt zum nächsten, eine Bindung zieht zehn andere nach sich. Ihr heiratet; ihr bekommt eine Tochter, die ihr verheiraten müßt. Ihr müht euch ab, euer Studium zu beenden, und dann plagt ihr euch für das Studium eures Sohnes ab und dieser für die Ausbildung seines Sohnes. So geht es weiter und weiter wie eine endlose Kette. Ihr sagt: "Wenn mir dieser eine Wunsch erfüllt wird, so ist das genug; ich werde nie mehr um etwas bitten." Aber Ich weiß, daß die Erfüllung dieses einen Wunsches Folgen hat und zu weiteren Wünschen führt. So ist das eben, denn die Befriedigung durch Erfüllung von Wünschen ist unvollkommen, begrenzt, vorübergehend und trägt den Keim des Leidens in sich. Ihr sät bittere Saat und betet um eine süße Ernte. Ihr klagt über die Erde, die Pflanze, den Regen. Aber was können sie tun, wenn doch die Saat selbst schlecht ist! Das vedische Gebot, das von den Weisen überliefert wurde, lautet: "Sprecht die Wahrheit; wandelt auf dem Pfad der Tugend" (satyam vadam; dharmam chara). *Harishcandra* erkannte die Autorität des Herrn hinter dieser Ermahnung. Er respektierte Ihn und richtete sich nach seinem Gebot, gleichgültig, welche Folgen es hatte. Er verlor sein Königreich, seinen Rang, seine Ehre, einfach alles. Seine Frau und sein Sohn wurden als Sklaven verkauft! Er wurde von seinem Sitz auf dem königlichen Thron zum Wärter der Verbrennungsstätten erniedrigt und mußte das Geld für die Einäscherungen kassieren. Als sein eigener Sohn starb, ließ er nicht zu, daß er verbrannt wurde, denn er mußte darauf bestehen, daß die arme, mittellose Mutter das Bestattungsgeld bezahlte. Aber er blieb ehrlich und trug so den Sieg davon. Wahrhaftigkeit wird immer siegen, wie groß die Hindernisse auch sein mögen; andernfalls hätten die *Veden* nicht gefordert, daß der Mensch sich daran halten muß.

Um eine Räuberbande überführen zu können, muß der Polizist sich als Räuber unter sie gesellen. Deshalb hat auch der Herr menschliche Gestalt angenommen, weil sie für Seine Mission am besten geeignet ist. Jene, deren Treue von ihren eigenen Frauen bezweifelt wird, wagen es, die Aussagen des *Avatars* anzuzweifeln und Beweise von Ihm zu verlangen! Wer wirklich ernsthaft verstehen will, ist natürlich willkommen in Seiner Nähe, um zu beobachten, zu lernen und seinen Glauben zu festigen. Seid ihr nicht müde, wieder und wieder geboren zu werden und jedesmal die

Rolle von Bettlern und Narren zu spielen? Bemüht euch wenigstens jetzt in diesem Leben um eine bessere Rolle.

Der *Pandit* erwähnte in seiner Rede über die verschiedenen Arten der Verehrung Gottes *(bhakti)*, daß der Gläubige *(bhakta)* einer Nadel gleicht, die immer von dem Magneten angezogen wird. Um die Anziehungskraft wirksam werden zu lassen, muß die Nadel aber sauber sein und sich in der Nähe des Magneten befinden. Viele sind zu weit von Ihm entfernt und beklagen sich dann, daß sie der Gnade nicht teilhaftig werden! Ihr müßt euch durch echte Reue von dem Schmutz und Rost befreien, der die Anziehung verhindert. Manche kommen für eine kurze Zeit näher, aber entfernen sich dann wieder. Ich meine nicht die körperliche Entfernung. Ihr mögt körperlich weit weg, aber in Gedanken ganz nahe bei Mir sein. Ich messe die Entfernung nicht nach Meilen oder Kilometern; Ich bin immer bei euch, in euch, neben euch. Ihr müßt euch allerdings Meiner bewußt sein und Nutzen aus Meiner Gegenwart ziehen. Ihr müßt ein brennendes Verlangen haben, die Gegenwart des Herrn zu verspüren. Ihr müßt aber erkennen, daß das Verlangen allein nichts nützt, wenn ihr den Weg, der zu Gott führt, nicht kennt. Das heißt, ihr müßt ernsthafte Sucher nach der Wirklichkeit des Herrn werden. Prüft die vier Lebensziele *(purushārtha)* und erkennt, daß Erlösung *(moksha)* der Höhepunkt und das endgültige Ziel ist. Beginnt, euch danach zu sehnen, so wie ein Liebender sich nach der Geliebten sehnt. Strebt nach dem, welches, wenn es erreicht ist, alles andere einschließt.

Wer endlich sein wahres Wesen als das göttliche Selbst *(ātman)* erkannt hat, ist ein Weiser *(jnānī)*. Aber der Weg dahin ist mühsam, und deshalb weichen viele, die zuerst von dem Ziel begeistert waren, von ihm ab und verlaufen sich. Und dann geht es ihnen wie dem Gewinner eines Geldpreises, der alles in einer Großstadt wie Kalkutta, Puna oder Madras verschwendet oder sich in Pilgerorten wie Rishikesh und Shirdi aufhält, bis er alles Geld ausgegeben hat. Weil er sich kein Dach über dem Kopf mehr leisten kann, wird er dann in einem öffentlichen Park von der Polizei wegen Landstreicherei verhaftet. Auch der Himmel ist ein Ort, an dem man sich nur so lange aufhalten kann, bis der letzte Pfennig ausgegeben ist, und keinen Augenblick länger! Nur die Erlösung *(moksha)* ist endgültig und unveränderlich.

Ihr kommt nach *Puttaparthi*, kauft ein Bild von Mir, nehmt es mit nach Hause und betet dann jeden Tag oder jeden Donnerstag davor. Das ist zwar gut, wird euch aber nicht weit bringen. Ihr müßt Tugenden entwickeln, gute Eigenschaften, gute Gewohnheiten und einen guten Charakter. Andernfalls hebt sich das Plus und Minus in eurem Leben auf, und das Ergebnis ist null. In den heiligen Schriften wird erklärt: "Du bist DAS" *(tat tvam asi)*, und so müßt ihr (tvam) diesem DAS (tat) auch wesensgleich sein. Ihr sagt, Dies (die Welt) und Das (das Göttlich-Absolute) sind dasselbe. Dann wird die Verachtung oder Verehrung des einen auch zur Verachtung oder Verehrung des anderen.

Viele bitten Mich darum, ihren Kindern einen Namen zu geben oder sie mit dem ersten Happen Reis zu füttern. Beides sind Rituale, die in den heiligen Schriften beschrieben werden. Das Kind erhält einen Namen Gottes: Panduranga, Venkatesa, Srinivasa, Sathyanarayana, Lakshminarayana usw. Aber ihr kürzt die Namen ab und schreibt z.B. nur L.N., und dann vergeßt ihr die Bedeutung des Namens. Ein "Rāma" macht oft dem Namen, den er trägt, keine Ehre; er mag seinen Vater vor Gericht verklagen und ihm großen Kummer bereiten. Ein "Lakshmana" mag seinen Bruder verprügeln und eine "Sītā" sich scheiden lassen. Es ist besser, ein am Wegrand liegender Stein zu sein als ein Mensch mit einem solchen Charakter.

Warum wird *Rāma* allgemein verehrt, *Rāvana* aber abgelehnt? Das ist kein Zufall, sondern es ist eure Verwandtschaft mit dem Göttlichen, das angeborene Gute in euch, welches euch *Rāmas* Güte liebevoll verehren und euch gegen die Schlechtigkeit *Rāvanas* aufbegehren läßt. Es ist nicht genug und auch nicht notwendig, die Namen *Rāmas* laut zu rezitieren. Denkt an Ihn mit Liebe und Verehrung. Wenn ihr diese Quelle der Liebe nicht in euch verspürt, könnt ihr mit äußeren Mitteln wie Gottesdienst, dem Lesen heiliger Geschichten usw. euer Herz erreichen, und dann wird die Liebe darin zu keimen beginnen.

Von morgen an werde Ich Mich mit jedem einzelnen von euch befassen; zuerst mit den Kranken und Alten und später mit den anderen. Viele von euch sind mit gesundheitlichen Problemen und anderen Sorgen hierhergekommen. Das sind nur Köder, die euch hierher gebracht haben, damit ihr der Gnade teilhaftig werden könnt und euer Glaube gestärkt wird. Probleme und Sorgen sollten willkommen geheißen werden, denn sie lehren euch, demütig und ehrfürchtig zu sein. Leider werden nicht alle die Beziehung, die sie hier anknüpfen, weiterhin pflegen; sie werden den Reichtum, der in ihre Hände gefallen ist, verlieren. Es wird jedoch der Tag kommen, da so viele Menschen aus aller Welt an solchen Veranstaltungen teilnehmen werden, daß sie im Sand des Chitravathi-Flußbettes stattfinden müssen, weil allein der Himmel groß genug ist, um als Dach für eine so große Menschenmenge zu dienen. Viele zögern, daran zu glauben, daß sich die Dinge zum Guten wenden werden und das Leben allen Menschen Glück und Freude bringen wird; ja, daß ein "Goldenes Zeitalter" im Kommen ist. Ich versichere euch, daß diese Form Gottes nicht umsonst gekommen ist; Sie wird die Krise, in der die Menschheit sich befindet, überwinden.

Prashanti Nilayam, 3.3.65

Haltet euch an die göttliche Ordnung

Bharatavarsha wußte, daß das Geheimnis für inneren Frieden der Dienst am Nächsten und die Liebe für alle Wesen ist. Die Kultur dieses Landes betrachtete die Unterstützung der Gottesfürchtigen, der Heiligen und Weisen als die beste Form des Dienens. Verachtet die Diener Gottes nicht; hindert die Großmütigen nicht an ihrer Wohltätigkeit; legt dem Studium der heiligen Schriften nichts in den Weg – auch wenn ihr selbst nicht daran beteiligt seid. Das ist es, was in diesem Land gelehrt wird.

Der Frieden kann nicht durch die Anhäufung von Atombomben und anderen Waffen gesichert werden. Wenn der Haß nicht aus den Herzen entfernt und statt dessen Liebe eingepflanzt wird, herrschen Angst und Schrecken, und Freundschaft und Harmonie können sich nicht entwickeln. Eure Anstrengungen sind so gering, aber eure Erwartungen sehr hoch. Ihr kauft eine Bohne und verlangt einen Kürbis als Zugabe. Jeder erwartet baldigen Frieden auf internationaler Ebene. Aber wie kann dieser Wunsch erfüllt werden, wenn so wenig getan wird, um den Geist vom Haß zu befreien?

Heute ist jeder darauf aus, glücklich zu werden. Es wird Jagd gemacht auf eine angenehme Stellung mit großem Einfluß; Banken und Firmen werden gegründet; immer größere Häuser werden gebaut – alles das sind Beweise für den Eifer, mit dem nach glücklichen Lebensbedingungen gestrebt wird. Aber es fehlt der Eifer im Streben nach innerem Frieden *(shānti)*. Streben nach Glück ist nicht das gleiche wie Streben nach Frieden. Glück wird oft mit Frieden verwechselt. Die Reichen und Mächtigen haben keinen inneren Frieden. Denkt darüber nach, und ihr werdet erkennen, daß es so ist. Frieden ist weder im Sparbuch noch in großen Häusern zu finden. Eure Lebensauffassung ist völlig auf den Kopf gestellt.

Es ist unsinnig, den Wagen vor das Pferd zu spannen. Das Körperliche ist dem Spirituellen untergeordnet. Der Körper ist der Wagen, der Geist *(mind)* das Pferd. Natürlich muß der Wagen gut erhalten werden. Untugenden ruinieren den Körper und machen ihn untauglich für die Lebensreise. Das Pferd wird vernachlässigt und nicht für die Reise vorbereitet; es hungert. In diesem Land, in dem die Heiligen *Mīra, Jayadeva, Vālmīki, Tyāgarāja*, Rāmadas und Tukaram von sehnendem Verlangen getrieben und durch innere Stärke befähigt den Pfad zu ewiger Freude aufgezeigt haben, werden kostbare Lebensjahre mit sinnlosen Abenteuern vergeudet.

Die vier großen Wahrheiten, welche die Veden enthalten, betonen, daß alles Gott *(brahman)* ist. Obwohl alles aus demselben Grundstoff besteht, erscheint es dem kranken Auge als vielfältig. "Ich bin Gott" (aham brahmasmi) – das müßt ihr euch immer wieder sagen, denn dadurch verwandelt ihr euch in Kinder der Unsterblichkeit. Jetzt sagt ihr: "Ich bin der Körper" (aham dehasmi), eine Kombination der fünf Elemente, welche sich eines Tages wieder in die einzelnen Bestandteile auflösen wird. Ihr erniedrigt euch zu Kindern der Illusion. Ein solches Denken hat viel Leid zur Folge; es ist die Wurzel der Unzufriedenheit. Wer sich in Räumen mit Klimaanlage aufhalten muß, um sich wohlzufühlen, dem fehlt die kühle Gelassenheit des Herzens, die jenen eigen war, welche in den Höhlen der Wälder lebten. Es kommt auf die innere und nicht auf die äußere Temperatur an.

Ihr verehrt die göttliche Kraft in der Form, die den Namen "chenga-lamma" trägt. Ich lege jetzt den Grundstein für eine Gebetsstätte, die allen Pilgern offensteht, die kommen, um diese Form zu verehren. Sie wird in der Zukunft einen großen Einfluß ausüben, denn Ich tue nie etwas ohne gewichtigen Grund. Alles, was Ich tue, hat eine tiefe Bedeutung. Dieser Tempel mit seiner Gebetshalle wird wie alle anderen Institutionen gleicher Art der Menschheit in immer größerem Maße dienen.

Dieses Gebäude hat den Namen "Dharmasala" erhalten. Das bedeutet: Dharmahalle oder Dharmaschule. Daraus geht hervor, daß dieser Tempel nicht nur eine freie Unterkunftsstätte für die Pilger ist, sondern daß diese hier eine Atmosphäre der göttlichen Ordnung *(dharma)* finden werden, die sie inspirieren wird. Der Tempel wird dazu beitragen, den Pilger zu sich selbst zu führen und ihn anregen, nach der göttlichen Kraft, die dem Menschen innewohnt und welche die Grundlage allen Wünschens, Wollens und Wirkens ist, zu suchen. Das "Dharmasala" soll ihm die Gewißheit geben, daß die göttliche Ordnung *(dharma)* die Besonderheiten, die sich aus den verschiedenen Berufen und aus der sozialen Stellung jedes einzelnen ergeben, berücksichtigt. Es sind auch bestimmte Regeln vorgeschrieben, die das Erwachen des spirituellen Bewußtseins während der vier Lebensabschnitte des Menschen – als Schüler, Eltern, Einsiedler und unbeteiligter Zeuge – fördern. Das wird dem Namen "Dharmasala" alle Ehre machen. *"Dharma"* ist der Weg, auf dem die göttliche Kraft, die in eurem Herzen wohnt, erreicht, erfahren und verwirklicht werden kann. Ohne die göttliche Ordnung *(dharma)* zu befolgen, kann das niemals geschehen.

"Dharma" läutert den Geist, führt zu Gott und erzeugt eine Vorliebe für den Namen und die Form Gottes. Wenn ihr den Namen und die Form *Krishnas* verehrt, werdet ihr natürlich die Gebote *Krishnas*, die in der *Bhagavad Gītā* zu finden sind, befolgen. Habt den Namen des Herrn auf der Zunge und seht Seine Form mit dem inneren Auge, dann wird der Dämon unersättlicher Wünsche aus eurem Geist entfliehen und Freude und Zufriedenheit zurücklassen. Diese Art der dauernden Beschäftigung mit dem innewohnenden Gott wird eure Liebe zu allen Wesen fördern. Ihr

werdet dann nur das Gute in euren Mitmenschen sehen und euch bemühen, allen nur Gutes zu tun.

Heute hat alles an Wert zugenommen, nur der Mensch hat an Wert verloren. Er hat die ihm gehörenden kostbaren Juwelen: den Verstand, die Fähigkeit, zwischen dem Vergänglichen und Unvergänglichen zu unterscheiden und das Freisein von Abhängigkeiten verloren und ist dadurch in äußerste geistige Armut geraten. Ein Menschenleben ist weniger wert als das eines Tieres, denn durch das erschreckende Anwachsen von Zorn, Haß und Habgier werden die Menschen zu Millionen dahingeschlachtet. Der Mensch hat vergessen, daß er eins mit allen Menschen, allen Wesen und mit dem ganzen Universum ist. Nur das Nachdenken über diese Tatsache kann zu Frieden in der Welt, in der Gesellschaft und im Einzelnen führen. Alle anderen Anstrengungen sind wirkungslos und so töricht, als ob man wohlriechendes Rosenwasser auf einen Aschenhaufen schüttet. Ich segne alle eure Bemühungen, den Frieden auf der Grundlage spiritueller Weisheit und Einigkeit herzustellen.

Veranstaltungen wie diese müssen abgehalten werden, damit die Botschaft des Friedens verbreitet wird. Ihr werdet dadurch angeregt, eure wahre Wirklichkeit zu erforschen und sie zu erfahren. Wie Kumaraja zu Beginn seiner Rede betonte: Versucht wenigstens eine oder zwei der Lehren, die Ich euch gegeben habe, in eurem täglichen Leben zu befolgen. Verrichtet alle eure täglichen Pflichten mit Gott als dem ewigen Zeugen im Herzen. Die Teilnehmer dieser Veranstaltung sind wie eine Flut aus den vier Himmelsrichtungen herbeigeströmt. Das ist ein sicheres Zeichen dafür, daß die uralte göttliche Ordnung *(sanātanadharma)* in diesem Land in neuem Glanz erstrahlen wird. Ihr lernt hier, die Wahrheit über euch selbst und über die Welt zu erkennen. Ist das nicht das Beste, was der Mensch tun kann? Gibt es einen Grund dafür, daß ihr euch dieser Aufgabe nicht widmen solltet? Nur Unwissenheit kann euch davon abhalten. Beginnt jetzt mit dem ersten Schritt: wiederholt den Namen des Herrn, der in eurem Herzen wohnt. Das wird euch zu weiteren Schritten führen, bis das Ziel erreicht ist.   Sulurpet, 22.3.65

Die Stimme des Donners

Ich ermahne euch, den neuen Sai Baba Tempel, den Ich heute in dieser Stadt, die in einem Meer weltlicher Verwirrung und Sorgen zu versinken droht, eingeweiht habe, zum Besten aller zu nutzen. So jedenfalls würden intelligente Menschen die Gelegenheit wahrnehmen. Was das Herz für den Körper, ist der Tempel für das Dorf. Das Bauen von Tempeln und Aufstellen heiliger Symbole darin, der Gottesdienst und das Feiern heiliger Festtage – alles das sind gute Werke. Sie geben Gelegenheit, zu dienen und Opfer zu bringen. Es sind spirituelle Übungen *(tapas)*, die dazu beitragen, von materiellen Dingen unabhängig zu werden. Ich freue Mich, daß der Bau dieses Tempels euch Gelegenheit zu solch spiritueller Zusammenarbeit gegeben hat.

In letzter Zeit ist es Mode geworden, überall neue Tempel zu bauen. Bevor man mit dem Bau eines Tempels beginnt, muß jedoch der Herr im eigenen Herzen Seinen Platz finden. Oft führt der Neubau von Tempeln zur Vernachlässigung der alten, und das ist nicht richtig. Die alten Tempel wurden nach genauen Vorschriften der *Shāstras* erbaut, und viele Generationen von Gläubigen haben sie mit Gebeten und Frömmigkeit erfüllt. Es ist Tempelschändung, sie verkommen zu lassen. Außerdem ist das Bauen von neuen Tempeln in manchen Gegenden ein Geschäft geworden. Es wird Geld dafür gesammelt, und dabei bereichern viele sich selbst auf Kosten der Gutmütigkeit der Gläubigen. Während die Armen verzweifelt nach Nahrung und Unterkunft verlangen, wird Geld für neue Tempel ausgegeben, obwohl zahlreiche alte vorhanden sind. Das sollte nicht unterstützt werden. Der Herr kann überall angebetet, werden und es braucht nicht für jede Seiner Inkarnationen ein neuer Tempel gebaut zu werden. Erklärt den Menschen, daß sich alle Formen und Namen auf denselben Gott beziehen. Es ist sehr wichtig, daß sie das verstehen lernen.

Die Suche nach der Wahrheit und die Aufrechterhaltung der Moral waren immer die Ideale Indiens, und sie wurden als wesentlich für die Erkenntnis der göttlichen Wirklichkeit angesehen. Deshalb ist auch heute eine so große Menschenmenge von allen Seiten herbeigeströmt und hat sich hier auf engem Raum versammelt. Ich schlage vor, für die morgige Veranstaltung einen anderen Platz zu finden, so daß alle bequem sitzen und den Belehrungen zuhören können. Jene, welche die Beschreibung der Hingabe und des geduldigen Leidens der *"gopīs"* im *Bhāgavatam* für übertrieben halten, werden durch euer Beispiel ihre Meinung ändern und zugeben müssen, daß das *Bhāgavatam* recht hat. Um diesen großen Durst nach spiritueller Inspiration und Weisheit zu stillen, habe Ich das Prashanti Vidwanmahāsabha, über das Patrudu vorhin gesprochen hat, gegründet. Nun können die Mitglieder dieser Vereinigung überall im Land diese Aufgabe erfüllen.

In vergangenen Zeiten haben viele Heilige, Könige und Asketen Haus und Hof verlassen, um sich in der Einsamkeit der Wälder unendliche Glückseligkeit *(ānanda)* zu verdienen. Sie haben Erfahrungen gemacht und lehrten, daß die Quelle dieser Glückseligkeit das Göttliche im Inneren des Menschen ist. Entfernt die Untugenden der Lust und des Hasses, und löscht die wütenden Flammen des Zornes und der Habsucht, dann, so sagen sie, werden sich Frieden und Freude, die wahre innere Wirklichkeit des Menschen, ungehindert offenbaren können. Persönlicher Wiederaufbau ist viel wichtiger als der Bau neuer Tempel. Schafft neue Tugenden, nicht neue Gebäude; lebt, was ihr predigt, das ist wirkliches Pilgertum. Reinigt euren Geist von Eifersucht und Bosheit, das ist das richtige "Bad in heiligen Wassern". Was für einen Wert hat das Wort Gottes auf der Zunge, wenn das Herz unrein ist? Ungerechtigkeit und Unzufriedenheit verbreiten sich überall als Folge dieses einen menschlichen Fehlers: Worte und Taten stimmen nicht überein; Zunge und Hand gehen in verschiedene Richtungen. Der Mensch muß sich ändern und überprüfen, ob richtig ist: was er ißt, wie er seine Freizeit verbringt und wie er denkt.

Im Grunde genommen gibt es zwei Wesenheiten: "Ich" und "Du". Ich und Gott. Aber als drittes kommt die materielle Welt *(prakriti)* hinzu oder vielmehr: scheint hinzuzukommen. *"Prakriti"* ist wie eine Heiratsvermittlerin. Diese geht zu den Eltern der Braut, schlägt einen bestimmten Bräutigam vor, hebt seine Vorzüge in den Himmel und erzeugt dadurch das Verlangen der Eltern, diesen Mann für ihre Tochter zu sichern. Dann geht die Vermittlerin in das Dorf des Bräutigams und überredet dessen Familie, eine große Summe als Mitgift zu verlangen, bevor er einwilligt, das Mädchen zu heiraten. Wenn die Hochzeit vollzogen ist, verschwindet sie. Die materielle Welt *(prakriti)* ist wie diese Vermittlerin. Wenn das "Ich" mit dem "Du" vereinigt ist, verschwindet sie. Ihre Rolle ist es, das "Du" dem "Ich" zu enthüllen – das ist alles.

Tatsächlich ist das "Ich" und das "Du" ebenso ein und dasselbe wie die Welle und das Meer. Aus diesem Grund spreche Ich euch immer mit: Verkörperungen der Unsterblichkeit *(amrita* svarupalāra) oder mit: Verkörperungen des Friedens (shānta svarupalāra) an. Niemand würde eine Versammlung mit: Ihr Bösen, ihr Nichtswürdigen anreden. Das wäre auch falsch, denn eure wahre Natur ist liebevoll, friedlich, gütig und unsterblich. Bosheit, Nichtswürdigkeit und Ungerechtigkeit entstehen durch Unwissenheit, Irrtum und Verwirrung, das heißt, durch das Abweichen vom rechten Weg während der Pilgerfahrt.

Tut eure Pflicht *(karma)*, und haltet euch dabei an die göttliche Ordnung *(dharma)*. Geht geradewegs dem Allmächtigen entgegen – das ist eure Bestimmung. Es ist unerläßlich, daß ihr eure Pflicht tut. Jedem ist seiner Stellung, seinen Neigungen und seinen Verdiensten entsprechend eine Aufgabe zugewiesen. Habt Ehrfurcht vor dem Herrn und Furcht vor der Sünde. Begrüßt Freud und Leid gleichermaßen, dann könnt ihr Erfolg und Mißerfolg als Hammerschläge annehmen, die euren Glauben und Charakter formen. Innerer Reichtum ist wichtiger als äußerer. Die göttliche Ordnung *(dharma)* ist die Grundlage der Moral, die Erfahrung der Weisen. Sie enthält die Regeln der Selbstdisziplin, welche den Geist und die Sinne zügeln. Es gibt viele solcher Regeln, die zum Teil allgemeingültig, zum Teil für einen bestimmten Stand in der Gesellschaft, z.B. für den Studenten, für den Familienvater usw. gültig sind. Sie verursachen keine Verwirrung, sondern ergänzen einander, da jede auf ihre Weise zur Förderung der inneren Entwicklung beiträgt. *Krishna* erinnerte *Arjuna* an seine Pflicht, besondere Situationen zu meistern. Das alles müßt ihr bedenken, wenn ihr dem Ziel entgegengeht.

Der Tempel besteht nur aus Ziegeln und Mörtel, die heilige Statue im Innern aus Stein. Aber ihr bemüht euch, das göttliche Prinzip darin zu sehen. Wenn ihr in der Lage seid, das Göttliche im Stein wahrzunehmen und zu verehren, wieviel leichter muß es für euch sein, den Herrn in jedem lebenden Wesen, im Herzen jedes Menschen zu erkennen. Seht Gott zuerst im Menschen, bevor ihr an das Steinbildnis im Tempel denkt. Ehrt den Menschen – das ist der erste Schritt zur Verehrung Gottes. Den Menschen könnt ihr sehen, Gott aber nicht.

Die *Upanishaden* sagen, der Donner mit seinem "Da-da-dha" habe etwas zu bedeuten. Er lehre die Ungeheuer *"dayā"* (Mitgefühl), die Götter *"dama"* (Entsagung) und die Menschen *"dharma"* (die göttliche Ordnung). Nun, alle drei sind im Menschen vorhanden, er ist zum Teil Ungeheuer, zum Teil Gott und zum Teil Mensch, und alle drei müssen in Betracht gezogen werden. *"Daya"* ermahnt: Sei freundlich und gütig; *"dama"*: Beherrsche deinen Geist und deine Sinne und *"dharma"*: Bleibe immer auf dem Pfad der Rechtschaffenheit. Das ist der Rat, welchen der Himmel den Menschen durch die Stimme des Donners gibt. Die Reise des Menschen endet auf dem Friedhof; jeder Tag bringt ihn dem Tod näher. Deshalb wartet nicht länger: Erfüllt eure Pflicht! Das wird euch für immer zugute kommen. Erkennt, daß ihr *"Shiva"* (Gott) seid, sonst werdet ihr zu einem "shava" (Leichnam).

Das erste, was ihr tun müßt, um eurem Geist *(mind)* die wahre Wirklichkeit einzuprägen, ist, den Namen Gottes zu wiederholen. Beschäftigt euren Geist ständig mit Seiner Herrlichkeit, so daß eure Zunge nicht über geringere Dinge spricht und euer Geist sich nicht mit minderwertigen Gedanken beschäftigen kann. Laßt uns nun zusammen einige Namen des Herrn singen.

Kakinada, 24.3.65

Erwacht! Erhebt euch!

Ihr müßt von einem unbändigen Drang beseelt sein, das Ziel zu erreichen, wenn ihr den spirituellen Pfad betretet. Entwickelt dieses Sehnen nach Befreiung von aller Bürde. Denkt daran, daß euer Haus auf vier starken Pfeilern erbaut sein muß: auf Rechtschaffenheit *(dharma)*, Wohlstand *(artha)*, Verlangen *(kāma)* und Erlösung *(moksha)*. Wohlstand *(artha)* muß auf rechtschaffene Weise erworben werden, die göttliche Ordnung *(dharma)* und Erlösung *(moksha)* sollten das einzige sein, worauf euer Verlangen *(kāma)* gerichtet ist. Wie groß auch eure Verdienste sein mögen, wenn ihr die innere Quelle der Glückseligkeit nicht angezapft habt, könnt ihr nicht wirklich zufrieden sein. Ewige Wahrheit und göttliche Kraft sind euer innerstes Wesen, und ihr braucht sie euch nicht erst zu verdienen. Die Pfeiler der vier Lebensziele *(purushārtha)* gewinnen an Festigkeit, sobald sie in der dem Menschen innewohnenden Göttlichkeit verankert sind.

"Manava" bedeutet: ein Mensch ohne jede Spur von Unwissenheit. Wenn ihr mit Recht als ein solcher betrachtet werden wollt, müßt ihr euch durch gute Taten, die auf selbstlosen Motiven beruhen, von der Unwissenheit befreien. Leider habt ihr zwar große Erwartungen, gebt euch aber nicht genug Mühe. Ihr brüstet euch mächtig, erreicht aber nur wenig. Als ein Wasserträger einmal gefragt wurde, ob sein Wassersack auch sauber sei, antwortete er: "Er ist sauberer als der Sack, in den ihr das Wasser hineinschüttet." Kümmert euch mehr um die innere Sauberkeit als um die äußere. Überprüft euch selbst, urteilt nicht über andere. Sucht nach der Perle, nicht nach der Muschel, nach dem echten Edelstein, nicht nach dem glitzernden Kiesel.

Ihr habt von Leuten gehört, die nach Erlösung streben und ihrer teilhaftig werden. Manche von euch mögen glauben, daß dies eine besondere Ehre sei, die nur wenigen zuteil wird, oder daß es ein Paradies, eine Kolonie der Auserwählten gäbe, zu dem sich nur einige besonders starke Seelen aufschwingen können. Nein, das ist nicht so! Erlösung *(moksha)* ist die Befreiung, die alle erreichen müssen, ob sie stark sind oder nicht; selbst jene, die nicht daran glauben, werden es am Ende erkennen. Jeder ist ja bereits auf der Suche nach Freude und Frieden, nicht wahr? Erlösung *(moksha)* bedeutet: unvergängliche Freude und unzerstörbaren inneren Frieden gefunden zu haben. Sobald der Mensch flüchtiger Freuden und zeitweiliger Befriedigung überdrüssig geworden ist, wird er sich endlich anstrengen, das Geheimnis ewiger Freude und inneren Friedens *(moksha)* zu entdecken. Wenn ihm dieses Geheimnis bekannt wäre, würde er sich nicht ablenken lassen und den Umweg über sinnliche Vergnügungen wählen. Ebenso wie die Freude, die ihr in einem Traum erlebt, beim Erwachen verschwindet, so verschwindet die Freude, die ihr im Wachzustand empfindet, wenn das höhere Bewußtsein *(jnāna)* erwacht. Die *Upanishaden* sagen: "Erwacht! Erhebt euch!" Die Zeit vergeht so schnell! Nutzt jeden Augenblick, solange ihr könnt, für die wichtigste Aufgabe: das Göttliche in allen Wesen zu erkennen. Wenn das Ende eures Lebens naht, sterbt nicht wie ein Baum oder wie ein Wurm, sondern wie ein Mensch, der erkannt hat, daß er Gott ist. Das muß euer Ziel in all den Jahren sein, die ihr in einem menschlichen Körper verbringt.

Diese wesentliche Lehre ist in den modernen Lehrplänen nicht enthalten.

Männer und Frauen leben viele Jahre, ohne das Geheimnis eines frohen, friedlichen Daseins zu kennen. Die Gebildeten sind heute unzufriedener als die Ungebildeten, obwohl sie eigentlich einen ruhigen, ausgeglichenen Geist besitzen sollten. Bildung ist heutzutage nur ein äußerer Anstrich, der Egoismus und Heuchelei noch mehr Nahrung gibt. Jemand hat einmal "Pfeffer" auf eine Zuckerdose geschrieben, und als er nach dem Grund gefragt wurde, antwortete er: "Nur um die Ameisen irrezuführen." Der Name "Ausbildung", welcher das Ziel des heutigen Schulsystems bezeichnet, kann keinen denkenden Menschen irreführen, der um das wirkliche Ziel einer Ausbildung weiß, nämlich um die Entfaltung göttlicher Eigenschaften in der menschlichen Persönlichkeit. Bescheidenheit und Ehrfurcht sind wichtige Charakterzüge des Menschen. Beide werden in den *Upanishaden* besonders stark hervorgehoben, aber durch das heutige Ausbildungssystem nicht gefördert.

"Verehrt eure Mutter wie Gott; verehrt euren Vater wie Gott; verehrt euren Lehrer wie Gott; verehrt euren Gast wie Gott", ermahnen die *Upanishaden*. Das Wesen jedes Menschen ist göttlich, deshalb verachtet und vernachlässigt niemanden. Die Eltern haben euch mit eurem Leben die wunderbare Gelegenheit gegeben, die Wirklichkeit zu erkennen; der Lehrer hat euch die Augen für die Schätze, die in euch liegen, geöffnet; der Gast gibt euch die Möglichkeit, dem lebendigen Gott in eurem eigenen Heim zu dienen. Sie alle müßt ihr verehren und ihnen demütig dienen. Der gebildete Mensch von heute gleicht jemandem, der auf den Bahnhof geht, um am Schalter einen Fahrschein zu kaufen, aber nicht weiß, wohin er fahren will! Alle Menschen sind Reisende oder besser gesagt Pilger auf dem Weg zu Gott, der sie zu sich zieht. Kakinada, 25.3.65

Verschwendet keine Energie

Der Mensch ist nicht zum Essen und zum Trinken auf Erden. Er ist hier, um durch diszipliniertes Handeln das Göttliche, das in ihm ruht, zu manifestieren (vyakta). Er wird "Vyakti" genannt, weil er *"shakti"*, die göttliche Energie, die ihn zum Handeln befähigt, sichtbar werden läßt. Zu diesem Zweck hat er einen Körper und die nötige Intelligenz bekommen, mit der er ihn beherrschen und ihn zu nützlicher Tätigkeit anleiten kann. Stete Rechtschaffenheit *(dharma)* und gute Werke *(karma)* sind dabei bestimmend.

Ihr habt euch seit über sechs Jahren nach Meinem Besuch gesehnt. Um euren Wunsch zu erfüllen und eure Herzen zu erfreuen, bin Ich heute gekommen. Wenn ihr unter der heißen Sonne leidet, erfrischt euch ein

Bad im Godavari Fluß. Wenn euer Herz unter dem brennenden Wunsch nach innerem Frieden schmachtet, nehmt ein erfrischendes Bad in der Gesellschaft gläubiger Menschen. Macht euch einen Zeitplan für die spirituelle Nahrungsaufnahme ebenso, wie ihr es für die körperliche tut. Als Frühstück die Rezitation des Namens des Herrn *(japa)* und Meditation *(dhyāna)*; als Mittagessen Gottesdienst; zur Teestunde am Nachmittag das Lesen heiliger Bücher und Texte. Später, als leichtes Abendessen, Singen zum Lobe des Herrn *(bhajan)*. Wenn ihr diesen Zeitplan einhaltet, werdet ihr gut schlafen und erfrischt wieder aufwachen. Fühlt euch an jedem Morgen wie neu geboren und ruht, wenn ihr die Augen zum Schlafen schließt, im Schoße des Todes. Denn was geschieht im Tiefschlaf? Körper, Sinne, Geist und Intelligenz sind ausgeschaltet, und von der Welt wird keine Spur wahrgenommen.

Wenn ihr so lebt, werden eure Handlungen im täglichen Leben ohne Folgen bleiben. Das Konto wird jeden Tag mit dem "Tod" am Ende des jeweiligen Tages gelöscht. Das geschieht vor allem darum, weil ihr jede Handlung am Morgen dem Herrn, der sie motiviert, weiht und die Früchte der Handlungen, die Er vollendete, an Ihn ausliefert. Wenn ihr anderen Freude bereitet, werdet ihr selbst fröhlich sein. Wer sind diese "anderen"? Auch wenn der Herr in einem bestimmten menschlichen Körper gekommen ist, so sind doch alle Menschen, denen ihr begegnet, Teil Seiner Herrlichkeit . "O Arjuna, der Herr wohnt in den Herzen aller Wesen." So spricht der Herr in der *Gītā*.

Ihr mögt fragen, woher ihr die Zeit für spirituelle Beschäftigung nehmen sollt, wenn ihr in jedem Augenblick für euren Lebensunterhalt arbeiten müßt. Ihr vergeßt dabei, daß der Herr Euch mit den materiellen Notwendigkeiten versorgt und sogar Unsterblichkeit verleiht, wenn ihr euch nur ganz auf Ihn verlaßt. Was ihr auch tun mögt, habt immer den Namen des Herrn – *Rāma, Krishna, Shiva* oder *Hari* auf den Lippen. Dazu braucht ihr keine zusätzliche Zeit oder Energie. Erwacht am Morgen mit dem Namen des Herrn auf den Lippen, und schlaft mit Seinem Namen ein. Ihr kennt sicher die Geschichte von *Nārada*: *Vishnu* hatte ihn einst gescholten und gesagt, ein gewisser Bauer zeige mehr Ergebenheit als er. Der Weise *Nārada* fühlte sich beleidigt und wollte selbst sehen, ob das stimme. Er machte sich nach dem Dorf auf, in dem der Bauer wohnte und beobachtete ihn bei der Arbeit. Der Mann wiederholte den Namen des Herrn nur dreimal am Tag: am Morgen, wenn er aufstand, mittags, wenn er seine einzige Mahlzeit des Tages zu sich nahm und das dritte Mal, wenn er sich zum Schlafen niederlegte. *Nārada* fühlte sich schwer beleidigt, daß er niedriger in seiner Ergebenheit eingestuft wurde, als der Bauer, der den Namen des Herrn nur so wenig benutzte. Er eilte zu *Vishnu,* erzählte Ihm seine Beobachtungen und hoffte, der Herr werde Seinen Irrtum erkennen und Seine Meinung über die Frömmigkeit des Bauern ändern.

Aber der Herr verlangte, daß *Nārada* sich einem Test unterziehen sollte, der diesem im ersten Augenblick mehr wie eine nicht ernstzunehmende Laune vorkam. Er wollte, daß *Nārada*, fünf Töpfe übereinander auf seinem Kopf balancierend, um Seine Wohnstatt herumlaufen sollte. *Nārada* mußte gehorchen. Er ging langsam und vorsichtig, seine ganze Konzentration auf die fünf Töpfe gerichtet, die sich schwankend auf seinem Kopf türmten. Es gelang ihm, mit allen Töpfen unversehrt in die heilige Gegenwart des Herrn zurückzukehren. Er war überrascht, als *Vishnu* ihn fragte: "Nun sage Mir, *Nārada*, wie oft hast du während dieser Probe Meinen Namen ausgesprochen?" *Nārada* mußte gestehen, daß er Seinen Namen total vergessen und ihn überhaupt nicht ausgesprochen hatte. *Vishnu* erklärte dann: "Erkennst Du nun, daß der Bauer, der sich auf die fünf Töpfe des Glücks und Unglücks, des Rechts und Unrechts und auf die Launen der Natur konzentrieren muß, dir wirklich überlegen ist, weil er den Namen des Herrn wenigstens drei Mal täglich anruft?"

Ihr befreit eure Felder von dornigem Gestrüpp, pflügt und bewässert sie, jätet das Unkraut, errichtet einen Zaun, um die Rinder fernzuhalten, spritzt Insektenvertilgungsmittel, um schließlich die reifen Feldfrüchte, für die ihr euch so abgemüht habt, ernten zu können. Ihr müßt euch aber noch um etwas anderes kümmern: um euren Geist. Betrachtet den Zustand, in dem das Feld eures Herzens ist: Es ist vom dornigen Gestrüpp der Lust, des Zornes, der Habgier und der Eifersucht überwuchert. Entfernt das alles mit den Wurzeln. Laßt das Land nicht brach liegen. Pflügt den Acker mit vielen guten Taten, und bewässert ihn mit dem Wasser der Liebe *(prema)*. Wählt den Namen des Herrn, der euch gefällt, als Saat, und sät Ihn in das Feld. Disziplin ist der Zaun, der die wachsenden Früchte vor der Herde unliebsamer Eindringlinge schützt; Tugend dient als Insektenvertilgung. Wenn ihr das Land sorgfältig kultiviert, werdet ihr, wenn ihr nicht hastet oder verzweifelt, zur rechten Zeit die kostbare Ernte der Glückseligkeit *(ānanda)* einbringen.

Verwendet nicht all eure Energie darauf, die Bedürfnisse des Körpers, der von Minute zu Minute altert und dem Friedhof entgegeneilt, zu befriedigen. Das Leben ist kurz wie ein Jahrmarkt, es ist wie eine Blume, die am Abend verwelkt. Für alle Menschen kommt das Alter, in dem sie ihren körperlichen Charme verlieren und auf die Hilfe anderer angewiesen sein werden, sehr schnell. Bereitet euch deshalb auf den Tod vor! Seid gerüstet, so daß ihr ihm ruhig, fröhlich und ergeben in den Willen Gottes begegnen könnt. Dieser gelassene Gemütszustand kann nicht schlagartig erreicht werden; er ist das Ergebnis vieler Jahre der Übung. Seht die Hand Gottes in allem, was geschieht, dann werdet ihr weder himmelhoch jauchzend noch zu Tode betrübt sein, sondern euer Leben als ständigen Gottesdienst *(pūja)* führen.

Ich möchte, daß ihr wie Brüder zusammen lebt und euch gegenseitig helft. Wenn ihr Liebe und Respekt füreinander empfindet, dann wird euer Dorf zu einem Vorbild werden. Jeder von euch hat sein eigenes Feld zu bestellen. Warum wollt ihr die Atmosphäre mit Haß und Eifersucht vergiften? Das geschieht nur dann, wenn ihr nicht wißt, wie ihr eure Zeit nützlich verbringen könnt. Um die Einigkeit unter euch zu fördern, müßt ihr als erstes darauf achten, eure Zunge im Zaum zu halten. Laßt eure Gedanken nicht sofort hervorsprudeln, denkt erst nach, wägt ab, dann sprecht mit sanfter, freundlicher Stimme, ohne böse Hintergedanken. Denkt daran, daß ihr zu Sai sprecht, der in jedem Herzen wohnt. Benutzt eure Zunge, um den Namen des Herrn anzurufen, eure Füße, um heilige Wege zu gehen und euer Herz, um reine Gedanken und Gefühle zu hegen.

Heutzutage werden so viele von dem Lärm und den grellen Lichtern der großen Städte angezogen. Es ist aber viel besser, in einem Dorf zu leben, denn dort ist der Respekt vor dem Heiligen, vor den Älteren und vor den Regeln der Moral noch stark vorhanden. In den Städten hingegen sind die Menschen so streitsüchtig wie die Hunde. Ihre Sprache, Gedanken und Gefühle werden in eine Norm gepreßt. Man betrachtet den Menschen dort als ein Tier, das gestreichelt, gezähmt, gefüttert, bekleidet, untergebracht und bei guter Laune gehalten werden muß. Die Tatsache, daß der Mensch göttlich ist, wird in der Hast und Unruhe des Stadtlebens vergessen.

Deshalb lernt, hier glücklich und zufrieden zu sein. Rennt nicht in die Städte in der Hoffnung, dort Glück und Zufriedenheit zu finden. Strebt nach innerem Reichtum, nicht nach materiellem Besitz. Macht eure Häuser zum Sitz der Tugend und der Liebe, und beherrscht Zorn und Habsucht. Das sind Zeichen eines echten *Devotees (bhakta)*, nicht aber ungezügeltes Reden und Benehmen. Ihr mögt euch selbst als *Devotee* betrachten, aber der Herr wird euch nicht als solchen annehmen, es sei denn, ihr habt euren Egoismus überwunden und liebt alle Menschen in gleichem Maße. Begegnet andern von diesem Tage an ohne Feindseligkeit. Fühlt, daß alle Menschen miteinander verwandt sind, daß sie einer Familie angehören, die durch Liebe und Zusammenarbeit verbunden ist. Streitet euch nicht, sondern lebt freundschaftlich und fröhlich miteinander. Eines Tages werdet ihr nämlich alles, was ihr euch durch Streit und Habgier erkämpft habt, aufgeben müssen. Hört auf den Rat der Dorfältesten; sie sind um euer Wohlergehen besorgt.

Bewahrt die Glückseligkeit *(ānanda)*, die ihr heute erfahren habt, in euren Herzen, und denkt darüber nach. Rennt nicht aufgeregt Meinem Auto nach, wenn Ich jetzt abfahre, damit Frauen und Kinder nicht verletzt werden. Die Liebe zum Herrn muß sich in Disziplin und Selbstbeherrschung zeigen. Weil ihr diese Disziplin besitzt, bin Ich heute zu euch gekommen. Sampara, 26.3.65

Verschiedene Wege zu Gott

Für die Veranstalter dieser Versammlung und auch für die Stadtverwaltung mag dieses weite Meer der Gottsucher, die auf Meinen Segen *(darshan)* und auf spirituelle Unterweisung warten, eine neue Erfahrung sein. Aber weder ist das für Mich etwas Besonderes, noch ist die Botschaft, die Ich bringe, etwas Neues! Es ist die Botschaft der *Veden*, die sich zu allen Zeiten bewährt hat, und durch die Erfahrung der vielen, die sie praktiziert haben, garantiert wird. Die Verbreitung dieser wertvollen Botschaft ist vernachlässigt und vergessen worden, weil es an Menschen fehlt, die weiterhin auf sie aufmerksam machen. Heute ist der Mensch zu beschäftigt mit vielen Nichtigkeiten, die ihn den wirklichen Zweck seiner Lebensreise vergessen lassen. Dieselben Hände, welche diese Botschaft, die Indien sowie alle anderen Nationen retten könnte, hüten sollten, versuchen, sie zu zerstören.

Das ist der Grund, weshalb die Inder den Frieden und die Freude, die ihr kulturelles Erbe in sich birgt, nicht mehr haben. Sie haben den Schlüssel dazu verloren und müssen nun leiden. So wie die übrige Welt kämpfen sie mit Verzweiflung darum, ein bißchen Freude aus der materiellen Welt, die dem Wechsel ausgesetzt und zum Untergang bestimmt ist, herauszupressen. Wie kann Freude das Ergebnis von Unrecht und Unmoral *(adharma)* sein? "Wer sich an die göttliche Ordnung *(dharma)* hält, wird von ihr beschützt" (dharmo rakshathi rakshithas).

Ohne die Beherrschung der Sinne ist der Mensch wie ein Pferd ohne den Schutz der Scheuklappen oder wie ein Bulle, der sich dem Joch nicht fügen will. Seine spirituellen Übungen *(sādhana)* sind Zeit- und Energieverschwendung. Die besonderen Merkmale des Menschen sind: sein Unterscheidungsvermögen, sein Intellekt, der die Dinge im Zusammenhang erfassen kann, und seine Fähigkeit, objektiv zu sein. Er kann die Wahrheit entdecken, sich an sie halten und dadurch unerschütterlichen Frieden finden.

Die *Veden* haben drei Teile: *Karma*, *Upāsana* und *Jnāna*. *Karma* ist der Teil, der sich mit selbstloser Arbeit, welche den Glauben und die Frömmigkeit stärkt und vertieft, befaßt. *Upāsana* bezieht sich auf die Anbetung und Verehrung des persönlichen Gottes, dem alle Handlungen und Fähigkeiten geweiht werden. Diese beiden, *Karma* und *Upāsana*, führen zur Konzentration auf "das Eine" *(ekāgratā)*, welche dazu befähigt, schlagartig die eigene Göttlichkeit zu erkennen. Alle drei Stufen müssen durchlaufen werden: Die Saat muß gesät, der Sämling beschützt und die Frucht gekostet werden. Heute konzentriert man sich auf das Kaffeetrinken, das Kino, das Radio usw. Das führt zu übermäßiger Beschäftigung mit vergänglichen, materiellen Dingen und zur Vernachlässigung jener, welche die spirituelle Disziplin fördern.

Das ist auch der Grund für die Respektlosigkeit, Ungerechtigkeit und Korruption, die in diesem Land herrschen. Jeder verurteilt diese Zustände, aber alle, die anderen die Schuld daran zuschreiben, würden, wenn sie an deren Stelle wären, das gleiche Unrecht begehen. Sie sind nicht stark genug, der Versuchung zu widerstehen. Sie stehen alle nicht auf festem Grund, denn sie haben den Fels der göttlichen Wirklichkeit *(ātman)* noch nicht gefunden. Sie wissen nicht, daß sie selbst diese göttliche Wirklichkeit sind. Das Wesentliche, das alle heilige Schriften und alle Heiligen und Weisen in ihren Lehren betonen, ist die Notwendigkeit, das göttliche innere Selbst *(ātman)* zu erkennen und das Leben auf diesem Fels aufzubauen.

Wie könnt ihr diesen Fels finden? Ihr müßt euch nach innen wenden und über eure wahre Natur meditieren. Es ist das Vorrecht jeden Inders und jeden Gottsuchers in aller Welt, sich die Wissenschaft des inneren Forschens anzueignen und sie zu praktizieren. Das ist der Reichtum, der die Welt von ihrem Elend befreien wird. Alles andere sind nur Schatten, Wahnvorstellungen, Luftschlösser: Sie vergehen mit dem Körper, der ihnen so viel Wert beimißt.

Es sind eigentlich die sogenannten "Gläubigen", die durch ihr Verhalten den Unglauben im Lande fördern. Ihre Frömmigkeit ist eine Formsache, und sie finden Gefallen daran, heilige Menschen schlecht zu machen und unwahre Geschichten über sie zu verbreiten. Ob es sich um *Rāma, Krishna, Rāmakrishna, Shirdi Sai Baba*, Meher, Haranath oder Sathya Sai handelt – verleumdet sie nicht, auch wenn ihr sie nicht verehren könnt, denn das würde auf euch zurückfallen! Die Flut blinder, haßerfüllter Kritik entspringt der Sucht nach Ruhm, nach einer großen Nachfolgerschar, nach Pomp und Prunk, nach imposanten Gebäuden und reichen *Devotees*. Wo die Kraft der Liebe sichtbar werden sollte, herrscht der Haß. Ich weiß, daß in Kakinada sogar zwei Sai Baba Tempel miteinander wetteifern, wenn es um das Sammeln von Geld oder die Gestaltung von Festtagen geht. Dadurch beschmutzt ihr den heiligen Namen.

Ihr werdet bemerkt haben, daß Ich niemals davon rede, daß ihr Sai Baba verehren sollt. Ich rate auch dringend davon ab, Tempel in Meinem Namen zu bauen, sondern befürworte statt dessen, die alten, bereits bestehenden Tempel überall im Lande zu renovieren, so daß sie wieder benutzt werden können. Diese "Tempelbau-Pläne" sind ein einträgliches Geschäft geworden. Die Leute haben Listen mit den Namen ihrer Opfer, aus denen sie in Meinem Namen Geldspenden pressen wollen. Dadurch entsteht viel Verleumdung, Bosheit, Eifersucht und Habgier, und am Ende beschuldigt einer den andern und jeder streitet sich mit jedem. Warum geht ihr mit dem Namen eures *Gurus*, sei es Sai Baba, Meher oder Haranath, hausieren? Wenn ihr für euren eigenen Meister oder *Guru* Werbung betreibt, führt das leicht dazu, den *Guru* oder Gottesnamen eines anderen zu beschmutzen, und dadurch erweist ihr eurem Meister und seinen *Devotees* einen schlechten Dienst.

Glaubt niemandem, der zu euch kommt und erklärt: "Sai Baba ist mir im Traum erschienen und hat gesagt, ich solle für Ihn Propaganda machen. Bitte hilf mir, so viel du kannst." Ich gebe niemandem den Auftrag für solche Aktionen, nicht im Traum und nicht im Wachen. Solche Leute sind Betrüger, behandelt sie ohne Gnade als solche. Andere zeigen einen Gegenstand herum und sagen: "Sathya Sai liebt mich ganz besonders, Er hat mir dies gegeben." Und dann bitten sie in Meinem Namen um Hilfe. Das ist eine Beleidigung des göttlichen Prinzips!

Es gibt keine Abkürzung auf dem spirituellen Weg. Verehrende Liebe zu Gott *(bhakti)* ist sogar noch schwieriger als der Weg höheren Wissens *(jnāna)*, denn um sagen zu können: "Dein Wille geschehe" und nicht: "mein Wille", muß man sich vollständig der höchsten Macht, die als Gott personifiziert ist, ausliefern. Das Ego muß gezügelt werden. Der Glaube, daß nicht einmal ein Grashalm im Wind zittert, ohne daß der Herr darum weiß, ja daß Er es sogar selbst verursacht, muß in den Geist eingeprägt werden. *"Bhakti"* ist nicht nur eine Freizeitbeschäftigung. Beherrscht eure Sinne, läutert euer Herz, dann wird der Herr sich darin widerspiegeln.

Spirituelle Übungen *(sādhana)* sind sehr wichtig. Es ist nicht genug, die Holzkohle auf die Glut zu legen. Das Feuer muß mit dem Blasebalg tüchtig angefacht werden, damit es zu brennen beginnt. Es ist nicht genug, daß ihr nach *Puttaparthi* kommt, sondern spirituelle Übungen *(sādhana)* sind notwendig, um Meine Gnade *(sankalpa)* zu gewinnen. Ihr mögt sagen, daß die Folgen eures Verhaltens in früheren Erdenleben *(karma)* nicht leicht beseitigt werden können. Das ist nicht so; sie können ebenso schnell aufgehoben werden, wie ein Haufen Baumwolle durch einen kleinen Funken vernichtet werden kann. Der Funke der Weisheit *(jnāna)* wird die Folgen eures *Karmas* im Nu verbrennen. Diese Folgen sind wie die Staubwolke, die einem Bus folgt, wenn er auf einem Feldweg fährt. Später, wenn er die Schotterstraße erreicht, wirbelt zwar noch Staub auf, aber viel weniger. Wenn der Bus schließlich auf der geteerten Straße fährt, gibt es keinen Staub mehr. Der Feldweg stellt die Folgen früherer Handlungen *(karma)* dar, die Schotterstraße ein spirituelles Leben, welches die Anbetung Gottes und die Gemeinschaft der Heiligen einschließt *(upāsana)*, und die geteerte, staubfreie Straße schließlich ist Weisheit *(jnāna)*. Durch menschliche Anstrengung ist es möglich, die Bürde vergangenen *Karmas* zu vermindern.

Ihr wartet nicht mit gefalteten Händen, bis der heiße Kaffee etwas abkühlt. Ihr seid ungeduldig und tut etwas, damit es schneller geht. Ihr nehmt eine zweite Tasse und schüttet den Kaffee von einer in die andere, bis ihr ihn trinken könnt. Die gleiche Ungeduld müßt ihr durch euer spirituelles Bemühen *(sādhana)* beweisen, wenn ihr das Getränk göttlicher Gnade zu euch nehmen wollt. Herr Subbarao hat soeben über Jesus gesprochen, dessen Größe sich darin offenbarte, daß er bewies, daß spirituelle Übungen *(sādhana)* zu innerer Ausgeglichenheit führen. Es gibt keine größere Pflicht als Wahrhaftigkeit und keinen größeren Reichtum als inneren Frieden. Gebt das sinnlose Streben nach westlicher Lebensart und westlicher Moral auf, welche das Göttlichen im Menschen herabsetzt. Entwickelt die Tugenden der Ehrfurcht und Demut.

Nun muß Ich aufhören zu sprechen, denn ihr sitzt hier zu Tausenden seit drei Stunden in der glühenden Sonne, ohne euch auch nur zu rühren. Das ist ein Zeichen eures inneren Friedens *(prashānti)*. Je mehr Disziplin ihr in spiritueller Hinsicht übt, desto mehr werdet ihr Freude und Frieden genießen können.

Der Rektor der Kakinada-Ingenieurschule hat in ganz kurzer Zeit die Vorbereitungen für diese große Veranstaltung getroffen. Die Studenten haben unter seiner Leitung in disziplinierter Weise mitgeholfen. Ihr alle müßt ihnen für ihre unermüdliche Arbeit und die Glückseligkeit *(ānanda)*, welche ihr dadurch erfahren durftet, dankbar sein. Von allen modernen Colleges macht Mir das Kakinada-College wegen des spirituellen Sehnens seiner Studenten den besten Eindruck. Die Studenten sind die wirklichen Förderer des Wohlstandes im zukünftigen Indien. Sie müssen einen starken Charakter entwickeln und mutige und begeisterte Diener der Gesellschaft sein. Wenn ihre Zukunft auf materiellem und spirituellem Gebiet gut geplant wird, werden sie leuchtende Vorbilder sein und ihrem Land zu großem Ansehen verhelfen. Kakinada, 26.3.65

Eure Freude ist Meine Freude

Diese alte Festung ist eine Erinnerung an die Vergänglichkeit von Eroberungen und weltlichem Glanz. Ihre Mauern und Bastionen waren einst Symbole der Macht und des Reichtums. Jetzt sind sie nur noch traurige Ruinen, die euch lehren, daß die Zeit der größte Eroberer ist. Alle materiellen Dinge sind Veränderungen unterworfen; nichts bleibt dasselbe. Das Heute geht in das Morgen ein, das eine Folge des Gestern ist. Alles ist im Fluß – dem Fluß der Zeit, dem Fluß des Wandels.

In Wirklichkeit hat diese Festung, die vor Jahrhunderten zur Verteidigung und zum Ruhm der Herrscher gebaut wurde, heute ihre wahre Bestimmung erreicht, da diese riesige Menschenmenge sich im Schatten ihrer Mauern versammelt hat, um von Mir die Botschaft der Wahrhaftigkeit *(satya)*, Rechtschaffenheit *(dharma)*, Friedfertigkeit *(shānti)* und selbstlosen Liebe *(prema)* zu hören. Die Fürsten *(rāja)* von Pithapuram haben sich durch Wohltätigkeit, Förderung des Studiums der *Veden* und anderer heiligen Schriften, sowie den Bau und den Unterhalt von Tempeln viele Verdienste erworben. Verdienstvolle Taten bleiben niemals unbelohnt; gute Saat muß keimen und Früchte tragen. Viele Schriftgelehrte haben hier gewirkt, aber Ich muß euch gestehen, daß Ich heute vor allem wegen der großen Liebe des *Pandits* Varanasi Subrahamany zu Mir und Meiner Liebe zu ihm hierher gekommen bin. Trotz der kurzfristigen Bekanntmachung, daß Ich auf Meiner Reise nach Yelamanchili in diesem Ort haltmachen werde, sind viele Tausende hier zusammengekommen. Das ist ein Zeichen eurer tiefen Sehnsucht nach einem höheren Leben und eures ernsthaften Wunsches, mit dem Göttlichen Verbindung aufzunehmen. Ich habe das im voraus gewußt, und auch das hat Mich bewogen, für einige Stunden hier zu verweilen.

Die strahlende Freude auf euren Gesichtern ist die Nahrung, von der Ich lebe. Ich fühle Mich erfrischt, wenn Ihr glücklich und zufrieden seid. Mein Durst wird durch die Freude, die aus euren Augen leuchtet, gelöscht. Diese gegenseitige Erfüllung ist das Wesentliche; Sprechen und Zuhören sind dem untergeordnet. Erst nach dem Aufbruch von Kakinada wurde dieser Besuch bei euch beschlossen, und doch habt ihr euch alle so schnell mitten in der Nacht hier zusammengefunden. Ich bin deshalb sehr froh, Mich so kurzfristig dazu entschlossen zu haben. Ich werde jedenfalls wieder zu euch kommen, um länger bei euch zu verweilen und euch noch mehr Freude zu schenken.

Ich gebe euch heute eine Botschaft, über die ihr nachdenken sollt, und das ist die Botschaft der Liebe *(prema)*. Liebe ist Gott – Gott ist Liebe. Wo Liebe ist, da wird Gott offenbar. Liebt alle Menschen von ganzem Herzen. Verwandelt Arbeit in Gottesdienst, das ist die höchste Disziplin *(sādhana)*. Es gibt kein lebendes Wesen, das ohne einen Funken der Liebe wäre; selbst ein Verbrecher liebt etwas oder jemanden von ganzem Herzen. Ihr müßt erkennen, daß diese Liebe euer wirkliches Wesen widerspiegelt. Ihr seid die Verkörperung der Liebe *(premasvarūpa)*. Ohne diese Liebe, die eurem Herzen entspringt, wäre es euch überhaupt nicht möglich, zu lieben. Erkennt die Quelle, verlaßt euch mehr und mehr auf sie, entwickelt alle ihre Möglichkeiten, und versucht, die ganze Welt in diese Liebe einzuschließen. Entfernt jede Spur von Selbstsucht, erwartet keinen Dank von jenen, denen ihr eure Liebe schenkt. Fangt in eurem täglichen Leben keinen Streit an, und hegt keinen Groll. Seht in andern das Gute und das Schlechte nur in euch selbst. Achtet andere, weil Gott in ihren Herzen wohnt. Läutert eure Herzen, damit Gott hineinziehen kann.

Die Folgen eurer Handlungen *(karma)* können nur durch andere Handlungen aufgehoben werden, so wie ein Dorn nur mit Hilfe eines anderen Dornes entfernt werden kann. Eure guten Taten *(karma)* werden die Folgen der schlechten Taten *(karma)*, unter denen ihr jetzt leidet, mildern. Das beste und einfachste *Karma* ist die Wiederholung des Namens des Herrn. Tut das, so oft ihr könnt, denn es hält schlechte Neigungen und böse Gedanken fern. Es wird euch helfen, Liebe auszustrahlen.

In alten Zeiten haben die Weisen *Karma* in zwei Gruppen unterteilt: in Handlungen, die nur um des Lohnes willen (vikarma) und Handlungen, die ohne Rücksicht auf Gewinn ausgeführt werden (akarma). Haltet euch an die letzteren, dann bleibt euch viel Leid erspart. Alles andere – das Streben nach Reichtum, Ruhm, Ansehen und Erfolg – hat Leid zur Folge. Gewinnt inneren Frieden und innere Freude. Das kann nur geschehen, wenn ihr die Früchte eurer Handlungen außer acht laßt. Der Akt des Handelns an sich muß zugleich die Belohnung sein. Oder besser noch: Eine Tat muß von Gott inspiriert sein, und ihre Früchte müssen Ihm überlassen werden. Übt euch in dieser Disziplin ohne Unterlaß, dann wird großer Frieden euch erfüllen und sich auf eure Umgebung auswirken.   Pithapuram, 26.3.65

Der klare See des Geistes

Seit drei Jahren haben die Bewohner von Yelamanchili Mich darum gebeten, in ihr Dorf zu kommen, um allen, die in dieser Gegend leben, Meinen Segen zu erteilen. Endlich ist ihr Wunsch in Erfüllung gegangen. Ich sehe an die Fünfzigtausend, die sich hier versammelt haben. Es gibt für alles eine richtige Zeit und den richtigen Anlaß. Heute ist der Tag, an dem Ich euch an Meiner Glückseligkeit teilhaben lasse.

In seiner Ansprache sagte der *Pandit*, daß viele ihre Religion wechseln, ohne die Grundsätze der alten wie auch die der neuen Religion wirklich zu kennen. Sie haben nicht einmal versucht, nach den Maßstäben ihrer alten Religion (matham) zu leben. "Matham" bedeutet: Meinung, Schlußfolgerung, Religion, Ansicht. In der Sutra-Literatur wird von den Gesprächsteilnehmern häufig der Satz: "Dies ist meine Meinung" gebraucht. So wie der Geist (mathi) sich verändert, sich ausweitet oder verfällt, so verändern sich auch die Meinungen und Ansichten (matham). Das ist nur natürlich. Selbst die Angehörigen derselben Religion (matham) haben nicht alle den gleichen Glauben, weil ihr Geist und ihre Intelligenz (mathi) auf verschiedenen Entwicklungsstufen stehen. Das Denken wird sehr oft durch Vorurteile und Neigungen beeinflußt. Deshalb hat es keinen Zweck, sich darauf zu verlassen. Man muß vielmehr den Anweisungen der *Rischis* folgen, die über jeden kleinlichen Egoismus erhaben waren. "Dies ist es, was der *Veda* euch befiehlt", sagen sie und beanspruchen nicht einmal für sich, diese Erkenntnis selbst gefunden zu haben. Die grundlegende Wahrheit, welche dem Fortschritt der Menschen dient, wurde ihnen durch göttliche Gnade offenbart.

Derselbe Gott, der in Seiner Gnade die *Veden* enthüllte, muß immer dann wiederkommen, wenn die Menschen sich auf ihren begrenzten Intellekt verlassen anstatt auf die ewige göttliche Intelligenz. Der Mensch ist Sklave seiner Sinne, die ihn durch die faszinierenden Irrlichter sinnlicher Vergnügungen auf Abwege führen. Die *Veden* andererseits ermuntern den Menschen, sich der ewigen unvergänglichen Freude zuzuwenden. Aber der Mensch beachtet sie nicht. Er wandert in der Dunkelheit und sucht in der äußeren Welt, was er in der inneren, spirituellen Welt verloren hat!

Die heiligen Schriften legen für die verschiedenen spirituellen Entwicklungsstufen der Menschen bestimmte Disziplinen fest, die eingehalten werden müssen. Das Kind wird zuerst mit Muttermilch ernährt, nach ein paar Monaten mit Kuhmilch, und später, wenn es Zähne hat, bekommt es Brot und andere feste Nahrung. Ebenso geben die *Veden* dem Menschen die spirituelle Nahrung, die er verdauen kann. Zu Anfang kann die Einheit aller Dinge, die irrtümlicherweise als Vielheit angesehen wird, noch nicht begriffen werden. Deshalb wird die Anbetung Gottes in der Form *(bhakti)* empfohlen. *"Bhakti"* ist eine natürliche Ausstrahlung der Liebe, die dem Menschen innewohnt. Um sich in dieser Disziplin festigen zu können, sind gute Taten, guter Umgang, das Hören guter Dinge und gutes Benehmen sehr wichtig.

Denkt an die Selbstbeherrschung und Demut *Lakshmanas*. Als er nach dem Raub *Sītās* durch *Rāvana* deren Schmuckstücke identifizieren sollte, konnte er nur die Ringe der Fußzehen als *Sītās* Eigentum erkennen. Er sagte, er habe diese Ringe gesehen, als er ihr – als erste Pflicht des Tages – ehrfürchtig zu Füßen fiel. Über die anderen Schmuckstücke konnte er nichts aussagen, weil er niemals seinen Kopf erhoben hatte, um *Sītā* anzublicken. Wer zeigt heute noch solchen Respekt gegenüber einer Frau? Jetzt benehmen sich junge Männer unhöflich, starren die Mädchen unziemlich an, laufen ihnen auf der Straße hinterher und bringen sie in Verlegenheit. Oder denkt an *Dharmarāja*, durch dessen selbstlose Großherzigkeit seinen im Krieg gefallenen Geschwistern und Halbgeschwistern das Leben wiedergegeben wurde. Heutzutage gibt es keine brüderliche Liebe mehr, schon gar nicht, wenn es sich um Stief- oder Halbgeschwister handelt. Hohe moralische Grundsätze haben einst den individuellen und gesellschaftlichen Fortschritt gewährleistet. Heute gibt es beides nicht mehr. Der Körper, die Zunge, das Ohr, das Auge – alle werden vom Menschen mißbraucht. Nur wilde Tiere verbreiten Schrecken, und nur das Vieh fürchtet sich. Der Mensch ist keines von beiden und sollte sich auch nicht so aufführen. In seiner wahren Natur ist der Mensch furchtlos, denn er ist die Verkörperung der Liebe, ein Kind der Unsterblichkeit und der Tempel Gottes. Das ist das Wesentliche der vedischen Lehren, wie sie in den *Upanishaden* zu finden sind.

Zuerst muß Liebe in der Familie geübt werden. Heute gibt es keine Liebe mehr zwischen den Älteren und den Jüngeren einer Familie. Kinder haben keinen Respekt vor ihren Eltern. Der Verfall der Moral in der Familie untergräbt die Einigkeit und Stärke eines Volkes und wirkt sich schlimmer als eine militärische Niederlage aus, denn er führt zu einer noch größeren Katastrophe. Wenn ihr immer wiederholt: "Mein, mein", wie könnt ihr anderen nützlich sein? Opfer *(yāga)* ist das Salz des Lebens; Entsagung *(tyāga)* das Geheimnis inneren Friedens und ewiger Freude. Die Sinne müssen beherrscht werden, damit sie der Entsagung nicht im Wege stehen. Da alle Sinne nach außen gerichtet und egoistisch sind, müssen sie dazu erzogen werden, sich nach innen zu wenden, ihrem universalen, wirklichen Selbst *(ātman)* zu. Das kann vollbracht werden, indem man die Sinne dem Herren anvertraut. Jedermann muß durch gute Taten in das Reich der sich verströmenden Liebe gelangen. Durch Liebe lernt er Selbstaufgabe und Hingabe an den Einen, den höchsten Gott. Das führt ihn zum Glauben an die Oberhoheit des Herrn und zu der Erkenntnis des Einen. Er ist die einzige Wirklichkeit. Alles andere ist nur Sein Schatten.

In dieser Gegend geschehen Dinge, über die Ich noch etwas zu sagen habe. Es gibt Leute, die sich Swami oder *Guru* nennen und die von Ort zu Ort ziehen, um Geld von ihren Anhängern einzusammeln. Das ist ein abscheuliches Verhalten, besonders wenn es Wandermönche *(samnyāsin)* sind, die das tun. Viele haben auch Meinen Namen mißbraucht, um Geld und Geschenke für alle möglichen Zwecke zu sammeln. Wenn solche Leute sich an euch wenden, warnt sie und jagt sie davon. Ich verlange nur Liebe *(bhakti)*, Glauben *(shraddhā)*, spirituelle Disziplin und Reinheit des Herzens – das ist alles. Nur Bettler bitten um Geld. Ich lasse niemals zu, daß Mein Name mit dem Vergänglichen, dem Unreinen, dem Flitter und dem Niedrigen in Verbindung gebracht wird. Es gibt sogar Leute, die behaupten, von Mir besessen zu sein! Sie sagen, Ich würde ihren Mund benutzen, um mit anderen Verbindung aufzunehmen und ihnen Rat zu erteilen, oder Ich hätte ihnen die "Autorität" verliehen, für Mich zu sprechen. Hört Mir gut zu: Ich spreche niemals durch andere, niemand wird von Mir besessen oder benutzt, um Mich anderen mitzuteilen. Ich komme direkt, so wie Ich bin, um Frieden und Freude zu verleihen.

Ich nehme von Euch keine Blumen an, die verwelken, keine Früchte, die verderben, keine Münzen, die außerhalb der Landesgrenzen wertlos sind. Gebt Mir den Lotos, der in dem klaren See eures Geistes, in eurem inneren Bewußtsein blüht. Gebt Mir die Früchte eurer Heiligkeit und spirituellen Disziplin. Ich stehe über der weltlichen Sitte, die verlangt, daß ihr mit Blumen in der Hand kommt, um euren Respekt zu erweisen. Meine Welt ist die Welt des göttlichen Geistes, da gelten andere Werte. Wenn ihr glücklich seid im Glauben an Gott und in der Furcht vor der Sünde, so ist das der beste Dienst, den ihr Mir erweisen könnt. Das ist es, was Mir gefällt. Im Ost-Godavari-Distrikt und hier in dieser Gegend gibt es immer mehr Leute, die behaupten, von Mir "besessen" zu sein. Sie erscheinen mit einer Gruppe von Leuten, die für sie Propaganda machen und an ihrem Gewinn teilhaben. Jagt sie davon, wenn sie euch begegnen. Laßt euch nicht von ihrer Überredungskunst beeinflussen, denn das ist mit eurer Würde als *Devotees* des Herrn unvereinbar.   Yelamanchili, 27.3.65

Die Pandits haben die Schlüssel

Diese Gegend wird "das Delta" genannt und ist berühmt als Heimat der vedischen Schriftgelehrten. Auch heute noch ist die Anzahl der *Pandits*, die sich streng an die vorgeschriebenen Disziplinen halten, groß genug, um den Respekt der Einwohner dieses Landes zu verdienen. Wenn eine Gegend als Heimat spirituellen Wissens berühmt geworden ist, muß sie auch als Vorbild dafür dienen, wie das Streben nach materiellen Gütern *(artha)* und selbstsüchtige Wünsche *(kāma)* aufzugeben sind. Die Neigung dazu muß durch das erste der vier Ziele menschlichen Lebens *(purushārtha)*, die göttliche Ordnung *(dharma)*, in Schach gehalten werden. Es ist in der Tat ein großes Unglück, daß die Inder heute die spirituellen Ideale, an die sie sich jahrhundertelang trotz wirtschaftlicher und politischer Umwälzungen gehalten haben, aufgeben und nun den Existenzkampf des Wettbewerbs führen, ohne sich an die alten moralischen Grundsätze zu halten. Die göttliche Ordnung *(dharma)* ist die eigentliche Lebensform *(svarūpa)* der Inder. Die Wahrheit *(satya)* ist ihre wahre Natur *(svabhāva)*. Aber die meisten Menschen glauben heute, daß es gleichgültig sei, mit welchen Mitteln man Glück und Vermögen erwirbt. Diese üble Lebensart hat Unzufriedenheit in allen Klassen der Bevölkerung hervorgerufen, und um sie zu beseitigen, werden weitere Schritte unternommen, die der göttlichen Ordnung *(dharma)* widersprechen. Diese Situation hat Mich veranlaßt, heute diese vedische Schule einzuweihen. Viele *Pandits* haben nun hier die Gelegenheit, ihr Wissen in den Dienst der Menschheit zu stellen und ihr Leben mit fruchtbarer Arbeit zu verbringen.

Eine Tätigkeit hat entweder Freude oder Leid zur Folge. Das hängt davon ab, wie sehr man von dem Ergebnis abhängig ist. "Ich" und "Mein" sind wie die zwei Giftzähne einer Schlange. Wenn sie entfernt werden, kann man sie ohne Gefahr anfassen und mit ihr spielen. Ihr braucht Tätigkeiten nicht aufzugeben. Im Gegenteil – ihr müßt sogar sehr aktiv sein. Auf dieser Erde kann man nur durch selbstlose Arbeit die

Auswirkungen früheren Handelns *(karma)* überwinden. Vögel und andere Tiere sind sich dieses Geheimnisses nicht bewußt. Nur der Mensch kann wählen, so zu handeln, daß er von der Kette, die ihn an sein Schicksal *(karma)* bindet, befreit wird. Wenn er sein Glück durch die Befriedigung der Sinne sucht, wird er erfahren, daß ein solches Glück von Leid getrübt wird.

Ihr wißt aus Erfahrung, daß man sich nach tiefem Schlaf sehr wohl fühlt. Denkt eine Weile darüber nach: Habt ihr jemals im Wachzustand ein solches Gefühl der Ruhe, des Gleichmuts und des Wohlbefindens erfahren? Deshalb spricht man davon, daß der Schlaf der Bewußtseinsstufe des Einswerdens mit dem Absoluten *(samādhi)* am nächsten kommt. Wenn die Impulse, Instinkte und Gedanken im Schlaf zur Ruhe kommen, ist das wohlige Glücksgefühl vollkommen. Ebenso ist es, wenn die Sonne der Weisheit *(jnāna)* euch erleuchtet. Sie vertreibt auch den letzten Rest der Dunkelheit. Eigentlich ist Dunkelheit nur die Abwesenheit von Licht. Drei Arten von Bedürfnissen müssen überwunden werden, bevor die Sonne der Weisheit aufgehen kann: die körperlichen, sinnlichen und mentalen Bedürfnisse. Ja, auch der Geist muß überwunden werden, bevor "das Eine" erfahren werden kann. Der Geist nämlich sucht die Vielfalt und Abwechslung; er ist immer aktiv und schwelgt im Kontakt mit der materiellen Welt. Die Wissenschaft des Einswerdens, die verhütet, daß dauernd neue Gedanken und Wünsche in den See des Geistes geworfen werden, die immer weitere Kreise darin ziehen, nennt man *Yoga*. Was soll mit was einswerden? Das "Das" *(tat)* in dem Ausspruch "Das bist Du" *(tat tvam asi)* mit dem "Du" *(tvam)*, d.h. "Du" und alles andere, woraus sich "das Eine ohne ein Zweites" ergibt.

Ihr seid hier zusammengekommen, um von diesen *Pandits* und von Mir zu lernen, wie man *Yoga* praktizieren soll. Mit ein wenig Nachdenken kann man den *Yoga*-Pfad verstehen, und dann kann man ihn Schritt für Schritt gehen, bis das Ziel erreicht ist. Zu Hunderttausenden seid ihr meilenweit aus vielen Dörfern und Städten hierhergekommen, habt Zeit und Geld geopfert und große Mühen auf euch genommen. Nehmt wenigstens die eine Lehre mit nach Hause zurück: Bindung verursacht Leid, Freiheit verursacht innere Freude. Es ist jedoch nicht leicht, sich von allen Bindungen zu lösen, weil es in der Natur des Geistes liegt, sich immer an dieses oder jenes zu heften. Deshalb konzentriert euch auf Gott; überlaßt Ihm Erfolg und Mißerfolg, Gewinn und Verlust, eure Freude und eure Niedergeschlagenheit. Auf diese Weise wird euch das Geheimnis des inneren Friedens *(shānti)* und der Zufriedenheit *(santosha)* offenbar werden.

Um euch an Gott ausliefern zu können, müßt ihr auch an Ihn glauben. Diese Welt ist Sein Spiel! Sie ist kein leerer Traum, sondern hat einen praktischen Zweck. Sie ist das Mittel, durch welches Gott entdeckt werden kann. Seht Ihn in der Schönheit, der Erhabenheit, der Ordnung und Majestät der Natur. Und das sind nur die Schatten Seiner Herrlichkeit!

Die *Veden* haben drei Teile *(kānda)*: *Karmakānda, Upāsanakānda* und *Jnānakānda*. Selbstloses Handeln *(karma)* führt zur Erkenntnis des allgegenwärtigen, allmächtigen innewohnenden Gottes; Verehrung und Anbetung *(upāsana)* dieses Gottes führt zu dem Wissen, daß Gott das Eine in allen und allem und ohne ein Zweites ist. Diese Weisheit ist *"jnāna"*! In früheren Zeiten übten die Menschen Selbstdisziplin, und das brachte ihnen inneren Frieden, Ausgeglichenheit und Zufriedenheit. Sie waren glücklich und wurden nicht durch Angst und Enttäuschungen aus dem Gleichgewicht gebracht. Heutzutage gibt es studierte junge Leute, die hilflos und unglücklich sind, weil sie keine ihren Erwartungen entsprechende Stellung finden. Ihr geringes Einkommen reicht kaum für den eigenen Unterhalt, und sie können sich nicht um das Wohl ihrer Eltern kümmern.

Sogar vedische Gelehrte fallen diesem Jagen nach Titeln und höheren Positionen zum Opfer, denn auch ihre Kinder werden von der Sucht nach Ansehen und verlockenden Titeln, die weder den Magen füllen noch das Sehnen nach innerem Frieden stillen, angesteckt. Sie haben wohl selbst ihren Glauben an die *Veden* verloren, denn warum würden sie ihn sonst so schnell für ein paar Rupien aufgeben? Es gibt aber noch einige in Andhra Pradesh, die ihren Glauben und die innere Ausgeglichenheit in jeder Lebenslage bewahrt haben. Von solchen berichten die Zeitungen nicht; sie leben still und zufrieden. Niemand kümmert sich um sie, und sie bereiten niemandem Sorgen.

Heute kennen die Leute die Geschichten der Filmstars, sind aber völlig unwissend, was ihre eigene Geschichte betrifft. Sie wissen über die Sterne am Himmel Bescheid, nicht aber über die wirklich wichtigen Dinge, um die sie sich kümmern sollten. Entwickelt Tugenden, die euch und anderen wirkliche Freude schenken, anstatt Gewohnheiten, die eure Gesundheit ruinieren, eure Geldbörsen leer machen und euer Ansehen schädigen. Ich möchte, daß die *Devotees* ihr Verhalten und ihren Charakter verbessern. Es ist nicht genug, in den Tempel zu gehen, mit lauter Stimme zu singen und die Zimbeln zu schlagen. Das zeigt nur äußere Begeisterung. Gott schaut nicht auf äußere Zeichen der Frömmigkeit, sondern auf die innere Haltung, die dahinter steht. Die *Veden* verlangen zwei Dinge: Sprich die Wahrheit *(satya)*, und halte dich an die göttliche Ordnung *(dharma)*. Die gute Absicht ist die Wurzel, welche den Baum des rechten Handelns nährt. Wenn gute Absichten das Herz bewegen, führt euer Handeln zu ewigem Glück und zur Erlösung vom Kreislauf von Geburt und Tod. Wendet euren Geist von sinnlichen Vergnügungen ab, und richtet ihn auf Gott aus, dadurch werden eure Motive geläutert. Alles, was ihr denkt, sagt und fühlt, wird dann euch selbst und anderen zum besten dienen.

Manche Leute lachen über jene, die Gott suchen und nennen sie Träumer, die etwas suchen, was nicht greifbar ist und weder Gewicht noch Wert hat! Wie kann man das Fundament außer acht lassen und sich mit dem Wissen um die Wände und den Balkon zufrieden geben? Ihr könnt nur ohne Furcht leben, wenn ihr euch auf die Stärke des Fundaments verlassen könnt. Ihr seht euren Atem nicht, noch könnt ihr ihn wiegen, und doch ist er die Grundlage eures Lebens. Das Unsichtbare ist die Grundlage des Sichtbaren.

Das sind die Dinge, die jedermann wissen sollte statt der großen Menge von Informationen, welche jetzt die Köpfe füllt. Diese *Pandits* besitzen den Schlüssel zur Erlösung, von der in den *Veden* gesprochen wird. Aus diesem Grund kann man behaupten, daß *Bhārat* (Indien) der Lehrer *(guru)* der Menschheit ist. Wenn diese Behauptung anerkannt werden soll, müssen die Inder selbst sich entsprechend verhalten. Alle müssen den inneren Frieden haben, der durch rechtes, selbstloses Handeln, d.h. durch Arbeit, die keinen Anspruch auf Lohn erhebt, gewonnen wird. Aber was sehen wir heute? Die Menschen haben keinen inneren Frieden und deshalb auch keinen Frieden im eigenen Heim. Es fehlt die Aufrichtigkeit unter Brüdern, der Respekt den Eltern gegenüber und die Liebe unter Ehegatten. Ihr müßt zuerst die Beziehungen in der Familie ändern, dann könnt ihr euch auch bemühen, anderen zu helfen. Frömmigkeit allein genügt nicht; sie muß mit Vernunft und Urteilsfähigkeit Hand in Hand gehen. Andernfalls nimmt sie ungesunde Ausmaße an. Die Vernunft kann Frömmigkeit zu einem scharfen Instrument machen. Benutzt eure Vernunft und die Intelligenz, mit der ihr begabt seid, um den Zweck eures Lebens auf Erden zu begreifen. Dann wird die Frömmigkeit euch ermutigen, eure Tage mit steter, disziplinierter Tätigkeit zu verbringen, die euch zur Erlösung führen wird.   Amalapuram, 28.3.65

Die Krankheit und ihre Heilung

Wir hören viele Menschen über den Stand der Dinge klagen: über die Ausbreitung von Ungerechtigkeit, Unehrlichkeit, Grausamkeit und Haß in der Welt und in diesem Land. Das ist so, als ob man nach der Medizin jammert, nachdem man krank geworden ist. Vorbeugen ist besser als heilen, denn die Heilung kann schwierig werden, wenn die Krankheit sich durch lange Vernachlässigung verschlimmert hat.

Der gegenwärtige Verfall der Moral in unserem Land kommt vom Schwinden des Glaubens an die *Veden*, die *Shāstras* und die *Upanishaden*. Manche Leute verurteilen jene, die nicht an die vedischen Lehren glauben, als Atheisten. Aber es gibt überhaupt keine Atheisten. Wenn ein "Atheist" sagt: "Es gibt keinen Gott", bestätigt er zuerst: "Es gibt", und dann streitet er ab, was er zuvor bestätigt hat. Wenn er auch Gott leugnet, so bestreitet er jedoch Liebe und Ehrfurcht nicht. Beides sind Ausdrücke theistischen Glaubens. Auch die Atheisten sehnen sich nach einem Ziel und ahnen, daß sie aus einer anderen Welt gekommen sind. Wie alle andern, können auch sie sich nicht daran erinnern. Sie wissen, daß sie der Vervollkommnung des Glücks entgegen gehen. Sie träumen davon und machen Pläne, es zu erreichen. Wie alle andern spüren sie den Hunger, den Durst, fühlen den Schmerz und die Unzufriedenheit.

Ebenso wie man zum Arzt geht, damit dieser die Ursache der Schmerzen feststellen kann, so sucht der Gottsucher einen spirituellen Lehrer *(guru)* auf, der erfahren ist und dem Suchenden helfen kann, das Ziel seines Sehnens zu erreichen. Jeder hat den Drang, die Einheit in der Vielfalt zu erfahren. Das Wissen darum ist in der *Brahmasūtra* enthalten, die wie eine Schnur die verschiedenen Perlen eines Rosenkranzes zusammenhält. Die vielen Tausende von Menschen, die hier vor Mir sitzen, sind wie viele tausend Blumen, die an dem einen Faden – dem Göttlich-Absoluten *(brahman)* – zu einer Girlande aufgereiht sind. Das ist die Wahrheit; alles andere ist Täuschung. Im Göttlich-Absoluten findet ihr die Einheit, die ihr vermißt habt, weil ihr so damit beschäftigt wart, euch selbst von allen anderen getrennt zu sehen. Ihr habt von der Einheit nichts gewußt, weil ihr die Menschen, die darum gewußt haben, vernachlässigt und ihre Worte als Unsinn abgetan habt! Es ist kein Mangel an spiritueller Nahrung in unserem Land, aber wir haben den erbärmlichen Anblick eines Volkes, das inmitten der Fülle verhungert.

Die Krankheit dieses Landes ist auf Unterernährung zurückzuführen. Nicht so sehr auf die Unterernährung des Körpers, als auf die der Seele, auf den Mangel an geistiger Anstrengung und das Nicht-Einhalten spiritueller Vorschriften. Während man der Krankheit erlaubt, sich voll zu entwickeln, werden die Namen der Arzneien rezitiert, aber nicht eingenommen! Die Leitungen, durch welche die lebensspendenden Wasser göttlichen Geistes in jedes Heim eines Dorfes fließen sollten, sind ausgetrocknet oder verstopft. Das ist der Grund für die Unterernährung mit all ihren Symptomen der Entkräftung, der nervösen Störungen und Süchte, die heute überall um sich greift.

Religion ist eine Sache der Erkenntnis. Solange nicht alle die Zusammenhänge verstehen, kann die Einheit aller Religionen nicht erkannt werden. Es gibt verschiedene Wege, sich Gott zu nähern. Jeder Mensch wählt für sich den Weg, der seinem Wesen entspricht. Einige verrichten gerne körperliche Arbeit, andere denken viel nach, die einen sind aktiv, nach außen gerichtet, die anderen neigen mehr dazu, ihr inneres Bewußtsein zu erforschen.

208

Für alle findet man bestimmte Disziplinen in den heiligen Schriften: Anbetung *(bhakti)*, höheres Wissen *(jnāna)*, selbstloses Dienen *(karma)*, ständig in der Gegenwart Gottes verweilen *(upāsana)*, Selbstbeherrschung *(yoga)* usw. Die Milch, in der die Butter enthalten ist, stellt das Eine *(advaita)* dar. Wenn die Milch dick wird, beginnt der Prozeß der Teilung, aber noch ist die Butter ein Teil der Milch. Das ist vergleichbar mit dem Einen, von dem das Zweite ein Teil ist *(vishishtādvaita)*. Wenn die Dickmilch gequirlt wird, sondert die Butter sich ab und formt Klumpen, die nun in der Flüssigkeit schwimmen, aus der sie entstanden sind. Die beiden sind jetzt zwei verschiedene Dinge *(dvaita)*, welche klar als Buttermilch und Butter unterschieden werden können. Es sind nur drei Namen für drei verschiedene Erscheinungsformen des gleichen Grundstoffes.

"Das Eine" ist die Wirklichkeit. Es ist nicht nur ausschließlich an einem bestimmten Platz zu finden, wie alt-ehrwürdig dieser auch sein mag. Weder Arunachalam, noch Thirupati oder Kedaram können für sich beanspruchen, daß es nur dort zu finden sei. Seine Adresse ist im 61. Vers des 18. Kapitels der *Bhagavad Gītā* angegeben: das Herz aller Wesen.

Die Schriftgelehrten *(pandit)* dieses Landes sind die wahren Führer des Volkes, denn sie können ihm den Weg zur Selbstverwirklichung, welche die höchste Pflicht des Menschen ist, zeigen. Sie müssen, so wie es die Weisen in uralten Zeiten getan haben, die Regierenden beraten und sie auf den Weg der göttlichen Ordnung *(dharma)* führen. Aber heute halten sich die Herrscher von ihnen fern, und das Volk macht sich über sie lustig! Würden die *Pandits* sich dem niedrigen Niveau der Regierenden anpassen, gingen die Ideale, die sie pflegen und fördern sollten, verloren. Es erfordert Redlichkeit und großen Mut ihrerseits, unter diesen Umständen den Versuchungen zu widerstehen und an den Prinzipien, die in den *Shāstras* für sie niedergelegt sind, festzuhalten. Es besteht kaum Hoffnung, daß die heutigen Politiker den Rat der *Pandits* suchen. Sollten diese jedoch die Machthaber um ihren Schutz bitten, bestünde die Gefahr, daß die *Pandits* selbst ihre Grundsätze aufgeben. Deshalb muß das Volk die Aufgabe, das Ansehen der *Pandits* zu stärken und durch sie soviel wie möglich von den uralten Weisheiten zu erfahren, selbst in die Hand nehmen.

Leider sind sich auch die *Pandits* nicht mehr alle einig. Ich spreche jetzt so offen, weil hier die Wiege so manchen gelehrten *Pandits* war. Meine Aufgabe ist es, Einigkeit unter den *Pandits* herzustellen und sie an ihr nobles Erbe und an die noch noblere Pflicht zu erinnern, Verbindung mit den Regierenden aufzunehmen und ihnen die unparteiische Weisheit zugute kommen zu lassen, welche in den *Veden*, den *Upanishaden* und anderen heiligen Schriften von den Sehern und erleuchteten Meistern aufgezeichnet wurden und dadurch Frieden und Harmonie in der Welt zu begründen. Ich werde das mit Sicherheit erreichen; nur müßt ihr noch für eine Weile Geduld haben.

Das große Haus, das man "Leben" nennt, muß auf einem festen Fundament errichtet werden. Das Streben nach Wohlstand *(artha)* und der Erfüllung von Wünschen *(kāma)* muß sich nach den Gesetzen der göttlichen Ordnung *(dharma)* richten. Wer sich an die göttliche Ordnung hält, wird von ihr beschützt. Das beste Fundament ist der unerschütterliche Glaube an den allgegenwärtigen Allmächtigen. Manche mögen fragen: "Wenn Er allmächtig ist, warum offenbart Er sich dann nicht?" Nun, Er offenbart sich nur jenen, die sich wirklich nach einer Antwort sehnen, nicht aber jenen, die respektlose und anmaßende Fragen stellen.

Der Allmächtige offenbart sich nur einem klaren, reinen Herzen, das nicht durch Egoismus und Bindung an materielle Dinge getrübt ist. Die Schnur eines Rosenkranzes ist nur in Kristallperlen sichtbar, nicht aber in Korallen- oder Rudrakshaperlen. Obwohl die Schnur auch durch die letzeren läuft, könnte man sie nur sehen, wenn man die Perlen spaltet. Das ist die Bedeutung der Geschichte von *Hiranyakashipu*, der eine Säule spaltete, weil sein Sohn behauptete, daß Gott auch dort zu finden sei. Als er das tat, konnte er selbst den Herrn, welcher der innerste Kern aller Wesen und Dinge ist, sehen.

Versucht, eine Kokosnuß, die gerade vom Baum gefallen ist, aufzubrechen. Das wird euch nicht einmal mit einem Brecheisen gelingen, denn ihre Schale ist in eine dicke Faserschicht eingehüllt. Entfernt zuerst die Fasern, dann läßt sich die Nuß leicht aufbrechen. Wenn ihr eine Kokosnuß zum Tempel bringt, entfernt ihr erst die Fasern, dann opfert ihr sie Gott, indem ihr sie in zwei Hälften brecht. Das ist das Symbol für die Zerstörung des Egos und die Auslieferung an Gott. Ihr müßt also die Fasern eures Verlangens nach materiellen Dingen entfernen, bevor ihr – ohne Wünsche und ohne Zorn – vor Gott tretet. Durch das Aufbrechen der Kokosnuß erklärt ihr dann symbolisch, daß ihr ohne Ego seid. Erst dann werdet ihr angenommen, vorher nicht.

Die Überwindung des Ego ist eine sehr schwere Aufgabe. Viele Jahre beharrlichen Bemühens sind notwendig, um darin erfolgreich zu sein. Um einen akademischen Titel zu erlangen, müßt ihr jahrelang Tag und Nacht über den Büchern sitzen und fleißig studieren. Wieviel schwerer noch muß die Prüfung sein, die man bestehen muß, um immerwährendes Glück und die Befreiung vom Kreislauf von Geburt und Tod zu erlangen. Bei manchen Menschen sind Geist und Sinne wie Baumwollkapseln. Ein Funke der Weisheit *(jnāna)* läßt sie in Flammen aufgehen, und sie haben den Sieg errungen! Bei anderen wiederum sind Geist und Sinne wie trockene Reisigbündel; sie brauchen längere Zeit, aber der Sieg ist auch ihnen sicher. Bei den meisten sind Geist und Sinne wie grünes Holz, welches durch seine Feuchtigkeit selbst die lodernden Flammen der Weisheit *(jnāna)* verlöschen läßt. Macht euren Geist und eure Sinne zu feiner gereinigter Baumwolle. Wie könnt ihr das tun? Sucht den Kontakt zu denen, welche wie diese *Pandits* hier, Erfahrung in spirituellen Dingen haben. Hört ihnen zu, und denkt über ihre Worte nach; befolgt ihren Rat; überlaßt euch ihrer Führung. Fangt jetzt damit an! Meisterschaft beginnt mit dem A B C; lernt es und studiert weiter, bis ihr das Ziel erreicht habt. Die Margosa-Frucht schmeckt zwar zuerst bitter, und doch wird sie von vielen gern gegessen, denn ständiges Kauen läßt sie süßer werden, besonders wenn ihr die Überzeugung gewinnt, daß dadurch Krankheiten geheilt werden.

Versucht während des Singens an die Bedeutung der Namen des Herrn zu denken, so daß die Zunge deren Süße wahrnimmt. Die Handlung auf der materiellen Ebene läßt euch zur spirituellen Ebene aufsteigen. Ihr müßt nur wissen, daß das möglich ist, und einen Glauben haben, der euer Zögern überwindet. Wenn ihr z.B., wie gerade eben, von *Rādhā* singt, stellt euch nicht *Rādhā* als Frau und *Krishna* als Mann vor. Ihr selbst könnt *Rādhā* werden, wenn ihr nur versteht, was das bedeutet. Sie wird als das Sinnbild des ewig fließenden Lebensstromes, als die eigentliche Grundlage der Welt verehrt und ist daher nur ein anderer Name für Gott. Laßt diesen heiligen Strom, den Namen des Herrn, von eurer Zunge fließen; vermeidet minderwertiges Geschwätz, läutert euren Geist, habt unerschütterlichen Glauben in die Einheit der Schöpfung, gewinnt den Nektar spiritueller Erfahrung durch Meditation und geistige Disziplin *(sādhana)*.

Der Herr ist unparteiisch; ihr bestraft und belohnt euch selbst. Ein junger Student, der vor einer Prüfung aufgeregt war, ging in den Tempel und bat Gott, ihm bei den Prüfungsaufgaben zu helfen. Er versprach, Ihm zu Ehren als Dank dafür ein großes Fest zu geben. Er konnte tatsächlich alle Fragen zu seiner Zufriedenheit beantworten und zwar in der Hälfte der Zeit, die dafür zur Verfügung stand. Er gab aber die Arbeit nicht gleich ab, sondern ließ sich noch ein paar Papierblätter extra geben. Diese benutzte er, um eine Liste aufzustellen mit allem, was er für das Dankesfest benötigen würde: Zucker, Reis, Butter usw. Es war immer noch viel Zeit, und so machte er noch einen Kostenvoranschlag. Da es ihm zu teuer war, änderte er die Liste ab und strich vieles wieder aus. Während er damit beschäftigt war, läutete die Glocke und der aufsichtführende Lehrer sammelte die Arbeiten ein. In der Eile übergab der Student dem Lehrer die Blätter, auf denen er die Liste für das Dankesfest geschrieben und dann aus Geiz vieles wieder ausgestrichen hatte! Der junge Mann hatte die Prüfung also durch seine eigene Schuld nicht bestanden. Gott ist unparteiisch; Er ist wie ein Thermometer, das keine Zweifel zuläßt, das eindeutig und unbestechlich ist. Erfolg und Mißerfolg hängen von euch selbst ab. Ihr bestimmt euer Schicksal; der Herr hat nichts damit zu tun.

Es ist schon sehr spät, und ihr müßt in eure Unterkünfte gehen. Es sind viele alte Menschen, Frauen und Kinder unter euch. Mein Kommen hat euch viele Unbequemlichkeiten verursacht. Ich weiß, daß ihr das alles aus

Liebe zu Mir auf euch genommen habt. Ihr seid von weit her gekommen, zu Fuß, mit dem Boot oder mit dem Ochsenkarren, ohne Essen und ohne Schlaf. Sogar um Trinkwasser und um etwas Schatten unter einem Baum mußtet ihr kämpfen. Dieses Meer von Menschen, das Ich hier vor Mir sehe, beweist den bleibenden Wert der alten indischen Lehren. Ihr seid in Massen von euren Dörfern hierher gekommen wie die Ameisen zu einem Ameisenhaufen. Und warum? Weil ihr Hunger nach Gott und spiritueller Wahrheit habt.

Ich muß euch jetzt noch über etwas aufklären, das besonders in dieser Gegend Aufsehen erregt hat! Ich beschuldige euch nicht und lache auch niemanden aus, aber die Wahrheit muß gesagt werden. Es gibt viele Leute, die behaupten, von Mir besessen zu sein. Sie schütteln sich wie in Verzückung, wiegen ihren Körper hin und her, zittern und reden alles mögliche daher. Sie behaupten, daß Ich durch sie spräche und sie unter Meinem Einfluß stünden. Sie beantworten Fragen, machen "Vorhersagen" und wenden jeden Trick an, um von Leuten, die Mich und Meine Wirklichkeit nicht kennen, Geld und Geschenke zu erhalten. Alles das ist reiner Betrug; es ist eine Krankheit, die sich ausbreitet. Ermutigt das nicht; erstickt diese Krankheit im Keim, sobald ihr Anzeichen davon seht. Solche Leute arbeiten mit Agenten. Legt diesen Betrügern das Handwerk, dann werden sie verschwinden. Sie täuschen Heiligkeit vor, aber ihre Habsucht verkündet ihre Nichtswürdigkeit. Diese Leute sagen, Baba sei ihnen im Traum erschienen und hätte ihnen befohlen, von euch Geld zu nehmen usw. Hört nicht auf solche Betrüger; bestraft sie, wie sie es verdienen. Das ist der Rat, den Ich euch geben muß. Amalapuram 29.3.65

Die kostbare Lebenszeit

Ich möchte euch einen Rat geben: Vergeudet nicht einen einzigen Augenblick eures kostbaren Lebens. Verbringt es so nutzbringend wie möglich, und teilt die ungetrübte Freude, die ihr euch dadurch verdient, mit andern. Hunderttausende sind aus allen Dörfern dieser Deltaregion hier zusammengeströmt. Viele von euch sind zu alt, um nach *Puttaparthi* zu reisen, um dort Meinen Segen *(darshan)* zu empfangen. Unter euch sind Kranke, die sich nicht in die vorderen Reihen durchkämpfen können. Nehmt bitte auf sie Rücksicht, stoßt und drängelt nicht nach vorne. Bleibt dort, wo ihr gerade seid. Ich stehe auf dieser erhöhten Plattform, damit alle Mich sehen können.

Hier gibt es jetzt nur Arbeit für die Augen und Ohren, nicht aber für die Zunge. Ich bin gekommen, um euch an Meiner Glückseligkeit *(ānanda)* teilhaben zu lassen. Verpaßt diese seltene Gelegenheit nicht. Ich bin bereit, solange hier zu stehen, bis ihr euch alle sattgesehen habt. Warum also diese große Unruhe? Gott kann nur in der tiefsten Stille erfahren werden. Ihr müßt jetzt jeden Lärm unterlassen, damit ihr Seine Stimme klar und deutlich hören könnt.

Die Zunge verrät Erziehung und Bildung eines Menschen. Ein blinder Bauer wurde einmal von einem Mann gefragt: "He, du Holzkopf, sind hier Soldaten vorbeigekommen?" Nach wenigen Minuten sprach ihn ein anderer Mann an: "Blinder Mann! Mach' deinen Mund auf und sage mir, ob du hier den Lärm marschierender Soldaten gehört hast?" Später näherte sich ihm ein dritter Mann mit den Worten: "Mein Herr, haben Sie gehört, ob hier Soldaten vorbeimarschiert sind?" Schließlich kam noch ein Mann. Dieser legte die Hand auf die Schulter des Blinden und fragte väterlich: "Mein lieber Mann, bitte sage mir, ob du hier marschierende Soldaten gehört hast?"

Der blinde Mann konnte genau erkennen, wer die Fragesteller waren: ein Soldat, ein Offizier, ein Minister und schließlich der König selbst. Die Worte verraten die Erziehung und Bildung des Sprechers. Die Zunge ist die Rüstung des Herzens; sie schützt das eigene Leben. Lautes sowie ungezügeltes, zorniges und gehässiges Reden beeinträchtigt die Gesundheit. Eine solche Sprache nährt Haß und Ablehnung in anderen, sie verletzt, erregt die Gemüter, erzürnt und entfremdet. Warum heißt es: "Schweigen ist Gold"? Der stille Mensch hat keine Feinde, mag aber auch keine Freunde haben. Er hat jedoch die Freiheit und die Möglichkeit, tief in sich hineinzuhorchen und seine eigenen Fehler und sein Versagen zu erkennen. Er neigt nicht mehr dazu, die Fehler anderer aufzudecken. Wenn euer Fuß ausrutscht, mag ein Bruch die Folge sein, der wieder heilen wird. Wenn aber eure Zunge ausrutscht, zerbricht etwas in anderen, und das kann ihren Glauben und ihr Glück zerstören. Ein solcher Bruch kann niemals geheilt werden, und die Wunden werden für immer eitern. Deshalb: Benutzt eure Zunge mit größter Vorsicht! Je leiser, je weniger und sanfter ihr sprecht, desto besser ist es für euch selbst und die übrige Welt.

Wenn ihr euch hier so drängelt und herumstoßt, haben die Diebe den Vorteil. Während ihr euch auf Mich konzentriert, stehlen sie eure Halsketten und Geldbörsen.

Ich weiß, was in euren Herzen vorgeht und wonach ihr euch sehnt, aber ihr kennt Mein Herz nicht. Ich reagiere auf jeden Schmerz, den ihr verspürt, auf jede Freude, die ihr empfindet, denn Ich bin der Bewohner im Tempel eures Herzens. Ihr müßt Mich besser kennenlernen. Wie kann ein Telegramm, das im Morsecode abgesandt wurde, von den Empfängern entziffert werden, wenn diese das Morse-Alphabet nicht kennen? Die

Liebe, die ihr Mir entgegenbringt, hat denselben Morsecode, wie die Glückseligkeit *(ānanda)*, die Ich euch gebe.

Verehrende Liebe zu Gott *(bhakti)* muß durch die ruhigen Kanäle der Vernunft fließen. Ihr aber benehmt euch wilder als die tosenden Fluten eines Flusses. Ihr drängt euch Tag und Nacht, bei Regen und bei Sonne um das Haus, in dem Ich Wohnung genommen habe und schreit "Jai, jai", um Mich zu bewegen herauszukommen, damit ihr Mich sehen und Meinen Segen empfangen könnt *(darshan)*. Meine Lieben, das ist nicht richtig! Das ist keine Liebe zu Gott *(bhakti)*. Ich komme auch ohne den Lärm, den ihr macht, gerne auf die Veranda, um euch den Segen zu geben, nach dem euer Herz verlangt. Es ist die Stimme eures Herzens, die Mir wichtig ist, nicht die Stimme, die aus eurem Hals kommt.

Den größten Tumult verursacht ihr durch euer Drängeln und das Kämpfen um einen guten Platz. Die Starken bestehen auf ihrem Recht und schmälern dadurch das Recht der anderen. Dies ist ein Ort, an dem ihr versuchen müßt, zu helfen und nicht zu behindern. Es sollte eine Atmosphäre des Friedens *(shānti)* herrschen. Benehmt euch hier nicht so wie auf anderen Versammlungen. Hier ist kein Raum für Eifersucht, Unwillen, Selbstsucht und Wettbewerb. Wenn heiße Flammen des Verlangens und des Streitens in euren Herzen lodern, wie können dann die kühlen Strahlen des Friedens, der Wahrheit, der Gewaltlosigkeit und der selbstlosen Liebe davon ausgehen? Dieses Menschenleben ist eine kostbare Gabe! Benutzt sie, um Freude zu spenden und nicht, um Kummer zu verursachen. Es kommt schon manchmal vor, daß der Mensch ärgerlich wird, aber er sollte diesem Ärger nicht erlauben, in ungezügelte Wut auszuarten. Die wütenden Fluten des Godavari-Flusses werden von Dämmen in Schranken gehalten, so daß das Wasser das Meer erreichen kann, ohne vorher auf beiden Seiten der Ufer die Felder zu überschwemmen. Auch ihr müßt eurem Unmut Grenzen setzen und darauf achten, daß diese nicht überschritten werden.

Ihr wißt, daß ihr den Acker erst pflügen und bewässern müßt, bevor ihr die Saat säen könnt. Zuerst müßt ihr das Unkraut jäten, die Pflänzchen mit einem Zaun vor Kühen und Ziegen schützen und dann geduldig auf die Erntezeit warten. So muß auch eurer Herz mit Tugenden gepflügt und mit Liebe bewässert werden, bevor die Samen des göttlichen Namens gesät werden können. Später muß das Unkraut der Zweifel gejätet und das Feld vor Dieben geschützt werden. Es ist am besten, die Herde der Unbeständigkeit und des Wankelmuts mit dem Zaun der Disziplin fernzuhalten, dann wird die Rezitation der Namen des Herrn zur Meditation heranreifen, und eine reiche Ernte der Weisheit *(jnāna)* kann eingebracht werden. Ihr aber laßt jetzt den kostbaren Acker mit der fruchtbaren Erde brach liegen. Eure Herzen sind von Dornen und Unkraut überwuchert und bringen niemandem Freude. Bebaut sie und speichert das Korn des Glücksbewußtseins, denn es ist euer Erbe und steht euch zu. Aber ihr wißt nicht, wie und bei wem ihr euer Erbrecht geltend machen könnt. Gebietet dem Leid, zu verschwinden, dann wird die Glückseligkeit, welche die Grundlage eures Seins ist, zum Vorschein kommen. Sie ist euer wahres Bewußtsein. Es ist ganz einfach. Das Leid verschwindet, sobald ihr seine Ursache entdeckt: es ist nur eine Folge der Unwissenheit.

Amalapuram, 29.3.65

Die Regeln rechten Verhaltens

Wenn das Universal-Absolute beschließt, menschliche Gestalt anzunehmen, können die Menschen unbeschreibliche Freude und unvorstellbares Glück erleben. Ihr steht alle hier seit Stunden in der glühenden Sonne, und so wißt ihr, was es bedeutet, ein kühles Getränk zu bekommen. Der *Avatar* kommt, um der verdurstenden Menschheit diesen kühlen Trunk zu reichen. Das Auswendiglernen der Worte: Wahrhaftigkeit *(satya)*, Rechtschaffenheit *(dharma)*, Friedfertigkeit *(shānti)* und Liebe *(prema)* allein wird den Durst nicht löschen; ebenso wie die Worte: Reis, Curry und Wohlgeschmack den Hunger nicht stillen können. Wie können Worte inneres Glück vermitteln? Ihr müßt sie praktizieren! Das ist die Botschaft, welche der *Avatar* mit all Seiner Autorität bringt. Berichtet ohne Übertreibung und ohne Auslassung, was ihr seht und hört. Sprecht die Wahrheit – das ist *"satya"*. Wenn ihr den Geist beherrscht, wird euer Bewußtsein geläutert und klar; ihr seht dann das Eine überall und immer in allen Wesen und Dingen. Das wird dann zur einzigen Wahrheit, die ihr sehen, hören und über die ihr sprechen könnt, denn dann gibt es nichts anderes zu sehen und zu hören. "Es gibt keine höhere Pflicht als die der Wahrhaftigkeit," erklären die *Veden*.

Manche Leute mögen fragen: "Wie kann man seinen Lebensunterhalt verdienen, wenn man sich immer an die Wahrheit hält?" Nun, dem Tod könnt ihr auf keinen Fall entrinnen, gleichgültig, was für ein Leben ihr führen mögt, und es ist besser, als ehrlicher und nicht als unehrlicher Mensch zu sterben. Tut diese Pflicht zuerst euch selbst gegenüber, bevor ihr die Ansprüche anderer berücksichtigt. Unehrlichkeit scheint zwar leichter und einträglicher zu sein, aber sie treibt euch ins Verderben. Läutert eure Impulse und Gefühle, ohne euch darüber aufzuregen, daß andere es nicht tun. Jeder Mensch bestimmt sein eigenes Schicksal. Dadurch, daß andere nicht frei werden, werdet ihr nicht gebunden. Ihr solltet eurer eigenen Veranlagung entsprechend nach Erlösung streben und auf der Stufe beginnen, auf der ihr wart, als euch die Chance dieses Lebens geboten wurde. Euer Nachbar mag tausend Kokosnüsse ernten, während die Palmen in eurem Garten nur achthundert Früchte tragen. Aber ihr könnt nur ernten, was auf eurem Grundstück gewachsen ist. Ihr habt kein Anrecht auf die Früchte eines anderen. Euch gehört nur, was ihr euch durch eigene Anstrengung selbst verdient. Die Ernte zweier Bauern in einem Dorf, die beide zwei Hektar Ackerland besitzen, mag verschieden ausfallen. Das hängt von ihrem Fleiß, ihrer Sachkenntnis, von der Güte der Erde und des Samens ab und von der Art des Düngers, den sie benutzen.

Für jeden Menschen sind in den heiligen Schriften bestimmte Regeln vorgeschrieben, nach denen sich sein Verhalten zu richten hat. Diese sind verschieden je nach Alter, Position, Beruf, Stand der spirituellen Entwicklung und dem Lebensziel. Beanstandet nicht das Verhalten anderer oder ihre Art, mit dem Leben fertig zu werden. Jeder muß seinen eigenen Weg sowie den Namen und die Form Gottes, die er bevorzugt, wählen! Vernachlässigt also eure eigenen Pflichten nicht, um die, welche für andere bestimmt sind, zu übernehmen. *Arjuna* war von menschlichem Mitleid überwältigt, als er sich weigerte, seine Verwandten im Kampf zu töten und so, wie er glaubte, durch frevelhafte Mittel ein Königreich zu gewinnen. Er zog es vor, ein Bettelmönch zu werden. *Krishna* mußte ihn daran erinnern, daß es andere Ebenen der göttlichen Ordnung *(dharma)* gibt, welche den rein natürlichen Gefühlen übergeordnet sind: 1. Die besonderen Pflichten eines *Kshatriya*. *Arjuna* war in die Kaste der Krieger *(kshatriya)* hineingeboren worden. Ihre Aufgabe ist es, die Kräfte des Bösen zu bekämpfen. Wer sich als *Kshatriya* dieser Pflicht entzieht, begeht eine schwere Sünde. 2. Die Pflicht dem göttlichen Selbst gegenüber, die verlangt, daß man sich auf die eigene göttliche Wirklichkeit *(ātman)* konzentriert und sich nicht um Erfolg oder Niederlage, um Ruhm oder Schande kümmert, sondern nur ein Werkzeug in den Händen des Herrn ist.

Bleibt bei der von euch erwählten Form der Anbetung des Herrn, dann werdet ihr erfahren, daß ihr Mir näher kommt, denn alle Formen und alle Namen sind Mein. Ihr braucht die Form eures Gottesdienstes nicht zu ändern, weil ihr Mich nun gesehen und gehört habt. Das ist es, was Ich euch noch sagen wollte, nachdem der *Pandit* zu euch über *Avatare* und ihre Bedeutung gesprochen hat. Ihr habt schon zu lange in der heißen Sonne gestanden. Deshalb will ich heute nicht länger sprechen. Geht nun ohne Drängeln und Stoßen zu euren Unterkünften. Seid vorsichtig, denn es sind viele Kinder und alte und kranke Menschen unter euch.

Amalapuram, 29.3.65

Der Strick um den Hals

In diesem Land wurde alles Tun in spirituelle Disziplin verwandelt; das Einswerden mit dem Absoluten war das Ziel des Menschen. Aber heute jagen die Inder der Fata Morgana der Sinnesfreuden und des weltlichen Glückes nach. Sie vergessen, daß nur spiritueller Fortschritt inneren Frieden bringen kann. Obwohl die Menschen schon entdeckt haben, daß sie nie wirklich glücklich werden, wenn sie es zu dem erstrebten Reichtum, zu fachkundigem Wissen, zur Meisterschaft in den Künsten oder zu sportlichen Höchstleistungen gebracht haben, suchen sie trotzdem, nur auf diese Weise glücklich zu werden. Statt dessen sollten sie ihre Bindungen an die materielle Welt Schritt für Schritt lösen und ihre Aufmerksamkeit auf Gott, auf Seine Gnade, Allmacht und Weisheit lenken.

Die drei Teile der *Veden* behandeln folgende Themen: Selbstloses Handeln *(karma)*, welches den Geist läutert, Anbetung des lebendigen Gottes und Kontemplation über Seine Herrlichkeit *(upāsana)*, durch die ihr die nötige Konzentration bekommt. Diese beiden, *"karma"* und *"upāsana"*, führen zu einem klaren Verständnis der Wirklichkeit, das heißt zur Weisheit *(jnāna)*. Der Schleier der Täuschung fällt, und die Herrlichkeit ist enthüllt. Heute werden diese drei vernachlässigt und sogar verhöhnt. Wißt, daß kein Ding an sich wirklich Freude geben kann. Ihr empfindet Freude, weil sie in euch ist! Ihr selbst überschüttet die Dinge damit und schreibt sie dann ihnen zu. Wenn ein Ding wirklich Freude spenden könnte, würde das von allen Menschen gleichermaßen so empfunden werden. Das ist aber nicht der Fall. Die Freude wird nur vom Geist des einzelnen Menschen darauf projiziert. Diese Projektion ist ein Trick des Geistes.

Die Täuschung durch die Erscheinungsform der Dinge muß verschwinden. Nur dann kann der Kreislauf von Geburt und Tod unterbrochen werden. Nennt es "das Erreichen des Zieles" oder "das Einswerden mit dem Göttlich-Absoluten". Man kann es auf verschiedene Weise ausdrücken, aber es ist immer dasselbe. Jeder Sterbliche muß unsterblich werden, denn alle sind Kinder der Unsterblichkeit. Deshalb gefällt es Mir nicht, wenn manche Menschen sich selbst als "Sünder", "in Sünde geboren", "in Sünde lebend", "die Sünde selbst" verurteilen. Ich erinnere sie daran, daß sie Verrat an ihrer wahren Wirklichkeit üben, wenn sie soviel Unwahrheit auf ihren Kopf häufen. Das wird klar, wenn man jemanden mit: "Hallo, Sünder!" begrüßt. Er wird sich empört umdrehen, denn das Wort "Sünder" verletzt sein innerstes Wesen, das rein, unveränderlich, ewig und ohne Ego ist. Wenn ihr auf eine Tamarind-Frucht schlagt, solange sie noch grün ist, wird auch der Kern den Schlag spüren; schlagt ihr dagegen mit einem Stein oder Hammer auf sie, wenn sie reif ist, wird der Kern dadurch nicht verletzt. Seid wie der Kern einer reifen Frucht: fühlt euch unberührt von allen Schicksalsschlägen. Werdet weise und wißt, daß ihr nicht der Körper *(deha)* seid, sondern der, welcher im Körper wohnt (dehi). Dann werdet ihr die Schläge nicht spüren.

Der vedische Schriftgelehrte sprach davon, daß die Armee, mit der *Yama,* der Gott des Todes, die Menschheit angreift, von der Begierde *(kāma)* und dem Haß *(krodha)* angeführt wird. Aber *Yama* ist nicht eine Person, die auf einem Büffel reitet und mit einem Lasso die Seelen einfängt, die er in sein Reich holen will, wie es in der Legende heißt. Nein. Der Gott des Todes heißt "Zeit" *(kāla).* Zeit ist der Gott des Todes; Zeit kennt keine Gnade, und wenn sie abgelaufen ist, müßt ihr gehen. Mit jedem Tag wird eure Lebensspanne um 24 Stunden verkürzt. Als Zeit ist er allgegenwärtig und allmächtig. Er besitzt keine Fabrik, in der er die Seile herstellt, die er um den Hals der Sterbenden wirft, um sie wegzuschleppen. Der Sterbende hat sich den Strick während seiner Lebensjahre schon selbst um seinen Hals gelegt. *Yama* braucht nur zu kommen und zu ziehen! Der Mensch hat sich den Strick mit seinen Handlungen in der Vergangenheit gedreht, und alles, was er in der Gegenwart aus egoistischen Motiven, in selbstsüchtiger Erwartung eines Lohnes tut, macht ihn noch stärker und länger.

Gute Taten verlängern oder verstärken den Strick nicht, sondern geben euch in reichem Maße Ausgeglichenheit *(shānti)* und Zufriedenheit *(santosha).* Nun, dafür hattet ihr heute ein gutes Beispiel: Die letzten heiligen Gaben wurden um 10 Uhr in das Opferfeuer geworfen, und um 10:05 begann es zu regnen! Jene, die den wirklichen Wert der Opferzeremonien *(yajna)* und der Bittopfer *(yāga)* nicht kennen, verhöhnen diese und schimpfen darüber, denn sie meinen, das geopferte kostbare Butterschmalz und der Brennstoff könnten nützlicher verwendet werden. Sie denken dabei allerdings nicht daran, daß ihr eigener Verbrauch an Nahrungsmitteln eine Vergeudung ist, denn sie sind weder für sie selbst noch für die Welt von Nutzen. Ihre Zigaretten, ihre egozentrische Kleidung, die Filme, die sie sehen und die vielen Stunden, die sie Radio hören, sind eine ungeheure Verschwendung. Wenn ihr einen Bildhauer bei seiner Arbeit seht, kritisiert ihr, daß er seine Zeit damit vergeudet, mit dem Meißel von einem wertvollen Stein kleine Stückchen abzusplittern. Ihr erkennt nicht, daß daraus eines Tages eine Form göttlicher Schönheit zum Vorschein kommt. Ihr seht den Bauer wertvolle Samen über die aufgeweichte Erde streuen und beschuldigt ihn der Verschwendung eßbaren Gutes! Ihr erkennt nicht, daß er in ein paar Monaten das Hundertfache ernten wird. Eure Kritik entsteht aus eurer Unwissenheit und Kurzsichtigkeit. Der Regen, der heute Morgen zur Überraschung aller gefallen ist, hat Mich nicht überrascht, denn er war das unmittelbare Ergebnis der Opferhandlung *(yāga).* Die *Pandits* haben Erfahrung in einer ganz besonderen Wissenschaft, und dafür müßt ihr sie achten und ehren.

Es gibt viele, die sich sogar über die Tugenden der Wahrhaftigkeit *(satya)*, Rechtschaffenheit *(dharma)*, Friedfertigkeit *(shānti)* und selbstlosen Liebe *(prema)* zynisch äußern. Sie behaupten, mit Wahrhaftigkeit könne man nichts erreichen, aber eine kleine Lüge helfe viel. Sie meinen, nur das sei in Ordnung, was einem im Augenblick nützt; Friedfertigkeit hätte nur zur Folge, daß man alle Schläge auf dem eigenen Rücken zu spüren bekommme und einer, der für seine Selbstlosigkeit bekannt sei, werde von allen bedrängt, sein schwerverdientes Vermögen mit ihnen zu teilen. Daraus schließen sie, daß es Torheit sei, sich in diesen vier Tugenden zu üben.

Aber denkt einmal darüber nach, dann werdet ihr erkennen, wie sinnlos eine solche Kritik ist. Es ist nämlich die Lüge, für die man spitzfindige Erklärungen, kluge Verheimlichung und ein gutes Gedächtnis braucht! Es ist viel besser, die Wahrheit zu sagen und damit alles erledigt zu haben. Sprecht über das, was ihr gesehen, gehört oder getan habt, gerade so wie ihr es gesehen, gehört oder getan habt! Und was ist Rechtschaffenheit? Praktiziert, was ihr predigt! Wenn ihr sagt, daß etwas getan werden muß, tut es auch; eure Worte müssen mit eurem Handeln übereinstimmen. Verdient euren Unterhalt auf ehrliche Weise; fürchtet das, was euch von Gott fernhält; sehnt euch nach Ihm und lebt dafür, mit Ihm vereinigt zu werden – das ist Rechtschaffenheit *(dharma)*. Minister Narasinga Rao zitierte in seiner Rede einen Kollegen, der mit ihm über die lauernden Gefahren sprach, die entstehen, wenn eine Gemeinde plötzlich durch den Bau eines Dammes oder einer Fabrik zu Wohlstand gelangt. Er sagte, daß plötzlicher Wohlstand eine Zunahme an Verbrechen mit sich bringe und daß diese Tatsache in die Planung einbezogen werden müsse. Die Verbindung von Reichtum und Verbrechen ist eine allgemein bekannte Erscheinung. Der Reichtum der Armen ist ihre Frömmigkeit. Kunthi bat darum, daß ihre Probleme andauern mögen, da sie dadurch den Herrn immer in ihren Gedanken habe. Reichtum hindert spirituellen Fortschritt. Wenn ihr also reich sein solltet, hängt euer Herz nicht an euer Bankkonto, die großen Häuser, Autos und sonstigen Bequemlichkeiten, die ihr besitzt. Das alles ist euch nur von Gott anvertraut worden.

Die *Veden* werden "das Gehörte" *(shruti)* genannt, weil sie gehört werden müssen. Aufmerksames Zuhören vermittelt euch neue Gedanken, inspiriert euch, zu überprüfen, wo ihr steht, und euer Versagen und eure Mängel ebenso wie eure Vorzüge und Verdienste zu erkennen. Das Ohr hat die Fähigkeit, euch zu korrigieren, zu reformieren und zu leiten. Hört euch das *Rāmāyana* und das *Mahābhārata* an, das bietet euch eine Gelegenheit, die viele heute nicht mehr wahrnehmen. Entdeckt dadurch die Größe *Rāmas, Krishnas, Mīras* und *Rādhās*. Beschäftigt euch mit deren Lebensgeschichte und dem Vorbild, das sie euch geben. Ändert eure Gewohnheiten und Ansichten über die Welt, die Gesellschaft und euch selbst so, daß sie diesen Vorbildern entsprechen. Dieser Weg wird euch zur Erlösung führen. Das Ohr füllt den Kopf; der Kopf führt den Arm; der Arm handelt. Deshalb: Seht Gutes; tut Gutes; teilt das Gute miteinander. Das wird euch mit Freude und Zufriedenheit erfüllen.

Sprecht gütig und freundlich miteinander, wie es die göttliche Ordnung *(dharma)* verlangt. Gebt großzügig und sinnvoll. Trocknet Tränen und lindert Schmerzen. Das ist Rechtschaffenheit *(dharma)*. Werft den Bedürftigen nicht einfach Münzen vor die Füße, sondern behandelt sie mit Achtung, und gebt demütig mit segnenden Händen. Versucht, einträchtig miteinander zu leben. Dieses Zeitalter wird "das eiserne Zeitalter" *(kaliyuga)* genannt, aber es ist zu einem Zeitalter der Uneinigkeit geworden! Uneinigkeit in der Familie, im Dorf, in der Gemeinde, im ganzen Land und in der Welt. Die Ursache dafür ist die Überbewertung des Ego und das Verlangen nach minderwertigen, flüchtigen Vergnügungen. Strebt nach den Gütern der Weisheit, so wie es König *Janaka* durch seinen Umgang mit den großen Weisen seiner Zeit getan hat. Oder wie König *Dasharatha*, der ein Schüler *Vasishthas* war. Diese *Brahmanen*, die Mich begleiten, sind vedische Schriftgelehrte, und sie besitzen das Wissen, das ihr braucht. Sie haben es trotz großer Armut und Vernachlässigung bewahrt. Sie wurden von den Regierenden und dem Volk gleichermaßen verachtet und verspottet. Aber dieses Wissen, welches sie in ihren Verstecken verborgen halten, ist nutzlos, wenn es nicht ans Tageslicht kommt. Ihr wundert euch vielleicht, daß Ich diese *Pandits* mitnehme, wenn Ich von Ort zu Ort reise. Manche bedauern Mich sogar, daß Ich Mir eine solche Bürde auflade, denn sie meinen, daß ja doch alles verloren sei. Nein, nichts ist verloren! Der *Avatar* ist gekommen, um zu retten und wiederaufzubauen. Ich teile Mein Glücksbewußtsein *(ānanda)* mit ihnen.

Beurteilt die *Pandits* nicht nach ihrem Äußeren. Manche unter ihnen mögen zwar nicht so leben, wie es von ihnen erwartet wird, aber diese sind leicht zu erkennen, und ihre Anzahl ist so gering wie die der kleinen Steine in einem Sack voll Reis. Verurteilt die Wolken, welche Ströme reinen Wassers ausschütten, nicht, weil etwas von dem Wasser schmutzig wird, sobald es mit dem Boden in Berührung kommt. Alle zu verurteilen, ist ungerecht und falsch.

Ich persönlich werde weder von Lob noch von Tadel beeinflußt. Nur wenige haben Meine Aufgabe und Meine Bedeutung erkannt, aber das stört Mich nicht. Warum sollte es Mich bedrücken, wenn Mir Eigenschaften, die Ich nicht besitze, zugeschrieben werden? Warum sollte Ich stolz sein, wenn Mein wirkliches Wesen gepriesen wird? Wenn ihr sagt: "Ja, Du bist der Herr", bin Ich euer Herr. Wenn ihr sagt: "Nein", bin Ich es nicht. Ich bin Glückseligkeit *(ānanda)*, Gleichmut *(shānti)* und unerschütterliche Entschlossenheit. Betrachtet Mich als euer innerstes Wesen *(ātmatattva)*, und ihr werdet nicht fehlgehen. Seht von heute an nur das Gute in andern, dann werdet ihr das Gute in euch selbst entwickeln. Das ist die beste spirituelle Disziplin *(sādhana)*. Überwindet Zorn, Haß, Eifersucht und Habgier, indem ihr immer an den Namen denkt, der die Herrlichkeit Gottes in sich vereint und ausdrückt. Wenn man Haß und Zorn im Herzen nährt, ist das so, als ob man versucht, in einem Eimer mit vielen Löchern Wasser zu holen.

Während der Tage, die Ich Mich hier im Ost-Godavari-Distrikt aufgehalten habe, habt ihr die lebendige Frömmigkeit von vielen hunderttausend Männern und Frauen erlebt. Es besteht ein großes Verlangen nach spiritueller Nahrung, und viele wenden sich Gott zu. Es ist, als ob ein starker Regenschauer auf trockenem Boden grünes Gras hervorsprießen läßt. Der Regen hat die Wurzeln, die unter der Erde noch vorhanden waren, erreicht. Meine Gegenwart hat das spirituelle Sehnen, das in euren Herzen ruhte, geweckt und in großer Fülle zum Sprießen gebracht. Das hat euch Hunger und Durst vergessen lassen und euch große Freude und Zufriedenheit gebracht.

Verehrt diese *Pandits*, welche die Treuhänder der alten göttlichen Ordnung und Weisheit sind. Ihr rennt nur zu ihnen, wenn ihr einen Priester für Hochzeiten oder andere Feierlichkeiten braucht. Es ist euch aber gleichgültig, ob sie Nahrung und Kleidung haben und genügend Möglichkeiten, die heiligen Schriften zu studieren, die Kinder zu unterrichten und als geachtete Lehrer und Führer in der Gesellschaft zu leben. Bezeigt ihnen Ehrerbietung, und lernt so viel wie möglich von ihnen.

Rajahmundary, 30.3.65

Wachst über euch selbst hinaus

Aus dem Samenkorn wächst langsam ein großer Baum heran. Ebenso entwickelt sich der Mensch durch gute Taten und einen freundlichen Umgangston allmählich zu einem göttlichen Wesen! Die schlimmsten Folgen *(karma)* stellen sich ein, wenn man das Gegenteil von dem tut, was man spricht; wenn die Hand nicht dem folgt, was der Mund verkündet. Haltet lieber den Mund, als etwas zu sagen, das eurem Handeln nicht entspricht. Ihr würdet damit nur bekennen, daß ihr Heuchler seid. Predigt die göttlichen Gesetze *(dharma)* nicht, wenn ihr euch selbst nicht daran haltet. Die Gesetze der göttlichen Ordnung *(dharma)* sind unveränderlich und unvergänglich. Ein Mensch wird nach dem, was er tut und nicht nach dem, was er lehrt, beurteilt. Mein Vorredner hat gerade eine Liste der Heiligen und Weisen angeführt, die früher in dieser Gegend geboren wurden. Ihr müßt euch fragen: "Was haben wir von ihren Erfahrungen gelernt? Welchen Nutzen haben wir daraus gezogen?" Wenn ihr euch diese Liste genau anseht, werdet ihr eure Köpfe hängen lassen und den Verfall der spirituellen Entwicklungen beklagen müssen. Ihr solltet euch fragen: "Wie haben wir dieses Erbe verdient?"

Der Präsident zitierte einen englischen Dichter, der sagte, daß das Leben nur ein Zeitvertreib für Gott sei, der einen Schmetterling zerstöre, nachdem er eine Weile damit gespielt hat. "Sie töten uns aus Spaß"; "Leben ist eine Geschichte, die von einem Idioten erzählt wird", zitierte er. Er sagte, westliche Dichter bezeichnen das Schicksal als blind und grausam und betrachten die Entwicklung der Menschen trotz des technischen Fortschritts mit Verzweiflung. Das offenbart nur, daß sie ohne tiefe Erfahrungen und Erleuchtungen geblieben sind.

Die Erfahrungen der Heiligen in diesem Land sind anders. Sie haben gewußt, und auch ihr müßt wissen, daß der Körper mit seiner Form und seinem Namen nur eine zeitweilige Wohnstatt ist. Alles, was Form und Namen hat, ist vergänglich. Ihr habt davon gehört, daß der Herr in einem Tempel in einem mit Diamanten geschmückten Gewand Seinen Segen erteilt hat. Das bedeutet, daß man sich den Herrn mit Form und Namen vorstellt, also begrenzt und daher vergänglich und nur auf eine bestimmte Manifestation bezogen. Man braucht Form und Namen, um Freude zu erfahren. Zur Freude gehört das Leid. Sie sind wie die beiden Seiten einer Münze oder die beiden Seiten eines Papierbogens. Freud und Leid haben dieselbe Ursache, nämlich die Bindung der Sinne an die Dinge der Welt. Wenn ihr einmal wißt, daß ihr weder die Sinne noch der Geist seid, sondern Er, der die Sinne und den Geist lenkt, überschreitet ihr die Grenzen von Freud und Leid. Der Präsident von Indien hat kürzlich einen Verlust in der Familie erlitten, aber er ließ seine Trauer nicht seine Rolle als Präsident beeinflussen, nicht wahr? Er kam seinen Verpflichtungen als Präsident mit unverminderter Konzentration nach. Setzt euch von eurem Leid ab; ihr seid der Präsident eures Reiches. Der Geist und die Sinne mit all ihren Impulsen, Wünschen und Ansichten sind eure Diener, sind Werkzeuge, die eure Befehle ausführen müssen. Die *Veden* lehren euch diese Wahrheit.

Auf einer Hochzeitsprozession wurde einmal ein lebensgroßer, aus Weiden geflochtener Elefant mitgeführt. Die Leute bewunderten das Gebilde, aber manche hatten auch etwas daran auszusetzen. Die Beine seien zu kurz, die Ohren nicht ganz richtig usw.. Aber das Ding war angefüllt mit Feuerwerkskörpern. Ein paar Augenblicke später wurde es angezündet und explodierte mit einem enormen Knall in ein wunderschönes, buntes Feuerwerk. Warum sollte man an einem Ding, wie es unser Körper ist, allerhand auszusetzen haben, wenn es doch bald in Flammen aufgeht? Der Körper dient nur als Werkzeug für einen höheren Zweck, nämlich der Erkenntnis der Herrlichkeit, die das Universum erfüllt, von dem ihr ein Teil seid! Nutzt die Anlagen eures Geistes, der Intelligenz und des Denkvermögens nur für diesen Zweck. Ändert eure Wertbegriffe; sublimiert eure Wünsche; laßt das Höhere immer über das Niedrige siegen. Wie der Esel, der die Last des Sandelbaumholzes trägt, nicht dessen Duft, sondern nur das Gewicht wahrnimmt, so ist sich auch der Mensch, der die Bürde weltlicher Sorgen zu tragen hat, der Vorteile, die ihm die Last auf seinem Rücken bringen kann, nicht bewußt. Die Sinne zerren an ihm und halten ihn davon ab, seiner höheren Bestimmung gerecht zu werden. Er muß deshalb lernen, sie durch strenge Disziplin zu beherrschen. Wenn diese Herrschaft über die Sinne nicht erlangt wird, sind alle feierlichen Gottesdienste, die vielen Stunden der Meditation und die Gelübde, die ihr euch auferlegt habt, nichts weiter als Hokuspokus.

Wirkliche Hingabe bedeutet, weder mutlos noch freudig erregt zu sein und sich nicht mit kleinen Erfolgen zufriedenzugeben. Sie muß gegen Versagen, Verluste, Verleumdung, Unheil, Hohn, Egoismus, Stolz, Ungeduld und Feigheit ankämpfen. Lest die Lebensgeschichten der Heiligen *Jayadeva*, Tukuram, Ramadas und Sakkubai und versucht auch, die Verhöhnung, die *Rādhā* zu erleiden hatte, nachzuempfinden. Dann werdet ihr sehen, was für unermeßliches Ungemach sie auf dem Wege zu Gott auf sich nehmen mußten. Es gibt eine Reihe von Leuten, die sich voller Bewunderung über die Vorbereitungen westlicher Länder auslassen, mit Raketen zum Mond und rund um die Erde zu fliegen. Sie mögen Tausende von Meilen im Weltraum zurücklegen, aber sind nicht in der Lage, ihrem Nachbarn auch nur einen Zentimeter näher zu kommen. Sie wagen es nicht, ihre innere Wirklichkeit zu ergründen, sind aber begierig, die äußere Erscheinungswelt zu erforschen. Die Wahrheit ist in allen Wesen verborgen – auch in euch. Sucht danach! Entdeckt die Einheit, welche die Quelle des Mutes, der Liebe und der Weisheit ist. Ihr habt nicht erkannt, daß der Herr es ist, der die Nahrung verdaut, die ihr zu euch nehmt. Er sagt in der *Gītā*: "Ich bin das Feuer, das in den Körpern aller Wesen die vier Arten der Nahrung, die sie zu sich nehmen, verzehrt." Das Feuer verzehrt die Nahrung, ist aber vorsichtig, dabei den Magen nicht zu zerstören! Der Herr ist die Grundlage allen Geschehens, ist aber selbst davon unberührt.

Seid wie die Lotosblüte, die über den Schlamm und das Wasser, aus dem sie gewachsen ist, herausragt und nicht davon berührt wird. Verdienst und Schuld vergangener Existenzen sind der Schlamm, in dem der Mensch geboren wird. Die verlockenden Erscheinungsformen *(māyā)* sind das Wasser, welches die Welt ernährt; aber laßt euch von deren Verlockungen nicht verführen. Steht – so wie der Lotos – darüber. Wachst über euch selbst hinaus und wißt, daß ihr – obwohl ihr in der Welt seid – der Welt nicht erlauben dürft, in euch einzudringen. Eure Wertmaßstäbe dürfen nicht von ihr beeinflußt werden.

Verzerrte Wertmaßstäbe veranlassen euch, Radiogeräte mit euch herumzutragen, selbst wenn ihr hierher kommt! Das ist Mode geworden.

Heutzutage versuchen sogar Schwiegersöhne sogleich ein Kofferradio von ihren Schwiegervätern zu bekommen. Es war einmal ein junger Mann in einer großen Stadt, dessen Vater aus seinem Dorf kam, um ihn zu besuchen. Der Sohn holte ihn vom Bahnhof ab. Sie fuhren in einer Autoriksha nach Hause. Auf dem Wege bemerkte der ohnehin schon durch den Verkehrslärm verwirrte Vater einige Männer, die rechteckige Kästen umgeschnallt hatten. Er sah mehr und mehr junge Männer, die modisch gekleidet voller Stolz diese Kästen herumtrugen. Er fragte seinen Sohn, was es in dieser Stadt koste, sich rasieren zu lassen. Als der Sohn antwortete, es koste eine halbe Rupie, war er überrascht, daß es so billig war. "Diese Barbiere, die hier so gut gekleidet mit ihren angeschnallten Kästen herumgehen, sehen so reich aus, daß ich dachte, sie würden mindestens fünf Rupien nehmen", sagte er. Der arme Mann dachte, die Kofferradios würden das Rasierzeug der Barbiere enthalten. Viele von denen, die das Gerät einschalten, haben nicht die geringste Ahnung von den Grundbegriffen östlicher oder westlicher Musik und auch nicht von Geographie, Geschichte oder Politik, um die Nachrichten verstehen zu können. Sie strecken auch angeberisch vor anderen den Arm aus, um auf ihre Uhr zu blicken, obwohl sie die Uhrzeit gar nicht lesen können und auch nicht zu einer bestimmten Zeit irgendwo sein müssen! Alles das ist sinnlos und verschlimmert nur ihre mißliche Lage!

Bemüht euch um das Wissen, welches, wenn ihr es besitzt, euch alles wissen läßt, was es zu wissen gibt. Diesen Rat, den die *Upanishaden* geben, erhielt Uddalaka von seinem *Guru*. Ihr seid der innerste Kern eurer eigenen Welt. Wenn ihr nicht da seid, gibt es auch keine Welt für euch. Wenn ihr euch selbst nicht kennt, könnt ihr auch die Welt, die eure Schöpfung ist, nicht kennen. Ihr fragt jeden, dem ihr begegnet: "Wie geht es Ihnen?"; aber habt ihr euch jemals die Frage gestellt: "Wie geht es mir?" Ihr fragt in der dritten Person: "Wer ist das?" Aber habt ihr je in der ersten Person gefragt: "Wer bin ich?" Habt ihr nach der Antwort gesucht? Das ist es, was der *Vedānta* euch lehrt; das ist es, was diese *Pandits* euch sagen wollen.

Manche von euch mögen fragen, was es für einen Sinn hat, vor einer so großen Versammlung das auszusprechen, was eigentlich dem ernsthaften Sucher nur ins Ohr geflüstert werden sollte. Nun, ihr wißt ja gar nicht, wie viele solche Sucher hier anwesend sind! Ich weiß, daß viele hier sind, die das, was sie heute hier gehört haben, sehr schätzen und darüber nachdenken werden. Vielleicht werden sie sich daran erinnern, wenn sie dringend eine Antwort brauchen. Dann werden sie zu sich selbst sagen: "Ach, Baba hat uns das in Rajahmundry gesagt." Nichts, was man in sich aufgenommen hat, geht verloren. Es wird den Verlauf der Ereignisse beeinflussen und die Gewohnheiten verändern; es wird die Umstände erklären und Ansichten läutern. Deshalb möchte Ich, daß ihr die *Gītā* lest. Das ist so, als ob ihr das Schwimmen lernt. Wenn ihr schwimmen könnt, werdet ihr nicht ertrinken. Die *Gītā* rettet euch vor dem Ertrinken in den tückischen Fluten weltlicher Wünsche. Um die *Gītā* zu lehren, ist *Krishna* als *Avatar* gekommen.

Die *Gītā* ist Sein Gebot. Wie könnt ihr die Gnade des Herrn gewinnen, wenn ihr Seine Gebote nicht ausführt? Wenn der Sohn sagt: "Laß mich in Ruhe, ich brauche keine Ratschläge von dir", wie kann er erwarten, daß der Vater seinen Besitz mit ihm teilt? Die *Gītā* hilft euch auch, die Inkarnationen Gottes zu erkennen. Gewöhnlich wird der Mensch von Zweifeln geplagt, wenn der Herr in der Form erscheint, und so verpaßt er eine kostbare Gelegenheit. Er fragt sich und alle, die er trifft: "Ist es wirklich wahr? Kann es überhaupt wahr sein?" Und bevor seine Zweifel behoben sind, gibt er die Suche auf und wandert davon. Stetiges Nachforschen ist wichtig. Laßt euch nicht von andern beeinflussen; schärft euer Urteilsvermögen; sammelt eigene Erfahrungen; entscheidet euch selbst für euren Weg. Nur dann wird es euch Freude machen, ihn zu gehen. Wenn ihr euch von anderen zu einem bestimmten Weg überreden laßt, werdet ihr bei der ersten Schwierigkeit, die euch begegnet, entmutigt und gebt auf.

Was ist eigentlich eure Pflicht? Ich werde es für euch zusammenfassen: 1. Kümmert euch mit Liebe, Ehrfurcht und Dankbarkeit um eure Eltern. 2. Sprecht die Wahrheit und benehmt euch tugendhaft. 3. Wiederholt in jedem freien Augenblick den Namen des Herrn und seht im Geiste Seine Form. 4. Laßt euch nie dazu hinreißen, die Fehler anderer aufzudecken und schlecht über sie zu reden. 5. Fügt anderen niemals das geringste Leid zu.

Außer dem Menschen ist heute alles im Wert gestiegen. Nur er ist entwertet, verachtet und sehr vernachlässigt. Der Minister sprach gestern davon, wie in einer Wohngemeinde, die durch Planung und Durchführung eines kostspieligen Projekts zu Wohlstand gekommen war, Verbrechen und Laster zunahmen, weil es keinen Plan gegeben hatte, auch die moralische Widerstandsfähigkeit derer aufzubauen, denen das Projekt dienen sollte. Die Gemeinde kann nur glücklich leben, wenn sie ihre Kraft, Friedfertigkeit und Intelligenz im Dienst am Nächsten einsetzt. Die Erkenntnis, daß der Körper und alle materiellen Dinge vergänglich sind, muß die Neigung zu Stolz und Pomp überwinden und Habsucht und Ehrgeiz zügeln.

Was auch geschehen mag, der Pfad der Tugend darf nicht verlassen werden. Als *Hanuman Sītā* in Lanka gefunden hatte, umringt von Ungeheuern, verloren und hilflos inmitten derer, die sie gefangen hatten, überfiel ihn ein solcher Schmerz, daß er zu sich selbst sagte: "Die ganze Welt trauert, seit die Mutter so großes Leid erfährt. Ich werde sie befreien und, sie auf den Schultern tragend, über das Meer springen, um sie zu *Rāma* zurückzubringen und sie glücklich zu machen." Er bat *Sītā*, diesen Vorschlag anzunehmen. Aber hört, was *Sītā* antwortete: "Ich werde niemals freiwillig ein anderes männliches Wesen berühren als meinen Herrn. Außerdem möchte ich meinem Herrn den Ruhm, der Ihm gebührt, nicht nehmen, mich mit Seinen starken Armen selbst zu retten. Wenn du mich von hier entführst, würdest du das gleiche Unrecht begehen wie *Rāvana*, den wir dafür verurteilen." So widerstand *Sītā* der Versuchung, der Gefangenschaft zu entfliehen, mit *Rāma* vereinigt zu werden und ihre Familie und Freunde bald wiederzusehen. Sie hielt sich an die göttliche Ordnung *(dharma)*. Die Mittel sind ebenso wichtig wie das Ziel. Der Zweck heiligt die Mittel nicht. Diese müssen ebenso nobel sein wie das Ziel.

Der Präsident erwähnte, daß dieses Prashanti Vidwanmahāsabha von Mir gegründet sei, aber vergeßt nicht, daß jede Institution und jeder einzelne Mensch, welcher die Wurzeln der göttlichen Ordnung *(dharma)* mit Nahrung versorgt, Mein ist. Ich bin in jedem, der Gutes tut, spricht und denkt.   Rajahmundry, 31.3.65

Das Vorbild der Heiligen

Spiritualität ist eine Sache der Erfahrung. Den verborgenen Drang nach Erfahrung außer acht lassend, vergißt der Mensch immer mehr seine eingeborene göttliche Natur. Durch das Studium des *Vedānta* und anderer heiliger Schriften kann die spirituelle Sehnsucht neu belebt werden. Manche Leute kritisieren den *Vedānta* und behaupten, er mache die Menschen faul und ermutige sie dazu, ihrer Verantwortung davonzulaufen. Aber die höchste Verantwortung hat man sich selbst gegenüber, denn das Selbst ist die Quelle und das Zentrum dessen, dem alle Aufmerksamkeit gebührt. Zynische Kritik ist heute an der Tagesordnung. Das enthüllt nur die Unwissenheit und den Egoismus der Kritiker. Sie meinen, heilige Menschen *(samnyāsin)* seien nur müßige Schmarotzer, die es sich auf Kosten anderer wohl sein lassen. Aber es ist falsch, die Gemeinschaft der "*samnyāsins*" zu verurteilen, nur weil einige nicht dem Ideal entsprechen. Wer außer Gott kann urteilen darüber, was im Inneren eines Menschen vorgeht? Ihr mögt euch durch Äußerlichkeiten irreführen lassen, wie z.B. wie viele und wie teure Blumen geopfert, wie viele Tränen der Reue vergossen, welche Hymnen gesungen oder wie viele Stunden dem Anhören heiliger Texte gewidmet werden. Doch nur Er, der im Herzen wohnt, kennt die Echtheit der Gefühle. Es gibt auch heute noch zahllose tief gläubige Männer und Frauen in diesem Land. Ich weiß es, denn Ich bin bei ihnen.

Der Sprecher, der den Vortrag über *Tyāgaraja* gehalten hat, klagte, daß heute solche Heilige selten seien. Sie sind nicht selten. Viele davon leben heute glücklich in dieser Welt. Wer nach ihnen Ausschau hält, wird sie entdecken. Sucht die Gesellschaft derer, die den spirituellen Weg gehen und sich von materiellen Dingen nicht beeinflussen lassen – dann werdet ihr das Licht sehen. Hört euch heilige Belehrungen an, und lest heilige Bücher. Eure Anstrengungen, vereint mit der Atmosphäre eines heiligen Ortes, werden euch zum Erfolg führen. Heiliger Ort, heiliger Fluß, heilige Gemeinschaft, heiliger Tag – wenn diese alle zusammenkommen, ist das die größte Chance des Lebens. Zieht euren Nutzen daraus. Heute sind heilige Tage zu Feiertagen geworden, an denen man sich amüsiert, viel ißt und trinkt, Picknicks veranstaltet und sich weltlichen Vergnügungen hingibt. Sie enden meist mit einem Mißklang; man fühlt sich schlecht und niedergeschlagen. Bestimmte Orte üben einen unmerklichen, aber starken Einfluß auf den Menschen aus. *Mārkandeya* hielt das *"shivalinga"* ganz fest, und so mußte *Yama*, der Gott des Todes, als er ihn holen wollte, seinen Strick um beide binden – um *Shiva* und um *Mārkandeya*. So wurde der Junge gerettet. Diese Geschichte lehrt euch, immer in enger Verbindung mit Gott zu bleiben, denn ihr wißt nicht, wann *Yama* euch holen wird. Haltet euch an den Höchsten, gebt Ihm den Namen und die Form, die euch gefällt. Aber denkt daran, daß nichts gelingen wird, wenn ihr euch nicht an die göttliche Ordnung *(dharma)* haltet. Laßt euch nicht auf Abwege führen, bleibt auf der Hauptstraße.

Wenn ihr euch minderwertige Gedanken erlaubt, geht die Ausstrahlung eures wirklichen Selbst verloren. Leiht euer Ohr weder der Verleumdung noch dem Spott und der Lobhudelei. Das sind alles nur Bläschen auf der Oberfläche des Wassers. Es sind nichts weiter als Wortspielereien, leere Phrasen. Lernt, wie man die Reinheit des Herzens und Gottes Gnade gewinnen kann, lernt es von jenen, die es wissen, nämlich den Älteren und den Gelehrten, die ihr Wissen in die Praxis umgesetzt haben. Verzweifelt nicht; zögert nicht. Gnade kann die Vergangenheit auslöschen. Besinnt euch auf euch selbst, pflegt Umgang mit den Frommen, eignet euch gute Gewohnheiten an – das wird euch eine glückliche Zukunft bringen. Die drei wichtigsten Prinzipien der Hindu-Religion sind: 1. Der Glaube an die Wiedergeburt; 2. der Glaube an *Avatare*, die kommen, um die göttliche Ordnung *(dharma)* wiederherzustellen und jene, die davon abgewichen sind, zur Änderung ihrer Lebensweise zu veranlassen; 3. der Glaube an Ursache und Wirkung *(karma)*, an die unvermeidlichen Folgen jeder Handlung, die das Schicksal der Menschen bestimmen. *Karma* ist die Ursache der Geburt, denn die individuelle Seele ist gezwungen, immer wieder durch Prüfungen zu gehen, bis Soll und Haben auf ihrem Konto ausgeglichen sind.

Ihr mögt fragen: "Wie kommt es denn, daß wir uns in diesem Leben überhaupt nicht an Ereignisse früherer Erdenleben erinnern können?" Das ist ähnlich wie bei einem Menschen, der viele Sprachen sprechen kann. Wenn er Tamil spricht, fallen ihm keine Telugu-Worte ein; wenn er englisch spricht, formen sich seine Gedanken nur in dieser Sprache. Wenn ihr eure Bindungen an dieses Leben löst und euch auf ein anderes konzentriert, dann werdet ihr wissend. Aber ihr gebt ja eure Bindung an dieses Leben nicht auf! Auf der Leinwand mag ein Vulkan glühende Lava aufwerfen, oder ein Damm bricht und die donnernden Wassermassen ergießen sich über das Land und überschwemmen große Gebiete. Aber die Leinwand ist weder von der Lava verbrannt noch von dem Wasser überflutet. Die Leinwand kann mit der Wirklichkeit verglichen werden, und der Film ist eine Vorspiegelung unwirklicher Tatsachen, wie realistisch die Bilder und wie echt die Gefühle auch sein mögen, die beim Anschauen empfunden werden. Das müßt ihr erkennen und auf der Grundlage dieses Wissens euer Leben führen. Auf diese Weise werden Frieden und Freude bei euch einkehren.

Wenn Egoismus und Haß euren Geist erfüllen, könnt ihr nicht auf inneren Frieden und unvergängliche Freude hoffen. Ein Baum, der reichlich Früchte trug, verdorrte schnell. Einige meinten, er wurde vielleicht durch das "böse Auge" verhext. Andere sagten, er sei wohl nicht genug gegossen worden. Aber der Besitzer versicherte, er habe dem Baum genügend Wasser gegeben. Niemand konnte die wirkliche Ursache erkennen außer einem Förster, der sagte: "Die Wurzeln wurden von Schädlingen befallen." Es war einmal ein *Devotee* mit Namen Radhika, der zu Meinem früheren Körper in Shirdi kam. Wer ihn beobachtete, konnte an seinen Bewegungen sehen, daß er schwer leidend war. Innerlich jedoch war er von höchster Freude erfüllt. Entwickelt diese innere Freude in euch; sie ist unvergänglich und vollkommen.

Auch morgen wird in dieser Stadt eine große Veranstaltung stattfinden, und deshalb will Ich jetzt schließen. Aber vorher möchte Ich noch auf einen Punkt hinweisen: Vor zwei Jahren wurde dieses "Prashanti Vidwanmahāsabha" hier begonnen. Es ist also natürlich, zu fragen: "Was wurde dadurch in dieser Zeit erreicht?" Ihr könnt denken, daß Ich mit all diesen *Pandits* von Ort zu Ort ziehe, um für Mich oder sie Propaganda zu machen. Weder Ich noch die *Pandits* brauchen Werbung. Sie müssen sich selbst erkennen und euch helfen, euch selbst zu erkennen. Das ist alles, wovon die *Veden* und anderen heiligen Schriften sprechen. Aber ihr müßt zugeben, daß hier durch das "Prashanti Vidwanmahāsabha" ganz offensichtlich eine große Veränderung stattgefunden hat. Vorher konnte die Anzahl derer, die spirituellen Belehrungen zuhörten, an den fünf Fingern abgezählt werden. Aber schaut euch die große Menge erwartungsvoller Menschen an, die sich heute hier versammelt hat! Der Hunger nach spirituellem Wissen hat gewaltig zugenommen.

Das ist ein Fortschritt. Der Name des Herrn wurde in viele Herzen gesät. Die Samen haben gekeimt und werden in den Herzen der Menschen sichtbar. Gute Pflege garantiert eine gute Ernte. Die Pflege der Pflänzchen ist eure Pflicht, sie zu beschützen ist Meine Freude. Auch die *Pandits* müssen zu den Hungrigen und Durstigen kommen, ihr Wissen mit ihnen teilen und ihnen die nötige Inspiration geben.   Rajahmundry, 1.4.65

Religion und Geist

Religion ist eine Sache des Geistes *(mind)*. Sie entsteht aus dem Drängen, das den Geist bewegt. Wenn dieser Drang auf das Göttlich-Absolute gerichtet ist, entwickelt sich eine non-dualistische Religion; wenn er nach dem Materiellen strebt, nimmt auch das, was man für liebens- und wünschenswert hält, materielle Formen an. Vereinigt das Einzelne mit dem Universalen, das Begrenzte mit dem Grenzenlosen, den Fluß mit dem Meer. Das ist ein Prozeß, den man Yoga nennt. Diese Vereinigung kann durch liebende Verehrung Gottes *(bhakti)*, durch selbstlose Arbeit *(karma)* oder durch höheres Wissen *(jnāna)* erreicht werden.

Ihr müßt bei allem, was ihr tut, dieses Einswerden mit Gott im Auge behalten und euch Seinem Willen ergeben. So erfahrt ihr am besten die Wirklichkeit Gottes. Die *Gītā* selbst, über welche die vier *Pandits*, die ihr heute ehrt, gesprochen haben, ist das Ergebnis von *Arjunas* vollständiger Hingabe. Sie verschreibt nicht das gleiche Heilmittel für alle. Jeder muß von einem erfahrenen Seelenarzt untersucht werden und dann dessen Rat befolgen, bis seine Gesundheit soweit wieder hergestellt ist, daß er seinen Gleichmut ohne Mühe bewahren kann. Ihr müßt nicht alle Verse und Kommentare auswendig lernen oder eure Gelehrsamkeit dadurch beweisen, daß ihr mit anderen in Diskussionen wetteifert. Es ist genug, wenn ihr einen Vers in die Praxis umsetzt; den einen, der eurer spirituellen Entwicklung entspricht und der euch am besten gefällt. Dieser erste Schritt wird euch dem zweiten Schritt näher bringen, den dritten leichter machen und so weiter, bis das Ziel erreicht ist.

Wenn wir die Kuh als Symbol der göttlichen Ordnung *(dharma)* ansehen, stellen die vier *Veden* die Zitzen des Euters dar, in dem die lebenspendende Milch gespeichert ist. *Krishna* hat die Kuh gemolken und gab der Welt die Milch in Form der *Gītā*. Sie muß mit dem Herzen aufgenommen werden. Was nützt es denn, wenn eine "Medizin" ins Ohr geschüttet wird? Sie muß so eingenommen werden, daß sie den Blutkreislauf stärken kann. Ebenso nützt es nichts, wenn ihr stundenlangen Reden über die *Gītā* zuhört. Nehmt euch die Lehren zu Herzen, und praktiziert sie im täglichen Leben. Erkennt das Göttliche in euch – das ist eure Aufgabe.

Es gibt zwei Erklärungen in der *Gītā*, die sich ergänzen: "Ein Mensch mit festem Glauben erlangt Weisheit" und: "Wer zweifelt, kommt zu Schaden". Der Zweifel, der *Arjuna* überkommen hatte, wurde durch *Krishnas* Lehren überwunden und der notwendige Glaube hergestellt. Die *Gītā* ist tatsächlich eine Unterhaltung zwischen dem Begrenzten *(jīva)* oder besser gesagt: zwischen dem, der sich für das Begrenzte hält, und dem Unbegrenzten *(brahman)*. Der Körper ist nichts anderes als das Gewand des ewig unvergänglichen Gottes.

Die eigene Wirklichkeit zu sehen, öffnet die Tür zur Erlösung. Dazu muß der Spiegel des Herzens vorbereitet werden. Das geschieht dadurch, daß die Rückseite des Herzens mit Wahrhaftigkeit *(satya)* und Rechtschaffenheit *(dharma)* überzogen wird. Andernfalls wird das Spiegelbild nicht sichtbar. Wenn ihr wahrhaft und redlich handelt, könnt ihr sehen, wie sich eure eigene Wirklichkeit enthüllt. Ihr mögt einwenden, daß die Folgen in der Vergangenheit vollzogener Handlungen ertragen werden müssen. Aber die Gnade des Herrn kann diese Belastung jederzeit aufheben. Die Offenbarung der wahren Wirklichkeit wird euch im Nu von dieser Bürde befreien. *Krishna* sagt in der *Gītā*: "Wenn ihr euch selbst in allen Wesen und alle Wesen in euch selbst seht, dann habt ihr die Wirklichkeit erkannt." Deshalb müßt ihr die gleiche Liebe, die ihr für Mich fühlt, auch für alle anderen empfinden. Wenn ihr im Allumfassenden aufgeht, wie könnt ihr dann sagen, ihr wohnt in diesem Haus oder jener Straße? Ihr seid dann nicht länger ein Individuum, ihr seid das universale Allumfassende. Prägt euch das tief ein! Der Herr läßt sich leicht rühren; Er ist wie Butter: ein bißchen Wärme genügt, um Sein Herz zum Schmelzen zu bringen. Die Wildheit des Löwenmenschen, in dessen Form der Herr sich offenbart hatte, beruhigte sich sofort, als *Prahlāda* sich Ihm näherte.

Die drei *Pandits*, die ihr heute ehrt, haben während der letzten dreißig bis vierzig Jahre die lebenswichtigen Wahrheiten unserer Kultur erhalten und verkündet. Es gibt noch viele andere rühmenswerte Männer, die auch anerkannt und geehrt werden sollten.

Viele Leute verurteilen die *Brahmanen* und werfen ihnen vor, sie würden nur ihre eigenen Kasteninteressen fördern, gelehrte Schriften verfassen und das Alleinrecht beanspruchen, die *Veden* auslegen zu dürfen. Aber habt ihr bedacht, wie schwierig die heiligen Schriften das Leben eines *Brahmanen* machen? Niemand nimmt freiwillig so viele Beschränkungen im persönlichen Leben auf sich wie sie. Seit Jahrhunderten haben sie versucht, ihr Leben mit den Vorschriften der *Veden* in Einklang zu bringen. Dabei waren nicht Macht und Pomp ihre Beweggründe, sondern die Wohlfahrt der Menschheit. Das müßt ihr bedenken.

Die indische Kultur befaßt sich mit der Wohlfahrt der Menschheit als

Ganzes. Das ist auch der Grund, weshalb sie nicht untergegangen ist, während andere alte Kulturen in Vergessenheit geraten sind; einige davon, ohne den geringsten Einfluß auf die Nachwelt hinterlassen zu haben. Diese Kultur hat überlebt, weil sie ihre Entwicklung den *Veden* verdankt, die auf den authentischen Erfahrungen der alten Seher beruhen. Nur jene, die von Zweifeln geplagt werden, verlieren diese kostbaren Juwelen spiritueller Weisheit. Es gibt Leute, die das Gute und Nützliche, das andere vorschlagen, ablehnen. Dieselben Leute jedoch nehmen täglich zahllose andere Tatsachen vertrauensvoll als selbstverständlich hin! Denkt nur an die ungeheuren Anstrengungen der Seher, welche den Pfad des spirituellen Fortschritts zum Nutzen der ganzen Menschheit aufgezeigt haben! Warum wollt ihr diesen Pfad nicht einschlagen? Wenn ihr nur den ersten Schritt tut, werdet ihr erkennen, daß die Erfahrungen der Seher gültig sind. Was für einen Sinn hat es, sie zu tadeln, anstatt zu versuchen, ihr Rezept anzuwenden? Aber dazu müßt ihr euch natürlich eurer Krankheit bewußt sein und euch nach Heilung sehnen.

Eure Vereinigung muß die Botschaft der *Gītā* in die Dörfer tragen, damit sie sich im täglichen Leben der Bewohner verwirklichen kann. Um die Ermächtigung für diese Aufgabe zu bekommen, müßt ihr selbst den Lehren der *Gītā* in eurem täglichen Leben folgen. Entwickelt Vertrauen in euch selbst und in die Kultur, in der ihr aufgewachsen seid. Ihr braucht keine Reklame zu machen, denn die Botschaft selbst beweist ihren Wert dadurch, daß sie inneren Frieden und Standhaftigkeit vermittelt.

Es tut Mir leid, daß diese *Pandits* nicht länger gesprochen haben, aber sie wünschten, daß Ich noch zu euch sprechen sollte. Ob sie sprechen oder Ich, das Thema ist im wesentlichen dasselbe: Freiheit durch Überwindung falscher Vorstellungen und Verbannung der Dunkelheit durch das Gewahrwerden des Lichtes, das im Inneren leuchtet.

Rajahmundry Hindu Samāj, 2.4.65

Das Erwachen des Dorfes zu höherem Leben

Das erste Ereignis in diesem Neuen Jahr "Visvavasu" ist diese riesige Zusammenkunft in Sathyavada. Von den Flüssen und Strömen der ganzen Umgebung ist hier ein Meer von Menschen oder eher ein Meer der Freude zusammengeflossen! Der Mensch wird geboren, um diese Art der Freude zu erleben und nicht nur, um zu essen und in Vergnügungen zu schwelgen. Wirkliche dauerhafte Freude kann nur erfahren, wer sein Leben nach der göttlichen Ordnung *(dharma)* ausrichtet. Durch *"dharma"* tritt die dem Menschen innewohnende Göttlichkeit in Erscheinung. Der Zweck dieses nach vielen Wiedergeburten erlangten Lebens ist es, den Weg zur Erleuchtung zu finden. Der Mensch trägt in sich den Funken des Göttlichen, welches allgegenwärtig, allwissend und allmächtig ist und das ganze Universum durchdringt. Man muß von den heiligen Schriften die Technik erlernen, sich dieser inneren göttlichen Wirklichkeit bewußt zu werden.

Die allererste Lektion im Lesebuch der Spiritualität ist: "Beherrschung der Sprache". Die Sprache ist die Waffe des Menschen. Die Tiere haben statt dessen schnelle Füße, scharfe Klauen, Fangzähne, Hörner, Stoßzähne, Schnäbel oder Krallen. Der Mensch jedoch beherrscht die Kunst der Sprache, die eine Opposition entwaffnen und Feindseligkeiten beenden kann. Freundlichkeit macht ihn zum Meister aller Wesen (pasupathi), während Rohheit ihn zum Tier (pasu) werden läßt. Höflichkeit, die nur äußerlich ist, muß als Heuchelei bezeichnet werden. Echte, sanfte, freundliche Redeweise fließt aus einem milden, liebevollen Herzen. Entfernt alle Unreinheiten von den klaren Wassern des Geistes, und macht ihn zu einer passenden Wohnung für das Göttliche.

Werdet nicht zu Dienern Gottes, die einen Lohn erwarten. Ihr erniedrigt euch auf diese Stufe, wenn ihr dieses oder jenes als Gegenleistung für dargebrachte Lobeshymnen und Liebesopfer von Ihm verlangt. Das ist auch dann der Fall, wenn ihr nicht darum bittet, aber doch etwas erwartet oder enttäuscht seid, daß euch Gott für alle eure Mühe, ihn wohlwollend zu stimmen, nicht gibt, was ihr euch erwünscht. Seid nicht berechnend, erwartet keinen Gewinn, stellt keine Bedingungen an euer Tun, sondern tut alles aus dem Bedürfnis heraus, eure Pflicht zu erfüllen. Das ist wirklicher Gottesdienst *(pūja)*. Weiht Ihm sowohl euer Tun als auch dessen Folgen. Dann werdet ihr Sein eigen sein und nicht nur ein Bediensteter, der Lohn verlangt. Das ist die höchste Stufe, die ein *Devotee (bhakta)* durch spirituelle Übungen *(sādhana)* erklimmen kann. Aus diesem Grunde hat auch *Krishna* in der *Gītā* selbstloses Handeln, welches nicht um des Lohnes willen ausgeführt wird *(nishkāmakarma)*, so hoch gepriesen.

Im Herzen liegt der kostbare Schatz der Glückseligkeit verschlossen, aber der Mensch weiß nicht, mit welchem Schlüssel er es öffnen kann. Der Schlüssel ist, mit reinem Herzen ständig den Namen des Herrn zu wiederholen *(nāmasmarana)*. Ein reines Herz besitzt diese vier Tugenden: Wahrhaftigkeit *(satya)*, Rechtschaffenheit *(dharma)*, Friedfertigkeit *(shānti)* und Liebe *(prema)*. Bemüht euch, anderen immer Gutes zu tun, gut von ihnen zu denken und gut über sie zu reden. Durch solches Verhalten werdet ihr euren Egoismus und eure Vergnügungssucht überwinden. Benehmt euch nicht wie die Tiere, die nur damit beschäftigt sind, Nahrung zu beschaffen und Nachkommen in die Welt zu setzen. Strebt nach höheren Dingen; benutzt die Fähigkeiten, mit denen ihr begabt seid.

Ich bin froh, daß dieses Dorf dem Ruf nach den höheren Dingen des

Lebens gefolgt ist! Alle Dörfer müssen zu dieser Vision des Höchsten erwachen. Seid nicht entmutigt, es wird bald geschehen. Es ist eine Tatsache, daß Bescheidenheit und Ehrfurcht in den Städten verloren gehen; Überheblichkeit und Respektlosigkeit greifen dort um sich. Die Furcht vor der Sünde ist nicht mehr vorhanden. Ebenso ist der Glaube an Gott oder an die eigene Wirklichkeit in den Städten verschwunden. Aber die Tugenden der Bescheidenheit, der Ehrfurcht, der Furcht vor der Sünde, des Glaubens an den Sieg der Wahrheit, der Kraft der Tugend und des Glaubens an die Existenz eines ewigen allgegenwärtigen Zeugen – sie alle sind in den Dörfern noch lebendig. Leute, die selbst nicht praktizieren, was sie predigen, bemühen sich jetzt, das spirituelle Leben in den Dörfern zu wecken; und solche, die von der Sucht befallen sind, fremde Kulturen nachzuahmen, reden davon, die wahre indische Kultur zu bewahren. Sie propagieren das, was die Dorfbewohner ohnehin noch pflegen und aufrecht erhalten!

Manche Nationen glauben, sich zu den "Großen" zählen zu können, nur weil ihr Land groß und dicht bevölkert ist, weil sie reich und schwer bewaffnet sind. Aber der wirkliche Reichtum, die wirkliche Größe ist die Tugend, welche die Gnade Gottes verdient. Die *Kauravas* hatten alles, was die Welt als ehrenvoll und beneidenswert betrachtete: Waffen, Freunde, Verbündete, Streitkräfte, großen Reichtum und den Ehrgeiz, alles dies zu nutzen. Aber Gott war nicht auf ihrer Seite, denn sie waren böse und ernteten deshalb Unheil und Schande. Alles, was sie hatten und worauf sie so stolz waren, beglückt nur, wenn man es bekommt, aber es bringt Kummer, wenn man es verliert. Und das muß ja eines Tages geschehen. Aber die Gnade Gottes ist das Wahre *(satya)*, d.h. sie ist unveränderlich, sie bleibt, was sie ist, überall für immer und ewig. Sie ist rein und unbefleckt, vollendet, vollkommen, allmächtig und unberührt von Veränderungen. Anstatt diese Gnade Gottes, welche Glückseligkeit bringt, zu verdienen, spinnt der Mensch sich in einen Kokon der Zu- und Abneigungen ein und wird so der Gefangene seiner eigenen Wünsche. "Ich" und "Mein" sind die beiden Giftzähne der Kobra weltlichen Lebens. Reißt sie aus, dann seid ihr keine Gefahr mehr für die Gesellschaft und euch selbst.

Ich weiß, daß man in den Dörfern einen strikten Tagesablauf einhält: Aufstehen beim ersten Hahnenschrei und schlafen gehen, wenn die Vögel still werden. Natürlich müßt ihr für Nahrung, Kleidung und Unterkunft für euch und eure Familie sorgen und alle, die von euch abhängig sind, glücklich und zufrieden machen. Aber Ich muß euch fragen: Ist das alles? Ist eure Aufgabe damit erfüllt? Was wird aus dem wichtigsten Zweck des menschlichen Lebens, welches ihr euch in vielen Inkarnationen erkämpft habt? Was nützen euch die vielen Jahre in einem Körper, wenn ihr nicht einmal die Antwort auf die Frage: "Wer bin ich?" gefunden habt? Findet das heraus! Werdet Herr der Sinne, des Intellekts, der Gefühle, der

Impulse, des Instinkts, der Anschauungen, der Neigung zu Vorurteilen. Nur dann könnt ihr behaupten, Selbstbeherrschung erworben zu haben. Wenn in eurem eigenen Haushalt der Sohn gegen den Vater rebelliert, der Bruder den Bruder haßt, wie könnt ihr euch dann "Herr" nennen? Und ebenso: Wenn euch eure Sinne in eine Richtung und euer Intellekt in eine andere drängen, wie könnt ihr dann behaupten, Selbstbeherrschung zu besitzen?

Ich muß euch vor zwei ansteckenden Krankheiten, die jetzt im Lande wüten, warnen: die Selbstsucht und die Verunglimpfung anderer. Untersucht und prüft, bevor ihr euch das Recht anmaßt zu urteilen. Untersucht und prüft, dann werdet ihr erkennen, daß eurem Selbst besser gedient ist, wenn ihr anderen dient. Ihr werdet erkennen, daß es eine viel nützlichere Art und Weise gibt, die kurze Lebenszeit zu verbringen als andere zu kritisieren oder zu loben. Kümmert euch ernsthafter um eure eigenen Fehler, und entwickelt das Gute in euch. Das ist der Rat, den Ich euch heute geben möchte.   Sathyavada, 4.4.1965

Der Vogel auf dem schwankenden Ast

Das Neue Jahr wird Visvavasu genannt, und ihr müßt das als eine Aufforderung dazu betrachten, euren Glauben zu stärken; den Glauben in euer eigenes göttliches Selbst *(ātman)*, das sich in Liebe offenbart, in dem Verlangen nach Unsterblichkeit, in dem Sehnen nach Freiheit von Bindungen, in der Bewunderung der Tugend, in dem Staunen über die Wunder der Natur. Aber der Mensch versäumt es, sich seiner eigenen Herrlichkeit zu erfreuen. Er zieht es vor, Sandelholzbäume für den Verkauf von Holzkohle zu verbrennen, weil er den Wert des Holzes nicht kennt. Das Göttliche hält er für menschlich. Das Ziel, das er sich gesetzt hat, ist Glück und Frieden. Das ist an sich schon richtig, aber er hält nach ein paar Schritten an, weil er das Vergängliche für wirklich hält. Das ist die Tragödie. Er glaubt, sein Ziel erreicht zu haben, wenn er jeden Tag genug zu essen und ein Dach über dem Kopf hat, wenn er ein paar Meter Stoff für Kleidung besitzt und sich einige überflüssige Annehmlichkeiten leisten kann. Aber das damit verbundene Glück ist erbärmlich. Es ist mit Kummer vermischt, verwandelt sich in Leiden, verursacht anderen Schaden. Seine Freude ist voller Stolz, Eifersucht, Bosheit, Geiz und andere schädliche Zutaten. Der Körper wird nur durch Nahrung erhalten. Ohne sie kann er nicht einmal für ein paar Stunden am Leben bleiben, geschweige denn für lange Zeit. Alles, was entsteht, muß vergehen und kann aus eben diesem Grunde nicht das wirklich Wahre sein. Wahrheit kann weder entstehen

234

noch vergehen. Sie ist, war und wird ohne Veränderung ewig die gleiche sein.

Was ist der unsterbliche Teil des Menschen? Ist es der Reichtum, den er erworben, die Häuser, die er gebaut hat, ist es sein gutes Aussehen, seine Gesundheit, die Familie, die er gegründet hat? Nein. Alles, was er getan, sich angeeignet oder verdient hat, wird vergehen, alles fällt dem Zahn der Zeit anheim. Er kann nichts mitnehmen, nicht einmal eine Handvoll von der Erde, die er so geliebt hat. Wenn es den Toten vergönnt wäre, auch nur eine Handvoll Erde mitzunehmen, dann gäbe es davon jetzt nur noch so wenig, daß sie rationiert werden müßte! Entdeckt das unsterbliche Ich, und werdet euch bewußt, daß es der Funke Gottes in euch ist. Lebt in der lebendigen Gegenwart des Grenzenlos-Allmächtigen. Betrachtet alles, was ihr auf dieser Erde erwerbt, als Dinge, die euch anvertraut wurden, damit sie euch auf der Pilgerreise des Lebens nützlich sein können. Wenn ihr die Erde verlaßt, müßt ihr sie zurücklassen, und sie werden einem anderen gehören. Wenn ihr einen Geldschein in der Hand haltet und stolz sagt: "Der gehört mir", wird der Schein euch auslachen und sagen: "Oh, ich kannte viele Tausende, die voller Stolz das gleiche behauptet haben!" Der Körper ist nur ein Zelt. Verwöhnt ihn nicht, sondern sehnt euch nach dem, der darin wohnt, der ihn aktiviert, nachdenken und handeln läßt.

So, wie der Zimmermann das Holz, der Schmied das Eisen, der Goldschmied das Gold formt, so formt der Herr die Dinge auf Seine Weise, wie es Ihm gefällt. So entsteht die Schöpfung in ihrer Vielfalt aus Raum, Zeit und den drei Grundeigenschaften *(guna)*. Wißt, daß der Herr der Urgrund aller Dinge ist, und fürchtet euch nicht. Der winzige Spatz sitzt auf einem sturmgepeitschten Zweig, weil er weiß, daß seine Schwingen stark sind. Er verläßt sich nicht auf den schwankenden Zweig. Verlaßt auch ihr euch nur auf die Gnade Gottes, verdient sie und haltet an ihr fest!

Ihr müßt lernen, die Dinge richtig zu beurteilen. Prüft und analysiert die Erfahrungen des Wach-, des Traumzustandes und des Tiefschlafes. Im Traum sind die Sinne ausgeschaltet, und die Intelligenz *(buddhi)* arbeitet nicht. Nur der Geist herrscht und schafft seine eigene Welt. Im Traum fällt euch ein Tiger an, beißt euch eine Schlange ins Bein, und ihr fühlt die Angst und den Schmerz. Und wie werdet ihr geheilt? Ihr braucht keinen Arzt und keinen Medizinmann mit Zaubermitteln zu holen. Ihr wacht einfach auf, und schon seid ihr geheilt! Dann wißt ihr, daß Tiger, Schlange und Verletzung nicht wirklich waren. So wird auch die Weisheit *(jnāna)* sofort die dualistischen Erfahrungen von Freud und Leid, welche von unwirklichen Erfahrungen hervorgerufen werden, aufheben.

Ihr sagt: "Ich war wach", "Ich habe geträumt", "Ich habe tief geschlafen". Wer ist denn aber dieses "Ich", welches alle drei Zustände erlebt, welches von Geburt bis zum Tod sich seiner selbst bewußt ist, welches den Körper mit seinen Organen und Sinnen, Gefühlen, Impulsen und Erfahrungen als eigenen Besitz betrachtet? Dieses "Ich" gilt es zu erkennen, und ihr dürft eurem Geist nicht erlauben, dieser Frage auszuweichen.

Eine leere Stahlkassette wird wertvoll, wenn Juwelen darin aufbewahrt werden. Der Körper erhält seinen Wert dadurch, daß er das Juwel des reinen Bewußtseins und der Tugenden als kostbares Gut beherbergt. Das Leben muß gelebt werden, damit die Tugenden sich entfalten können. Sonst ist der Mensch nur eine Bürde für die Erde, ein Nahrungsmittelverbraucher. Ob es euch gefällt oder nicht, euer Leben verkürzt sich mit jedem Augenblick. Die Sonne nimmt immer einen Tag mit sich, wenn sie untergeht. Diesen Tribut müßt ihr zahlen. Ihr könnt keinen davon wiederholen, wie sehr ihr es euch auch wünschen mögt. Euer Versprechen, die Zeit besser zu nutzen, wenn ihr sie noch einmal zurückbekommt, nützt nichts. Was einmal vergangen ist, gehört für immer der Vergangenheit an. Und könnt ihr sicher sein, was der nächste Tag bringen wird? Ihr mögt ihn nicht einmal erleben. Also heiligt jeden Augenblick mit guten Gedanken, Worten und Taten.

Selbst wenn ihr keinen festen Glauben an Gott, an eine bestimmte Form der euch innewohnenden Kraft haben solltet, beginnt jedenfalls damit, euren unruhigen Geist und euer dominierendes Ego zu beherrschen und der Versklavung durch die Sinne entgegenzuwirken. Helft anderen; das gibt euch ein gutes Gewissen und macht euch glücklich und zufrieden, auch wenn es euch nicht gedankt werden mag. Leben ist der stetige Marsch dem Ziel entgegen. Es ist weder eine nutzlose Gefängniszeit noch ein geselliges Picknick. Seid geduldig und bescheiden. Fällt kein Urteil über andere und ihre Motive.

Wenn es brennt, löscht ihr das Feuer mit Sand und Wasser, und ihr habt immer einen Vorrat davon bereit. Aber in eurem Inneren brennen sechs wilde Feuer: Zu- und Abneigungen, Lust, Zorn, Habgier, Stolz und Haß. Was haltet ihr bereit, um sie zu löschen? Ihr solltet Wahrhaftigkeit *(satya)*, Rechtschaffenheit *(dharma)*, Friedfertigkeit *(shānti)* und selbstlose Liebe *(prema)* dafür bereit haben. Sie werden euch helfen, die Flammen zu löschen, denn sie sind dazu bestens geeignet.

Jedermann ißt, um seinen eigenen Hunger zu stillen; ebenso muß ein jeder die beste Art und Weise entdecken, die seinen eigenen spirituellen Hunger stillt. Laßt euch nicht durch den Spott oder die Vorschläge anderer beeinflussen. Nehmt Fühlung auf mit eurer eigenen Wirklichkeit, die ihr erreichen könnt, wenn ihr den Geist und die Sinne zur Ruhe gebracht habt. Ihr könnt in dieser Stille eine Stimme vernehmen. Euer Verhalten wird bezeugen, ob ihr die Stimme gehört habt. Ein Baum wird durch die Wurzeln, die in die Tiefe der Erde reichen, ernährt und erhalten; so ist auch euer spirituelles Blühen sichergestellt, wenn ihr eure Wurzeln tief in euer inneres Bewußtsein senkt.

Gestern gerieten viele alte Männer, Frauen und Kinder durch das Gedränge, welches durch den Kampf um die besten Plätze entstand, in große Bedrängnis. Ich fühle Mich dafür verantwortlich, denn alle waren aus Liebe zu Mir gekommen. Manchmal glaube Ich, daß Ich nicht hinaus in die Ortschaften gehen sollte, denn wenn Hunderttausende von Menschen kommen, ist es schwierig, Ruhe und Ordnung aufrecht zu erhalten. Die Verwirrung wurde hier noch größer, weil die Lautsprecher versagt haben. Ihr müßt lernen, die Geduld nicht zu verlieren, zu warten und das Beste aus jeder Situation zu machen. Repalle, 6.4.65

Der Unsterbliche weist den Weg zur Unsterblichkeit

Wenn in der heutigen Zeit der Unfriede seinen Schatten über das Land breitet, dient die Erinnerung an die Geburt und die Werke *Rāmas* als Schutz und Schild für den unruhigen Geist. *Rāma* ist Wahrheit; Er personifiziert die *Veden*. Er ist das in den *Veden* enthaltene göttliche Gesetz in menschlicher Gestalt. Ihr feiert heute nicht nur den Geburtstag des Sohnes *Dasharathas*, der *Rāma* heißt, sondern auch die Geburt der göttlichen Urordnung *(dharma)* selbst. Dieser Gedanke muß euch glücklich machen, denn es handelt sich hier um einen doppelten Geburtstag. Wenn *"dharma"* verfällt, weil die Freude, es zu praktizieren, nachgelassen hat, vergessen oder sogar abgelehnt wird, nimmt der Herr menschliche Gestalt an, wie Er es versprochen hat. Auf diese Weise sorgt der Herr für die Menschen.

Die Bühne des Lebens ist auf vier Pfeilern errichtet: auf der göttlichen Ordnung *(dharma)*, auf Wohlstand *(artha)*, Wünschen *(kāma)* und Erlösung *(moksha)*. Sie sind die tragenden Stützen. Wenn das Leben zwei davon verliert und darum kämpfen muß, auf nur zwei Pfeilern zu stehen, z.B. nur auf dem Wohlstand *(artha)* und den Wünschen *(kāma)*, wird die Menschheit natürlicherweise von Angst, Kummer, Anmaßung und Habgier heimgesucht werden. Jeder Pfeiler muß auf den andern abgestimmt sein, sie müssen sich ergänzen. Dharma muß Artha beeinflussen, das heißt, Wohlstand darf nur mit ehrlichen Mitteln erworben und nur nach den Gesetzen der göttlichen Ordnung verwendet werden. *"Kāma"* muß hauptsächlich *"moksha"* dienen. Das heißt, daß die Wünsche auf die Befreiung des Geistes von der Knechtschaft der Sinne ausgerichtet sein müssen und nicht darauf, neue Ketten für den Kreislauf von Geburt und Tod zu schmieden. *"Artha"* und *"kāma"* müssen so von *"dharma"* durchdrungen sein, daß sie stark genug sind, *"moksha"* herbeizuführen. Ohne die erste und die letzte Stütze fällt die Menschheit auf die Stufe der Tiere zurück.

Man sollte nicht nur nach Wohlstand und nach der Erfüllung materieller Wünsche streben. Die Tatsache, daß heute die Menschen aller Gesellschaftsschichten von Furcht und Streß geplagt sind, zeigt, daß sie nur *"artha"* und *"kāma"* verfolgen, ohne sich um *"dharma"* und *"moksha"* zu kümmern. Indien konnte einst stolz auf seine Friedfertigkeit und Furchtlosigkeit sein sowie auf seine spirituellen Anstrengungen und mutigen Wagnisse, die soziale und individuelle Zufriedenheit gewährleisteten. Jetzt müssen die Inder sich von neuem um eine Lebensweise bemühen, die in allen Bereichen die göttliche Urordnung zur Grundlage hat. Es ist die Pflicht jedes einzelnen, sich ungeachtet von Kaste, Glauben, Geschlecht, Besitz oder Bildung begeistert für diesen Feldzug einzusetzen. Für einen Inder sollte das ganz natürlich sein, denn seit Jahrhunderten war sie seine Kraftquelle, und das Sehnen danach liegt in seinem Blut. Wie könnt ihr euer Leben nach der göttlichen Ordnung *(dharma)* gestalten? Das sagen euch die *Avatare* wie z.B. *Rāma.* Das ist der Zweck Seines Kommens. *Dasharatha* hatte vier Söhne, von denen *Rāma* der Bedeutendste war. Sie repräsentieren die vier Lebensziele *(purushārtha)*. *"Dharma"* ist das Wichtigste; die andern drei Brüder dienen *Rāma* und werden von Ihm, der die Verkörperung *"dharmas"* ist, gestärkt.

Der Unterschied zwischen Mensch und Dämon ist folgender: Das Merkmal des Menschen ist – oder sollte jedenfalls – Rechtschaffenheit *(dharma)*, Selbstbeherrschung *(dama)* und Mitgefühl *(dayā)* sein. Ein Dämon dagegen hat diese nicht und empfindet sie auch nicht als erstrebenswerte Eigenschaften. Er weist sie verächtlich zurück und schenkt ihren Einflüssen keine Beachtung. Diese drei D's sind die wichtigsten Bestandteile des Mensch-Seins. Es gibt so viele Stufen, die vom Mensch-Sein zum Gott-Sein führen, wie es Herzen gibt. Alle sind Pilger auf dem Wege vom Dämonen-Dasein zum Mensch-Sein und schließlich zum Gott-Sein. Die Pilger streben mit der ihrer Kraft entsprechenden Geschwindigkeit vorwärts und rufen die Form um Hilfe an, die sie inspiriert. Es gibt Leute, die davon reden, daß alle Religionen vereint werden sollten. Aber Religion entsteht aus der Vorstellung des Geistes, und es gibt so viele Religionen, wie es Vorstellungen gibt. Wenn man alle Vorstellungen des Geistes vereinheitlichen könnte, wäre es möglich, alle Religionen zu vereinigen. Aber das ist ein unmögliches Unterfangen. Wenn das Heiligtum im Herzen der Menschen nicht das gleiche ist, muß ein solcher Versuch scheitern. Und er ist nicht der Mühe wert. "Die Seele ist göttlich", sagte der *Pandit.* Ja. Das göttliche Prinzip ist universal, rein und unveränderlich. Aber da die göttlichen Kräfte als individuelles "Ich" *(jīva)* empfunden werden und Gott als Namensform *(nāmarūpa)*, so muß das verlorene Bewußtsein des Einsseins erst wiedergewonnen werden. Das kann nur durch das Einhalten der göttlichen Ordnung *(dharma)* geschehen. Der *Guru* Samartha Rāmadas erschien vor König Shivaji mit seiner üblichen Bitte: "Herr, gib mir ein Almosen." Shivaji erkannte, daß der *Guru* Gott war, und schrieb deshalb etwas auf ein Stück Papier, das er *Rāmadas* ehrfurchtsvoll in den Bettelsack legte. *Rāmadas* fragte: "Wie kann denn ein Stück Papier den Hunger stillen?" Shivaji bat ihn zu lesen, was auf dem Papier geschrieben stand. Es war eine schriftliche Urkunde, die besagte, daß Shivaji dem *Guru* sein ganzes Königreich und alles, was er besaß, zum Geschenk machte. Samartha *Rāmadas* antwortete: "Nein. Meine Aufgabe ist es, den Menschen den rechten Weg (*dharma*) zu lehren. Ein *Kshatriya*, wie du einer bist, muß seinem *"dharma"* folgen. Du mußt dein Land regieren und Frieden und Sicherheit für die Millionen deiner Untertanen sicherstellen." Auch Yajnavalkya hatte einst ein Königreich abgelehnt, denn ihm lag mehr an der königlichen Freiheit des Geistes (*moksha*). Es wird auch berichtet, daß *Vasishtha* ein Königreich, das *Rāma* ihm angeboten hatte, abgelehnt hat.

Das war in der Vergangenheit das Ideal. Jetzt ist es so, daß die Menschen Wege einschlagen, die sie von dieser Ordnung (*dharma*) hinwegführen. Ihr habt euch den Schatz, den die Weisen euch geschenkt haben, entgleiten lassen. Obwohl ihr auf eurem Wege die heilkräftige Wurzel, welche ihr so dringend braucht, mit dem Fuß berührt und fast darüber stolpert, bemerkt ihr sie nicht. Eure Augen erkennen ihren wirklichen Wert nicht. Wie schade das ist! Denkt an *Rāma*, der auf Wunsch Seiner Mutter und um das Wort Seines Vaters einzulösen, abgelehnt hat, das Königreich von *Bharata* anzunehmen, als dieser ihn inständig darum bat. *Rāma* lehrte damit, daß man nicht erlauben darf, daß *"artha"* und *"kāma"* das Einhalten von *"dharma"* und *"moksha"* überstimmen. Denn tatsächlich können weltliche Dinge keine echte Freude vermitteln.

Als *Nārada* einmal auf dem Wege nach *Vaikuntha*, der Wohnstatt des Herrn, war, erspähte er einen *Yogi*, der sich strengen asketischen Übungen unterwarf. Der *Yogi* bat *Nārada*, den Herrn zu fragen, wann er denn berechtigt sei, auch dahin kommen zu dürfen. *Nārada* versprach ihm, das zu tun. Als er vor Gott stand, brachte er das Anliegen des *Yogi* vor und fragte, wann dieser kommen dürfe. Der Herr antwortete: "Sage ihm, daß ihm so viele Wiedergeburten bevorstehen, wie der Baum, unter dem er seine Bußübungen (*tapas*) verrichtet, Blätter hat. " *Nārada* war ganz niedergeschlagen, als er an die Trauer des *Yogi* dachte, welchen diesen bei einer solch entmutigenden Nachricht befallen würde. Aber er nahm allen Mut zusammen und teilte dem *Yogi* mit, was der Herr gesagt hatte. Als er die Nachricht vernahm, wurde der *Yogi* in den Zustand höchster Freude versetzt und war nicht im geringsten traurig. Er sprang auf und tanzte fröhlich herum. Er war von einer hoffnungsfrohen Erregung ergriffen, als er an die bevorstehende Erfüllung seiner Wünsche dachte. Alles weltliche Bewußtsein entschwand aus seinem von Freude erfüllten Geist. Da erschien der Herr Selbst vor ihm und bot ihm an, sofort in *Vaikuntha* einzuziehen. Aber der *Yogi* sagte, daß er seine Zeit abwarten werde, denn er wolle nicht die Worte, die der Herr *Nārada* gesagt hatte, Lügen strafen! Der Herr mußte ihn überzeugen, daß gute Taten, Gedanken und Gefühle alles Schlechte auslöschen und daß er durch seine freudige Annahme von Gottes Willen die Folgen vergangener Handlungen überwunden habe.

Das Gesetz von Ursache und Wirkung *(karma)* ist kein eisernes Gesetz. Durch Hingabe und Läuterung, die Segnungen nach sich ziehen, können seine Wirkungen abgeschwächt und seine Schrecken gelindert werden. Verzweifelt nicht. Wenn Untugenden euer Herz beherrschen, wird es schmutzig und rußig. Die Flammen von weltlichem Verlangen *(kāma)*, Zorn *(krodha)* und Geiz *(lobha)* lassen das Herz verkohlen. Gnade hilft beim Löschen der Flammen. Gnade verleiht Glückseligkeit *(ānanda)*, welche durch Verlangen, Zorn und Geiz niemals vermittelt werden kann.

Das Wort *"rāma"* bedeutet Glückseligkeit *(ānanda)*. *Rāma* ist als Glücksbewußtsein der innerste Kern eines jeden Wesens; Er verleiht ewige Freude. Wie kommt es dann, daß ihr von Kummer bedrückt werdet? Weil ihr euch mit der Hülle, dem Körper, identifiziert und den inneren Kern nicht beachtet. Am heutigen heiligen Geburtstag *Rāmas* solltet ihr euch in euer Inneres *(ātman)* versenken und beginnen, die göttliche Ordnung in eurem Leben zu verwirklichen. Es gibt keinen Ort, an dem *Rāma* nicht ist. Es gibt kein Wesen, dem Er Seine Gnade versagt. Er kommt nicht, und Er geht nicht. Er ist in euch; Er ist ewig. Deshalb ist es eigentlich unangemessen, einen Tag als Seinen Geburtstag zu feiern. *Rāma* sollte für euch der Pfad sein, den Er gegangen ist, das Ideal, das Er aufrecht erhielt, die Anweisungen, die Er gegeben hat. Folgt diesem Pfad, haltet euch an das Ideal, gehorcht den Anweisungen – das ist die wahre Feier. Der Pfad, das Ideal und die Anweisungen sind ewig, sind zeitlos. Nur so wird euer Leben Früchte tragen. Jetzt verehrt ihr zwar Seine Form und wiederholt Seinen Namen, aber ihr beachtet Seine Verordnungen nicht. Das ist keine wirkliche Liebe. Wenn ihr nicht die Lehren befolgt, die der Herr gegeben hat, damit der Geist gereinigt werde, so daß Er sich darin spiegeln kann, ist alles nur Show, nur ein leeres Ritual.

Dadurch, daß die Menschen vergänglichen Freuden nachjagen, schließe sie sich selbst aus dem Königreich Gottes aus. Der Wert eines Menschenlebens ist unermeßlich, weil man nur als Mensch Gott erreichen und erkennen kann. Denkt heute über dieses einzigartige Glück nach, und anstatt zu feiern, plant eure Zukunft so, daß ihr das Ziel bald erreichen werdet. Solche Tage müssen ganz und gar den Gedanken an Gott geweiht sein; Gedanken, die erheben und inspirieren. Die Leute verbringen heilige Tage als Feiertage mit Picknicks, Wanderungen, gehen ins Kino, spielen Karten und streiten sich dabei. Das ist ganz falsch. Heilige Festtage wie z.B *Shivarātri* sollten willkommene Gelegenheiten sein, das Herz zu erweitern, den Glauben zu vertiefen und das Mitgefühl für die Mitmenschen zu stärken. Die heiligen Tage mit sinnlichen Vergnügungen zu vergeuden, ist eine Beleidigung der alten Traditionen.

Ich habe so viele Klagen darüber gehört, wie schwer es sei, sich in der Meditation auf das Eine zu konzentrieren *(ekāgrata)*; selbst sogenannte große Menschen haben Mir das gesagt. Aber daran ist nicht ein Mangel an Zeit schuld, sondern es liegt an den Betreffenden selbst. Es fehlt ihnen an festem Glauben. Sie zeigen Beständigkeit in ihrem Streben nach weltlichen Gütern und Komfort, aber übertragen diese nicht auf ihr Streben nach innerer Ruhe. Sie beklagen sich über Zeitmangel, als ob sie bereits alle Stunden des Tages nur für wertvolle Zwecke benutzten!

Ich muß auch das Fehlen an Dankbarkeit, das heute überall vorherrscht, verurteilen. Undankbarkeit ist das Kennzeichen wilder Tiere, nicht das der Menschen. Der heutige Mensch ist ganz bescheiden und unterwürfig, bis sein Wunsch erfüllt ist. Aber wenn das geschehen ist, wendet er sich sogar gegen die Person, die ihm bei der Erfüllung seines Wunsches geholfen hat. Das ist eines Menschen unwürdig. Er muß sich der Wohltat bewußt sein und sie als eine Schuld betrachten, die beglichen werden muß. Zumindest aber sollte er der Person, die ihm geholfen hat, als er in Not war, nicht schaden. Das Wort "Mensch" bedeutet: "eine Person, die frei von jeder Unwissenheit ist". Aber sein Pomp und Stolz, sein Egoismus und seine Bosheit offenbaren, daß er seine wahre Realität nicht kennt und deshalb den Namen "Mensch" nicht verdient. Tut anderen so viel Gutes, wie ihr könnt! Sät keine Furcht in die Herzen eurer Mitmenschen, und fügt ihnen kein Leid zu. Verursacht kein Leid und keinen Kummer. Wenn ihr euch über das Unglück anderer freut, verwundet ihr eure eigene Göttlichkeit und laßt eure dämonische Natur in Erscheinung treten. Der Herr wohnt in allen. Er ist im anderen, dem ihr schaden wollt, ebenso wie in euch selbst. Denkt daran und vermeidet alles, was anderen schaden könnte. Ihr könnt anderen nicht wirklich helfen, aber wenn ihr es versucht, helft ihr dadurch euch selbst. Ihr könnt anderen nicht wirklich schaden, aber wenn ihr es versucht, schadet ihr dadurch euch selbst. Die äußeren Hüllen *(upādhi)* sind verschieden, aber die innere Wirklichkeit ist dieselbe in euch und in den "anderen". Ihr werdet das verstehen, sobald ihr lernt, den Wert der Freude, die durch die Sinne vermittelt wird, von dem Wert jener Freude zu unterscheiden, die durch die Kontemplation über die Herrlichkeit und Gnade Gottes gewonnen wird.

Rāma strebte danach, die Wahrheit *(satya)* als die hauptsächliche Stütze der göttlichen Ordnung *(dharma)* aufrecht zu erhalten. Gleich welcher Art die Prüfung und wie groß die Mühe war: Er gab nie die Wahrhaftigkeit auf. Wahrhaftigkeit ist Rechtschaffenheit; Rechtschaffenheit ist Wahrhaftigkeit – die beiden sind unlösbar miteinander verflochten. "Wahrhaftigkeit spricht aus, was sich durch Rechtschaffenheit auswirkt", sagen die *Upanishaden*. Man wird sich an *Rāma* erinnern, solange sich Berggipfel erheben und

Meere existieren, weil Er Sich so strikt an die Wahrheit und die göttliche Ordnung gehalten hat. Wenn Er eingewandt hätte: "Warum sollte Ich Mich durch das Wort Meines Vaters gebunden fühlen?" hätte Er diese immerwährende Erinnerung nicht verdient. Als Unsterblicher hat *Rāma* Gestalt angenommen, um den Weg zur Unsterblichkeit zu zeigen.

Sītā hatte sich an die für Frauen bestimmte göttliche Ordnung gehalten. Sie lehnte es ab, auf den Schultern *Hanumans* zu *Rāma* zurückzukehren. Sie sagte, sie würde niemals freiwillig ein anderes männliches Wesen berühren; auch wolle sie *Rāma* nicht die Gelegenheit nehmen, durch eine Heldentat die Person, die Seine Gemahlin entführt hatte, zu vernichten. So handelt nur eine Heilige. Diese Ideale gibt es heute nur selten. Frauen und Männer tun, was sie im Augenblick für bequem halten; sie sehen die tieferen Gründe für eine strikte Befolgung moralischer Gesetze nicht ein. Sie scheinen zu denken: "Baum oder Zelt, was tut's – Hauptsache wir können schlafen". Ein guter Zweck heiligt die Mittel, das ist ihre Philosophie. Einem gutem Zweck durch unlautere Mittel dienen? Kann das richtig sein? Anstatt *Rāma* in eurem Herzen zu haben, beherbergt ihr ein Tier darin. Wie beklagenswert!

Bevor *Rāma* ins Exil in die Wildnis ging, gab *Kausalyā* Ihm diese Worte mit auf den Weg: "Das *"dharma"*, das Du so gewissenhaft beachtest, wird Dich beschützen." Das war das Abschiedsgeschenk der Mutter und nicht etwa ein Festessen mit köstlichen Speisen. Der zehnköpfige *Rāvana*, der die Götter überwunden hatte, konnte *Rāma*, dem *"dharma"* als Schwert und Schild diente, nichts anhaben. *Rāma* war glücklich, wenn andere glücklich waren. Er trauerte, wenn andere traurig waren. Das ist die Haltung, die Er den Menschen lehrte. Wenn ihr vermeiden wollt, daß andere euch Leid zufügen, seid wachsam, selbst anderen kein Leid zuzufügen. Ihr könnt die Gnade des Herrn nicht gewinnen, wenn ihr anderen schadet, wenn ihr euch über das Elend, das andere getroffen hat, freut oder wenn ihr euch auf euer eigenes Glück und euren Fortschritt konzentriert, gleichgültig, welches Leid ihr damit anderen zufügt. Das Leid, das ihr anderen antut, wird sich zu Haß verhärten und euch ersticken. Es wird mit zehnfacher Gewalt auf euch zurückfallen. Wenn ihr in eurem göttlichen Wesen (*ātmatattva*) verankert seid, braucht ihr nichts zu fürchten. Natürlich müßt ihr euch vor der Sünde fürchten, böse, ungerecht und grausam zu sein. Aber warum solltet ihr euch fürchten, wenn euer Glück durch Wahrhaftigkeit, Rechtschaffenheit, Gerechtigkeit und Liebe sichergestellt ist?

Ich hatte gar nicht die Absicht, Mich heute hier zu äußern, aber Ich habe mich überreden lassen, wenigstens fünf Minuten zu sprechen. Und daraus sind jetzt fünfzig Minuten geworden! Ich werde euch nun Gelegenheit geben, noch etwas zu singen. Venkatagiri, 10.4.65

Heuchelei

Gestern und heute sprachen die *Pandits* zu euch über die große Bedeutung der uralten göttlichen Ordnung *(sanātanadharma)*. Auch Ich werde nur darüber sprechen, denn nichts ist wichtiger für ein glückliches Leben als diese göttliche Urordnung. Sie verlangt, daß ihr Ehrfurcht vor dem Lehrer *(guru)* habt, denn er versucht, euch von der endlosen Kette von Geburt und Tod, an die ihr durch eure Unwissenheit gebunden seid, zu befreien. Ihr könnt euch nur dann aus einem angeschwollenen Fluß retten, wenn ihr schwimmen gelernt habt. Ebenso könnt ihr dem reißenden Strom der Wiedergeburten nur dann entkommen, wenn ihr die Lehren des Herrn beachtet. Der *Guru* weist euch den Weg zum Ziel, er enthüllt euch das Wesen eures wirklichen Selbst *(ātmatattva)*. Ein Mensch, der darum kämpft, sich aus dem Sumpf zu befreien, kann nicht durch einen anderen gerettet werden, der im Begriff ist, darin zu versinken. Nur einer, der auf festem Grund steht, kann ihn herausziehen. Der *Guru* muß sicher jenseits des Wechsels von Geburt und Tod *(samsāra)* stehen. Die *Rischis* kämpften mit sich selbst und erhoben sich auf eine Ebene reiner Gedanken, um ihr wahres Selbst zu erkennen. Die beglückende Erfahrung dieser Entdeckung erfüllte sie, und sie sangen von der Freiheit, die sie gewonnen hatten. Diese Lieder dienen als Wegweiser, und alle, die daraus Nutzen ziehen, müssen zugeben, daß sie den *Rischis* Dank schulden. Wie kann diese Dankesschuld gegenüber den *Rischis* beglichen werden? Durch Studium, durch Nachdenken über das, was sie über ihr Freiwerden gesungen haben, indem ihr die spirituellen Übungen *(sādhana)* ausführt, die sie euch überliefert haben, indem ihr durch eure eigene Erfahrung beweist, daß sie recht gehabt haben.

In den heiligen Schriften wird in noch drei anderen Fällen diese Dankesschuld erwähnt: gegenüber dem Vater, der Mutter und den Göttern. Es war einmal ein großer Weiser mit Namen Uddalaka, der wegen seiner Gelehrsamkeit berühmt war. Er hatte einen Sohn Swethakethu und eine Tochter Sujatha. Unter seinen Schülern war Kahodaka, ein sehr anständiger, tugendhafter junger Mann, der seinem Lehrer ergeben war und seine Studien sehr erst nahm. Aber er konnte nicht mit den anderen klugen Jungen Schritt halten und wurde deshalb verspottet. Der *Guru* liebte ihn darum noch mehr, und er bezeugte ihm seine Gunst, indem er ihm seine eigene Tochter zur Frau gab. Als Sujatha ein Kind erwartete, rezitierte Kahodaka die *Veden*, wie es die religiösen Vorschriften verlangten. Als das Kind im Schoße der Mutter wuchs, hörte es die Rezitationen des Vaters. Es war sich bereits der korrekten Aussprache jeder Silbe bewußt, und jedesmal, wenn Kahodaka eine Silbe falsch aussprach, wand es sich in Qualen. Deshalb hatte das Baby, als es geboren wurde, acht Verkrümmungen an seinem Körper. So gab man ihm den Namen Ashtavakra, was bedeutet: "Acht Krümmungen".

Als Ashtavakra noch im Schoße der Mutter war, überredete Sujatha ihren Mann, König *Janaka* darum zu bitten, sie von ihrer großen Armut zu befreien. Kahodaka machte sich auf und erreichte Mithila, als der König gerade ein Bittopfer *(yāga)* zelebrierte, und er mußte warten, bis es beendet war. Später wurde er durch Umstände dazu gezwungen, an einem Streitgespräch mit dem gefeierten Gelehrten Vaandena teilzunehmen. Kahodaka mußte dessen Bedingungen annehmen, daß nämlich der in diesem Streitgespräch Besiegte ins Meer geworfen würde. Das besiegelte sein Schicksal.

Ashtavakra wuchs heran und wurde trotz seiner körperlichen Mißbildungen schon in jungen Jahren ein hochgelehrter *Pandit*. Seine Mutter und sein Onkel hielten das Schicksal seines Vaters viele Jahre lang vor ihm geheim. Eines Tages jedoch wurde er von jemandem verspottet, weil er nicht wußte, wie sein Vater umgekommen war. Nun mußte der Sohn die traurige Geschichte erfahren. Ashtavakra machte sich unverzüglich nach Mithila auf und bat, von König *Janaka* empfangen zu werden. Er verlangte von den Torhütern, ihn als einen vedischen Gelehrten anzumelden, der gekommen sei, um mit den *Pandits* des Hofes ein Streitgespräch zu führen. Da lachten sie ihn aus und meinten, er sei doch viel zu jung. Ashtavakra aber erwiderte, Alter spiele keine Rolle. Als alles nichts nützte, wies er darauf hin, daß er zumindest wegen seiner Mißbildungen Gastfreundschaft und Mitgefühl erwarten könne.

König *Janaka* war beeindruckt von der Beharrlichkeit des Jungen und befahl den Wachen, ihn einzulassen. Er veranlaßte das Streitgespräch, um das der Junge gebeten hatte. Wenn Ich euch alle die absurden Fragen, mit denen die *Pandits* des Hofes sich über ihn lustig machten, und die Antworten, mit denen Ashtavakra sie in ihre Schranken wies, erzählen würde, dann müßten wir bis nach *Shivarātri* hier sitzen. *Janaka* versuchte, Ashtavakra von dem Streitgespräch abzubringen, und wies darauf hin, daß er doch zu jung sei, sich der Gefahr eines gewaltsamen Todes im Meer auszusetzen. Aber Ashtavakra entgegnete, daß Weisheit nichts mit Alter und körperlicher Verfassung zu tun habe. So mußte Vaandena den Wettkampf mit dem begabten mißgestalteten Jungen aufnehmen. Zum großen Erstaunen aller gewann der Junge die Oberhand, und der alte *Pandit* wand sich unter seinen Fragen. Er unterlag und wurde ins Meer geworfen. Der mißgestaltete Sohn des Kahodaka triumphierte über den, der seinen Vater besiegt und dessen Tod verschuldet hatte. Die Mutter war hocherfreut, daß ihr Sohn seine Schuldigkeit gegenüber seinem Vater getan und die Ehre des Geschlechts wiederhergestellt hatte.

Ein Vater muß seinen Sohn mehr durch Vorbild als durch Belehrungen erziehen. *Prahlāda* sagte seinem Vater, *Hiranyakashipu*, daß nur ein Vater, der seinen Kindern den Weg zu Gott weist, Gehorsam und Respekt verdiene. Alle anderen sind für ihre Söhne nichts weiter als menschliche Unwesen, wie *Hiranyakashipu* es war. Manche Eltern sehen es nicht gern, daß ihre Söhne nach *Puttaparthi* kommen. Sie fürchten, sie könnten dort mit spirituellen Übungen, mit Gottesdienst und der Rezitation der Namen des Herrn beginnen und aufhören zu rauchen, zu trinken und um Geld zu spielen, wie sie es von ihren Eltern gelernt haben! Solche Eltern wissen nicht, wie wertvoll die Gemeinschaft spirituell orientierter Menschen für wahres Glück und inneren Frieden ist. Sie unterlassen es, ihre Kinder und sich selbst gegen den Wechsel von Glück und Unglück zu wappnen. Durch die Rezitation der *Gāyatrī* wird die Kraft der Unterscheidung entwickelt; das führt dazu, daß man schlechte Gesellschaft aufgibt und nach Umgang mit Gleichgesinnten sucht. Wenn ihr keine Verbindung zu solch einer Gruppe Gleichgesinnter habt, könnt ihr auch mit euren eigenen höheren Impulsen und edlen Gedanken Gemeinschaft pflegen. Taucht tief in eure eigene Göttlichkeit ein. In der Tiefe eines Sees oder Flusses ist das Krokodil glücklich, unverwundbar und unbesiegbar. Auf dem Trockenen wird es zur Beute des Menschen und vom Tod ereilt. Sucht eure Zuflucht in der Tiefe. Dort liegen die Quellen eurer Kraft. Verirrt euch nicht in seichte Gewässer und auf sandigen Boden. Ihr wißt, daß der Vogel *Garuda* sich von Schlangen ernährt. Die Sage erzählt, daß *Garuda* einmal zu dem Berg Kailasa flog, um Gott *Shiva*, der auf seinem Kopf, an seinen Handgelenken, seinem Hals, um seine Taille und Fußgelenke Schlangen trug, seine Ehrfurcht zu erweisen. Als die Schlangen *Garuda* sahen, hatten sie keine Angst. Sie wagten es sogar, mit ihren gespaltenen Zungen *Garuda* zum Näherkommen herauszufordern. Dieser außerordentliche Mut wurde ihnen nur durch ihren engen Kontakt mit Gott verliehen. Haltet euch also an euer göttliches Selbst *(ātman)*, dann können euch Sorgen und Leid oder der Hochmut anderer nichts anhaben.

Heute wurde über verschiedene Arten der Liebe *(prema)* gesprochen, die alle das "Ich"-Gefühl zur Grundlage hatten. Es ist wie ein Drama in einem Film – eine Handlung in einer Handlung. Ihr müßt alles als ein Gastspiel ansehen, in dem ihr die Hauptrolle spielt – die einzige Rolle. *Tat tvam asi* – DAS bist du. DAS ist es. Die äußere Welt, welche grundsätzlich Eins, das Absolute *(brahman)* ist, erscheint als Vielheit. "Tvam" bist du, du selbst. Und was sagt euch diese Erfahrung der Weisen? Was zeigt die tiefgründige Weisheit der *Veden* auf? DAS bist du, du bist DAS; DAS ist das Eine. Es gibt kein Zweites, es gibt nur Eins.

Wenn ihr eurer Natur zuwider handelt, fühlt oder sprecht, erniedrigt ihr euch und verleugnet eure göttliche Wirklichkeit. Das Wesen des Göttlichen ist rein und unberührt von jedem Wechsel. Seid auch ihr rein und unberührt von jedem Wechsel. Das Göttliche ist eigenschaftslos – weder stumpf *(tamas)*, noch leidenschaftlich *(rajas)*, noch ausgeglichen *(sattva)* – Es ist reines Bewußtsein. Auch ihr dürft euch nicht durch einen Ansturm der Gefühle erregen oder von Stumpfheit und Trägheit umnebeln lassen. Spielt eure Rolle wie eine Marionette; der unsichtbare Direktor entfaltet das Schauspiel so, wie Er es will. Es begab sich einmal, daß in einem Dorftheater *"Harishcandra"* aufgeführt wurde. Der Darsteller von *Harishcandras* Sohn Lohithaksha gehörte einer von zwei Parteien des Dorfes an und Chandramathi, die von einem Mann gespielt wurde, der anderen! Lohithaksha wurde von einer Kobra gebissen und stürzte tot zu Boden. Der Rolle entsprechend sollte Chandramathi, die Mutter, über den Tod ihres Sohnes wehklagen. Alle erwarteten, daß der Schauspieler das wirklichkeitsgetreu tun würde. Aber da der Junge zu der Gegenpartei gehörte, weigerte sich Chandramathi zu weinen! Das führte zu einem kleinen Aufruhr. Die "Marionetten" hatten sich einer Täuschung hingegeben. Sie hatten vergessen, daß sie "Rollen" zu spielen hatten. Es ist eine fundamentale Heuchelei zu behaupten, daß man seine Rolle als Mensch spielt und sich auch entsprechend benimmt, sich aber nicht an das Textbuch hält, sondern von Gefühlen beeinflussen läßt und dadurch verhindert, daß die Rolle ein Erfolg wird. Viele *Pandits* behaupten, Experten in den Texten der *Veden* und der *Shāstras* zu sein, aber nicht was sie lehren, sondern wie sie leben, erklärt die Texte. Viele singen das Lob des Herrn, aber nur wenige haben Ihn ständig in ihrem Herzen und sind sich immer der Herrlichkeit, die das Universum erfüllt, bewußt. *"Krishna* ist König!" So singen sie, aber sie bereiten ihr Herz nicht vor, so daß *Krishna* darin regieren kann.

Zu bestimmten Stunden des Tages solltet ihr euch dem Gebet widmen und die *Gāyatrī* rezitieren. Das ist eine sehr gute Disziplin. Bevor die Sonne aufgeht, solltet ihr eine Morgenandacht halten. Jonnalagadda Sathyanara Yanamurthy beschreibt sehr poetisch die Ruhe, die Farbe, die beredte Stille dieser Stunde, das Erwachen der Vögel und Blumen, die Erde, die durch die Berührung des Taus erschauert. Das ist die Zeit, in der ihr die aufgehende Sonne mit der *Gāyatrī* begrüßen solltet. Gestern beschrieb ein Redner die *Gāyatrī* als gleichwertig mit dem Namen *Rāmas.* Heute sagte ein anderer Gelehrter, daß dieser *"mantra"* eine Ausweitung des Namens *Krishnas* und der *Bhagavad Gītā* sei. Ich bitte euch, euren Geist auf den Namen des Herrn, der Seine Herrlichkeit und Seine Gnade in euer Bewußtsein bringt, auszurichten. Laßt eure Hände die Arbeit des Herrn tun, indem ihr Ihm, dessen Licht in allen Wesen leuchtet, dient. Er ist das Wesen aller Menschen: Er rasiert als Barbier, Er macht Töpfe als Töpfer, Er stärkt und bügelt die Kleidung als Wäscher. Er regt an, Er inspiriert, Er plant, Er vollzieht. Ihr seht Mich in einem Stück Papier, auf dem Mein Bildnis ist; ihr betet es an, ihr fallt in Ehrfurcht davor nieder; warum könnt ihr dann nicht alle menschlichen Wesen verehren und glauben, daß Ich in jedem von ihnen bin?

Die *Gāyatrī* ist ein Gebet, welches die Entwicklung eures Verstandes fördert, so daß ihr diese Zusammenhänge erkennt. Ihr habt eure Söhne, Enkel und Mündel hierher in Meine Gegenwart gebracht, damit sie in die *Gāyatrī* eingeweiht werden. Ihr freut euch, daß ihnen dieses Glück zuteil wird. Sie werden diesen *"mantra"* aber nur dann wiederholen, wenn ihr selbst es ganz ernsthaft tut. Das ist auch für euch gut. Beginnt noch heute damit. Lernt es von euren Söhnen und Enkeln, und laßt das Gefühl der Überlegenheit beiseite. Warum dornige Dschungelpfade gehen, wenn ihr die königliche Straße, die zum Ziel führt, benutzen könnt? Übt den Gottesdienst aus, so wie er vorgeschrieben ist, und ihr werdet eine Ruhe in euch fühlen, die durch keinen Sturm erschüttert werden kann. Ihr braucht nicht in ein Tal im Himalaya zu flüchten, um Ruhe zu finden; ihr könnt euer Herz in ein ruhiges Tal verwandeln, wenn ihr die Disziplin des Gottesdienstes einhaltet.   Prashanti Nilayam, 26.4.65

Folgt der inneren Führung

Es ist ein gutes Zeichen, daß so viele Tausende, die in ihrem Alltag ganz von weltlichen Aufgaben und von Vergnügungen, welche die Sinne ansprechen, in Anspruch genommen werden, heute hierher gekommen sind, um an dieser Versammlung teilzunehmen. Ich sehe vor Mir ein Meer erwartungsvoller Gesichter. Ihr seid begierig, den Leuchtturm zu entdecken, der euch den Hafen zeigt, in dem ihr Zuflucht vor der stürmischen See nehmen könnt. Die Weisen erklären, daß dieses wegweisende Licht *(ātmajyotis)* in jedermann leuchtet. Eine schwere Störung des Sehvermögens hindert die Menschen daran, es zu sehen, und so mühen sie sich in der Dunkelheit ab.

Es ist nicht genug, der äußeren Form nach ein Mensch zu sein und die grundsätzlichen körperlichen, geistigen und gefühlsmäßigen Eigenschaften eines Menschen zu besitzen. Mit Hilfe der unterscheidungsfähigen Intelligenz muß eine Vervollkommnung angestrebt werden, wie sie dem Bildhauer vorschwebt, nachdem er die rohe Form aus dem Stein herausgearbeitet hat. Der Mensch muß sich seiner engen Verwandtschaft mit Gott, seiner eigenen Göttlichkeit und der ungeheuren Möglichkeiten, die in ihm liegen, bewußt werden. Das kann geschehen, wenn er es lernt, zwischen dem Wirklichen und Unwirklichen zu unterscheiden *(viveka)* und wenn er sich bemüht, von dem Verhaftetsein an weltliche Dinge freizuwerden *(vairāgya)*. Dazu ist unter allen Lebewesen nur der Mensch fähig.

Die königliche Straße, die zu diesem Bewußtsein führt, muß von einem spirituellen Lehrer *(guru)* aufgezeigt werden. Nicht jeder der vielen, die sich sich so nennen, haben ein Anrecht auf diesen Namen. Das Wort *"guru"* bedeutet: Er, der ohne (ru) Dunkelheit (gu) ist. Eine andere Bedeutung des Wortes *"guru"* ist "Gewicht" oder "Schwere". Auf die meisten *Gurus* trifft eher diese zweite Bedeutung zu, denn sie sind eine Bürde für die Welt. Das ist das einzige, was sie fertig bringen. Sie sind auch eine Bürde für ihre Schüler, denn sie halten immer die Hand auf, um Geld von ihnen zu nehmen. Sie sind nicht erleuchtet und können niemandem helfen, seine Last zu tragen. Kümmert euch nicht um diese Art von *Gurus*, sondern konzentriert euch auf die Aufgabe, euch selbst zu vervollkommnen. Wenn ihr das ernst nehmt, wird der Herr euch den richtigen Lehrer senden, oder Er wird euch selbst innerlich führen. Verzweifelt nicht, geht mutig voran. Versucht, in jedem Augenblick eure Gedanken auf die eine oder andere Weise auf Gott auszurichten. Wiederholt mit jedem Atemzug das Wort *"so'ham"*. "So", wenn ihr einatmet und "ham", wenn ihr ausatmet. "So" bedeutet "Er" und "ham" bedeutet "ich". Wenn ihr das Ein- und Ausatmen vollendet habt, fühlt, daß der Herr und ihr selbst Eins seid. Nach langem Üben wird die Idee, daß "Er" und "ich" getrennte Wesenheiten sind, verschwinden, und es wird kein "so" und kein "ham" mehr geben. Diese Laute werden zu O und M reduziert. Das heißt, sie werden zu dem *"OM"*, das auch *"pranava"* genannt wird. Die *Veden* empfehlen die dauernde Wiederholung des *"OM"*, denn das wird euch von den Ketten, die euch an Wiedergeburt und Tod fesseln, befreien. Diese Rezitation ist ein gutes Mittel, um den unruhigen Geist zu zähmen. Richtet ihn immer auf Gott aus, dann wird er nicht in alle Richtungen davonlaufen. Das ist es, was *Krishna* meint, wenn Er sagt: "Gebt alles andere auf, und gebt euch Mir völlig hin." Überlaßt Ihm euren Geist, dann wird Er euch vor dem Fall bewahren.

Kümmert euch nicht mehr um weltliche Dinge als notwendig ist. Konzentriert euch statt dessen auf die innere Quelle der Freude. Die Räder eines Autos sind außen, unter dem Fahrzeug. Es ist wichtiger, daß ihr euch auf das Rad im Inneren des Autos konzentriert, auf das Lenkrad, das die äußeren Räder in die richtige Richtung lenkt. Der Fahrer sitzt im Inneren des Autos. Auch ihr müßt euch mehr mit euren inneren Motiven befassen. Wenn ihr Meister eurer Gefühle und Impulse seid, ist es gleichgültig, wo ihr euch befindet und welchen Beruf ihr ausübt. Ihr werdet inneren Frieden finden.

Kabir hatte einmal einen Gast, der ihn fragte, ob ein Leben als verheirateter Mann den spirituellen Fortschritt fördere. *Kabir* antwortete nicht. Er rief seine Frau und bat sie, ihm eine Lampe zu bringen, damit er einen abgerissenen Faden wieder befestigen könne. Es war um die Mittagszeit und ganz hell in dem Raum. Ohne eine Frage zu stellen, holte die Frau eine Lampe und hielt sie für *Kabir*, so daß dieser den Schaden beheben konnte. Dann bat er sie, die Lampe wieder hinauszubringen.

Kabir wandte sich dem Fragesteller zu und sagte: "Wenn man eine Frau hat wie diese, die sich strikt an ihre Pflichten *(dharma)* hält, dann ist das Leben als verheirateter Mann der beste Übungsplatz für spirituelle Weiterentwicklung."

Es war einmal ein Mann, der wohltätig und gastfreundlich war. Er hatte eine Frau und einen Sohn, denen seine Wohltätigkeit ein Dorn im Auge war. Als der Mann eines Tages einen Gast nach Hause brachte, dem er zu essen geben wollte, dachten sich die Frau und der Sohn eine List aus, um das zu verhindern. Als der Hausherr zu einem Laden an der Straßenecke ging, um einen Blätterteller für seinen Gast zu besorgen, versetzte die Frau diesen in großen Schrecken. Sie sagte: "Es tut mir leid, daß ausgerechnet du heute meinem Mann in die Falle gegangen bist! Er bringt jeden Tag einen armen Kerl zum Essen nach Hause. Aber er tut das nur, um diesem mit dem Stock eine gehörige Tracht Prügel zu versetzen, sobald er das Mahl, das ich für ihn bereitet habe, essen will. Er glaubt, daß dies ein Ausgleich für das Unrecht sei, das man ihm in früheren Erdenleben angetan habe." Der Gast dachte, daß es das beste sei, wegzurennen, um der Prügel zu entgehen. Als der Hausherr mit dem Blätterteller zurückkam, sagte die Frau zu ihm: "Dein Gast ist ein merkwürdiger Mensch. Er bat um einen Stock, mit dem er zur Wasserquelle gehen wollte, um sich vor der Mahlzeit die Füße zu waschen. Aber bevor ich ihm den Stock bringen konnte, wurde er ungeduldig und eilte davon." Der Hausherr ergriff einen Stock und rannte hinter dem Gast her, um ihm diesen zu bringen. Er rief: "Halt! Halt!" Das aber bestärkte den Mann in der Annahme, daß er verprügelt werden sollte, und er rannte schneller und schneller und war bald nicht mehr zu sehen. Heutzutage gibt es viele Frauen, die den guten Charakter ihres Partners nicht zu schätzen wissen und ihn weder ermutigen noch darin unterstützen, ein gutes Leben zu führen. Anstatt helfende Gefährtinnen zu sein, sind sie Hindernisse im Leben des Mannes. Frauen sollten in der Familie die spirituellen und nicht die materiellen Werte fördern.

Der Minister hat euch vorhin empfohlen, Vorträge über die *Gītā* anzuhören. Das hat aber keinen Zweck, wenn ihr euch an einen Pfeiler lehnt und beim Zuhören einschlaft. Es kommt nicht auf die Worte an, die ihr hört, sondern auf die inhaltliche Bedeutung, nicht auf das Ohr, sondern auf das Herz, welche die *Gītā* in sich aufnehmen muß. Der Minister empfahl euch auch, an gemeinsamen Treffen *(satsanga)* Gefallen zu finden. Aber zu diesen Zusammenkünften gehört auch, daß ihr euch selbst prüft, inwieweit ihr eure Sinne unter Kontrolle gebracht habt und ob ihr dem Herrn näher gekommen seid. Der Geist bindet, und der Geist befreit. Zähmt euren Geist und gewinnt! Er ist wie ein wilder Elefant, der mit dem Stachelstock des *"so'ham"* gezähmt werden kann. Füttert ihn nicht mit Selbstüberschätzung, Haß, Eifersucht und Habgier. Laßt den

Namen des Herrn immer in eurem Ohr widerhallen, dann wird der Geist gezähmt werden.

Vor Beginn dieser Veranstaltung hier im Freien und auch später noch herrschte große Besorgnis, daß es regnen würde. Aber Ich kann euch sagen, daß eure Gebete und Gottes Gnade den Regen vertrieben haben. Auch morgen werde Ich euch geistige Nahrung geben, die euch stärken und zur Befreiung eures Geistes beitragen wird.   Malleswaram, 22.5.65

Gute Vorsätze für das Neue Jahr

Die Menschen freuen sich darüber, daß das "Jahr des Zornes" vorüber ist und das "Jahr des Glaubens" begonnen hat. Seit man den Jahren Namen gibt und schon vorher, sind viele "Jahre des Zornes" vergangen und viele "Jahre des Glaubens" gekommen. Wie viele Jahrhunderte und Jahrtausende sind in der Geschichte der Menschheit verstrichen! Zorn oder Glauben – es ist ein Mangel an Glauben, der euch jähzornig und wütend werden läßt. Es ist Mangel an Vertrauen in euch selbst und in andere. Wenn ihr euch selbst als das unbesiegbare göttliche Selbst *(ātman)* sehen würdet und andere als ein Spiegelbild eurer selbst, wie es die heiligen Schriften erklären, dann könnte keine Herausforderung euch in Zorn versetzen. Für das neue Jahr müßt ihr euch vornehmen, eurer wahren Wirklichkeit zum Durchbruch zu verhelfen. Das heißt, ihr müßt das Göttliche in euch mehr und mehr offenbar werden lassen.

Handeln *(karma)* ist das Samenkorn, aus dem das Individuum *(jīvi)* hervorgeht. Es fühlt sich abgesondert und begrenzt. Wie die Handlungen, so die Folgen. Wenn sie gut sind, ist die Folge, daß man sich zu heiligen Gedanken und spirituellen Übungen *(sādhana)* hingezogen fühlt, um das Ziel der Erlösung zu erreichen. Ebenso wie die drei jüngeren Brüder den Fußspuren ihres älteren Bruders, *Rāma*, folgten, so muß der Mensch mit allem, was er tut, dem vornehmsten Lebensziel, nämlich der Verwirklichung der göttlichen Ordnung *(dharma)*, dienen. Das erste Gesetz dieser Ordnung, das alle anderen einschließt, verlangt, daß die Handlung mit dem Wort übereinstimmt. Tut, was ihr sagt! Gebt anderen nicht einen Rat, den ihr selbst nicht befolgt. Predigt nicht, was ihr nicht selbst lebt.

Es war einmal ein Mann mit Namen Ranjodh, der herumging und die *Gītā* auslegte. Er pries sie als das wahre Wort Gottes. Am Ende seiner Predigt ließ er einen Teller für die Kollekte herumreichen. Plötzlich erhob sich einer der Zuhörer und erinnerte daran, daß der Herr sich gegen das Annehmen von Geld ausgesprochen habe. Die *Gītā* erkläre, daß es eine Unsitte sei, als Gegenleistung für eine belehrende Predigt Geld und andere Gaben anzunehmen oder Listen zu verteilen, in welche die Zuhörer den Betrag ihrer Spende einzutragen hätten. Redner, die sich ihre Auslegungen der *Gītā* in dieser Weise bezahlen lassen, verstoßen gegen das ausdrückliche Gebot des Herrn, dessen Worte sie angeblich erklären! Das ist in der Tat Heuchelei.

Nur jene, für die Gott das Höchste ist, haben das Recht, einen Tempel für Ihn zu bauen. Wer sich einem anderen Herrn beugt und ihm dient, sollte diesem und nicht Gott einen Tempel errichten. Wenn ihr Geld für einen Priester sammelt, der den Tempel einweihen soll, zeigt das nur, wie sehr ihr weltlichem Denken verhaftet seid. Solch eine Handlungsweise ist unangemessen. Festigt euren Geist! Dann wird euer Denken nicht von dem geraden Weg abweichen. "Ohne inneren Gleichmut *(shānti)* kann es keine Zufriedenheit geben", so sang der Dichter Tyagarāja aus eigener Erfahrung. Viele von denen, die Ansprachen halten und die *Gītā* auslegen, haben selbst nicht diesen inneren Frieden. Sie schwelgen in Diskussionen und fordern ihre Rivalen heraus, sich mit ihnen zu messen. Sie stellen ihre Erfolge und Titel zur Schau und versuchen, ihre theologischen Gegner durch ihre Triumphe einzuschüchtern.

Das alles ist so egoistisch. Diese Leute haben nicht einmal die Vorstufe der spirituellen Disziplin *(sādhana)* gemeistert. Und doch erwarten sie, daß die Leute zu ihren Füßen sitzen, um von ihnen das Geheimnis zu erfahren, wie sie sich von ihren Fesseln befreien können. Dabei sind sie selbst Schwächlinge, die nicht frei sind.

Was ihr auch tun und lassen mögt, tut wenigstens das eine: Erkennt den Herrn, der in euch residiert, und laßt Ihn sich in euch und durch euch manifestieren. Das ist es, was Varanase Subrahmanya meinte, als er vorhin über Rechtschaffenheit *(dharma)* und gute Taten *(punya)* sprach. Er sagte, daß diejenigen, die im Leben stehen und Stützen der Gesellschaft sein sollten, ihre Verantwortung vergessen haben und die Gelegenheiten zum Dienst an der Allgemeinheit nicht nutzen und daß dadurch die Gesellschaft zugrunde geht. Damit hat er natürlich recht, aber ich muß noch etwas hinzufügen. Auch der Stand derjenigen, die allem Weltlichen entsagt haben *(samnyāsin)* und unberührt von den Versuchungen der Sinne sein sollten, ist völlig entartet. Es steht um diesen Orden so schlimm, daß die Ehrfurcht, die seinen Mitgliedern einst mit Recht entgegengebracht wurde, heute verschwunden ist. Sie sollten die strengen Regeln ihres Ordens befolgen und äußerste Selbstbeherrschung üben. Aber sie folgen diesen Regeln nicht mehr und haben dadurch alle Achtung verloren. Natürlich gibt es auch heute noch einige, die sich strikt an die strengen Ordensregeln halten und Vorbilder des asketischen Lebens sind. Aber man muß sehr lange suchen, um sie zu finden. Sobald einer von ihnen eure Aufmerksamkeit und Gönnerschaft sucht, ist er der Welt noch mehr verhaftet, als ihr es seid.

Der grundsätzliche Fehler besteht darin, daß die Vergänglichkeit des Körpers und alles dessen, was damit verbunden ist, nicht erkannt wird. Als König Bhartrihari über den Tod seiner Gemahlin jammerte und an ihrem Grabe weinte, erschien neben ihm ein alter Mann, der in großem Kummer noch lauter weinte als der König. Er war unglücklich, daß ein irdener Topf, der ihm seit langer Zeit gehörte, zerbrochen war. Der König sagte ihm, es sei zwecklos, über einen zerbrochenen Topf zu weinen, denn noch so viele Tränen könnten ihn nicht wieder instand setzen. Der alte Mann, der kein anderer war als des Königs Premierminister, sagte daraufhin, daß jemand, der sich benimmt, als ob er glaube, daß Weinen Tote wieder lebendig machen könne, nicht das Recht habe, ihm zu sagen, daß sein zerbrochener Topf nicht wieder ganz gemacht werden könne. Diese Worte brachten den König zur Vernunft. Wenn ihr um die Toten weint, zeigt das nur eure grenzenlose Unwissenheit.

Ihr müßt eure Intelligenz benutzen, um zu erkennen, was für euch unter den gegebenen Umständen und in der Situation, in der ihr euch durch euren Beruf und eure Stellung in der Gesellschaft befindet, das beste ist. Der Barbier sollte sein Messer nur zum Rasieren, nicht aber zum Gemüseputzen, Bleistiftspitzen, Papierschneiden oder Holzschnitzen benutzen. Jedes Instrument ist für den Zweck geeignet, für den es vorgesehen ist. So hat auch jeder Mensch bestimmte Fähigkeiten und Verantwortungen. Deshalb muß der König wie ein König und der Bauer wie ein Bauer behandelt werden. Fische können nur im Wasser leben und nicht in Milch. Laßt die Fische im Wasser und nicht in Milch schwimmen mit der Begründung, daß diese doch dicker und nahrhafter sei. Obwohl im Prinzip alles das Göttlich-Absolute *(brahman)* ist, könnt ihr im täglichen Leben diesen Non-Dualismus *(advaita)* nicht anwenden. Der Glaube an die Einheit des Ganzen sollte dem Handeln des einzelnen, das von unterschiedlichen Verhältnissen geprägt sein mag, zugrunde liegen und von der Verschiedenartigkeit nicht berührt werden. Wir sehen auch keine Spuren am Himmel, obwohl Wolken und Sterne, Sonne und Mond darüber hinziehen. Bleibt auch ihr unberührt und gelassen, selbst wenn tausend Ideen durch euren Geist ziehen. *Kabir* hatte einmal drei Tage nichts zu essen. Er dankte Gott dafür und verwandelte die Fastenzeit in einen spirituellen Gewinn. Als Ramadas im Gefängnis war, dankte er Gott, daß er nun einen Platz hatte, an dem er ohne Störung meditieren konnte. Das ist die Haltung der Heiligen, der Lieblinge Gottes. Als dem heiligen Tukaram eine Sänfte gebracht wurde, lehnte dieser eine solche Ehre mit der Begründung ab, er sei noch nicht würdig, auf den Schultern von vier Männern getragen zu werden.

Tugenden sind wie Kühe, die Gesundheit spendende Milch geben. Untugenden sind wie Tiger, die sich auf die Kühe stürzen und sie in

Stücke reißen. Baut eine Festung und verwendet als Steine den Namen des Herrn, dann kann der Tiger euch und euren Tugenden nichts antun.

Bangalore ist die Hauptstadt von Kannada, und dieser Tempel steht im Herzen der Stadt. Nehmt alle die Chance der hier stattfindenden religiösen Feierlichkeiten zu eurem Besten wahr. Hütet euch vor jenen, die Meinen Namen für das Sammeln von Geld und andere Unternehmungen benutzen, durch die sie das Anrecht verlieren, sich Meine *Devotees* zu nennen. Glaubt ihnen nicht! Wo um Geld gebeten und Geld gegeben wird, da bin ich nicht.   Malleswaram, 23.5.1965

Glossar

adharma	Sittenlosigkeit, Unmoral, Ungerechtigkeit, Unredlichkeit.
advaita	Non-Dualismus; die Einheit aller Dinge; philosophische Schule, welche die Einheit allen Seins lehrt.
Agastya	Ein *Rischi*, Autor mehrer Hymnen im *Rigveda*, Bruder von *Vasishta*.
Agni	Gott des Feuers; neben *Vāyu*, *Indra* und *Sūrya* eine der Hauptgottheiten der Hindu-Religion.
Ahalyā	Die Frau eines *Rischis*, die einst durch einen Fluch in einen Stein verwandelt wurde. Als *Rāmas* Fuß den Stein berührte, wurde sie erlöst.
ahamkāra	Ego; Egoismus; Selbstsucht; Gebundensein an die Welt.
ajnāna	Unwissenheit, insbesondere in spiritueller Hinsicht, das göttliche Wesen des Menschen betreffend.
amrita	Nektar der Unsterblichkeit; Nektar der Götter. Er wurde, gemäß der indischen Mythologie, von den Göttern ans Tageslicht gebracht, als diese das Meer aufwühlten.
ānanda	Glückseligkeit; echte, immerwährende Freude, die das Herz erfüllt, wenn alle Bindungen und Wünsche aufgegeben werden.
ānandamaya	die fünfte, innerste der fünf Schichten oder Hüllen der menschlichen Existenz (*kosha*); höchstes inneres Glück; Glückseligkeit.
Ānjaneya	ein anderer Name für *Hanuman*, der vom Namen seiner Mutter "Anjanā" abgeleitet ist. *Ānjaneya* wird auch zu *Krishnas* Zeiten als Inkarnation *Hanumans* erwähnt.
annamaya	die erste, äußerste der fünf Schichten oder Hüllen der menschlichen Existenz (*kosha*); der materielle Körper, der durch Nahrung erhalten wird.
antahkārana	wörtl.: inneres Organ oder Instrument; die Einheit von Ego (*ahamkāra*), Verstand (*manas*), Bewußtsein (*cit*) und höherer Intelligenz (*buddhi*).
anugraha	Gnade Gottes.
Arjuna	einer der fünf *Pāndava* Prinzen, die im *Mahābhārata* Krieg den *Kauravas* gegenüberstanden.
artha	Mittel zum Lebensunterhalt; eines der vier Ziele,(*purushārtha*), auf die das menschliche Leben ausgerichtet werden kann.
asatya	Unwahrheit; Unwirklichkeit; das Vergängliche; Gegensatz zu dem Wirklichen, dem Unvergänglichen (*satya*).

Aschram	ein Ort, an dem ein spiritueller Lehrer wohnt und lehrt.
ashānti	Unfrieden; Friedlosigkeit; Gegensatz zu innerem Frieden (*shānti*).
āshrama	die vier, in den *Veden* festgelegten Entwicklungsstufen des Menschen; 1. *brahmacarya*: die Zeit des Lernens, 2. *grihasta*: die Zeit, in welcher der Mensch seine Pflichten der Gesellschaft gegenüber erfüllen muß, 3. *vānaprastha*: die Zeit spirituellen Strebens in der Einsamkeit, 4. *samnyāsa*: das Aufgeben aller ichbezogenen Interessen und ausschließliche Streben nach Erlösung (*moksha*).
āsti	der Besitz, der den, welcher an Gott glaubt, zu einem "reichen" Mann macht.
asura	Dämon; Symbol der finsteren Mächte, welche gegen die Götter kämpfen und den Menschen in die Finsternis der Unwissenheit stürzen.
Atharvaveda	das vierte der vier Bücher der *Veden*; Gesänge für den vedischen Gottesdienst.
ātmajyotis	Licht der göttlichen Seele.
ātman	das wirkliche Selbst; der Funke Gottes im Menschen; die göttliche Seele.
ātmasvarūpa	göttliche Form; Gott; Manifestation des Göttlichen.
ātmatattva	die eigene Wirklichkeit; die göttliche Urkraft der Seele.
ātmavidyā	Erkenntnis der Wirklichkeit des Selbst und der Scheinwirklichkeit der Welt der Dualität.
Avatar	Inkarnation des Formlos-Absoluten; Gott, der Gestalt annimmt, um *dharma* wiederherzustellen, wenn dieses unter den Menschen vernachlässigt wird.
Ayodhyā	die Hauptstadt von *Rāmas* Königreich; eine der sieben heiligen Städte.
Āyurveda	das dritte der vier Bücher der *Veden*; altes naturheilkundliches System der Diagnose und Therapie; ein "ganzheitliches" Heilsystem.
Bālī	König der Affen, der seinen Bruder *Sugrīva* entthront hatte. Er wurde von *Rāma* getötet, der dann *Sugrīva* wieder als König einsetzte.
Bhagavad Gītā	"Das Lied Gottes"; philosophisches Lehrgedicht über die Geschehnisse des 13. Kapitels des *Mahābhārata*.
Bhāgavatam	eine der heiligen Schriften der Hindu Tradition, die *Vishnu* verherrlicht und Seine Taten beschreibt.
bhajan	Lieder, in denen die vielen Namen Gottes verherrlicht werden. Sie werden oft von Musik- und Schlaginstrumenten begleitet. Ein Vorsinger singt jeweils eine Zeile, die dann von der Gruppe wiederholt wird.

bhakta	gläubiger Mensch; einer, der auf dem Weg hingebungsvoller Liebe (*bhaktimārga*) nach Gotterkenntnis strebt.
bhakti	hingebungsvolle Liebe zu Gott in einer Form; völlige, unwandelbare Bindung an Gott; höchste Form der Verehrung Gottes.
bhaktimārga	Das Streben nach Erlösung auf dem Weg hingebungsvoller Liebe (*bhakti*).
bhaktiyoga	der Weg der Liebe zu Gott; eine der vier *Yoga* Disziplinen, die Sai Baba besonders hervorhebt.
Bhārat	Indien; das Land, das Bindung (rati) an Gott (bha) hat; das Land, das einst von König Bharata regiert wurde.
Bharata	Sohn *Dasharathas* und dessen zweiter Frau *Kaikeyī*; Halbbruder *Rāmas*.
Bhīma	der zweitälteste der *Pāndava* Prinzen; Bruder *Arjunas*.
Bhīshma	Ahnherr der *Pāndavas* und *Kauravas*, der als Oberhaupt beider Familien diese erzogen hat. In dem *Mahābhārata* Krieg kämpfte er als Oberbefehlshaber auf der Seite der *Kauravas*.
Brahmā	einer der drei Aspekte Gottes; Gott als Schöpfer; ein Gott der Hindu-Trinität.
brahmacāri	1. Ein religiös Strebender, der sich spirituellen Übungen unterzieht. 2. Ein junger Mann auf der ersten der vier vedischen Lebensstufen (*āshrama*).
brahmacarya	1. Enthaltsamkeit in Gedanken, Worten und Taten; 2.Die Zeit des Lernens; die erste der vier Entwicklungsstufen des Menschen (*āshrama*).
brahmajnāna	Gotterkenntnis; das Wissen um das Göttlich-Absolute.
brahman	das ewig-unvergängliche Absolute; die höchste, nichtduale Wirklichkeit; das universale Bewußtsein, das dem Denken nicht zugänglich ist.
Brahmane, Brahmanin	sanskr.: brāhmana; Angehöriger der obersten Kaste der Hindus.
Brahmasūtra	eine Sammlung von Aphorismen und Versen über die *Vedānta* Philosophie.
brahmatattva	das Wesen *brahmans*.
brahmavidyā	die Erkenntnis des Göttlich-Absoluten; die Wahrheit, die durch höchste Weisheit enthüllt wird; das Studium dieser Wahrheit.
Brindāvan	die Gegend, in der *Krishna* die Kühe weidete; das Gelände bei Whitefield, auf dem sich der zweite Wohnsitz und ein College Sai Babas befindet.
buddhi	höhere Intelligenz; die Kraft des Unterscheidungsvermögens.
Caitanya	ein großer Heiliger, der ganz in der Liebe zu *Krishna* aufging (1485-1534).

caitanya	Leben gebende, vitale Kraft; die aktive Wesenheit in der Natur; Bewußtsein; Glanz des Göttlichen.
chakra	Diskus; Zeit; Rad; Name eines Kraftzentrums des ätherischen Körpers.
cit	absolutes Bewußtsein, die vier Bewußtseinsstufen: Wachen, Träumen, Tiefschlaf und *samādhi* umfassend; *cit* ist der Funke Gottes im Menschen.
dama	Selbstbeherrschung, Geduld, Förderung positiver Eigenschaften durch Beherrschung der Sinne und Gefühle.
Dāmodara	ein Beiname *Krishnas*, der Ihm gegeben wurde, weil Seine Mutter versuchte, Ihm einen Strick (dāma) um den Bauch (udara) zu schlingen und damit festzubinden.
darshan	Anblick; Anschauen; die Form eines Heiligen sehen und seinen Segen empfangen.
Dasharatha	König von *Ayodhyā*, dessen Hauptgemahlin *Kausalyā* ihm den Prinzen *Rāma* gebar.
dayā	Mitgefühl; Barmherzigkeit; Freundlichkeit.
deha	der Körper, der in fünf Hüllen (*kosha*) das wirkliche Selbst (*ātman*) umgibt.
devatā	göttliches Wesen; Lichtwesen; bestimmte Götter der Hindu-Mythologie werden als *devatās* bezeichnet.
Devotee	engl. Bezeichnung eines gläubigen Menschen, der sich einem spirituellen Lehrer (*guru*) anvertraut hat.
dharma	Rechtschaffenheit; die göttliche Ordnung; ethisch-religiöse Verpflichtung; eines der vier Ziele (*purushārtha*), auf die das menschliche Leben ausgerichtet werden kann.
Dharmaja	Beiname für *Yudhishthira*; ältester der *Pāndava* Prinzen; Bruder *Arjunas*.
Dharmakshetra	das Feld (*kshetra*), auf dem die *Pāndavas* die *Kauravas* bekämpften, um die göttliche Ordnung (*dharma*) wiederherzustellen.
Dharmarāja	auch: *Dharmaja*; Beiname *Yudhishthiras*, des Ältesten der fünf *Pāndavas*.
dhyāna	Meditation; Versenkung; das Einswerden von dem Objekt der Meditation (Gott), dem Meditierenden und dem Vorgang der Meditation.
dhyānayoga	der Weg, der durch Meditation zum Einswerden mit Gott führt; eine der vier *Yoga* Disziplinen, die Sai Baba besonders hervorhebt.
Draupadī	"aus dem Feuer geboren"; Tochter des Königs Drupada und Gemahlin der fünf *Pāndava* Prinzen.
Dhritarāshtra	König und Vater der 100 *Kauravas* und Onkel der 5 *Pandavas*.
Drona	Lehrer, der die *Pāndava*- und *Kaurava*-Prinzen in der Kriegskunst unterwies.

Duryodhana	ältester der *Kaurava* Prinzen, ihr Führer im *Mahābhārata* Krieg.
dvaita	Dualismus; philosophische Schule, welche die Gegensätze der Welt als wirklich anerkennt.
dvāparayuga	das "kupferner Zeitalter"; das dritte im Zyklus der vier Weltzeitalter.
Dvārakā	die Stadt, in der *Krishna* wohnte.
ekāgratā	"Einspitzigkeit"; vollkommen auf einen Punkt konzentriert sein.
Ganapati	anderer Name für *Ganesha*.
Ganesha	Sohn von *Shiva* und *Pārvatī*; Herr der niederen Götter; verehrt als "Überwinder aller Hindernisse"; dargestellt als klein und dick mit einem Elefantenkopf.
Garuda	mystischer Vogel; der Herr der Vögel; das Reittier *Vishnus*; erklärter Feind aller Schlangen.
Gāyatrī	wörtl.: das, was rettet, wenn wiederholt; einer der heiligsten Verse des *Rigveda*; "Mögen wir über das leuchtende Licht Dessen meditieren, Der anbetungswürdig ist und alle Welten geschaffen hat! Möge Er unsere Intelligenz auf die Wahrheit lenken!"
Gītā	Lied; kurz für *Bhagavad Gītā*.
Gokula	Name der Stadt an den Ufern des Yamunā, in deren Umgebung *Krishna* in Seiner Jugend die Kühe hütete.
gopī	Hirtin; die Kuhhirtinnen von *Brindāvan*, mit denen *Krishna* in Seiner Jugend spielte und die Ihn verehrten; Vorbilder und Symbol für intensive Gottesliebe.
Govinda	ein Beiname *Krishnas*; der "Kuh-Hirte".
grihasta	wörtl: Haushälter; die zweite der Entwicklungsstufen des Menschen (*āshrama*), in welcher er seine Pflichten der Gesellschaft gegenüber erfüllen muß.
guna	Grundeigenschaft; die drei Grundeigenschaften der objektiven Erscheinungswelt: *tamas, rajas* und *sattva*.
Guru	Lehrer; spiritueller Meister, der von Unwissenheit befreit, Illusion zerstört und seinen Schülern den Weg zur Erlösung zeigt.
Hanuman	Feldherr des Affenkönigs *Sugrīva*, der *Rāma* liebevoll verehrte; Anführer der Truppen, die *Rāma* im Kampf gegen *Rāvana* unterstützten.
Hari	wörtlich: Vertreiber der Sünde; Bezeichnung für *Vishnu* und *Krishna*; auch allgemein für "Gott" gebraucht, wenn Er sich personifiziert vorgestellt wird.
Harishcandra	ein König, der für seine Frömmigkeit und Gerechtigkeit berühmt war.
Hastināpura	Hauptstadt der *Kauravas*.
Hiranyakashipu	Dämonenkönig, von dem im *Mahābhārata* berichtet wird; Vater von *Prahlāda*.

Indra	Oberhaupt der Hindu Gottheiten (*devatā*); nimmt oft die Stelle *Vāyus* ein, der neben *Agni* und *Sūrya* eine der Hauptgottheiten der Hindu-Religion ist.
indriya	wörtlich: Sinnesorgan; die fünf Wahrnehmungsorgane (*jnānendriya*) und die fünf Organe des Handelns (*karmendriya*).
Īshvara	Gott; der Schöpfer; Er, der selbst still und unbeteiligter Zeuge ist; Beiname für *Shiva*.
jagat	die vergängliche Welt; das Universum; die Schöpfung.
Jayadeva	Dichter des 12. oder 13. Jahrhunderts, der das lyrische Werk "*Gītā Govinda*" über die jungen Jahre *Krishnas* geschrieben hat.
jīva	die individuelle Seele; Wesenheit; Mensch; das Bewußtsein der göttlichen Seele als "Ich". Sai Baba sagt auch, daß es keine individuelle Seele gibt, sondern daß das Innerste aller Wesen eins ist.
jīvatattva	der körperliche Aspekt des Lebens; das, was bindet, was sich auf *jīva* bezieht.
jīvi	das Individuum.
jnāna	höheres Wissen; Weisheit; spirituelle Einsicht.
jnānakānda	dritter Teil der *Bhagavad Gītā*.
jnānamārga	das Streben nach Erlösung auf dem Weg des Wissens (*jnāna*).
jnānayoga	der Weg, der zur Weisheit führt; eine der vier *Yoga* Disziplinen, die Sai Baba besonders hervorhebt.
jnānendriya	die fünf Wahrnehmungsorgane des Sehens, Hörens, Riechens, Schmeckens und Tastens (s. auch *indriya*).
jnānī	der Weise; der erlöste Mensch; einer, der unberührt von den Versuchungen der Sinne ist und Gott in allen Lebewesen und Dingen sieht.
jyotis	Licht; das Licht als Symbol des Göttlichen.
Kabir	indischer Dichter und Mystiker, dessen Lieder bei Hindus und Moslems gleichermaßen beliebt sind, um 1440.
Kaikeyī	zweite Frau des Königs *Dasharatha*; Mutter von *Bharata*, dem Halbbruder *Rāmas*.
kāla	wörtlich: Zeit; Beiname für *Yama*, den Gott des Todes.
Kālī	die grimmige Gemahlin *Shivas*; Symbol für *Shivas* Schöpferkraft (*shakti*), aber auch Sinnbild der Auflösung und Zerstörung; der weibliche Aspekt der Gottheit; verehrt als göttliche Mutter.
kaliyuga	das jetzige "Zeitalter des Eisens"; das letzte im Zyklus der vier vedischen Weltzeitalter.
kāma	Begierde; Lust; Verlangen nach Dingen der materiellen Welt; eines der vier Ziele (*purushārtha*), auf die das menschliche Leben ausgerichtet werden kann.

260

kānda	Kapitel; Teil; Thema.
karma	Tat; Arbeit; Gesetz von Ursache und Wirkung; Pflichterfüllung; die Folgen des Handelns.
karmakānda	erster Teil der *Bhagavad Gītā*.
karmayoga	der Weg des Handelns; in der Welt leben und arbeiten, ohne einen Lohn zu erwarten; eine der vier *Yoga* Disziplinen, die Sai Baba besonders hervorhebt.
karmendriya	die fünf Tätigkeitsorgane für Sprechen, Handeln, Gehen, Ausscheiden und Fortpflanzen (s. auch *indriya*).
Karna	ein Halbbruder der *Pāndavas*; er war der Sohn deren Mutter und des Gottes *Sūrya*.
Kauravas	die 100 Söhne von *Dhritarāshtra*, die in dem *Mahābhārata*-Krieg den *Pāndavas* unterlagen; symbolisch für die schlechten Eigenschaften des Menschen.
Kausalyā	Hauptgemahlin König *Dasharathas*; die Mutter *Rāmas*.
kosha	Hülle; Umhüllung; es gibt fünf Hüllen, die das Göttliche im Menschen umschließen: *annamaya, prānamaya, manomaya, vijnānamaya, ānandamaya*.
Krishna	*Avatar* zur Zeit des *Mahābhārata*-Krieges.
kritayuga	das "goldene Zeitalter"; das erste im Zyklus der vier Weltzeitalter; auch *satyayuga*.
krodha	Zorn; Haß; Ärger; Rache; der Wunsch, anderen zu schaden.
Kshatriya	die zweite Kaste der Hindu-Gesellschaft; Angehöriger der Kaste der Krieger, Fürsten und Könige.
kshetra	Feld; ein Ort, an dem etwas lebt. Der Körper als Feld der fünf Sinne.
kundalinīshakti	wörtl.: Schlangenkraft; die im Menschen am unteren Ende der Wirbelsäule ruhende kosmische Energie.
Kurukshetra	eine Ebene in der Nähe von Delhi, auf der die große Schlacht zwischen den *Pāndavas* und *Kauravas* stattgefunden hat.
Lakshmana	*Rāmas* Bruder, der diesen ins Exil begleitete.
Lakshmī	Gemahlin *Vishnus*; Göttin des Glücks und Symbol der Schönheit.
linga	eiförmiges Symbol, in dem *Shiva* verehrt wird; Symbol der Zeugungskraft und der Schöpfung.
lobha	Gier; Geiz; seinen Besitz mit niemandem teilen wollen.
loka	wörtl.: Welt; das Wort wird im Zusammenhang mit der Unterteilung des Universums in verschiedene Welten gebraucht, z.B. Himmel, Erde, Hölle oder Unterwelt; von Sai Baba werden *lokas* als Bewußtseinsebenen bezeichnet.
Mādhava	Beiname für *Vishnu* und *Krishna*.

Mādrī	zweite Gemahlin Pandus, des Vaters der *Pāndavas*; Mutter der Zwillinge *Nakula* und Sahadeva, der Halbbrüder *Arjunas*.
Mahābhārata	das umfangreichste Epos der Hindu-Mythologie, in dem der Kampf zwischen den *Pāndavas* und *Kauravas* beschrieben wird. Als Verfasser gilt der mythische Weise *Vyāsa*.
mahārāja	indischer Fürst; König.
Maharishi Mahārshi	ein großer Weiser, der die Ideale, die in den *Veden* enthalten sind, lehrt.
mahāshivarātri	wörtl: große *Shiva*-Nacht, jährliches Fest, das im Februar bei Neumond mit Fasten, Gebet und Meditation begangen wird.
Maheshvara	wörtl: großer *Īshvara*; ein Beiname *Shivas*.
manana	Überdenken; Nachsinnen; Kontemplation über heilige Texte.
manas	Geist (engl.: *mind*); Denken und Fühlen. Die Fähigkeit, Dinge zu verstehen. Der unruhige Geist führt zu Bindungen. Der Geist, der die Sinne beherrscht, dient als Werkzeug beim Streben nach Erlösung.
manomaya	die dritte der fünf Schichten oder Hüllen der menschlichen Existenz (*kosha*); der feinstoffliche Körper mit seinen Wünschen, Begierden und Entscheidungen positiver sowie negativer Art.
mantra	spirituelle Formel, die dem Aspiranten von seinem *Guru* gegeben wird. Das Wiederholen des *mantra* und Meditieren darüber fördert die spirituelle Entwicklung.
Mārkandeya	ein Weiser; Verfasser der *Mārkandeya Purana*; berühmt wegen seiner asketischen Lebensweise und seines hohen Alters.
Mathurā	Stadt am rechten Ufer des Yamuna Flusses, in der *Krishna* geboren wurde.
māyā	das verhüllende Prinzip, das die Manifestationen des Einen als materielle Wirklichkeit erscheinen und dadurch die Schöpfung entstehen läßt; der erste Wunsch nach "Vielheit"; die primäre Illusion; der Schatten Gottes.
mind	engl. Sammelbegriff für Geist, Fühlen, Denken, Gemüt, Verstand.
Mīra	eine Heilige (1547-1614); Königin von Chitore und mystische Dichterin, die wegen ihrer großen Liebe zu *Krishna* der Welt entsagte.
moha	Verblendung; Täuschung, verursacht durch falsche Bewertung vergänglicher Dinge.
moksha	Befreiung des Geistes; Erlösung; Unterbrechung des Kreislaufs von Geburt und Tod; Erlangung ewiger

	Glückseligkeit; Einswerden mit Gott; eines der vier Ziele (*purushārtha*), auf die das menschliche Leben ausgerichtet werden kann.
Nakula	Sohn von *Mādrī*; Halbbruder *Arjunas*.
nāmarūpa	wörtl: Name-Form; die Persönlichkeit; das personifizierte Selbst.
nāmasmarana	Rezitieren einer der Namen Gottes; ständiges Wiederholen Seines Namens und dadurch Ausrichten des Denkens auf Seine Wirklichkeit.
Nanda	Pflegevater *Krishnas*; Oberhirte der Kuhherden von *Gokula* und *Brindāvan*.
nara	Mensch; menschlich.
Nārada	einer der sieben großen Weisen der Hindu-Mythologie; unterschiedlich beschrieben als Sohn *Brahmās*, als Götterbote oder als Zeitgenosse *Krishnas*.
Narahari	ein *Avatar Vishnus*; Gott in der Form eines Löwenmenschen; auch *Narasimha*.
Narasimha	Löwenmensch; die vierte Inkarnation *Vishnus* als *Avatar*; auch *Narahari*.
Nārāyana	das Göttliche, das sich im Menschen manifestiert; Beiname für *Vishnu*, der sich immer wieder als *Avatar* inkarniert.
nididhyāsa	Nachsinnen über das, was man sich ins Gedächtnis zurückruft; Meditation.
Nilayam	kurz für *Prashanti Nilayam*.
nirgunabrahman	der formlose, eigenschaftslose Gott; Gott als das Absolute; im Gegensatz zu *sagunabrahman*.
nirvikalpasamādhi	Zustand der Erleuchtung; Befreiung von Leiden, Tod, und Wiedergeburt; höchstes, transzendentes Bewußtsein.
nishkāmakarma	wörtl: uneigennütziges Handeln; Handeln, bei dem der Handelnde keinen Lohn und keine Gegenleistung erwartet.
OM, omkāra	die erste Schwingung kosmischer Urenergie; Symbol für Gott und *brahman*; heiligster und wirkungsvollster *mantra*; *pranava*.
Pāndavas	die 5 Söhne des Pāndu, die im *Mahābhārata*-Krieg gegen die *Kauravas* kämpften und diese besiegten; symbolisch für die guten Eigenschaften des Menschen.
Pandit	Schriftgelehrter; einer, der die heiligen Schriften der Hindu-Religion studiert hat und diese auslegen kann.
paramātman	das höchste Selbst; die universale Seele; die einzige Realität; Gott; das Absolute, von dem alles ausging, in dem alles ist und in das alles eingehen wird.
Parikshit	Enkel *Arjunas*; König von *Hastināpura*; er starb an einem Schlangenbiß. In den sieben Tagen zwischen

	dem Biß und seinem Tod wurde ihm von dem Weisen *Shuka* das *Bhāgavatam*-Epos erzählt.
Pārvatī	Gemahlin *Shivas*; Mutter des Universums.
Prahlāda	der erleuchtete Sohn des Dämonen-Königs *Hiranya-kashipu*.
prakriti	die materielle Welt; Schöpfung; Natur.
prānamaya	die zweite der fünf Schichten oder Hüllen der menschlichen Existenz (*kosha*): die Sphäre der Lebensfunktionen; Atmung; vegetatives Nervensystem.
pranava	Name der heiligen Silbe *OM*.
prasād	Gott dargebrachte und von Ihm gesegnete Speisen.
prashānti	göttlicher Frieden; höchster innerer Frieden (*shānti*).
Prashanti Nilayam	"Wohnsitz des höchsten Friedens"; der Name des *Aschrams* von Shri Sathya Sai Baba.
prema	reine, selbstlose Liebe; göttliche Liebe; das Bewußtsein, daß alles eins ist.
premasvarūpa	Verkörperung göttlicher Liebe; einer, dessen Wesen reine, selbstlose Liebe ist.
pūjā	Gottesdienst; rituelle Anbetung Gottes.
punya	Tugend; gute Taten; Verdienst.
Purāna	die alten indischen Legenden, Essays und Abhandlungen.
pūrnima	wörtl: Tag des Vollmondes; Bezeichnung vieler Feiertage, die an einem solchen Tag gefeiert werden, z.B. *Guru* oder *Vyāsa pūrnima*.
purusha	der Höchste; der Herr; Gott; das Urwesen, von dem alles was ist, ausging; der Schöpfer des Universums; das Selbst im Menschen; die Seele als Manifestation des Göttlichen.
purushārtha	die vier Ziele, auf die das menschliche Leben ausgerichtet werden kann und die, wenn sie richtig gewählt werden, zur Entfaltung des Bewußtseins führen können. Sie sind: *dharma, artha, kāma, moksha*.
purushottama	der Höchste, dessen Bewußtsein das ganze Universum füllt und aktiviert.
Puttaparthi	Name des kleinen Dorfes in Südindien, in dem Shri Sathya Sai Baba am 23. November 1926 geboren wurde.
Rādhā	eine der *gopīs*; größte Verehrerin *Krishnas*. Sie wird als die Verkörperung der göttlichen Energie (*shakti*) und als Beispiel totaler Hingabe an das höchste Selbst (*brahman*) verehrt.
rāja	Fürst; König.
rajas, rajasika	aktiv; leidenschaftlich; auf das Ergebnis des Handelns bedacht sein.
rajavāsanā	Impuls, der einem leidenschaftlichen, selbstsüchtigen Wesen entspringt.

rajoguna	Aktivität; von Gefühlen beherrscht sein; eine der drei Grundeigenschaften (*guna*).
rākshasa	Dämon; mehr oder weniger böser Geist.
Rāma	*Avatar*, dessen Leben im *Rāmāyana*-Epos beschrieben wird.
Rāmakrishna Paramahamsa	ein Heiliger Bengalens (1836-1886), der heute von vielen Hindus als göttliche Inkarnation verehrt wird.
Ramana Maharshi	einer der größten indischen Heiligen der Neuzeit (1879-1950). Seine Methode der Unterweisung bestand darin, den Fragenden auf sein wahres Selbst zu verweisen. Er empfahl, immer wieder die Frage zu stellen: "Wer bin ich?"
Rāmāyana	Epos der Hindu-Mythologie über das Leben *Rāmas*.
Rāvana	Dämonenkönig in Lanka, der *Sītā*, die Gemahlin *Rāmas*, entführte und dann von *Rāma* mit Hilfe *Hanumans* besiegt wurde.
Rigveda	das erste der vier Bücher der *Veden*; Hymnen an die Götter.
Rischi	Bezeichnung eines Weisen, der Gott in sich erkannt hat.
Rukminī	*Krishnas* Hauptgemahlin. Er heiratete sie in *Dvārakā* und sie gebar Ihm zehn Söhne und eine Tochter.
sādhaka	Aspirant auf dem spirituellen Pfad; einer, der sich in geistiger Disziplin (*sādhana*) übt.
sādhana	Übungen zur spirituellen Vervollkommnung, z.B. Meditation, Namensrezitation, selbstloses Dienen.
sagunabrahman	wörtl: *brahman* mit Eigenschaften; der personifizierte Gott im Gegensatz zu *nirgunabrahman*.
samādhi	vollkommene Ausgeglichenheit; Stille in Gott; Erlangung der Einheit; neben Wachen, Träumen und Tiefschlaf eine der vier Bewußtseinsstufen, die als *cit* verstanden werden.
Samaveda	das zweite der vier Bücher der *Veden*; Priestergesänge zur Ehre der Götter.
samnyāsa	wörtl: Entsagung; die letzte der vier Entwicklungsstufen des Menschen (*āshrama*); das Aufgeben aller ichbezogenen Interessen und ausschließliche Streben nach Erlösung (*moksha*).
samnyāsin	ein Bettelmönch, der alle weltlichen Bindungen aufgibt und die ockerfarbene Robe trägt.
samsāra	Fluß; Kreislauf des Lebens; beständiger Wechsel; der endlose Zyklus von Geburt und Tod.
samskāra	Läuterung; der Doppelprozeß des Entfernens aller Laster und des Pflanzens der vier Tugenden: Wahrhaftigkeit, Rechtschaffenheit, Friedfertigkeit und selbstlose Liebe.
sanātanadharma	die göttliche Urordnung; ewig gültiges Gesetz.

sankalpa	Absicht; Plan; Beschluß; der göttliche Wille; Gottes Gnade; der von den, aus dem Unterbewußtsein kommenden, Impulsen und Neigungen befreite Wille.
santosha	Zufriedenheit; innere Freude und Fröhlichkeit.
sat	absolutes, unwandelbares Sein; das einzige wirklich Unveränderliche.
sat-cit-ānanda	Sein – Bewußtsein – Glückseligkeit; das ewig absolut Wirkliche.
satsanga	Zusammenkunft spiritueller Menschen.
sattva, sattvika	rein; harmonisch; ausgeglichen; tugendhafte Eigenschaften.
sattvaguna	Gelassenheit; Wunschlosigkeit; Reinheit; eine der drei Grundeigenschaften (*guna*).
satya, satyam	Wahrheit; Wirklichkeit; Realität; die Wahrheit, die für alle Zeiten und unter allen Umständen unveränderlich gültig ist.
Satyabhāmā	eine von *Krishnas* vier Gemahlinnen; sie hatte zehn Söhne.
satyayuga	das "goldene Zeitalter"; das erste im Zyklus der vier Weltzeitalter; auch *kritayuga*.
seva	Dienst am Nächsten; Dienen als Gottesdienst; Helfen als spirituelle Disziplin.
shabda	Ton; Laut; Schwingung; Energie.
shakti	wörtl.: Kraft; Macht; Energie; in der indischen Mythologie: die Gemahlin *Shivas*; Personifizierung der Urenergie, der Kraft Gottes.
Shankara	großer indischer Reformer und Lehrer der *Vedānta* Philosophie, der im 8. oder 9. Jahrhundert lebte.
shankha	große Seemuschel; das große Muschelhorn *Shivas*; Tonschwingung.
shānti	innerer Frieden; Gleichmut.
sharanāgati	Selbsthingabe an Gott; alles Gottes Willen überlassen; das Bewußtsein des Einsseins mit Ihm.
Shāstra	wörtl: Belehrung; die *Veden* und alle anderen heiligen Schriften, Kommentare usw.
Shirdi Sai Baba	erste Inkarnation des Sai *Avatars* (1838-1918).
Shiva	einer der drei Aspekte Gottes; Gott als Zerstörer, der auflöst, um Neues zu erschaffen; Gott der Hindu-Trinität.
shivalinga	siehe *linga*.
shivarātri	wörtl.: *Shivas* Nacht; spirituelle Nachtwache bei Neumond zu Ehren *Shivas*; *mahāshivarātri* wird als Festtag mit Fasten, Gebet und Meditation bei Neumond im Februar/März begangen.
shraddhā	wörtl.: Glaube; Vertrauen; der Glaube an das, was die heiligen Schriften lehren; das Vertrauen, daß sie die Wahrheit verkünden.

266

shravana	wörtl: Hören, Lernen; von der höchsten Wahrheit hören; die heiligen Schriften studieren und daraus lernen; dem *Vedānta* gemäß der erste Schritt auf dem spirituellen Pfad.
shruti	"das, was gehört wurde"; das, was die alten *Rischis* als göttliche Schwingung vernommen haben; Inhalt der *Veden*.
Shūdra	die vierte Kaste der Hindu-Gesellschaft; Angehöriger der Kaste der Arbeiter und Dienenden.
Shuka	großer Weiser. Er hat *Parikshit* das *Bhāgavatam*-Epos erzählt.
siddhi	übernatürliche Kräfte und Fähigkeiten, die sich als Nebenprodukte spiritueller Entwicklung einstellen können.
Sītā	wörtl.: Ackerfurche; Tochter der Erde; die Gemahlin *Rāmas*.
so'ham	"Er – Ich", d.h. Gott und ich sind eins; der Laut, der durch das Ein- und Ausatmen verursacht wird.
Sugrīva	König eines Affengeschlechts, der *Rāma* half, *Sītā* von *Rāvana* zurückzugewinnen; sein Feldherr war *Hanuman*.
Sūrya	Sonne; der Sonnengott; der Vater der Zeit.
svabhāva	das Wesen der göttlichen Seele; die Wahrheit, die im Herzen eingeprägt ist.
svadharma	die persönliche, den individuellen Verhältnissen wie Kultur, Geschlecht, Alter, Religion usw. gerecht werdende Ordnung, die Teil der göttlichen Urordnung ist.
svarūpa	wörtl: Wesen, Beschaffenheit; Form als Verkörperung eines geistigen Prinzips.
Swami	respektvolle Anrede eines spirituellen Meisters, auch Sai Babas.
tamas, tamasika	dunkel; unwissend; faul; träge; nicht fähig, zwischen Recht und Unrecht zu unterscheiden.
tamoguna	Stumpfheit; Rohheit; Unwissenheit; eine der drei Grundeigenschaften (*guna*).
tapas	Disziplin; spirituelle Übungen; Askese; Enthaltsamkeit.
tat	wörtl: Das; als Hauptwort benutzt, um das unendlich Absolute oder Gott auszudrücken; siehe: *tat tvam asi*.
tat tvam asi	"Das bist Du"; "Das" ist hier das Absolute, Gott. "Du bist Gott." Dieser Satz deutet auf die Identität der individuellen mit der universalen Seele hin.
tretāyuga	das "silberne Zeitalter"; das zweite im Zyklus der vier Weltzeitalter.
tvam	wörtl: Du; das Individuum, der einzelne, der im Grunde genommen eins ist mit dem Absoluten; siehe: *tat tvam asi*.

tyāga	wörtl: entsagen, loslassen; das Aufgeben von Bindungen; Handeln, bei dem der Handelnde nicht nach Ergebnissen trachtet.
Tyāgarāja	Heiliger und Dichter; seine Lieder zur Ehre Gottes zählen zu den schönsten der Telugu-Literatur.
upādhi	wörtl: Hinzufügung; alles, was das einzig Wirkliche (*brahman*) verhüllt und verdeckt, wenn sich das Selbst (*ātman*) mit dem Körper identifiziert.
Upanishaden	esoterische Abhandlungen der *Veden*; die *Upanishaden* sind Teil des *Vedānta*.
upāsana	Verehrung und Anbetung Gottes in einer Seiner zahlreichen Formen; in den *Upanishaden* auch: Meditation.
upāsanakānda	ein Teil der *Veden*, der sich mit der Verehrung und Antbetung Gottes beschäftigt.
vaikuntha	der Himmel *Vishnus*; Paradies ohne Leid und Sorgen.
vairāgya	Leidenschaftslosigkeit; Entsagung; Verzicht, aber nicht das Aufgeben weltlicher Dinge, sondern das Lösen der Bindung an diese.
Vaishya	die dritte Kaste der Hindu-Gesellschaft; Angehöriger der Kaste der Händler und Bauern.
Vālmīki	Verfasser des *Rāmāyana*-Epos; der erste namentlich genannte Dichter der indischen Literatur.
Vāmana	wörtl: Zwerg; die fünfte Inkarnation *Vishnus* als *Avatar*.
vānaprastha	wörtl: Waldaufenthalt; die dritte der vier Entwicklungsstufen des Menschen; die Zeit spirituellen Strebens in der Einsamkeit.
varna	Kaste; eine Gesellschaftsordnung, die von den Ariern nach ihrem Eindringen in Indien eingeführt wurde.
Varuna	eine der ältesten vedischen Gottheiten; König des Universums; Herr der Götter und Menschen.
Vasishtha	berühmter Weiser, dem viele vedische Hymnen zugeschrieben werden.
Vasudeva	*Krishnas* Vater.
Vāyu	der Gott des Windes; neben *Agni* und *Sūrya* einer der Hauptgottheiten der Hindu-Religion; seine Stelle nimmt oft *Indra* ein.
Veda	wörtl.: das Wissen; das heilige Wissen, das in den *Veden* zusammengefaßt ist.
Vedānta	Endteil der *Veden*; die *Upanishaden*.
Veden	heilige Schriften, die den *Veda* enthalten und die Grundlage der Hindu-Religion bilden. Sie bestehen aus dem *Rig-, Sāma-, Yajur-* und *Atharvaveda*.
vijnānamaya	die vierte der fünf Schichten oder Hüllen der menschlichen Existenz (*kosha*); höhere Intelligenz; Intuition.

vishishtādvaita	bedingter Non-Dualismus; philosophische Schule, die lehrt, daß es nur Eines gibt und daß das Zweite des Einen wesentlicher Teil ist.
Vishnu	einer der drei Aspekte Gottes; Gott als Erhalter und Beschützer; ein Gott der Hindu-Trinität.
Vishvāmitra	berühmter Heiliger und Weiser; einer der sieben großen *Rischis*.
viveka	Unterscheidungsvermögen; die Fähigkeit, zwischen dem Vergänglichen und Unvergänglichen zu unterscheiden.
Vivekānanda	1863-1902; bedeutendster Schüler *Rāmakrishnas*; er gründete den *Rāmakrishna*-Orden, dessen Leiter er bis kurz vor seinem Tode blieb.
vyakta	wörtl: das Wahrnehmbare; das Entwickelte, das Manifestierte; die Welt der Erscheinungen.
Vyāsa	Schreiber; Lehrer; einer, der Texte zusammenstellt; Name für die Verfasser der *Veden*.
yāga	Opfer; Bittopfer, um die Herrschaft über die Sinne zu gewinnen.
yajna	Opfer; alle schlechten Eigenschaften in Demut Gott zum Opfer bringen.
Yajurveda	das dritte der vier Bücher der *Veden*; *mantras*; Opfersprüche.
Yama	Gott und König des Todes, der Zeit und der Unterwelt.
Yashodā	Pflegemutter *Krishnas*.
Yoga	Selbstkontrolle; spirituelle Disziplin mit dem Ziel des Einswerdens mit Gott; vier Disziplinen werden von Sai Baba besonders hervorgehoben: *bhaktiyoga, karmayoga, dhyānayoga, jnānayoga*.
Yogi	ein auf Gott konzentrierter Mensch; einer, der *Yoga* praktiziert.
Yudhishthira	der älteste der fünf *Pāndava* Prinzen; auch *Dharmarāja* oder *Dharmaja* genannt. Nach dem Sieg der *Pāndavas* im Krieg gegen die *Kauravas* regierte er als gerechter und gütiger König.

Auswahl deutschsprachiger Literatur von und über Sathya Sai Baba (SSB)

Sathya Sai Baba: **Besinnung auf Gott** (Dhyāna Vāhinī). Über den Prozeß der wirklichen Meditation. 128 S., kart. ISBN 3-924739-32-3

Sathya Sai Baba: **Strom des Friedens** (Prashānti Vāhinī). SSB lehrt uns das Geheimnis des Friedens, 116 S., kart., ISBN 3-924739-33-1

Sathya Sai Baba: **Lebe die Liebe** (Prema Vāhinī). Über die höchste Form der Liebe: die gesamte Schöpfung als Einheit zu sehen und sie zu bejahen. 139 S., Lein., ISBN 3-900790-00-0

Sathya Sai Baba: **Quellen der Weisheit** (Sutra Vāhinī). ‚Sutra' bedeutet: ‚Das, was mit wenigen Worten tiefe Bedeutung enthüllt'. Erläuterungen zu den Brahma Sutras, 68 S., kart., ISBN 3-924739-27-7

Sathya Sai Baba: **Erziehung zur Selbsterkenntnis** (Vidya Vāhinī). SSB erklärt die Grundprinzipien des Wissens und weist auf die enge Verbindung zwischen Erziehung und Geisteswissenschaft hin, 91/92 S., bro., ISBN 88-7734-000-2

Sathya Sai Baba: **Gītā Vāhinī – Weisheitsstrom der Gītā** incl. **Prasnottara Vāhinī**. Erklärende Ausführungen SSB's zur Bedeutung der Bhagavad Gītā. 260 S., kart. ISBN 3-924739-03-X

Sathya Sai Baba: **Sathya Sai Vāhinī – Strom der göttlichen Gnade Sai's** incl. **Bhārathiya Paramartha Vāhinī**. SSB vermittelt die Weisheit der Veden und ihre Bedeutung für den Erkenntnis- und Lebensweg. 192 S., kart., ISBN 3-924739-05-6

Sathya Sai Baba: **Sommersegen in Brindavan – Bd. I** (Summershowers I). Vorträge vor Schülern und Studenten in Brindavan, die in die Wahrheit und Weisheit der indischen Kultur einführen und in denen SSB Seine Botschaft der Liebe erläutert, 176 S., bro., ISBN 3-924739-19-6

Sathya Sai Baba: **Sommersegen in Brindavan – Bd. II** – wie oben –, 220 S., bro., ISBN 3-924739-14-5

Sathya Sai Baba: **Sommersegen in Brindavan – Bd. III** – wie oben – ersch. 91, ISBN 3-924739-41-2

Sathya Sai Baba: **Bhagavadgītā**. Vorträge SSB's zur Bhagavadgītā in der Bearbeitung von Al Drucker. Ersch. 91, ISBN 3-924739-42-0

Sathya Sai Baba: **Sādhana – Der Weg nach Innen**. In einer Zusammenstellung wichtiger Auszüge aus Reden SSB's erfährt der Suchende, wie er auf dem Pfad geistiger Übungen (Sādhana) göttliches Bewußtsein verwirklichen kann, 256 S., kart., ISBN 3-924739-15-3

Sathya Sai Baba: **Sai Baba erzählt**. Kleine Geschichten und Gleichnisse (Chinna Katha). 320 S., bro., ISBN 3-924739-28-5

Sathya Sai Baba: **Sathya Sai Baba spricht – Band I**. Reden SSB's zu verschiedenen Anlässen. 184 S., kart., ISBN 3-924739-16-1

Sathya Sai Baba: **Sathya Sai Baba spricht – Band IX**. Wie vor, 222 S., kart., ISBN 3-924739-07-2

Bockelmann, S.: **Hingabe – Wesen der Liebe**. Diese Zusammenstellung von Aussagen SSB's und Jesu Christi verdeutlicht die Einheit ihrer Botschaften. 120 S., bro., Best. Nr. 1016

Bockelmann, S.: **Liebe – Wesen und Botschaft eines Avatars**. Aussagen SSB's über die transformierende Kraft der Liebe. 108 S., bro., Best. Nr. 1017

Craxi, S. & A.: **Einheit ist Göttlichkeit** (Unity is Divinity). Auszüge aus Reden und Schriften SSB's. 164 S., Lein., ISBN 3-924739-09-9

Craxi, S. & A.: **Gott, Natur und Mensch**, Bildmappe, 15 Tafeln im Großformat (45 cm × 32 cm) mit zahlreichen Bildern u. Texten v. SSB in hervorragender künstlerischer Gestaltung. Best. Nr. 1031

Gandhi, C. L.: **Sai Avatar – Band I**. 365 Aussprüche SSB's zur Göttlichkeit des Menschen und zur rechten Lebensweise, bro., 184 S. Best. Nr. 1062

Kunz Bijno, M.: **Der Avatar unserer Zeit**. Ein Avatar gilt als göttliche Verkörperung auf Erden. Zitate SSB's über Zweck und Ziel Seiner Inkarnation. 80 S., bro., ISBN 3-924739-37-4

Kunz Bijno, M.: **Es gibt nur einen Gott**. Aussagen SSB's zur Einheit der Religionen. 88 S. bro., ISBN 3-924739-01-3

Mavinkurve, B.: **Die Wiederholung des Namen Gottes** (Namasmarana), Zitate SSB's über die Bedeutung dieser Übung. bro., 56 S., Best. Nr. 1070

Philips, L.: **Meditation**. Aussagen SSB's zur Praxis der Meditation. 160 S., bro., ISBN 3-924739-13-7

Ralli, L.: **Sai Botschaften für Dich und mich** (Sai messages for you and me). Die Durchsagen von Sai Baba an L. Ralli offenbaren, daß es für die Menschheit nur eine Religion gibt: die Religion der Liebe und nur einen Weg: den Weg zu Gott. 160 S., bro., ISBN 3-924739-23-4

Ralli, L.: **Sai Botschaften für Dich und mich, Bd. II**, bro., 184 S., ISBN 3-924739-44-7

Sathya Sai Briefe, München. (Hrsg.): **Der Sadguru spricht**. Auswahl von Reden SSB's aus 1977–88. 100 S., bro., Best. Nr. 1028

Bock, R. & J.: **Sai Baba – Sein Leben und Wirken**. Filmtext „Aura of Divinity", 16 S., bro., Best. Nr. 1023

Börsig, P. (Hrsg.): **Beiträge zur Erziehung**. Bd. 1 der Reihe „Erziehung in Menschlichen Werten", eine Sammlung von Ansprachen und Materialien, 56 S., bro., ISBN 3-924739-35-8

Börsig, P. (Hrsg.)/Krystal, P.: **Begrenzung der Wünsche** (Suggestions for study groups and individual use of the ceiling on desires program). Bd. 2 der Reihe „Erziehung in Menschlichen Werte", Vorschläge zur Arbeit mit diesem Programm. 44 S., bro., ISBN 3-924739-12-9

Börsig, P. (Hrsg.)/Flaig, B. A.: **Für das Leben lernen**. Bd. 3 der Reihe „Erziehung in Menschlichen Werten", Erfahrungsbericht einer Lehrerin über die charakterliche Erziehung von Kindern. 32 S., bro., ISBN 3-924739-31-5

Börsig, P. (Hrsg.): **Wer bin ich?** Bd. 4 d. Reihe „Erziehung in Menschlichen Werten". Vorschläge für den Unterricht. Ersch. 91, ISBN 3-924739-04-8

Drucker, A.: **Ich bin. Der Weg zur höchsten Wahrheit.** Bro., 64 S., ISBN 3-924739-45-5

Fechner, E.: **Überwindung der Krise** (Turning the tide). Der Autor stellt allgemein verständlich dar, was SSB uns lehrt, ohne sich direkt auf Ihn zu beziehen. Ein besonders schönes Geschenk für Interessierte auf dem spirituellen Weg. 94 S., bro., ISBN 3-924739-17-X

Flach, M.: **Meine Begegnung mit der Liebe Gottes**. Als Christin berichtet die Autorin über ihre zutiefst bewegenden Erfahrungen mit SSB. 48 S., bro., Best. Nr. 1022

Friedrich/Malina: **Seva – Selbstloses Helfen und Dienen**. Erläuterungen und Betrachtungen zum tieferen Verständnis des selbstlosen Dienens. 50 S., bro., Best. Nr. 1029

Hislop, Dr. J.: **Gespräche mit Sathya Sai Baba** (Conversations with SSB). In Gesprächen mit Dr. Hislop und anderen beantwortet SSB viele uns bewegende Fragen. 160 S., bro., ISBN 3-924739-02-1

Hislop, Dr. J.: **Mein Baba und ich** (My Baba and I). Bericht eines gottsuchenden, amerikanischen Geschäftsmannes über den Weg, den SSB ihm und anderen zum inneren Gott weist. Mit Faksimile Briefen von SSB. 318 S., bro., ISBN 3-924739-20-X

Kasturi, N.: **Die Girlande aus 108 Edelsteinen** (Garland of 108 Precious Gems). Gott erscheint uns Menschen in vielen Formen; 108 Namen werden hier erläutert. 135 S., Lein., ISBN 3-924739-10-2

Kasturi, N.: **Sathya Sai Baba, Sein Leben Bd. 2** (Satyam, Shivam, Sundaram). Biographie SSB's. 244 S., kart., ISBN 3-924739-22-6, Bd. 1, 3, 4 folgen.

Krystal, P.: **Sathya Sai Baba – Ziel aller Reisen** (The ultimate Experience). Weg einer Amerikanerin zu SSB u. mit Seiner Führung zu ihrem Selbst. 260 S., bro. ISBN 3-924739-21-8

Malina, H.: **Sai Bhajans**. Sammlung von 108 Lobgesängen (Bhajans) mit deutscher Übersetzung. 200 S., bro., Best. Nr. 1030

Malina, H.: **Bhajan-Tonbandkassettensatz zum Liederbuch, 7 Kas.**, Best. Nr. 2502

Murphet, H.: **Sai Baba Avatar**. Murphet läßt verschiedene Menschen über ihre Erfahrungen mit SSB und Sein Einwirken auf ihr Leben berichten. 271 S., bro., ISBN 3-922800-25-4

Murphet, H.: **Sai Baba und Seine Wunder** (Man of Miracles). Neben Wissenswertem über Biographie, Sendung und Lehre des Avatars SSB enthält dieses Buch eine Fülle von Berichten über Seine Wunder, mit denen Er Menschen segnet, beschenkt und heilt. 296 S., bro., ISBN 3-924739-18-8

Murthy, Dr. M.: **Schöpfer und Schöpfung** (Nature, God and Man). Vorträge über die Beziehungen zwischen Natur, Gott und Mensch. 40 S., bro., ISBN 3-924739-39-0

Murthy, Dr. M.: **Wer ist ein Jünger des Herrn?** (Who is a Devotee of the Lord?). Diese Vorträge behandeln die in der Gītā beschriebenen Eigenschaften und Qualitäten eines wahren Suchenden. 32 S., bro., ISBN 3-924739-38-2

Roloff, R. (Hrsg.): **Kleines spirituelles Wörterbuch Sanskrit – Deutsch**. 160 S., bro., ISBN 3-924739-46-3

Safaya, R.: **Die fünf Grundprinzipien der Sathya Sai Lebensphilosophie**. 26 S., bro., Best. Nr. 1098

Sandweiss, Dr. S.: **Der Heilige und der Psychotherapeut** (The Holy Man and the Psychiatrist). Die innere Entwicklung eines amerik. Psychotherapeuten von Hilflosigkeit und Zweifel zu der Erkenntnis der alles durchdringenden Liebe Gottes. 272 S., bro., ISBN 3-924739-36-6

Sathya Sai Philosoph. Vereinigung, Wien: **Der Mensch auf dem Wege zur Vollkommenheit**. Über die fünf menschlichen Grundwerte u. ihre Bedeutung i. d. Erziehung. 42 S., bro., ISBN 3-900790-01-9

Sathya Sai Vereinigung e. V. Bonn: **Entwicklung der Menschlichen Werte in uns.** Kurzfassung der vorstehenden Broschüre, 16 S., brosch., Best. Nr. 1039

Sathya Sai Vereinigung e.V. Bonn: **Love in Action**. Ansprachen zum Europäischen Treffen in Hbg., Pfingsten 1989. 88 S., bro., Best. Nr. 1021